Die internationale Wettbewerbsfähigkeit Brasiliens

Europäische Hochschulschriften
Publications Universitaires Européennes
European University Studies

Reihe V
Volks- und Betriebswirtschaft

Série V Series V
Sciences économiques, gestion d'entreprise
Economics and Management

Bd./Vol. 2496

PETER LANG
Frankfurt am Main · Berlin · Bern · Bruxelles · New York · Wien

Marcelo Klötzle

Die internationale Wettbewerbsfähigkeit Brasiliens

Eine sektorale Analyse

PETER LANG
Europäischer Verlag der Wissenschaften

Die Deutsche Bibliothek - CIP-Einheitsaufnahme

Klötzle, Marcelo:

Die internationale Wettbewerbsfähigkeit Brasiliens : eine sektorale Analyse / Marcelo Klötzle. - Frankfurt am Main ; Berlin ; Bern ; Bruxelles ; New York ; Wien : Lang, 1999
(Europäische Hochschulschriften : Reihe 5, Volks- und Betriebswirtschaft ; Bd. 2496)
Zugl.: Eichstätt, Kath. Univ., Diss., 1999
ISBN 3-631-35173-9

ISSN 0531-7339
ISBN 3-631-35173-9

Vorwort

Bei der vorliegenden Arbeit handelt es sich um meine im Jahre 1999 von der Wirtschaftswissenschaftlichen Fakultät Ingolstadt der Katholischen Universität Eichstätt angenommene Dissertation.

Ich möchte an dieser Stelle meinen Dank an alle ausdrücken, die mich bei der Entstehung dieser Arbeit unterstützt und begleitet haben.

Mein besonderer Dank gilt meinem Doktorvater, Herrn Prof. Dr. Johannes Schneider, der mir immer mit Rat und Tat zur Seite stand. Während der ganzen Promotionszeit hat er mich durch zahlreiche Diskussionen und Hinweise angeregt und ermuntert. Ebenso möchte ich mich bei Herrn Prof. Dr. Joachim Genosko für die Übernahme des Korreferats bedanken.

Außerdem danke ich meinem Bruder André Klötzle, der an der Katholischen Universität in Rio de Janeiro (PUC-Rio) Volkswirtschaftslehre studierte und daher sehr stark mit den Wirtschaftsfragen Brasiliens vertraut war; er hat mir durch zahlreiche Gespräche wichtige Anregungen für diese Arbeit gegeben. Danken möchte ich auch Frau Tatjana Heinl, M.A., für die liebevolle Überprüfung meiner Arbeit nach grammatikalischen und sprachlichen Fehlern.

Worte des Dankes gehen außerdem an die vielen Behörden und Institutionen, die mich mit zahlreichem statistischen Material versorgt haben. Zu nennen sind insbesondere die brasilianische Zentralbank, die brasilianische Entwicklungsbank (BNDES), die Statistischen Bundesämter in Brasilien (IBGE) und in Deutschland und die UNIDO in Wien.

Mehr als ich mit bloßen Dankesworten sagen kann, verdanke ich meinen Eltern Maria Célia Cabús Klötzle und Siegbert Klötzle. Ohne ihre Liebe, ihr Vertrauen und ihre große Unterstützung auf meinem bisherigen Lebensweg wäre diese Arbeit nicht möglich gewesen. Ihnen ist deshalb diese Arbeit gewidmet.

Bayreuth, im Mai 1999 Marcelo Klötzle

Für meine Eltern

Maria Célia Cabús Klötzle und Siegbert Klötzle

Für meinen Bruder

André Klötzle

Im Andenken an meine Großmütter

Bárbara Manja Cabús und Rosa Klötzle
(Brasilien) (Deutschland)

Brasilien

Ein Land der Zukunft

Stefan Zweig, 1941

Inhaltsverzeichnis

Tabellenverzeichnis

Abbildungsverzeichnis

Abkürzungsverzeichnis

ABAL	Associação Brasileira do Alumínio (Brasilianischer Verband der Aluminiumindustrie)
ABIA	Associação Brasileira da Indústria de Alimentação (Brasilianischer Verband der Nahrungsmittelindustrie)
ABIQUIM	Associação Brasileira da Indústria Química (Brasilianischer Verband der Chemieindustrie)
ADB	Asian Development Bank
ANFAVEA	Associação Nacional de Produtores de Veículos Automotores (Brasilianischer Verband der Automobilhersteller)
Anm. d. Verf.	Annahme des Verfassers
BACEN	Banco Central do Brasil (Brasilianische Zentralbank)
BIP	Bruttoinlandsprodukt
BSP	Bruttosozialprodukt
BLS	Bureau of Labor Statistics
BNDES	Banco Nacional de Desenvolvimento Econômico e Social (Nationale Bank für wirtschaftliche und soziale Entwicklung)
BOF	Basic Oxygen Furnace
BWS	Bruttowertschöpfung
CEPAL	Comissão Econômica para a América Latina e o Caribe (Wirtschaftliche Kommission der Vereinten Nationen für Lateinamerika und die Karibik)
CMN	Conselho Monetário Nacional (Nationaler Kreditrat)
CNI	Confederação Nacional da Indústria (Brasilianischer Industrievereinigung)
CNPq	Conselho Nacional de Desenvolvimento Científico e Tecnológico (Nationaler Rat für wissenschaftliche und technologischer Entwicklung)
CONFINS	Contribuição Social para o Financiamento da Seguridade Social (Steuerlicher Beitrag zur Finanzierung der staatlichen Sozialpolitik)
CPMF	Contribuição Provisória sobre Movimentação Financeira (Abgabe auf Finanztransaktionen)
CTA	Conselho Tecnológico da Aeronáutica (Technologie-Institut für die Luftfahrt)
CTI	Conselho Tecnológico para a Informática (Zentrum für Informationstechnologie)
CVM	Comissão de Valores Mobiliários (Wertpapieraufsichtsamt)
DDD	Distance Direct Dial
DIW	Deutsches Institut für Wirtschaftsforschung
EAF	Electric Arc Furnarce
EBM	Eisen-, Blech- und Metallwaren
EPAC	Economic Planning Advisory Council

FAO	Food and Agricultural Organisation
FAZ	Frankfurte Allgemeine Zeitung
FDI	Foreign Direct Investment
Fe	Ferrum (Eisen)
FGTS	Fundo de Garantia por Tempo de Serviço (Garantiefonds für gearbeitete Jahre)
FGV	Fundação Getúlio Vargas (Wirtschaftsforschungsinstitut in Rio de Janeiro)
F&E	Forschung und Entwicklung
GATT	General Agreement on Tariffs and Trade
GWh	Gigawatt/Stunde
GR	Geographische Rundschau
HA	Hektar
HH	Haushalte
H-O	Heckscher-Ohlin
H-O-V	Heckscher-Ohlin-Vanek
IBGE	Instituto Brasileiro de Geografia e Estatística (Brasilianisches Statistisches Bundesamt)
ICMS	Imposto sobre Circulação de Mercadorias e Serviços (Waren- und Dienstleistungsverkehrssteuer)
IDD	International Direct Dial
IEA	International Energy Agency
IHK	Industrie- und Handelskammer
ILO	International Labor Organisation
IMF	International Monetary Fund (IWF: Internationaler Währungsfonds)
INCRA	Instituto de Colonização e Reforma Agrária (Institut zur Durchführung der Agrarreform)
INPA	Instituto Nacional de Pesquisa Amazônica (Nationaler Institut für Amazonas-Forschung)
INPE	Instituto Nacional de Pesquisas Espaciais (Nationaler Institut für Raumfahrtforschung)
INSS	Instituto Nacional de Seguridade Social (Staatliche Rentenversicherung)
IPEA	Instituto de Pesquisa Econômica Aplicada (Wirtschaftsforschungsinstitut in Rio de Janeiro)
IPI	Imposto sobre Produtos Industrializados (Industrieproduktsteuer)
ISCO	International Standard Classification of Occupations
ISIC	United Nations International Standard Industrial Classification of All Economic Activities
ISS	Imposto sobre Serviços de qualquer Natureza (Dienstleistungssteuer)
IW	Institut der Deutschen Wirtschaft (Köln)
k.D.	keine Daten
KfZ	Kraftfahrzeug
KWh	Kilowatt/Stunde
LSK	Lohnstückkosten
MERCOSUR	Mercado do Cone Sur (Gemeinschaft der Staaten des südlichen Südamerikas)

MCT	Ministério de Ciência e Tecnologia (Ministerium für Forschung und Entwicklung)
MICT	Ministério da Indústria, do Comércio e do Turismo (Ministerium für Industrie, Handel und Turismus)
MWh	Megawatt/Stunde
MT	Metrische Tonnen
NE	Nicht-Eisen
NIC´s	Newly Industrializing Countries
nGLK(Std)	nominale Gesamtlohnkosten pro Stunde
OECD	Organisation of Economic Development and Cooperation
OMC	Organização Mundial do Comércio (Welthandelsorganisation)
P(Std)	Produktivität pro Stunde
PIS/PASEP	Steuerliche Beiträge zur Finanzierung der staatlichen Sozialpolitik
PND	Plano Nacional de Desenvolvimento (Nationaler Entwicklungsplan)
PKW	Personalkraftwagen
RBCE	Revista Brasileira de Comércio Exterior
RBE	Revista Brasileira de Economia
RCA	Revealed Comparative Advantage
RIW	Recht der Internationalen Wirtschaft
SEBRAE	Serviço Brasileiro de Auxílio à Pequena Empresa (Institut zur Unterstützung von Kleinbetrieben)
SENAC	Serviço Nacional de Aprendizagem Comercial (Nationaler Dienst für Lehrlingsausbildung im Dienstleistungssektor)
SENAI	Serviço Nacional de Aprendizagem Industrial (Nationaler Dienst für Lehrlingsausbildung in der Industrie)
SM	Siemens-Martin
SESI	Serviço Social da Indústria (Institut zur Durchführung von Sozialen Dienstleistungen für die Industrie)
SITC	United Nations Standard International Trade Classification
TJLP	Taxa de Juros de Longo Prazo (langfristige Zinsrate)
TRIPs	Trade Related Intellectual Property Rights
UN	United Nations
UNCTAD	United Nations Conference on Trade and Development
UNESCO	United Nations Educational, Science and Cultural Organisation
UNIDO	United Nations Industrial Development Organisation
US SIC	United States Industrial Classification
UstG	Umsatzsteuergesetz
ZWS	Zeitschrift für Wirtschafts- und Sozialwissenschaften
Weitv.	weiterverarbeitet
WiSt	Wirtschaftswissenschaftliches Studium
WTO	World Trade Organisation
WZ	Klassifikation der Wirtschaftszweige (Statistisches Bundesamt)

1. Einführung

Die Diskussion um die internationale Wettbewerbsfähigkeit von Volkswirtschaften, Branchen und Unternehmen beschäftigt schon seit langem die Wissenschaft und die Praxis.

Diese Diskussion hat in den letzten Jahren aufgrund des sog. Phänomens der Globalisierung einen noch stärkeren Schub erhalten. Charakteristisch für dieses neue Zeitalter ist die zunehmende Mobilität der Produktionsfaktoren (insbesondere Arbeit und Kapital) und die Schnelligkeit, mit der Wissen und Informationen transferiert und zugänglich gemacht werden.

Lateinamerika (mit wenigen Ausnahmen) und insbesondere Brasilien waren lange Zeit dadurch gekennzeichnet, daß sie eine binnenmarktorientierte Entwicklungsstrategie verfolgt haben. Erst gegen Ende der 80er und Anfang der 90er Jahre begannen die meisten der lateinamerikanischen Entwicklungs- und Schwellenländer sich dem internationalen Wettbewerb zunehmend zu öffnen, was u.a. durch den "Globalisierungsdruck" hervorgerufen wurde.

Die südostasiatischen Schwellenländer dagegen gelten häufig als Paradebeispiele für Länder, die frühzeitig damit begannen, eine exportorientierte Entwicklungsstrategie zu verfolgen.

In diesem Zusammenhang stellt sich die Frage, in welchem Ausmaß die lange Importsubstitutionsphase die internationale Wettbewerbsfähigkeit der brasilianischen Volkswirtschaft und demzufolge der brasilianischen Unternehmen negativ beeinflußte. Gleichzeitig ist auch die Frage relevant, ob in den 90er Jahren (nach der zunehmenden Öffnung der brasilianischen Wirtschaft) eine Verbesserung oder eine Verschlechterung der internationalen Wettbewerbsfähigkeit, vor allem gegenüber anderen lateinamerikanischen und asiatischen Schwellenländern eingetreten ist.

Die Kernthesen dieser Dissertation lauten:

(1) Das von Brasilien verfolgte Importsubstitutionsmodell führte zu Anreizstrukturen, aufgrund derer der überwiegende Teil der brasilianischen Industrieunternehmen nur geringe Anstrengungen zur Erhöhung ihrer internationalen Wettbewerbsfähigkeit unternommen hat.

(2) Dies implizierte überdies, daß der Staat selbst keine übermäßigen Anstrengungen unternehmen mußte, um die makroökonomischen Rahmenbedingungen (z.B. im Infrastrukturbereich, im Finanz-, im Steuer- und im Innovationssystem) zu verbessern.

(3) Außerdem führte die starre Orientierung an den CEPALISMUS und die strenge Verfolgung der PREBISCH-SINGER-THESE teilweise zu einer falschen Spezialisierung Brasiliens, indem die komparativen Vorteile des Landes nicht konsequent ausgenutzt wurden. Dies wird vor allem versucht, durch die Untersuchung der internationalen Wettbewerbsfähigkeit ausgesuchter brasilianischer Branchen (Agrar-, mineralische Rohstoff-, Chemie- und Automobilindustrie) zu zeigen.

Die Arbeit gliedert sich im wesentlichen in vier Teile: In eine Analyse der Rahmenbedingungen in Brasilien und in ausgesuchten Ländern (Abschnitte 2 und 3), in eine Diskussion der theoretischen Aspekte der internationalen Wettbewerbsfähigkeit (Abschnitt 4), in eine Ableitung von Thesen zur internationalen Wettbewerbsfähigkeit Brasiliens bei ausgesuchten Branchen (Abschnitt 5) und in die empirische Überprüfung, sowohl der internationalen Wettbewerbsfähigkeit Brasiliens (volkswirtschaftliche Ebene) (Abschnitt 6), als auch ausgesuchter brasilianischer Branchen (Abschnitt 7). Mit Hilfe der gewonnenen Erkenntnisse aus den Abschnitten 6 und 7 werden dann entwicklungspolitische Handlungsempfehlungen für Brasilien ausgearbeitet (Abschnitt 8).

In den folgenden Abschnitten 2 und 3 dieser Arbeit wird auf wichtige Rahmenbedingungen in Brasilien und in ausgesuchten Ländern eingegangen. Wichtig ist dabei eine Analyse der Entwicklungsstrategien von Brasilien im Vergleich zu anderen lateinamerikanischen und vor allem asiatischen Schwellenländern (Abschnitt 2) und eine Untersuchung wichtiger Institutionen in Brasilien (Finanz-, Bildungs- und Innovationssystem). Es wird hier gezeigt, daß Brasilien eines der letzten Länder Lateinamerikas war, das sich von der überkommenen Importsubstitutionsstrategie verabschiedete, was wiederum auch mit negativen Konsequenzen verbunden war.

Im Abschnitt 4 werden verschiedene Teile der Literatur vorgestellt, die sich mit den Fragestellungen der internationalen Wettbewerbsfähigkeit und den komparativen Vorteilen, u.a. von Entwicklungs- und Schwellenländern befassen.

Von besonderer Bedeutung für die vorliegende Arbeit sind die Erkenntnisse der Außenwirtschaftstheorie und der Entwicklungstheorie.

In der Außenwirtschaftstheorie (Abschnitt 4.2.) werden die Grundlagen zur Erforschung von komparativen Vorteilen behandelt, vor allem im internationalen Handel. Es wird hier gezeigt, daß sämtliche Faktoren Einfluß auf die internationale Wettbewerbsfähigkeit eines Landes ausüben, insbesondere die Faktorausstattung, die Charakteristika der einzelnen Produkte, das technisch-wissenschaftliche Entwicklungsniveau und die Möglichkeiten der Entstehung sog. positiver Skalenerträge.

Innerhalb der Literatur der Entwicklungstheorie haben die "resource-based"-Industrialisierungsstrategien (Abschnitt 4.3.) eine besondere Bedeutung für diese Untersuchung. Es wird gezeigt, daß Entwicklungs- und Schwellenländer, die durch einen enormen Reichtum an natürlichen Ressourcen gekennzeichnet sind (wie z. B. Brasilien), über ein großes vertikales Differenzierungspotential im Bereich der Rohstoffverarbeitung verfügen.

Ausgehend von den theoretischen Überlegungen des Abschnittes 4, werden im Rahmen des Abschnittes 5 Thesen zur internationalen Wettbewerbsfähigkeit Brasiliens bei der Agrar-, der mineralischen Rohstoff-, der Chemie- und der Automobilindustrie aufgestellt. Ausgangspunkt dieser Thesen bilden zum einen die besonderen Charakteristika der einzelnen Branchen, zum anderen die speziellen Merkmale Brasiliens. Vor diesem Hintergrund komme ich zum Schluß, daß die komparativen Nachteile Brasiliens am ehesten bei den sog. forschungsintensiven Branchen (Chemie- und Automobilindustrie) liegen dürften, während bei den standardisierten sowohl arbeitsintensiven (Landwirtschaft, Ernährungsindustrie) als auch kapitalintensiven Branchen (mineralische Rohstoff-, Tabak- und Getränkeindustrie) die komparativen Vorteile Brasiliens stärker sein dürften.

Im Abschnitt 6 wird die allgemeine internationale Wettbewerbsfähigkeit Brasiliens anhand von volkswirtschaftlichen Indikatoren untersucht. In diesem Abschnitt, wie auch im Abschnitt 7, dienen zwei lateinamerikanische (Argentinien, Chile), vier südostasiatische (Indonesien, Korea, Malaysia und Thailand) Schwellenländer und drei Industrieländer (Deutschland, Japan und USA) als wichtigste Vergleichsbasis.

Die wichtigsten Probleme der brasilianischen Volkswirtschaft sind: a) eine relativ mangelhafte Verkehrsinfrastruktur, b) hohe reale (kurz- und langfristige) Zinssätze, c) eine relativ hohe "indirekte Steuerlast" und d) eine relativ geringe Ausstattung mit hoch- und halbqualifizierten Arbeitskräften.

Im Abschnitt 7 wird dann auf die internationale Wettbewerbsfähigkeit Brasiliens bei den ausgesuchten Branchen eingegangen. Es läßt sich zwar feststellen, daß in den "resource-based" Industrien die Exportanteile Brasiliens tendenziell höher liegen als im Falle der forschungsintensiven Branchen, dennoch weist Brasilien in den "resource-based" Branchen (insbesondere in der mineralischen Rohstoffindustrie) eine, im Vergleich zu anderen Ländern (wie die Industrieländer und Chile), relativ unterdurchschnittliche Wertschöpfung pro Arbeiter auf. Brasilien nutzt somit sein, insbesonders hohes Mineralressourcenpotential nicht konsequent aus, um Weiterverarbeitungsaktivitäten durchzuführen. Auch die empirische Analyse der relativen Effizienz der ausgesuchten Branchen in mehreren Ländern (Abschnitt 7.7.) zeigt, daß einige Länder es geschafft haben, im Bereich der "resource-based" Industrien, vor allem in der mineralischen Rohstoffindustrie, eine überdurchschnittliche Effizienz zu erreichen.

Als Fazit bleibt anzumerken (Abschnitt 8):

Die Arbeit zeigt, daß in Brasilien die Entwicklungsplaner eine zu strenge Auslegung der PREBISCH-SINGER-These vorgenommen haben, so daß die Weiterverarbeitung von Primärprodukten als nicht völlig erfolgsversprechend angesehen wurde. Gerade aber in diesem Bereich würden sich für Brasilien und für viele (rohstoffreiche) Entwicklungs- und Schwellenländer gute Chancen bieten, zur höheren Wettbewerbsfähigkeit auf internationalen Märkten zu gelangen.

2. Allgemeine Charakterisierung der brasilianischen Volkswirtschaft

2.1. Grunddaten zur brasilianischen Volkswirtschaft

Brasilien ist ein Land, das zu den sog. Schwellenländern (NIC's)[1] gezählt wird. Im Jahr 1996 betrug das brasilianische reale BIP (Berechnung in Kaufkraftparitäten)[2] US$ 987,00 Mrd. (Tabelle 1). Somit war Brasilien die neuntgrößte Industrienation der Erde.

Tabelle 1: Reales BIP ausgesuchter Länder (1996) (laufende Mrd. US-Dollar; Kaufkraftparitäten)

Rangfolge	
1. USA	7.576
2. China	3.878
3. Japan	2.991
4. Deutschland	1.670
5. Indien	1.432
6. Frankreich	1.267
7. Italien	1.195
8. Großbritannien	1.174
9. BRASILIEN	987
10. Indonesien	897
Weitere Länder	
Korea	584
Thailand	516
Argentinien	316
Malaysia	207
Chile	155

Quelle: CIA, Handbook of International Economic Statistics (1997), in: http://www.odci.gov/cia/publications/hies97.

Für einen Vergleich von Volkswirtschaften unterschiedlicher Größe, gemessen an der Bevölkerungszahl, ist jedoch die absolute Größe des realen BIP kein aussagefähiger Indikator für die Bewertung des (sozialen) Entwicklungsstandes einer Volkswirtschaft. In einem solchen Fall muß die absolute Größe des BIP in Beziehung zu der Bevölkerungszahl gesetzt werden. Als Ergebnis erhält man das BIP pro Kopf.

Im Jahr 1996 betrug das reale BIP pro Kopf in Brasilien US$ 6.100,00 (Abbildung 1), denn trotz der relativ hohen absoluten Größe des realen BIP wies Brasilien die fünft

---

[1] Newly Industrializing Countries

[2] Die Daten entstammen dem Handbook of International Economic Statistics der CIA. Dort erfolgt die Berechnung des BIP folgendermaßen: "Estimates of gross domestic product (GDP) are based on purchasing power parity (PPP) calculations rather than on conversions at currency exchange rates. PPP dollar estimates are calculated by applying standardized international dollar prices to a country's output of goods and services and are the best measures for international comparisons of GDP." CIA, Handbook of International Economic Statistics (1997), in: http://www.ocdi.gov/cia/publications/hies97.

höchste Bevölkerungszahl der Erde (nach China, Indien, USA und Indonesien) auf. Somit ist Brasilien durch einen relativ niedrigen BIP pro Kopf im Vergleich zu den anderen hier ausgesuchten Ländern gekennzeichnet.

Abbildung 1: Reales BIP pro Kopf in ausgesuchten Ländern (1996) (US-Dollar)

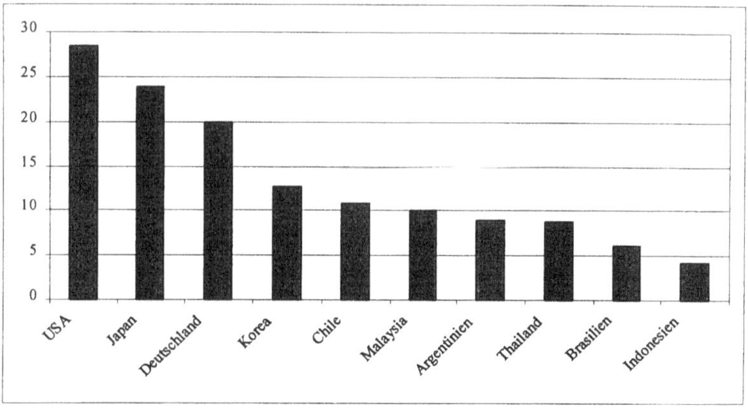

Quelle: CIA, Handbook of International Economic Statistics (1997), in: http://www.odci.gov/cia/publications/hies97.

Tabelle 2: Einkommensverteilung in ausgesuchten Ländern (Durchschnitt der Periode 1988-1993)[(1)]

	Anteil der obersten 20 % der HH am Einkommen	Anteil der obersten 20 % der HH am Einkommen	Anteil der obersten 20 % der HH am Einkommen
Brasilien	68	7	2
Chile	52	17	7
Indonesien	42	21	9
Korea	42	20	7
Malaysia	54	13	5
Thailand	51	16	6

(1) HH = Haushalte.

Quelle: World Bank, Social Indicators of Development (1995).

Brasilien weist außerdem eine relativ schlechte Einkommensverteilung auf (Tabelle 2) und einen relativ hohen Anteil Analphabeten gemessen an der Gesamtbevölkerung (15 Jahre und älter) (Tabelle 3).

Tabelle 3: Anteil Analphabeten gemessen an der Gesamtbevölkerung in ausgesuchten Ländern (15 Jahre und älter) (1995) (Prozent)

Brasilien	18
Argentinien	4
Chile	5
Indonesien	16
Korea	Unter 5
Malaysia	17
Thailand	6
USA	Unter 5
Deutschland	Unter 5
Japan	Unter 5

Quelle: World Bank, From Plan to Market – World Development Report (1996).

Am Ende dieses Abschnittes soll noch auf ein weiteres Charakteristikum der brasilianischen Volkswirtschaft hingewiesen werden: Die relativ hohe langfristige Auslandsverschuldung des brasilianischen Staates. Zwar ist der Anteil der langfristigen Auslandsschulden zwischen 1986 und 1995 gesunken und betrug 1995 "nur noch" 13,47 % des BIP (Abbildung 2), dennoch gehörten 1995 die brasilianischen Schulden, absolut gesehen, zu den höchsten unter den Entwicklungs-, Schwellen- und Transformationsländern (Tabelle 4).[3]

Tabelle 4: Entwicklung der langfristigen absoluten staatlichen Auslandsschulden ausgesuchter Länder (1985-1995) (Mrd. US-Dollar)

	1985	1986	1987	1988	1989	1990	1991	1992	1993	1994	1995
Brasilien	74.001	82.420	90.524	93.983	89.426	89.187	86.365	91.988	92.968	94.512	96.609
Argentinien	37.327	40.958	49.221	47.546	51.832	46.905	47.568	47.605	52.024	55.785	62.181
Chile	12.897	14.689	15.542	13.696	10.866	10.426	10.071	9.578	8.868	8.947	7.178
Indonesien	26.777	32.626	40.853	41.200	44.255	48.066	52.122	53.958	57.461	63.848	65.347
Korea	28.279	29.351	23.890	20.025	17.038	18.787	22.481	24.051	24.567	27.103	k.D.
Malaysia	14.506	16.277	17.884	14.632	12.628	12.684	14.014	13.469	13.828	13.751	15.857
Thailand	9.806	11.488	13.832	13.195	12.428	12.570	13.358	13.427	14.553	16.672	17.231

Quelle: UN, Statistical Yearbook (1997) und (1996).

[3] So wies nur die russische Föderation eine höhere Auslandsschuld (US$ 100.279,2) als Brasilien auf. Vgl. dazu UN, Statistical Yearbook (1997).

Abbildung 2: Entwicklung des Anteils langfristiger Auslandsschulden am BIP in ausgesuchten Ländern (1986-1996) (Prozent)

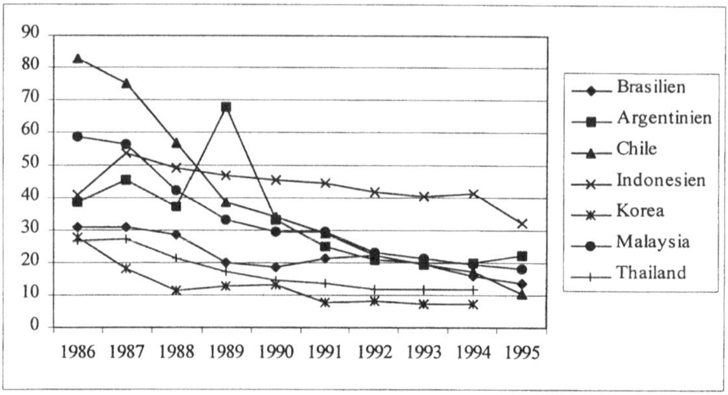

Quelle: UN, Statistical Yearbook (1997).

2.2. Entwicklungsstrategien

Kernpunkt der Auseinandersetzung über Entwicklungsstrategien[4] für die Dritte Welt war bis zu Anfang der 90er Jahre die Frage, ob der Investitions- und Allokationsprozeß in den Entwicklungsländern lediglich mit Hilfe von einem (durch handels- und währungspolitische Maßnahmen gegen ausländische Wettbewerber) weitgehend abgeschirmten Binnenmarkt gesteuert werden sollte (Importsubstitution), oder ob dies gleichrangig sowohl durch die Anreizmechanismen des Weltmarktes als auch des Binnenmarktes erfolgen sollte (Weltmarktorientierung).[5]

Als beispielhaft für eine am Weltmarkt orientierte Entwicklungsstrategie werden in der Literatur eine Reihe von Ländern in Südost- und Ostasien genannt. Hierzu zählen als erste Generation Singapur, Hong Kong, Taiwan und Korea, während Länder wie Thailand, Malaysia, Indonesien und die Philippinen eher Nachzügler sind. Alle diese Länder haben, was manchmal vergessen wird, ihren Industrialisierungsprozeß mit einer protektionistischen Importsubstitutionsstrategie begonnen. Sie haben dennoch während ihrer Industrialisierung eine zunehmende Ausrichtung auf den Weltmarkt vollzogen. Dies geschah jedoch unter recht unterschiedlichen Umständen, auf verschiedene Art und zu unterschiedlichen Zeitpunkten.[6]

---

[4] Unter Entwicklungsstrategie werden Maßnahmen verstanden, die das Ziel verfolgen, das Industrialisierungsniveau eines Landes zu erhöhen. Vgl. dazu z.B. Hofmann, W., Entwicklungsstrategien in Ostasien und Lateinamerika (1993), Fußnote 1.

[5] Vgl. zum Unterschied zwischen importsubstituierenden und exportorientierten Industrialisierungsstrategien Hoffmann, L., Binnenmarktorientierung versus Weltmarktorientierung (1988), S. 45 ff; Geier, M., Integration in die Weltwirtschaft (1994), S. 33 ff; Grabowski, R., Import Substitution (The Journal of Developing Areas, Heft 4, 1994), S. 535 ff.

[6] Vgl. Hoffmann, L., Binnenmarktorientierung versus Weltmarktorientierung (1988), S. 45 ff.

So erfolgte beispielsweise in Indonesien der Übergang zur Weltmarktorientierung durch ein halbautoritäres politisches System (Machtkonzentration auf eine dünne militärisch-technokratische Schicht unter Führung von Präsident Suharto). In Malaysia und Thailand dagegen kamen entscheidende Impulse für die jeweiligen Entwicklungskonzeptionen aus einzelnen Universitäten und Forschungsinstituten, die teilweise die nationalen Entwicklungspläne beeinflußten, zum Teil auch ein offenes und kritisches Klima der Entwicklungsdiskussion schafften.[7] In Korea trat 1961 eine neue Regierung an, und ab 1962 folgte der Importsubstitutionsstrategie der fünfziger Jahre eine offensive Exportexpansionstrategie.[8]

Im Gegensatz zu Südostasien, neigten die lateinamerikanischen Schwellenländer lange Zeit (zwei bis drei Jahrzehnte) zur Importsubstitution. Kennzeichnend für das Entwicklungsdenken Lateinamerikas ist es, daß mit der 1948 ins Leben gerufenen UN-Wirtschaftskommission für Lateinamerika und die Karibik CEPAL eine Institution geschaffen wurde, die für fast zwei Jahrzehnte, nämlich bis in die 60er Jahre, die entwicklungspolitische Diskussion entscheidend prägen sollte. Zu den vier zentralen Säulen des sog. CEPALISMO, das stark von PREBISCH geprägt wurde, zählten: a) Korrektur des internationalen Wirtschaftssystems, vor allem seiner Verteilungsordnung (Terms of Trade-Diskussion), b) Importsubstitution bei gleichzeitiger Industrialisierung, c) Ausweitung der lateinamerikanischen Binnenmärkte im Sinne von wirtschaftlicher Integration und d) eine starke Rolle des Staates als wichtigster Entwicklungsagent.[9]

Ähnlich wie beim Übergang Südostasiens zur Weltmarktorientierung sind hier auch leichte (zeitliche) Differenzen zwischen einzelnen lateinamerikanischen Ländern festzustellen bei der Verfolgung der Importsubstitutionspolitik. Charakteristisch für die meisten dieser Länder ist es dennoch, daß die Importsubstitutionsphase viel länger dauerte als in Südostasien und, daß die Abkehr von dieser Politik sich durch einen demokratischen Regierungswechsel bzw. durch einen Militärputsch vollzog. So wurde in Chile, nach dem gewaltsamen Militärputsch gegen die Regierung ALLENDE (1973), eine ökonomische Liberalisierungspolitik versucht, die sich sehr stark an der "Chicago-Schule" orientierte. In Argentinien wurde auch im Jahr 1985 nach der Ablösung der Militärjunta durch eine demokratisch gewählte Regierung die Handelspolitik liberalisiert. Ähnliches ist auch in Brasilien festzustellen: dort kam 1990 nach 26 Jahren (21 Jahre Militärregierung und 5 Jahre Übergangsregierung) zum ersten Mal eine frei gewählte Regierung an die Macht (Regierung COLLOR), die sich dann sofort von der Importsubstitutionspolitik distanzierte.[10]

Da eine detaillierte Analyse der Entwicklungsstrategien der einzelnen hier untersuchten Länder den Rahmen dieser Untersuchung sprengen würde, wird im folgenden auf die Industrialisierungspolitik von Brasilien und Korea eingegangen. Korea wurde absicht-

---

[7] Vgl. Mols, M., Entwicklungsdenken und Entwicklungspraxis (1991), S. 275 f.

[8] Vgl. Hoffmann, L., Binnenmarktorientierung versus Weltmarktorientierung (1988), S. 52.

[9] Vgl. Mols, M., Entwicklungsdenken und Entwicklungspraxis (1991), S. 241; Bielschowsky, R., Pensamento Econômico (1988), S. 13 ff; Prebisch, R., Dependence, Development, and Interdependence (1990), S. 35 f.; Prebisch, R., The Dynamic Role of the Periphery (1986), S. 8 f.

[10] Vgl. Hoffmann, L., Binnenmarktorientierung versus Weltmarktorientierung (1988), S. 52; Baer, W., A Economia Brasileira (1995), S. 199 f.

lich als Paradebeispiel für die südostasiatischen Länder genommen, weil viele der anderen "asiatischen Tiger" der zweiten Generation sich an der koreanischen Strategie orientierten.

A. Entwicklungsstrategien in Brasilien[11]

Die Anfänge der brasilianischen Industrialisierung gehen zurück bis ins späte 19. Jahrhundert. Angeregt durch den Kaffee-Exportboom, entstanden insbesondere im Staat São Paulo u.a. Landmaschinenfabriken und Fabriken zur Herstellung von Jutesäcken. Bis 1929 war der entscheidende Industrialisierungsfaktor, auch im Hinblick auf die Finanzierung der Importe, die Kaffeeproduktion. Kennzeichnend für diese Periode ist aber, daß der Industrialisierungsprozeß zwar durch den Staat unterstützt, aber weder initiiert noch gezielt vorangetrieben wurde.

Die Weltwirtschaftskrise 1929/32 markiert den ersten Wendepunkt in der brasilianischen Industrialisierungsgeschichte, nämlich den Übergang zur importsubstituierenden Industrialisierung, die bis 1990 dauern sollte. Die Importsubstitution ist in Brasilien in mehrere Phasen eingeteilt.

Die erste Phase (1929-1954) war dadurch gekennzeichnet, daß der brasilianische Staat begann, eine aktivere Rolle in der Industrialisierungspolitik zu spielen, obwohl bis nach dem Zweiten Weltkrieg in der Regierung die Sichtweise vorherrschte, daß die Primärgüterexporte Brasiliens natürliche Mission sind und die Industrialisierung nicht unbedingt notwendig sei. Die Industrialisierung war zunächst die pragmatische Lösung der Probleme, die durch den Zusammenbruch des Weltmarkts hervorgerufen worden waren (Rückgang der Exporterlöse). Der Staat betrieb während dieser Periode somit keine flankierende Politik zur Erhöhung der Wettbewerbsfähigkeit der inländischen Industrie (Aufbau von Finanzinstitutionen, Infrastruktur, Humankapitalbildung).

Der Beginn der 50er Jahre markiert einen Wendepunkt im wirtschaftspolitischen Denken Brasiliens, der stark von der CEPAL beeinflußt wurde (CEPALISMO)[12].[13] Die Folge war eine stärkere Rolle des Staates im Industriesektor und bei den institutionellen Rahmenbedingungen: es wurden die ersten Staatsbetriebe im Energiesektor (Petrobrás in der Ölindustrie und verschiedene Elektrizitätsunternehmen) sowie die nationale Entwicklungsbank (BNDES) gegründet. Außerdem wurde ein staatlich gelenkter Industrialisierungsplan (Plano de Metas) ausgearbeitet, der quantitative Investitions- und Produktionsziele definierte. Zwar wurde von 1955 bis 1964 die Industrialisierung in Brasilien vorangetrieben, dennoch war während dieser Periode ein Anstieg der Inflation, eine Erhöhung des Haushaltsdefizits und eine starke Einschränkung von Investitionen im F&E-Sektor und im Bildungssystem zu verzeichnen. Überdies wurde die Gelegenheit verpaßt, Industrien auf den Export auszurichten, die schon länger existierten und somit keine "infants" mehr waren (insbesondere die Leichtindustrie).

---

[11] Vgl. zur folgenden Darstellung Meyer-Stamer, J., Technologie und Industrielle Wettbewerbsfähigkeit (1996), S. 28 ff.

[12] Vgl. zum CEPALISMO S. 31.

[13] Die Übertragung der "cepalistischen" Theorien auf Brasilien war vor allem auf FURTADO zurückzuführen. Vgl. dazu Furtado, C., Formação Econômica do Brasil (1979), S. 5 ff.

Nach dem Militärputsch 1964 wurde das Importsubstitutionsmodell nicht grundlegend verändert, sondern modifiziert und sogar "vertieft". Zwar wurde von der neuen Militärregierung zunächst eine liberale Wirtschaftspolitik angekündigt, dennoch war die Zeit von 1964-1973 durch ein dauerhaftes hohes Niveau staatlicher Intervention in die Wirtschaft gekennzeichnet. Die Reformen des Militärregimes bezogen sich vor allem auf die Fiskal- sowie die Außenwirtschaftspolitik. So wurde zum einen das Steuersystem reformiert und eine Zentralbank geschaffen, zum anderen die Exporte gefördert durch Steuerbefreiungen, direkte und indirekte Subventionen. Außerdem wurden Technologieinstitutionen gegründet und die Hochschulen ausgebaut. Das Modell erschien zeitweise als außerordentlich erfolgreich und es wurde zwischen 1966-1973 eine jährliche durchschnittliche Wachstumsrate des BIP von knapp 10 % erzielt.[14] Die Industrialisierung hatte aber nicht eine Erhöhung der Einkommen breiter Bevölkerungsschichten zur Folge, sondern verstärkte noch die Einkommenskonzentration. Aus diesem Grund stieß das Wachstumspotential aufgrund des engen Binnenmarktes an seine Grenzen. Außerdem war ein auf den Weltmarkt ausgerichtetes Wachstum nur auf der Grundlage der Subventionierung der Exporte möglich, denn anders waren brasilianische Industrieprodukte international nicht konkurrenzfähig.

Die Militärregierung reagierte auf diese Konstellation in der folgenden Phase (1974-1979) dennoch nicht mit Maßnahmen zur Einkommensumverteilung und zur Steigerung von Wettbewerb und Effizienz, sondern mit einer Ausweitung von staatlichen Investitionen zur Vertiefung der Importsubstitution im Grundstoff- und Energiebereich (Zweiter Nationaler Entwicklungsplan/PND II), mit Staatskonsum und mit der Verstärkung der Exportsubventionsprogramme. Damit änderte sich nichts an der Grundausrichtung eines dauerhaften und exzessiven Protektionismus, sondern die wirtschaftlichen Probleme des Landes wurden sogar auf eine unzureichende Importsubstitution zurückgeführt. Zu deren Intensivierung wurden die Zölle wiederum erhöht und unterschiedliche neue nicht-tarifäre Handelshemmnisse eingeführt. Zudem wurden nicht nur Konsum-, sondern auch Investitionsgüterimporte behindert.[15]

Im Jahre 1979 führten der Ölpreis- und der Zinsschock Brasilien in die wirtschaftliche Krise, die sich bis Ende der 80er Jahre hinzog.[16] Zwei Gründe waren für den negativen Einfluß dieses Schocks auf die wirtschaftliche Entwicklung Brasiliens maßgebend:

Erstens war, anders als z.B. in Südkorea (das zum gleichen Zeitpunkt eine Zuspitzung der Verschuldungssituation verhindern konnte), ein großer Teil der Auslandskredite in Projekte gegangen, der nicht unmittelbar für einen Exportschub genutzt werden konnte (wie z.B. die Investitionsgüterindustrie) oder nur indirekt und mittelfristig zu einer Ver-

---

[14] Vgl. dazu eigene Berechnungen anhand von Daten aus Baer, W., A Economia Brasileira (1995), S. 394. So wird die Zeit zwischen 1964-1973 häufig als brasilianisches "Wirtschaftswunder" bezeichnet.

[15] So zieht MOREIRA folgendes Resümee des Zweiten Nationalen Entwicklungsplans (PND II): "Under total protection, largely market-led credit allocation, lax investment and FDI licensing, fragmented and inefficient industrial structures continue to survive and proliferated as IS [Import Substitution, Anm. d. Verf.] moved upstream." Moreira, M. M., Industrialization and Interventions. The Role of Governments in Developing Countries: Brazil (1993), S. 61, zitiert nach Meyer-Stamer, J., Technologie und Industrielle Wettbewerbsfähigkeit (1996), S. 39.

[16] So werden in Brasilien die 80er Jahre häufig als das "verlorene Jahrzehnt" bezeichnet.

besserung der Wettbewerbsposition beitrugen (wie z.B. der Bau von Staudämmen). Der "anti-export-bias" bestand fort, und nur wenige Betriebe waren so konkurrenzfähig, daß sie ohne massive staatliche Unterstützung ein rasches Exportwachstum bewerkstelligen konnten.

Zweitens blieb das leitende Prinzip der Anpassungsstrategie in den 80er Jahre zunächst die schuldenfinanzierte Expansion, deren Grenzen jedoch schon vor dem Ausbruch der Verschuldungskrise klar wurden. Während der 80er Jahre wurde in Brasilien Krisenmanagement betrieben, in dessen Rahmen Sanierungskonzepte verschiedener ökonomischer Herkunft einander in raschem Wechsel ablösten.[17]

Erst gegen Ende der 80er Jahre begann sich in Brasilien die Einsicht durchzusetzen, daß die Krise nicht kurzfristiger Natur war, sondern eng mit der in dem Land verfolgten Industrialisierungsstrategie zusammenhing. Brasilien wandte sich ab 1990 zunehmend einer exportorientierten Entwicklungsstrategie zu. Es war eines der letzten Länder Lateinamerikas, das sich von der überkommenen Importsubstitutionsstrategie verabschiedete.

Die brasilianische Wirtschaft ist seit Anfang der 90er Jahre zweifellos offener geworden: Importverbote wurden abgebaut, quantitative Einfuhrbeschränkungen gelockert und Importzölle erheblich gesenkt (insbesondere für industrielle Vorleistungen). Im Rahmen der Verhandlungen über die Gründung des MERCOSUR[18] wurden außerdem die Zollsenkungen teilweise noch beschleunigt.[19]

Im Rahmen des sog. "Plano Real" wurde im Dezember 1993 die Konsolidierung des Staatshaushalts angekündigt und im Juli 1994 eine neue Währung namens "Real" eingeführt, nachdem die Inflationsrate auf Jahresbasis Mitte 1994 gegen 5000 v.H. tendiert hatte. Im Gegensatz zu früheren Stabilisierungsprogrammen unterblieben unerwartete ad-hoc-Maßnahmen wie Preis- und Lohnstopps, und in den nachfolgenden Jahren fiel die Inflationsrate abrupt.[20]

B. Entwicklungsstrategien in Korea[21]

Südkorea, das Anfang der 60er Jahre mit einem BSP pro Kopf von US$ 80,00 noch zu den ärmsten Ländern der Erde zählte, läßt sich heute als geeignetes Beispiel für einen

---

[17] So gab es während dieser Zeit "...acht Stabilisierungsprogramme, vier unterschiedliche Währungen, elf unterschiedliche Indizes zur Inflationsberechnung, fünf Lohn- und Preisstops, 14 verschiedene Lohnpolitiken, 18 Wechsel in den Umtauschregeln, 54 Modifizierungen bei den Regeln für Preiskontrollen, 21 Vorschläge zur Neuaushandlung der Auslandsschulden und 19 Regierungsdekrete zur fiskalischen Austerität." Meyer-Stamer, J., Technologie und Industrielle Wettbewerbsfähigkeit (1996), S. 40.

[18] Beim MERCOSUR handelt es sich um einen gemeinsamen Markt, der Brasilien, Argentinien, Paraguay und Uruguay umfaßt. Chile und Bolivien sind freie Assoziierungsmitglieder.

[19] Vgl. Nunnenkamp, P., Herausforderungen der Globalisierung für Brasilien (Die Weltwirtschaft, Heft 1, 1997), S. 117.

[20] Vgl. dazu Abschnitt 3.1., Seite 42 f.

[21] Vgl. zur folgenden Darstellung Pohl, M., Südkorea (1991), S. 227 ff.; Piazolo, M., Bestimmungsfaktoren des wirtschaftlichen Wachstums (1994), S. 69 ff; Koch, L. T., Evolutorische Wirtschaftspolitik (1996), S. 172 ff; Engelhard, K., Südkoreas Aufstieg (GR, Heft 12, 1996), S. 696 ff.

Staat anführen, der viele entwicklungspolitische Ziele innerhalb kurzer Zeit erfolgreich umgesetzt hat.

Nach der Abspaltung von Nordkorea (1945) verfügte das an natürlichen Ressourcen relativ arme Land weder über eine entwickelte Schwerindustrie noch über einen Bergbausektor. Außerdem war im Koreakrieg (1950-1953) mehr als ein Drittel des noch verbliebenen Kapitalstocks zerstört worden. Das vielleicht entscheidende Element der Periode nach dem Zweiten Weltkrieg (1945-1952) für die weitere wirtschaftliche Entwicklung war die Agrarreform der Jahre 1945-1949. Das Land der geflohenen japanischen Großgrundbesitzer wurde enteignet und unter den koreanischen Kleinpächtern verteilt, wobei Obergrenzen für Hofgrößen (3 Hektar) festgesetzt und die wenigen koreanischen Großgrundbesitzer politisch entmachtet wurden. Hierin unterscheidet sich Korea von den meisten lateinamerikanischen Ländern: Die Landreform hatte in diesem Land eine gleichmäßigere Einkommensverteilung zur Folge, die sich außerdem langfristig nicht wieder polarisierte. Dadurch wurde eine zu starke Dominanz von Eliten (Partikularinteressen) verhindert, die das Wirtschaftswachstum verzögern hätte können.

In der folgenden Phase der Importsubstitution (1953-1960) wurde Korea mit massiven Hilfen aus dem USA unterstützt, die jedoch schrittweise eingestellt wurden. Zwischenzeitlich betrug die finanzielle Hilfe ca. ein Drittel des Staatsbudgets und finanzierte ungefähr 70 % der Gesamtimporte sowie bis zu 80 % der Investitionsvorhaben. Gleichzeitig wurde während dieser Periode ein komplexes System von Handelsrestriktionen mit Importquoten, Zolltarifen und multiplen, überbewerteten Wechselkursen eingeführt, um die eigene Leichtindustrie auf- und auszubauen. Innerhalb dieser Periode betrieb der Staat eine selektive Industriepolitik, d.h. nur ausgewählte Industrien wurden durch massive Subventionen gefördert und zur Beschaffung der notwendigen Vorprodukte und Rohstoffe wurden nur bestimme Importeure zugelassen. Die Folge war ein Aufblühen von Korruption und "rent-seeking" Aktivitäten. Außerdem war die innenpolitische Situation sehr instabil, was sich in einem häufigen Wechsel bei der Besetzung der Ministerposten widerspiegelte.

Die sich verstärkende wirtschaftliche Stagnation, verbunden mit einer wachsenden Ineffizienz und Erschöpfung der Importsubstitutionspolitik, erzwang schließlich im Jahr 1961 einen politischen Machtwechsel und damit die entscheidende Änderung in der Wirtschafts- und Entwicklungspolitik. Das Jahr 1961 markiert somit die Kehrtwende Südkoreas von einer Importsubstitutionspolitik hin zu einer exportorientierten, zunehmend liberaleren Entwicklungsstrategie. Das war die Reaktion der Militärregierung auf den immer stärker gewordenen Anpassungsdruck, der sich aus der wirtschaftlichen und politischen Situation der vorangegangenen Jahrzehnte ergeben hatte. Die seit 1962 propagierten Fünfjahrespläne spiegeln das verstärkte Entwicklungsengagement des koreanischen Staates nach dem Machtwechsel wider.

Zu den wirtschaftspolitischen Maßnahmen der exportorientierten Strategie der Jahre nach 1961 zählen a) eine verstärkte Zusammenarbeit mit der Privatwirtschaft und deren institutionelle Stärkung, b) die mehrfache Abwertung des Wechselkurses zur Stärkung der Wettbewerbsfähigkeit sowie c) eine zunehmende Liberalisierung der Devisen- und Kapitalmärkte. Zusätzlich wurden eine Reihe von Exportförderungsmaßnahmen unter Neutralitätsgesichtspunkten, d.h. ohne Bevorzugung einzelner Branchen und Unternehmen, eingeführt, während die Importbeschränkungen zunehmend abgebaut wurden.

Diese Wirtschaftsreformen führten zu einem hohen Wirtschaftswachstum, das durch die kontinuierliche Steigerung der Exporte vorangetrieben wurde. Die Ursache dieses Erfolgs liegt in der Tatsache, daß das an natürlichen Ressourcen und Kapital arme Korea sich eine Entwicklungsstrategie zu eigen machte, die auf dem einzigen reichlich vorhandenen Faktor –Arbeitskraft- aufbaute. Dies erfolgte durch den Wechsel der Industrialisierungspolitik von der Importsubstitution zur Exportförderung derjenigen Branchen, die über komparative Vorteile verfügten. Dazu zählen die unter dem Importschutz der 50er Jahre "großgezogenen" arbeitsintensiven Leichtindustrien (insbesondere die Bekleidungs- und Textilindustrie).

Das Erkennen des beginnenden Verlustes komparativer Vorteile bei arbeitsintensiven Produkten infolge des schrittweisen Lohnkostenanstiegs bei Vollbeschäftigung und der wachsenden Konkurrenz durch China, verstärkt durch eine zwischenzeitlich starke Erhöhung der Importpreise nach dem ersten Ölschock, führte zwischen den Jahren 1974 und 1979 zu einer starken und einseitigen Unterstützung der Schwerindustrie und der chemischen Industrie. Die Folge der staatlich gelenkten, einseitigen Subventionierung der oben genannten Industrien war eine Verzerrung der Faktorallokation, eine Verstärkung der wirtschaftlichen Konzentration und eine relative Benachteiligung sowohl anderer Branchen als auch kleinerer und mittlerer Unternehmen.

Neben dieser binnenwirtschaftlichen Strukturkrise brachten im Jahre 1979 eine innenpolitische Krise[22] und drei außenwirtschaftliche Schocks (Verdoppelung der Rohölpreise, Zinsanstieg und weltwirtschaftliche Rezession) eine erneute wirtschaftspolitische Liberalisierung. Verstärkte wettbewerbspolitische Maßnahmen, die Abschaffung einseitiger Begünstigungen der Chemie- und der Schwerindustrie, geld- und budgetpolitische Maßnahmen zur Bekämpfung des Preisanstiegs, eine weitere Handelsliberalisierung und eine Maxiabwertung des Won waren kennzeichnend für diese wirtschaftspolitische Wende, mit der Folge eines Anstiegs des Pro-Kopf-Einkommens von US$ 1.589,00 im Jahre 1980 auf das ungefähr vierfache im Jahre 1991.

Fazit

Im Rahmen der vorherigen Analyse der Entwicklungsstrategien südostasiatischer und lateinamerikanischer Länder wurde ein aus entwicklungspolitischer Perspektive einigermaßen repräsentativer Staat ausgesucht: Für Ostasien ist dies Südkorea und für Lateinamerika Brasilien, das außerdem Untersuchungsgegenstand dieser Arbeit ist.

Werden die von beiden Staaten verfolgten Entwicklungsstrategien im Zeitablauf betrachtet, so stellt man bemerkenswerte Unterschiede fest: Während Südkorea auf den immer wiederkehrenden Anpassungsdruck mit zunehmenden Liberalisierungsmaßnahmen und höherer weltwirtschaftlicher Integration reagierte, hielt Brasilien lange Zeit an einer Importsubstitutionsstrategie fest.

Das Beispiel Südkorea zeigt außerdem noch, daß temporär gedachte Strukturanpassungshilfen, wie etwa Erziehungszölle, dort tatsächlich für eine begrenzte Zeit genutzt wurden. In Brasilien dagegen wurden sie zum Streitobjekt von Interessengruppen

[22] Ende 1979 wurde Präsident Park getötet und ein neues Militärregime unter Führung von General Chun Doo Hwan versuchte die Macht im Staat zu konsolidieren. Vgl. Piazolo, M., Bestimmungsfaktoren des wirtschaftlichen Wachstums (1994), S. 77.

(Einfluß von reichen und mächtigen Eliten) und banden deshalb unnötig langfristig staatliche Mittel. Das Fehlen des notwendigen Anpassungsdrucks begünstigte in Brasilien somit lange Zeit das Entstehen von marktwidrigen Verzerrungen und Ineffizienzen.[23]

[23]Vgl. Koch, L. T., Evolutorische Wirtschaftspolitik (1996), S. 179 f.

3. Wirtschaftliche Rahmenbedingungen in Brasilien

3.1. Makroökonomische Entwicklung

In diesem Abschnitt wird auf die Entwicklung ausgewählter makroökonomischer Variablen in Brasilien im Vergleich zu ausgesuchten Ländern eingegangen. Folgende Variablen werden dabei berücksichtigt: a) Wirtschaftswachstum, gemessen als Veränderung des realen Bruttoinlandsproduktes, b) Bruttoinvestitionsquote, c) Anteil des Konsums am BIP und d) Arbeitslosenquote.[24]

A. Wirtschaftswachstum

Aus Abbildung 3 ist die Entwicklung des realen Bruttoinlandsproduktes zwischen 1986 und 1995 bzw. 1996 in ausgesuchten Ländern ersichtlich. Auffallend ist die relativ hohe Wachstumsrate Chiles und der südostasiatischen Schwellenländer. Argentinien, die Industrieländer und vor allem Brasilien weisen dagegen während der betrachteten Periode durchschnittlich eine relativ geringe Wachstumsrate auf.

Beim internationalen Vergleich des Niveaus und der Entwicklung des BIP im Zeitablauf müssen dennoch einige Besonderheiten berücksichtigt werden. So wird die Aussagekraft dieses Indikators u.a. durch die Beschränkung auf Markttransaktionen relativiert. Unberücksichtigt bleiben zum Beispiel die Schwarzarbeit und die Eigenleistungen der privaten Haushalte. Bei der Schwarzarbeit handelt es sich um illegale Transaktionen, deren Wert statistisch nicht erfaßt werden kann und die somit auch nicht in die Kalkulation einbezogen werden. Zu den Eigenleistungen der privaten Haushalte zählen u.a. die Kindererziehung, die Zubereitung von Mahlzeiten und die Reinigung der Wohnung.[25]

In vielen Entwicklungs- und Schwellenländern sind die Unternehmensgründer sowohl mit einer extrem hohen Bürokratie als auch mit einer relativ hohen Steuerlast konfrontiert.[26] Dies hat zur Folge, daß viele Existenzgründer ihr Unternehmen nicht anmelden und somit die daraus resultierende Schwarzarbeit zu einem geringeren Ausweis des BIP führt.

B. Bruttoinvestitionsquote

Betrachtet man die Entwicklung der Bruttoinvestitionsquote (Anteil der Bruttoinvestitionen am BIP) für den Zeitraum zwischen 1986 und 1996 so fällt auf, daß Korea, Malaysia, Thailand und Chile insgesamt (tendenziell) einen kontinuierlichen Anstieg dieser Quote aufweisen. In Brasilien dagegen ist der Anteil der Bruttoinvestitionen am BIP zwischen 1989 und 1991 gesunken und dann von 1991 bis 1995 konstant geblieben. Die Industrieländer sind weiterhin insgesamt durch eine relativ konstante Bruttoinvestitionsquote gekennzeichnet.

---

[24] Es soll an dieser Stelle darauf hingewiesen werden, daß im weiteren Verlauf dieser Arbeit auch auf andere makroökonomischen Variablen eingegangen wird. Vgl. dazu insbesondere Abschnitt 6, S. 143 ff.

[25] Vgl. Hölder, E., Das Bruttosozialprodukt (Wirtschaftsdienst, Heft 10, 1989), S. 487; Haslinger, F., Volkswirtschaftliche Gesamtrechnung (1992), S. 222.

[26] Vgl. Soto, H. d., Economia Subterrânea (1987), S. 14 ff.

Abbildung 3: Entwicklung des realen BIP in ausgesuchten Ländern (1986-1996)[1]

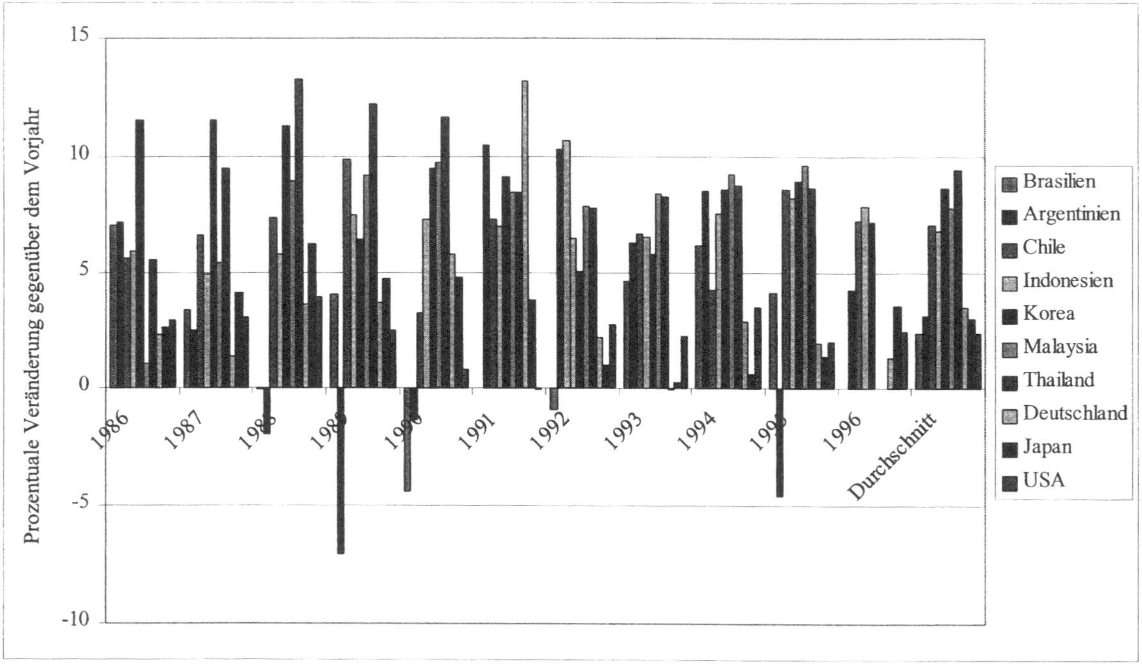

(1) Datenreihen: Von links nach rechts: Brasilien, Argentinien, Chile, Indonesien, Korea, Malaysia, Thailand, Deutschland, Japan und USA

Quelle: IMF, International Financial Statistics Yearbook (1997); eigene Berechnungen

Abbildung 4: Entwicklung der Bruttoinvestitionsquote in ausgesuchten Ländern (1986-1996) (Prozent)

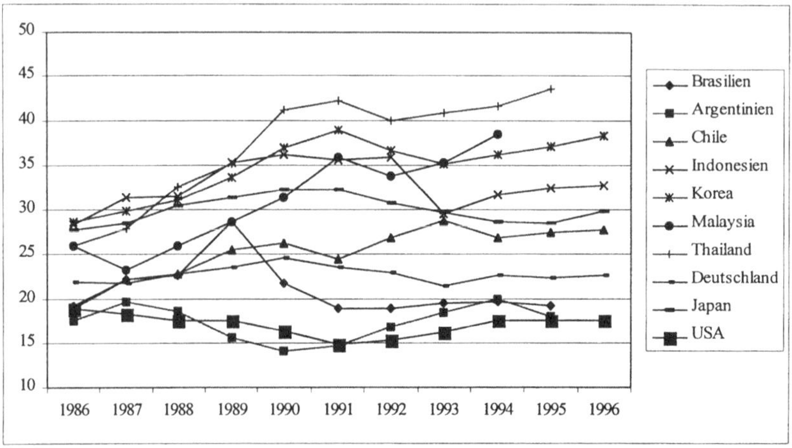

Quelle: IMF, International Financial Statistics Yearbook (1997); eigene Berechnungen.

C. Anteil des Konsums am BIP

Betrachtet man die Veränderung des Anteils des Konsums am BIP für den Zeitraum zwischen 1986 und 1996 so ist erkennbar, daß dieser Anteil sowohl international als auch intertemporal recht unterschiedlich ausfällt.

Abbildung 5: Entwicklung des Anteils des Konsums am BIP in ausgesuchten Ländern (1986-1996) (Prozent)

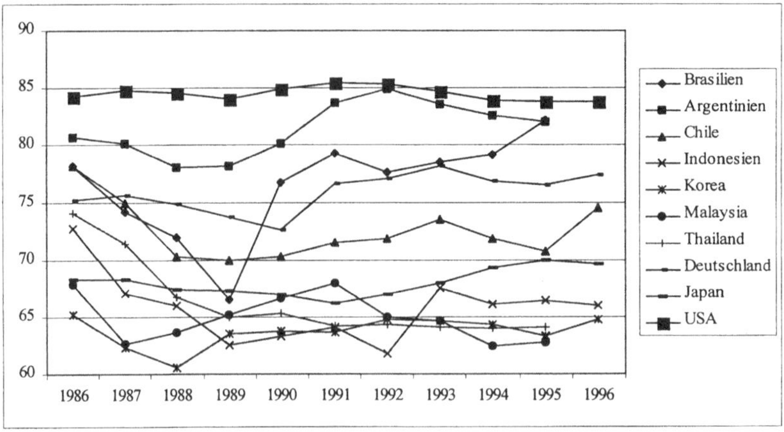

Quelle: IMF, International Financial Statistics Yearbook (1997); eigene Berechnungen.

Beachtlich ist der kontinuierliche Anstieg des Anteils der Konsumausgaben am BIP in Brasilien ab 1989. In Deutschland und Japan ist auch eine leichte relative Zunahme dieser Ausgaben, vor allem ab Anfang der 90er Jahre, festzustellen. Malaysia und Argentinien weisen dagegen ab 1991 bzw. ab 1992 tendenziell eine relative Senkung der Konsumausgaben auf.

D. Vergleich Bruttoinvestition und Konsum

Neben der Analyse der Entwicklung des Anteils der Bruttoinvestitionen und der Konsumausgaben am BIP wird anschließend auch auf den internationalen Vergleich dieser Anteile eingegangen. In Abbildung 6 werden die durchschnittlichen Anteile der Bruttoinvestitionen und der Konsumausgaben am BIP ausgesuchter Länder (1986-1996) gegenübergestellt.

Vergleicht man diese durchschnittlichen Anteile fällt folgendes auf: In den südostasiatischen Schwellenländern ist die Sparneigung und somit der durchschnittliche Anteil der Bruttoinvestitionen am BIP größer als in den südamerikanischen Schwellenländern und in den Industrieländern. Innerhalb der letzten zwei Gruppen weisen weiterhin Chile und Japan die höchsten Bruttoinvestitionsquoten auf. In Brasilien dagegen ist die Investitionsneigung als relativ gering einzustufen.

Abbildung 6: Durchschnittliche Anteile der Bruttoinvestitionen und der Konsumausgaben am BIP (1986-1996)[(1)]

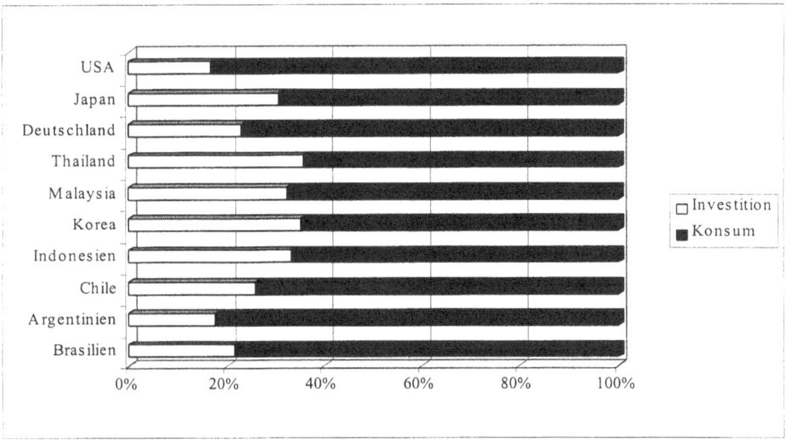

(1) Da für Brasilien, Argentinien, Malaysia und Thailand keine Daten für 1996 zur Verfügung standen, wurde in diesem Fall der Durchschnitt der Jahre 1986-1995 gebildet.

Quelle: IMF, International Financial Statistics Yearbook (1997); eigene Berechnungen.

E. Arbeitslosenquote

Einen weiteren wichtigen makroökonomischen Indikator bildet die Arbeitslosenquote. Wenn ein beträchtlicher Teil produktiver Ressourcen ungenutzt bleibt und von beschäftigten Ressourcen alimentiert werden muß, ist die Allokation der Ressourcen als gestört zu betrachten.[27]

Hervorzuheben ist die hohe und zunehmende Arbeitslosigkeit in Deutschland und in Argentinien. Brasilien hat dagegen ab 1992 eine relative Senkung seiner Arbeitslosenquote aufzuweisen. Auffallend ist außerdem die relativ geringe Arbeitslosenquote in den südostasiatischen Schwellenländern Korea, Indonesien und Malaysia. Dies wird u.a. dadurch erklärt, daß in diesen Ländern das durch den Bevölkerungsanstieg zusätzliche Arbeitsangebot durch eine weit stärkere Zunahme der Erwerbstätigen am Arbeitsmarkt untergebracht werden konnte. Das ist außerdem ein Hinweis dafür, daß es diese Länder z.T. geschafft haben, vorhandene Ressourcen effizient zu nutzen.

Abbildung 7: Entwicklung der Arbeitslosenquote in ausgesuchten Ländern (1986-1996) (Prozent)[(1)]

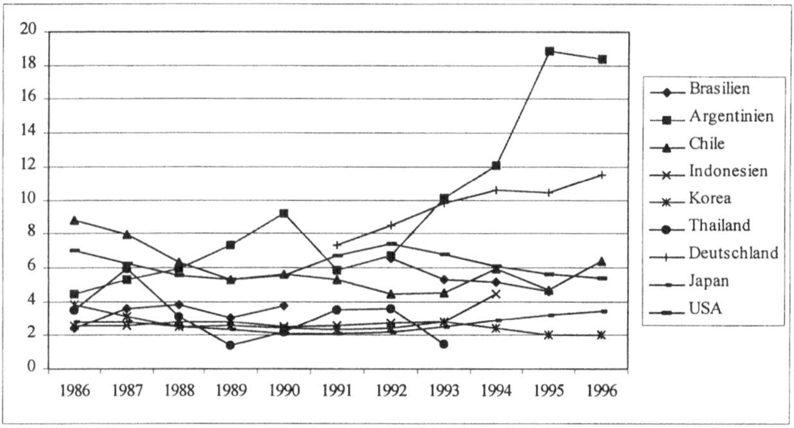

(1) Aufgrund der Unzuverlässigkeit der Statistiken der ehemaligen DDR zur Arbeitslosenquote wird hier nur die Entwicklung ab 1991 in Gesamtdeutschland berücksichtigt.

Quelle: IMF, International Financial Statistics Yearbook (1997); IW, Zahlen zur wirtschaftlichen Entwicklung der Bundesrepublik Deutschland (1997).

F. Inflationsrate

Anhand der Tabelle 5 kann festgestellt werden, daß zwischen 1986 und 1996 Brasilien die höchste Inflationsrate aufzuweisen hat. Zwar ist die Inflation nach der Einführung des "Plano Real" drastisch gesunken, dennoch ist diese, im Vergleich zu den anderen hier ausgesuchten Ländern, als relativ hoch einzustufen.

Für die hohe Inflationsrate in Brasilien, vor allem bis 1994, sind folgende Gründe maßgebend:

---

[27] Vgl. Berthold, N., Wettbewerbsfähigkeit der deutschen Wirtschaft (1992), S. 14.

Erstens entwickelte sich der brasilianische Staat zu einem äußerst aktiven Teilnehmer an der Wirtschaft, der die Aktivitäten multinationaler und inländischer Unternehmen während der Importsubstitutionsphase ergänzte. Dies hatte eine zunehmende öffentliche Verschuldung zur Folge, denn während auf der Ausgabenseite die Regierung kontinuierlich sowohl private als auch Staatsunternehmen, die häufig ineffizient arbeiteten, subventionierte,[28] erschwerte es auf der Einnahmeseite die fortdauernde Gewährung von Steuerbefreiungen zur Förderung bestimmter Sektoren und Regionen zunehmend, die Steuereinnahmen auf dem Niveau der Ausgaben zu halten. Das fortdauernde öffentliche Defizit Brasiliens wurde außerdem hauptsächlich durch Erhöhung der internen Verschuldung finanziert.

Tabelle 5: Entwicklung der Verbraucherpreise in ausgesuchten Ländern (prozentuale Veränderung gegenüber dem Vorjahr) (1986-1996)

	1986	1987	1988	1989	1990	1991	1992	1993	1994	1995	1996
Brasilien	145,2	229,7	682,3	1.287,0	2.937,8	440,9	1.008,7	2.148,4	2.668,5	84,4	18,2
Argentinien	90,1	131,3	343,0	3.079,8	2.134,0	171,7	24,9	10,6	4,2	3,4	0,2
Chile	19,5	19,9	14,7	17,0	26,0	21,8	15,4	12,7	11,4	8,2	7,4
Indonesien	5,8	9,3	8,0	6,4	7,8	9,4	7,5	9,7	8,5	9,4	7,9
Korea	2,8	3,0	7,1	5,7	8,6	9,3	6,2	4,8	6,3	4,5	5,0
Malaysia	0,7	0,3	2,6	2,8	2,6	4,4	4,8	3,5	3,7	5,3	3,5
Thailand	1,8	2,5	3,8	5,4	6,0	5,7	4,1	3,4	5,2	5,7	5,8
Deutschland	-0,1	0,2	1,3	2,8	2,7	3,6	5,1	4,5	2,7	1,8	1,5
Japan	0,6	0,1	0,7	2,3	3,1	3,3	1,7	1,3	0,7	-0,1	0,1
USA	1,9	3,7	4,0	4,8	5,4	4,2	3,0	3,0	2,6	2,8	2,9

Quelle: IMF, International Financial Statistics Yearbook (1997).

Zweitens, wurde die Inflation durch ein allgemein geltendes Indexierungssystem "institutionalisiert" und verschärft: Alle Unternehmen wußten, daß sie Preiserhöhungen der Inputs (Rohstoffe, Betriebsstoffe usw.) an ihre Kunden weitergeben konnten, da diese den Kauf teurerer Produkte dem Besitz von Geld vorzogen, dessen Wert, wie sie annahmen, immer schneller verfiel. Die Indexierung von Löhnen, Wertpapieren und Wechselkurs, verbunden mit einem geringen Vertrauen in die inländische Währung, begünstigte die Duldung solcher Preiserhöhungen.[29]

---

[28] Dabei wurde, ähnlich wie in Korea zwischen 1974 und 1979, eine selektive Industriepolitik betrieben. Vgl. zur selektiven Industriepolitik Koreas S. 36.

[29] Vgl. Baer, W./Paiva, C., Brasiliens inflationäre Erblast (1996), S. 71 f.

3.2. Finanzsystem

A. Allgemeine Charakterisierung des brasilianischen Finanzsystems[30]

Das brasilianische Finanzsystem ist durch einen mehrstufigen Aufbau gekennzeichnet, wobei entsprechend der in Brasilien üblichen Einteilung von einer normativen und einer operativen Ebene auszugehen ist (Abbildung 8).

Aa. Normative Ebene

An der Spitze der normativen Ebene befindet sich der Nationale Kreditrat (Conselho Monetário Nacional – CMN) mit seinen beratenden Ausschüssen (Comissões Consultivas). Alle diese Organe haben normativen Charakter, d.h. sie bestimmen die Richtlinien der Geld- und Kreditpolitik. Zu den Funktionen des CMN gehören die Kontrolle des Geld- und Kreditvolumens, der Zinssätze und die Aufsicht über den Devisenmarkt. Die "Comissões Consultivas" beraten den CMN bei Bedarf. Es sind beratende Ausschüsse in den Bereichen "Banken", "Kapitalmarkt", "landwirtschaftliche Kredite" und "Industriekredite" vorhanden.

Auf der normativen Ebene steht auch die brasilianische Zentralbank (Banco Central do Brasil-BACEN). Diese ist ein Exekutivorgan, d.h. sie führt die Maßnahmen aus, die ihr vom Gesetz oder von den Normen, die der CMN gesetzt hat, zugewiesen sind. Die brasilianische Zentralbank ist somit, im Gegensatz zur Deutschen Bundesbank, keine unabhängige Institution. Zum Aufgabenkatalog der BACEN gehören u.a. die Geldemission, die Annahme von Zwangseinlagen (Mindestreserven) und freiwilligen Liquiditätsreserven, die Bereitstellung von Rediskontmöglichkeiten, die (selektive) Kreditkontrolle, die Bankaufsichtsfunktion, die Verhandlung der Auslandsschulden Brasiliens und die Verwaltung der internen öffentlichen Verschuldung. Als Exekutivorgan ist die BACEN mit weitgehenden und zum Teil dirigistischen Vollmachten ausgestattet. Die Eingriffsintensität ist hoch, insbesondere wenn bedacht wird, daß neben den zentralbanktypischen Instrumenten, wie sie der Deutschen Bundesbank oder dem Federal Reserve Board eigen sind, die selektive Kreditpolitik eine wichtige Rolle spielt. Diese schlägt sich beispielsweise nieder in der Festsetzung von Höchstzinssätzen für Kredite an bestimmte Wirtschaftsbereiche und in der Verpflichtung an die Banken, ein bestimmtes Kreditvolumen für kleine und mittlere Unternehmen oder gar (wie im Rahmen der staatlichen Agrarfinanzierung) nur für bestimmte Grundnahrungsmittel bereitzustellen.

Nach der in Brasilien üblichen Betrachtungsweise wird das Wertpapieraufsichtsamt (Comissão de Valores Mobiliários-CVM) ebenfalls der normativen Ebene zugerechnet. Das Wertpapieraufsichtsamt wurde 1976 nach dem Vorbild des SEC (USA) geschaffen und verfolgt als oberstes Ziel die Gewährleistung eines gut funktionierenden Kapitalmarktes. Zu seinen Aufgaben zählen u.a. die Kontrolle und Aufsicht der Aktienemission von Kapitalgesellschaften, der Schutz vor illegalen Aktienspekulationen und – emissionen und die Förderung der Geldanlage am Kapitalmarkt.

---

[30] Wenn kein anderer Quellenhinweis aufgeführt wird, basiert die nachfolgende Darstellung auf Fortuna, E., Mercado Financeiro (1995), S. 15 ff. und Schwolgin, A. F., Regulative Rahmenbedingungen (1993), S. 53 ff.

Abbildung 8: Das brasilianische Finanzsystem

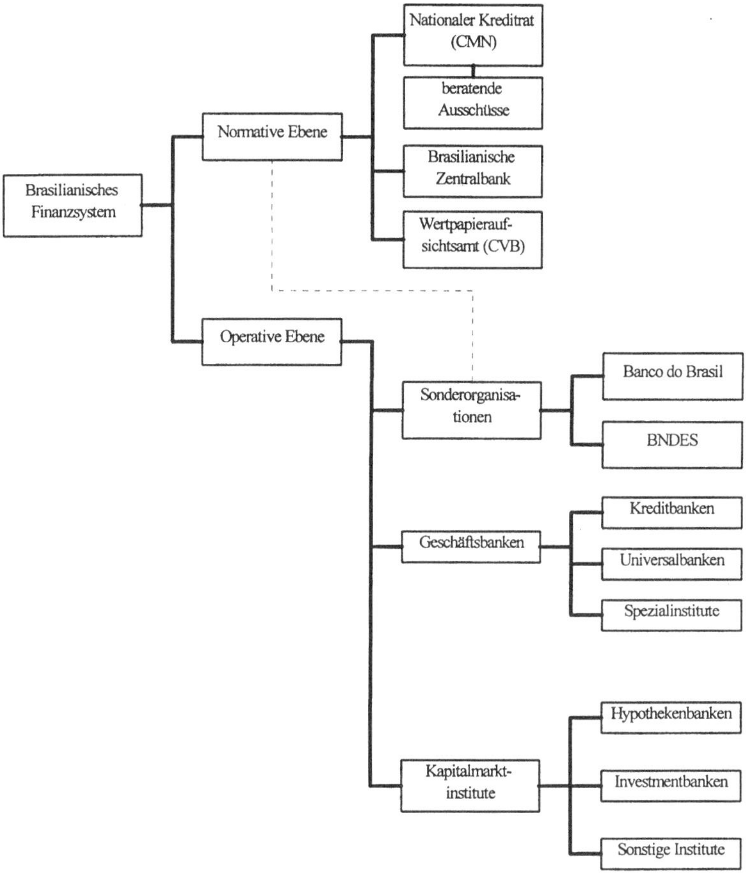

Quelle: Fortuna, E., Mercado Financeiro (1995), S. 32 und Schwolgin, A. F., Regulative Rahmenbedingungen (1993), S. 54.

Zwischen der normativen und der operativen Ebene anzusiedeln sind, sowohl die staatliche Investitions- und Entwicklungsbank (BNDES), die gegenwärtig u.a. die Privatisierung von Staatsunternehmen betreibt, als auch die mehrheitlich im staatlichen Besitz befindliche "Banco do Brasil", die mit Abstand größte Geschäftsbank Brasiliens. Die "Banco do Brasil" ist zwar eine Universalbank, ist aber eng an die brasilianische Regierung gebunden. So fungiert die "Banco do Brasil" beispielsweise als finanzieller Agent der Regierung, d.h. sie ist für die Weitervergabe von Staatskrediten (Industrie- und landwirtschaftliche Kredite) zuständig. Außerdem nimmt sie aktiv teil an der Verwaltung des staatlichen Haushaltsplans und der Staatsschuld. Die BNDES ist wiederum für die langfristige Investitionspolitik der brasilianischen Regierung zuständig. Wichtige Aufgabe der BNDES ist die Versorgung der Unternehmen mit langfristigen, zinsgünstigen Krediten. Die BNDES verfügt daher über eine Reihe von Finanzierungsprogrammen für spezielle Zwecke, z.B. für den Kauf von Maschinen, zur Mechanisierung der Landwirtschaft, zur Diversifizierung der Exporte, zur Investitionsförderung in strukturschwachen Regionen, wie beispielsweise im brasilianischen Nordosten usw.

Ab. Operative Ebene

Zur operativen Ebene zählen sowohl die Geschäftsbanken als auch die Kapitalmarktinstitute.

Ab1. Geschäftsbanken

Bis 1988 hatte Brasilien bezüglich der Geschäftsbanken ein reines Trennbankensystem nach dem US–amerikanischen Vorbild. Basis dieser Trennung waren das Bankenreformgesetz von 1964 und das Kapitalmarktgesetz von 1965. In Anbetracht der hohen Volatilität in der brasilianischen Wirtschaft hatte sich die strikte Funktionstrennung aber bald als risikopolitisch falsch erwiesen. Durch die Bildung von Finanzkonglomeraten begannen die Finanzinstitute nur wenige Jahre nach Inkrafttreten der beiden Gesetze, diese zu umgehen. Die Dachgesellschaften dieser Finanzkonglomerate koordinierten alle Finanzaktivitäten, einschließlich des Versicherungsgeschäfts. Im Jahre 1988 wurde dann eine Rechtsgrundlage für die brasilianische Universalbank (Banco Múltiplo) geschaffen (Resolution Nr. 1.524/88).

Kreditbanken des herkömmlichen Typs und die Universalbanken sind heute die beiden wichtigsten Institutionsgruppen in Brasilien. In beiden Gruppen existieren sowohl staatliche als auch private in- und ausländische Finanzinstitute. Wider Erwarten haben in Brasilien Kreditgenossenschaften eine geringe Bedeutung.

Nach wie vor wird das brasilianische Bankgeschäft von den zumindest mehrheitlich in staatlichem Besitz befindlichen Finanzinstituten dominiert. Dies gilt vor allem im Hinblick auf die Banco do Brasil, Banespa (Bundesland São Paulo) und Banerj (Bundesstaat Rio de Janeiro). Allein die Aktiva der Banco do Brasil sind so groß wie die der 20 größten privaten Finanzinstitute zusammen. Banco do Brasil und Banespa lagen 1994 bei der Kreditvergabe (jeweils US$ 19,695 Mrd. und US$ 9,255 Mrd.) weit vorn. Die größte private Bank des Landes, Bradesco, folgte mit US$ 3,832 Mrd. erst an dritter Stelle.[31] Größte ausländische Bank (Kriterium: Gesamtaktiva) war 1995 Lloyds, gefolgt von Banco Francês e Brasileiro (Crédit Lyonnais) und Citibank.

Infolge der Einführung des "Plano Real" Mitte 1994 und der damit verbundenen Senkung der Inflationsrate von 941 % im Jahr 1994 auf 23 % im folgenden Jahr, stürzten viele Banken in Brasilien in eine tiefe Krise. Bis zur Einführung des "Plano Real" verdienten die Banken noch sehr gut an der galoppierenden Inflation und dem daraus resultierenden "float", d.h. dem Gewinn, den sie beispielsweise bei Überweisungen oder bei Guthaben auf Girokonten dadurch erzielten, daß sie vorübergehend mit dem betreffenden Geld arbeiteten, ohne Zinsen dafür zu bezahlen. Bei mehr als einem Prozent In-

---

[31] Vgl. o.V., Os Cem Maiores Bancos, (Conjuntura Econômica, Heft 5, 1994), S. 36.

flation pro Tag waren solche Floating-Gewinne bzw. Inflationsgewinne überlebensnotwendig, denn diese machten administrative Ineffizienz, Geschäftsverluste, schlecht kalkulierte oder politisch bedingte Darlehen erträglich.[32] Die Gewinne waren teilweise so hoch, daß selbst Gebühren für Dienstleistungen nicht verlangt wurden. Als Folge des Ausfalls der Inflationsgewinne wurden dann in Brasilien einige Banken aufgelöst, darunter zwei Großbanken (Econômico und Nacional).[33]

Um die Krise im brasilianischen Bankensektor unter Kontrolle zu bekommen, wurde von Seiten der Regierung Ende 1995/ Anfang 1996 zwei Schritte unternommen: der erste Schritt war die Einführung eines Versicherungsmechanismus, der Einlagen und Anlagen bis zu R$ 20,000 garantiert und von den Finanzinstituten selbst mit Beiträgen in einem Verhältnis von 3/1000 pro Jahr auf die versicherten Einlagen getragen wird. – ein ähnliches System wie es in Deutschland vorhanden ist. Dieser Wert stellt eine 100% Sicherheit für 98 % der brasilianischen Bankkunden dar. Der zweite Schritt bestand in der Schaffung eines sog. Förderprogramms für die Umstrukturierung und Stärkung des Finanzsystems – "PROER", das über die Mindestreserveabgaben der Banken finanziert wird. Gelder des Programms wurden bereits beim Kauf verschiedener konkursgegangener Finanzinstitute wie der Econômico und Nacional in Anspruch genommen.[34]

Trotz dieser Unterstützung durch die Regierung müssen die brasilianischen Banken modernisieren. Das Beratungsunternehmen "Salomon Brothers" und die Wirtschaftszeitschrift "Suma Econômica" stellten in einer Studie fest, daß die brasilianischen Kreditinstitute, an internationalen Parametern gemessen, noch sehr ineffizient sind. So beläuft sich der Anteil der Verwaltungsausgaben an den Aktiva (Summe der Güter und Vermögenswerte) in Brasilien auf 9,29 %. Diese Kosten liegen in Ländern wie Argentinien mit 7,17 %, Mexiko mit 5,45 % und den USA mit nur 3,73 % deutlich niedriger (1995).[35]

Aus diesem Grund haben die Geldinstitute in Brasilien angefangen, kontinuierlich Strukturreformen vorzunehmen. Diese beziehen sich vor allem auf drei Schlüsselbereiche: massive Investitionen in Informatik,[36] Senkung der Verwaltungskosten und das Inkasso von Dienstleistungen, welche vorher kostenlos waren.

---

[32] Vgl. Matter, G. L., Das brasilianische Bankensystem, in: Brasilien, Verlagsbeilage zur FAZ von 27.11.1995. So kam beispielsweise das Beratungsunternehmen "Intermart Austin Ass." aus São Paulo bei einer Studie zum folgenden Schluß: Während die 219 größten brasilianischen Banken im ersten Halbjahr 1994 noch 63 % ihrer Einnahmen aus dem Floating zogen, waren es Anfang 1996 nur noch 4,7 %. Vgl. dazu Thoele, A., Das Fest der Inflation ist aus (Brasil-Alemanha em Revista, Heft 4, 1996), S. 36.

[33] Vgl. dazu Thoele, A., Das Fest der Inflation ist aus (Brasil-Alemanha em Revista, Heft 4, 1996), S. 36.

[34] Vgl. dazu Thoele, A., Das Fest der Inflation ist aus (Brasil-Alemanha em Revista, Heft 4, 1996), S. 38 ff.

[35] Vgl. dazu Thoele, A., Das Fest der Inflation ist aus (Brasil-Alemanha em Revista, Heft 4, 1996), S. 39.

[36] Es muß in diesem Zusammenhang dennoch darauf hingewiesen werden, daß in Zeiten hoher Inflation die Banken in Brasilien bereits gezwungen waren, kontinuierlich im Informatik- und Kommunikationsbereich zu investieren, um beispielsweise innerhalb kurzer Zeit Überweisungen vornehmen zu können.

Neben den Kredit- und den Universalbanken sind noch die Spezialinstitute zu nennen. Dazu zählen u.a. die "Caixas Econômicas", sog. Sparkassen, die sich im wesentlichen der Wohnraum- und kommunalen Infrastrukturfinanzierung widmen.

Neben der geringen Effizienz ist noch auf zwei weitere Charakteristika des brasilianischen Bankensystems hinzuweisen. Bei der ersten Charakteristik handelt es sich um die Konzentration im brasilianischen Bankwesen. Diese ist, trotz der großen Zahl von Banken, relativ hoch. So entfielen nach einer Studie der Zeitschrift "Conjuntura Econômica" 66,4% der Gesamtaktiva von 200 untersuchten Banken im Jahr 1995 auf nur zehn Banken. Auf diese zehn Banken konzentrierten sich im gleichen Jahr weiterhin 72,73 % aller Kredite und 71,96 % aller Einlagen.[37] Die zweite Charakteristik betrifft die relativ geringe Bedeutung von Bankkrediten als Finanzierungsquelle für brasilianische Unternehmen, d.h. sie ist eng mit dem Finanzierungsverhalten der Firmen in Brasilien verbunden.[38] Dies ist vor allem auf die relativ hohen und volatilen realen Zinssätze in Brasilien zurückzuführen.[39] Außerdem waren langfristige Kredite in Landeswährung aufgrund der hohen Inflation praktisch inexistent.[40]

Ab2. Kapitalmarktinstitute

Seit dem Wechsel zum brasilianischen Universalbankensystem haben die Kapitalmarktinstitute, insbesondere die Investmentbanken vielfach an Autonomie verloren. Nach 1988 wurden viele mit den Kreditbanken fusioniert. Im Jahre 1996 existierten in Brasilien dennoch 19 Investmentbanken (Bancos de Investimento).[41]

Als Hilfsinstitutionen, die der Aufsicht des Wertpapieramtes unterstehen, ist schließlich auf die große Gruppe der Devisen- und Wertpapiermakler hinzuweisen. Hinsichtlich der Devisenmakler besteht in Brasilien für Devisentransaktionen an Börsenplätzen Maklerzwang. Ausnahme bildet die Stadt Campinas, in der keine Regionalbörse vorhanden ist. Dort können Industrieunternehmen ohne Makler über die dort vertretenen Kreditinstitute Devisengeschäfte abschließen.

Zur Gruppe der Kapitalmarktinstitute gehören auch die Börsen. Diese werden unter Punkt B ausführlich analysiert.

---

[37] Vgl. o.V., Ranking FGV de Bancos (Conjuntura Econômica, Heft 5, 1995), S. 25 ff; eigene Berechnungen.

[38] Vgl. RC Consultores, Brazilian Banking Outlook (1996), S. 23; Matter, G. L., Das brasilianische Bankensystem, in: Brasilien, Verlagsbeilage zur FAZ von 27.11.1995.

[39] Vgl. dazu Abschnitt 6.9., S. 223 ff. Es muß in diesem Zusammenhang dennoch darauf hingewiesen werden, daß es in Brasilien Ausnahmen von dem sonst so hohen Zinsniveau gibt. Dazu zählen subventionierte Landeswährungskredite im Rahmen diverser staatlicher Förderprogramme, die vom BNDES vergeben werden. Diese stehen aber nur in begrenztem Maße zur Verfügung. Vgl. dazu Matter, G. L., Das brasilianische Bankensystem, in: Brasilien, Verlagsbeilage zur FAZ von 27.11.1995.

[40] Vgl. Matter, G. L., Das brasilianische Bankensystem, in: Brasilien, Verlagsbeilage zur FAZ von 27.11.1995.

[41] Vgl. Gazeta Mercantil, Balanço Anual 1997, S. 367.

B. Aktienmärkte

Da brasilianische Unternehmen ein geringes Interesse daran haben, sich über Bankkredite fremd zu finanzieren, müßten die Möglichkeiten zur Eigenkapitalbeschaffung, d.h. die Aktienmärkte in Brasilien relativ gut ausgebaut sein.[42] Wie im folgenden gezeigt wird, ist dies z.T. auch der Fall.

Es stellt sich in diesem Zusammenhang die Frage, mit Hilfe welches Kriteriums der Entwicklungsstand inländischer Aktienmärkte gemessen bzw. operationalisiert werden kann. In dieser Arbeit wird von der Annahme ausgegangen, daß je größer der Aktienmarkt ist, desto höher ist demzufolge auch sein Entwicklungsstand. Zur Messung der Größe inländischer Aktienmärkte wird in dieser Untersuchung der Indikator *"Börsenkapitalisierung"* verwendet. Er ergibt sich als Gesamtbetrag aus den Kurswerten der börsennotierten Aktiengesellschaften in einem Land.[43]

Aus Tabelle 6 ist die Marktkapitalisierung der Aktienmärkte in ausgesuchten Ländern ersichtlich. Die Marktkapitalisierung wurde außerdem zum BIP in Beziehung gesetzt, um einen Überblick über das Verhältnis "Börsenkapitalisierung/BIP" in den einzelnen Ländern zu geben.

Wie aus Tabelle 6 entnommen werden kann, ist die Börsenkapitalisierung Brasiliens zwar einerseits höher als die der anderen hier analysierten lateinamerikanischen Schwellenländer und als die Indonesiens, und fast so groß wie die von Korea und Thailand, aber andererseits ist das Verhältnis "Börsenkapitalisierung/BIP" in Brasilien neben dem in Argentinien und Indonesien als sehr niedrig einzustufen. Auffällig ist die extrem hohe Marktkapitalisierung der Aktienmärkte Malaysias. So war die Aktienbörse von Kuala Lumpur (KLSE) mit einer Marktkapitalisierung von rund 310 Milliarden DM Ende 1995 die größte Südostasiens (gefolgt von Singapur und Thailand) und nahm weltweit Rang 15 ein. Dieses beachtliche Volumen ist die Folge einer in der ersten Hälfte der neunziger Jahre in Angriff genommenen, umfangreichen Privatisierung von staatlichen Unternehmen und Dienstleistungen.[44]

Es muß bei der Analyse der Börsenkapitalisierung dennoch darauf hingewiesen werden, daß Aktienmärkte tendenziell sehr volatil sind, d.h., die Aktienkurse unterliegen häufig starken Schwankungen, so daß die Marktkapitalisierung einer bestimmten Börse zu verschiedenen Zeitpunkten unterschiedliche Werte aufweisen kann. Aus diesem Grund wird in dieser Arbeit neben dem Kriterium *"Börsenkapitalisierung"* noch der Indikator *"Zahl der an den wichtigsten inländischen Börsen notierten Unternehmen"* als weitere Proxyvariable zur Messung der Größe inländischer Aktienmärkte herangezogen.

---

[42] Es soll hier erwähnt werden, daß Unternehmen auch günstige Möglichkeiten haben, sich über die Kapitalmärkte fremd zu finanzieren, z.B. über die Emission von Schuldverschreibungen (debentures).

[43] Vgl. dazu Thomas, K./Treutler, H.-J., Kapitalmarkt (1993), S. 1218.

[44] Vgl. dazu Teufel, H./Mathe, C., Malaysias ehrgeizige Pläne (Zeitschrift für das Gesamte Kreditwesen, Heft 9, 1996), S. 26.

Tabelle 6: Börsenkapitalisierung und Verhältnis "Börsenkapitalisierung/BIP" ausgesuchter Schwellenländer (Jahr 1994)

Land	Börsenkapitalisierung (Mrd. US-Dollar)	BIP (Mrd. US-Dollar)	$\frac{\text{Börsenkapitalisierung}}{\text{BIP}}$ (%)
Brasilien	150	543	28
Argentinien	40	290	14
Chile	70	54	130
Malaysia	220	87	253
Thailand	150	155	97
Korea	160	442	36
Indonesien	47	175 (1)	27
Taiwan	200	277	74

(1) Im Falle von Indonesien wurde das BIP in Mrd. US-Dollar folgendermaßen berechnet: Teilung des BIP in Mrd. Rupiah (379,212) durch den durchschnittlichen Wechselkurs des Jahres 1994 (2,161).

Quelle: Banas, G., Globalização-A Vez do Brasil? (1996), S. 195; Novák, C., Planning for the Future in SE Asia (1996), S. 15; ADB, Homepage, in: http://www.asiandevbank.org; IMF, Balance of Payments Statistics Yearbook (1996).

Wie aus Tabelle 7 ersichtlich wird, sind die größten Börsen (gemessen an dem obengenannten Kriterium) die KLSE (Kuala Lumpur Stock Exchange) und die KSE (Korea Stock Exchange). In Brasilien sind die Börsen in Rio de Janeiro und São Paulo vergleichsweise klein, beide zusammen weisen dennoch ein Zahl von 1128 börsennotierten Unternehmen auf.

Tabelle 7: Zahl der an den wichtigsten inländischen Börsen notierten Unternehmen in ausgesuchten Schwellenländern (Jahr 1996)

Land	Wichtigste inländische Börsen
Brasilien	São Paulo: 551 Unternehmen Rio de Janeiro: 577 Unternehmen
Argentinien	Buenos Aires: 147 Unternehmen
Chile	Santiago: 291 Unternehmen
Malaysia	Kuala Lumpur: 621 Unternehmen
Indonesien	Jakarta: 253 Unternehmen
Thailand	Stock Exchange of Thailand: 454 Unternehmen
Korea	Korea Stock Exchange: 760 Unternehmen

Quelle: Auskünfte von Herrn Mike Trucano aus dem IFC (International Finance Corporation) in Washington (USA) am 28.07.1997 per e-mail.

Es muß in diesem Zusammenhang auch darauf hingewiesen werden, daß im Jahr 1996 die brasilianischen Börsen ein extrem hohes Wachstum verzeichneten. So ist die Marktkapitalisierung der Börse von São Paulo 1996 allein gegenüber dem Vorjahr um 47 Prozent auf 217 Milliarden Dollar gestiegen.[45] In einem, Anfang 1997 in der FAZ erschie-

[45] Vgl. dazu o.V., Der Auslandsmarkt: Lateinamerika - Börsendorado Brasilien, in: FAZ von 26.02.1997.

nenen Artikel wurde demzufolge behauptet, "Brasilianische Aktien gehören zum Besten, was risikobewußte Investoren derzeit im Depot haben können."[46]

Auch im Bereich der Terminbörsen, also der Handel mit Derivaten (insbesondere Finanztitel- und Rohstoffterminkontrakte), gehören Brasiliens Terminbörsen zu den führenden der Welt. Gemessen an der Zahl der gehandelten Kontrakte war beispielsweise die Bolsa de Mercadorias & Futuros (BM&F)[47] im Jahr 1994 bereits die fünftgrößte Terminbörse der Welt.[48]

3.3. Bildungs- und Innovationssystem

A. Allgemeine Charakterisierung des brasilianischen Bildungssystems[49]

Ein leistungsfähiges Bildungssystems ist eine wichtige Voraussetzung für die Herausbildung technologischer Kompetenz und für die Herstellung qualitativ hochwertiger Produkte.[50] Das Bildungssystem Brasiliens setzt sich aus folgenden Stufen zusammen:

(1) Primarschule (8 Jahre); der Primarschulabschluß gilt als Nachweis für ein annehmbares, beruflich verwertbares Allgemeinbildungsniveau;

(2) Sekundarschule (4 Jahre), die auf die Hochschule vorbereitet;

(3) Universität (ca. 4 Jahre) mit einem Abschluß, der mit dem US-amerikanischen "bachelor" deckungsgleich ist;

(4) Postgraduiertenstudium (pós-graduação) mit dem Ziel "mestrado" (M.A.) oder "doutorado" (phD)

Neben diesem System existiert das berufliche Bildungssystem, das zum größten Teil in privater Trägerschaft ist. Dazu zählen a) die gewerbliche Berufsausbildung (Serviço Nacional de Aprendizagem Industrial,[51] SENAI) und b) die Ausbildung in Dienstleistungsberufen (Serviço Nacional de Aprendizagem Comercial,[52] SENAC)

Aa. Primarbildung

Es ist heute unumstritten, daß die brasilianische Primarbildung in einer tiefen Krise steckt. Die Reichweite dieser Krise ist an einigen statistischen Indikatoren abzulesen: Nur 34 % der Schüler schließen die 8. Klasse, d.h. die vollständige Primarstufe, ab; da-

---

[46] o.V., Der Auslandsmarkt: Lateinamerika - Börsendorado Brasilien, in: FAZ von 26.02.1997.

[47] Die BM&F ist eine nicht-gewinnbringende arbeitende Organisation mit Sitz in São Paulo.

[48] Vgl. dazu Rettberg, V., São Paulo auf den Spuren Chicagos, in: Handelsblatt von 29.03.1995.

[49] Wenn kein anderer Quellenhinweis aufgeführt wird, basieren die nachfolgenden Darstellungen auf Meyer-Stamer, J., Technologie und Industrielle Wettbewerbsfähigkeit (1996), S. 67 ff. und Westphal, L. R., Berufsausbildung in Brasilien (1990), S. 109 ff.

[50] Vgl. dazu z.B. die Ausführungen zum Neo-Faktorproportionentheorem, zum Neo-Technologie-Ansatz und zum Produktzyklustheorem im Punkt 4.2.2.2., S. 69 ff.

[51] Nationaler Dienst für die industrielle Lehrlingsausbildung.

[52] Nationaler Dienst für die kaufmännische Lehrlingsausbildung.

zu brauchen sie im Durchschnitt 11,8 Jahre.[53] Die Wiederholungsquoten liegen somit sehr hoch (Abbildung 9).

Abbildung 9: Wiederholungsquoten in ausgesuchten Ländern (Primarbildung) (Prozent)[(1)]

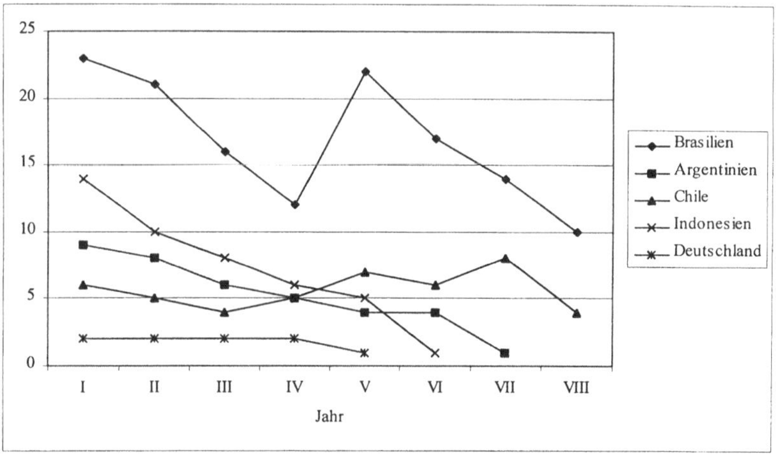

(1) Die Daten beziehen sich auf folgende Jahre: Brasilien (1993), Argentinien (1996), Chile (1995), Indonesien (1994/95) und Deutschland (1992/93).

Quelle: UNESCO, Statistical Yearbook (1997).

Der Grund für eine extrem hohe Wiederholungsquote der ersten Klasse in Brasilien ist das Fehlen eines entwickelten Vorschulwesens. Somit übernimmt die erste Klasse häufig einer Art Vorschulfunktion. Aber auch in den anderen Klassen ist die Wiederholungsquote sehr hoch. Wird diese Quote als Indikator für die Qualität des Primarschulwesens genommen, so wird deutlich, daß diese in Brasilien allgemein niedrig ist.

Ein Grund für die geringe Leistungsfähigkeit der Primarschulen war die Verringerung der Qualifikationsvoraussetzungen für Lehrer, die mit der Reform und der Ausweitung der Primarbildung im Jahr 1971 einher ging. So hatten beispielsweise im Jahr 1987 im Nordosten 51 % und im Südosten 23 % der Lehrer nur die vierte Klasse abgeschlossen. Hinzu kommt, daß die Lehrkräfte in Brasilien sehr schlecht bezahlt werden, so daß Qualifikations- und Gehaltsniveau sich gegenseitig verstärken.[54]

Eine wichtige Konsequenz der geringen Qualität des Primarschulwesens ist eine insgesamt niedrige formale Grundqualifikation der Arbeitskräfte, insbesondere im Verarbei-

[53] Vgl. dazu Fogaça, A./Eichenberg, L. C., Educação Básica e Competitividade (1993), S. 99.

[54] Vgl. dazu Ferreira, P. C./Issler, J. V., Educação e Crescimento (1997), S. 306.

tenden Gewerbe, wo nur 13,1 % der Arbeitskräfte[55] einen formalen Abschluß der Sekundarstufe oder der Hochschule haben.

Ab. Sekundarbildung

Das Hauptproblem der Sekundarstufe in Brasilien liegt in ihrer unangemessenen Rollendefinition. Vorbereitung auf die Hochschule und auf die Aufnahmeprüfung der Universitäten (sog. Vestibular) kann nur für einen Teil der Sekundarschüler ein Ziel sein, weil die Zahl der Sekundarschulabsolventen doppelt so hoch ist wie die Zahl der verfügbaren Studienplätze. Der 1970 unternommene Versuch, eine Komponente der beruflichen Bildung in die Sekundarschulen einzuführen, ist mangels Akzeptanz und aufgrund des unklaren Zuschnitts der vermittelten Qualifikationen gescheitert. Dieser Versuch wurde 1981 aufgegeben, ohne daß jedoch ein neues Konzept gefolgt wäre. Die Folge ist eine relativ niedrige Identifikation brasilianischer Schüler mit der Sekundarstufe.

Ac. Hochschulbildung

Ein wichtiges Problem der brasilianischen Hochschulbildung stellt die vergleichsweise geringe Zahl von Studenten pro 100,000 Einwohner dar (Abbildung 10). Obwohl die brasilianische Regierung einen hohen Anteil ihres Bildungsbudgets für die Hochschulbildung verwendet[56], werden diese Mittel nicht effizient eingesetzt. So weist Brasilien die höchsten Kosten pro Bildungsplatz in Lateinamerika auf,[57] wobei ein bedeutender Teil der Ausgaben auf Pensionen (u.a. auch frühzeitige Pensionen) entfallen.

Eine weitere Charakteristik des brasilianischen Hochschulsystems sind die großen Qualitätsunterschiede zwischen den Hochschulen. Die starke Zunahme der Studiengänge an den Universitäten in den 70er Jahren ging zu Lasten der Qualität. Dies wurde noch verschlechtert durch die Finanzkrise in den 80er Jahren: Zwischen 1980 und 1984 sanken die Finanzmittel der Bundesuniversitäten um fast 60 %. Die finanziellen Engpässe wurden insbesondere durch Reallohnsenkungen kompensiert, so daß die Effizienz insgesamt gering blieb. Private Universitäten, an denen ca. zwei Drittel der Studenten studieren, konnten diese Entwicklung kaum ausgleichen, denn sie folgen zum größten Teil dem Modell der "Diplomfabrik"[58]; Einrichtungen wie die PUC-Rio (Katholische Universität in Rio) sind die Ausnahme, die die Regel bestätigen. Einen Sonderfall stellt auch eine geringe Zahl von kleineren, eher lokal ausgerichteten Universitäten dar, die überwiegend in privater Hand stehen und ein gutes Preis-Leistungsverhältnis bieten.

---

[55] Vgl. Meyer-Stamer, J., Technologie und Industrielle Wettbewerbsfähigkeit (1996), S. 70. MEYER-STAMER selber berechnete diesen Wert anhand von Daten aus Carvalho, R. Q., Projeto de Primeiro Mundo (Estudos Avançados, Heft 17, 1993), S. 67.

[56] So fielen beispielsweise im Jahr 1995 50 % der gesamten Bildungsausgaben auf den Hochschulbereich. Vgl. dazu Schwartzman, S., O Ensino Superior (1996), S. 268.

[57] So gab die brasilianische Regierung im Jahr 1990 pro Student in den öffentlichen Universitäten US$ 8,712 aus. In Chile und Argentinien betrugen dagegen die Kosten pro Ausbildungsplatz im gleichen Jahr nur jeweils US$ 1.480 und US$ 920. Vgl. dazu Schwartzman, S., O Ensino Superior (1996), S. 290.

[58] Damit ist gemeint, daß sie überwiegend kommerzielle Zwecke verfolgen, d.h. das Ziel ist nicht der vertiefte Umgang mit dem Stoff, sondern den Studenten ein auf dem Arbeitsmarkt verwertbares Zertifikat zu geben.

Abbildung 10: Zahl von Studenten pro 100.000 Einwohner in ausgesuchten Ländern (Jahr 1994)

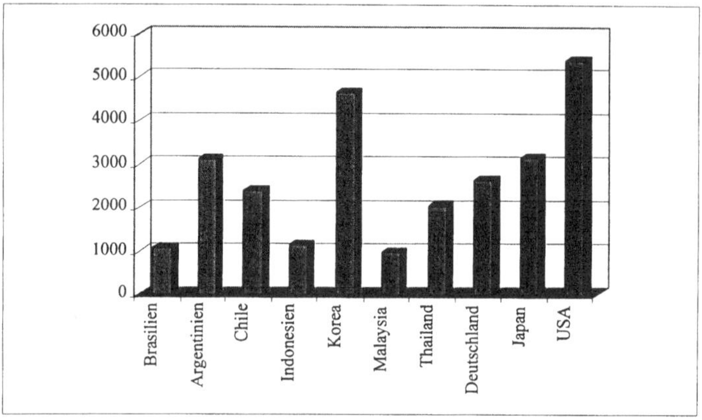

Quelle: UNESCO, Statistical Yearbook (1997).

Obwohl Brasilien seit dem Ende der 70er Jahre sein Post-Graduierungssystem relativ stark ausgebaut hat, weist es immer noch einige Mängel auf. *Erstens* gelang in den Hochschulen die Integration zwischen der Graduierung (erste Stufe) und der Post-Graduierung nur unzureichend. *Zweitens* sind nur ein Drittel der Kurse als gut einzustufen[59], *drittens* ist die Abbruchsquote relativ hoch (liegt etwa bei 70 %) und *viertens* dauert das Postgraduiertenstudium sehr lange (im Durchschnitt 4 ½ Jahre für den MA und 5 ½ Jahre für den PhD).[60]

Ad. Berufsausbildung

Das brasilianische berufliche Bildungssystem besteht, wie bereits dargestellt,[61] hauptsächlich aus den Institutionen SENAI und SENAC. Da in dieser Arbeit vor allem industrielle Branchen im Vordergrund stehen, wird im weiteren nur auf den SENAI eingegangen.

Der SENAI, welcher im Januar 1942 geschaffen wurde, ist an die Spitzenverbände der Industrie angegliedert. Es werden Kurse angeboten, die bis zu zwei Jahre dauern und Qualifikationen liefern, die im Industriesektor nachgefragt werden. Wichtigste Finanzierungsquelle des SENAI ist ein Beitrag in Höhe von 1 % auf der Lohnliste der einzelnen Unternehmen.[62] In manchen Fällen kann das einzelne Unternehmen vollständig bzw. teilweise von dieser Verpflichtung befreit werden, indem es sich verpflichtet, den Bei-

---

[59] Dies basiert auf kontinuierlichen Bewertungen (peer-review-System) durch den CAPES (Programm zur Förderung von Spitzenqualifikationen).

[60] Vgl. dazu Schwartzman, S., O Ensino Superior (1996), S. 283 ff.

[61] Vgl. dazu Seite 51.

[62] Vgl. auch dazu Abschnitt 6.4.

trag für die Ausbildung der eigenen Arbeiter zu verwenden (sog. Befreiungsabkommen bzw. Kooperationsabkommen).[63] Dies erfolgt zum größten Teil unter Aufsicht und mit Hilfe des SENAI. Die Zusammenarbeit zwischen SENAI und den Unternehmen ist häufig sehr eng. So ist es z.B. Usus, daß auf Anfrage einer Unternehmung (und auf dem Gelände dieses Unternehmens) für einen begrenzten Zeitraum ein spezifischer Ausbildungsgang eingerichtet wird.

Neben SENAI/SENAC ist in Brasilien ein Netz von technischen Schulen des Bundes vorhanden, dessen Qualität (zumindest in den leistungsfähigeren Bundesstaaten, wie São Paulo, Rio de Janeiro, Minas Gerais) gut ist.

In Brasilien existiert kein duales System der Berufsausbildung.[64] So werden beispielsweise vom SENAI u.a. zwei Kursarten angeboten: die reine schulische Ausbildung (aprendizagem) und das Training (treinamento). Die Berufsausbildung erfolgt somit nicht wie in Deutschland an zwei Lernorten (Betrieb und Berufsschule).[65]

Im Jahr 1995 waren in Brasilien im SENAI 2,304,195 Lehrlinge immatrikuliert.[66] Dies entspricht einem Lehrlingsanteil an der Gesamtbevölkerung von 1,45 % (nur SENAI). Die anderen hier analysierten Länder weisen dagegen folgende Lehrlingsanteile auf: Chile: 2,05 % (1995); Argentinien: 6,72 % (1994); Thailand: 0,94 % (1994/95); Korea: 2,04 % (1994/95); Indonesien: 0,81 % (1994/95); Malaysia: 0,16 % (1995); Japan: 1,15 % (1994/95); Deutschland: 2,78 % (1994/95).[67]

B. Allgemeine Charakterisierung des brasilianischen Innovationssystems[68] [69]

In Brasilien begannen die technologischen Initiativen in den 50er Jahren mit der Gründung des Nationalen Forschungsrates (CNPq, 1951) und des Technologie-Instituts für Luftfahrt (CTA, 1951); flankiert wurde dies durch den Aufbau eines Programms zur Förderung von Spitzenqualifikationen (CAPES, 1951). Danach wurden in Brasilien eine Reihe weiterer Einrichtungen und Behörden gegründet, die das Ziel verfolgten, das inländische Technologieniveau zu erhöhen. Zu den wichtigsten zählen heute, neben dem CNPq, das CTI (Technologisches Institut für Informatik), die FINEP (Agentur zur Finanzierung von Studien und Forschungsprojekten), das INPA (Nationales Institut für Amazonasforschung), das INPE (Nationales Institut für Raumfahrtforschung) und das

---

[63] Vgl. Amadeo, E. J., Retraining under Conditions of Adjustment (1993), S. 10.

[64] Ausnahmen bestehen vor allem in einigen südlichen Gebieten Brasiliens, wo der Einfluß der deutschen Kultur relativ stark ist.

[65] Vgl. Kirschner, T. C., Modernização Tecnológica (1993), S. 14.

[66] Vgl. CNI/SENAI, Relatório do Sistema Senai (1997).

[67] Eigene Berechnungen anhand von Daten aus: UNESCO, Statistical Yearbook (1997).

[68] Wenn kein anderer Quellenhinweis aufgeführt wird, basieren die nachfolgenden Darstellungen auf Meyer-Stamer, J., Technologie und Industrielle Wettbewerbsfähigkeit (1996), S. 57 ff. und Dahlman, C. J./Frischtak, C. R., National Systems (1993), S. 414 ff.

[69] Innovationssystem wird in Anlehnung an DAHLMAN/FRISCHTAK [Dahlman, C. J./Frischtak, C. R., National Systems (1993), S. 414] hier folgendermaßen definiert: "...network of agents and set of policies and institutions that affect the introduction of technology that is new to the economy." Dazu zählt auch das Bildungssystem, das aber aus Übersichtlichkeitsgründen in diesem Abschnitt getrennt analysiert wurde.

INT (Nationales Technologieinstitut).[70] Alle diese Institute sind dem Ministerium für Forschung und Technologie (MCT) untergeordnet, das wiederum erst 1985 gegründet wurde.

Trotz dieser hohen Zahl von Wissenschafts- und Technologieinstituten gibt es nach MEYER-STAMER[71] bisher in Brasilien kein nationales Innovationssystem, sondern höchstens Elemente eines solchen. Ihnen fehlt der "systemische" Charakter: es sind lose oder gar nicht verknüpfte Politiken, Aktivitäten und Institutionen in verschiedenen Sektoren, die zu unterschiedlichen historischen Zeitpunkten aus jeweils sehr spezifischen Gründen entstanden sind. So gab es zwar in der Vergangenheit Ansätze, aber keine kontinuierliche Praxis einer systematischen sektorübergreifenden Technologiepolitik. Koordination, Kooperation und Synergieeffekte zwischen Institutionen in verschiedenen Sektoren sind gering, Kompetenzüberschneidungen (Redundanzen) relativ verbreitet.

Wichtigste Ursache dieser Probleme war die extrem lange Importsubstitutionsphase (1954-1989) in Brasilien. Durch den hohen Schutz der inländischen Industrie vor der ausländischen Konkurrenz entstand kein Wettbewerbsdruck und somit kein Bedarf, die Effizienz des Innovationssystems zu erhöhen. Negative Folgen sind a) ein relativ niedriger Anteil von F&E-Ausgaben am BIP[72], b) eine relativ schlechte Ausstattung mit Wissenschaftlern, Ingenieuren und Technikern[73] c) relativ niedrige technologische Aktivitäten im privaten Sektor, vor allem in der Industrie und d) eine mangelhafte technologische Kooperation zwischen Unternehmen einerseits und Universitäten und Forschungseinrichtungen andererseits.

---

[70] Vgl. MCT, Relatório Estatístico 1985 a 1994 (1995), S. 16.

[71] Vgl. Meyer-Stamer, J., Technologie und Industrielle Wettbewerbsfähigkeit (1996), S. 74 f.

[72] Vgl. dazu Abschnitt 6.10.

[73] Vgl. dazu Abschnitt 5.4.3.

4. Zum Konzept der "internationalen Wettbewerbsfähigkeit"

4.1. Begriffliche Diskussion

Die Diskussion um die internationale Wettbewerbsfähigkeit inländischer Industrien beschäftigt schon seit langem Politik, Wirtschaft und Wissenschaft. Trotzdem gibt es in der wirtschaftswissenschaftlichen Diskussion bisher noch keine allgemein akzeptierte Definition der "internationalen Wettbewerbsfähigkeit" und es herrscht auch keine Einigkeit darüber, wie sich dieser Begriff eindeutig operationalisieren läßt.

Ein wichtiger Grund hierfür ist, daß sich der Begriff der internationalen Wettbewerbsfähigkeit auf verschiedene Erkenntnisobjekte übertragen läßt. Er kann sich neben Volkswirtschaften und Regionen auch auf Branchen und Unternehmen beziehen. Vor diesem Hintergrund stellt sich dann die Frage, wie sich der Begriffsinhalt unterscheidet, wenn internationale Wettbewerbsfähigkeit auf verschiedene Referenzobjekte bezogen wird.[74]

Im Falle von **Unternehmen** bereitet die Definition wenig Schwierigkeiten. Ein Unternehmen kann dann als wettbewerbsfähig bezeichnet werden, "wenn es Güter oder Dienstleistungen von höherer Qualität oder zu niedrigeren Kosten als inländische oder ausländische Konkurrenten herstellt und damit auf dem Weltmarkt im Wettbewerb bestehen kann".[75] BALASSA[76] prägte dafür den schon als klassisch zu nennenden Begriff der "ability to sell". Im Gegensatz zu Unternehmen existiert für Branchen oder für eine Volkswirtschaft keine allgemein akzeptierte Definition der internationalen Wettbewerbsfähigkeit.[77]

Einige Autoren definieren die internationale Wettbewerbsfähigkeit einer **Volkswirtschaft** als die aggregierte Wettbewerbsfähigkeit ihrer Unternehmen.[78] Die Übertragung eines solchen unternehmensorientierten Ansatzes auf Volkswirtschaften ist jedoch nicht unproblematisch. Die Ursache dafür ist, daß eine Volkswirtschaft nicht mit einem homogenen Sozialprodukt auf einem Weltmarkt gegen die Sozialprodukte anderer Nationen konkurriert. In Wirklichkeit ist eine Volkswirtschaft ein viel komplexeres Gebilde, in dem die Unternehmen nur einen Teil der Akteure darstellen. Dazu zählen auch die Haushalte und als endogene Variablen die gesamten Rahmenbedingungen des unternehmerischen Handelns.[79] Vor allem die Rahmenbedingungen stellen wichtige Faktoren für die Erhöhung der Wettbewerbsfähigkeit einheimischer Unternehmen dar. Internationale Wettbewerbsfähigkeit einer Volkswirtschaft bedeutet somit die Fähigkeit eines

---

[74] Vgl. Trabold, H., Internationale Wettbewerbsfähigkeit (DIW-Vierteljahresheft, Heft 2, 1995), S. 169; Perlitz, M., Gesamtwirtschaft (1994), S. 13 f.

[75] Trabold, H., Internationale Wettbewerbsfähigkeit (DIW-Vierteljahresheft, Heft 2, 1995), S. 169 f.

[76] Vgl. dazu Balassa, B., Recent Developments (1962), S. 27.

[77] Vgl. Gries, T./Hentschel, C./Wigger, B., Internationale Wettbewerbsfähigkeit (1992), S. 2.

[78] Vgl. z.B. Orlowski, D., Internationale Wettbewerbsfähigkeit (1982), S. 11.

[79] Vgl. Batista, A., Indikatoren (1995), S. 5; Straubhaar, T., Internationale Wettbewerbsfähigkeit (1994), S. 34 f.; Borner, S./Porter, M. E. et. al., Internationale Wettbewerbsvorteile (1991), S. 32.

Standortes, durch relativ attraktive Rahmenbedingungen die Innovationstätigkeit[80] inländischer Unternehmen anzuregen.[81] Wird der Begriff erweitert, so kann die internationale Wettbewerbsfähigkeit einer Volkswirtschaft im Sinne von "ability to attract" interpretiert werden. Darunter ist die relative Attraktivität von nationalen Rahmenbedingungen für international mobile Produktionsfaktoren zu verstehen.[82]

Die Analyse der internationalen Wettbewerbsfähigkeit von **Branchen** ist, im Gegensatz zu der einer Volkswirtschaft, mit weitaus geringeren Schwierigkeiten verbunden. Ausgangspunkt für diese Analyse bildet die schon gut akzeptierte Definition der Wettbewerbsfähigkeit eines einzelnen Unternehmens.[83] Wird von internationaler Wettbewerbsfähigkeit einer Branche gesprochen, dann verbirgt sich dahinter die Konkurrenzfähigkeit der einzelnen Unternehmen dieses Wirtschaftszweiges. Diese wird dennoch von den Brancheneigenschaften beeinflußt: So wird z.B. ein leistungsfähiger Wirtschaftsverband die Konkurrenzfähigkeit aller Mitglieder erhöhen. Unternehmen, die in demselben Wirtschaftszweig eines Landes tätig sind, erfahren somit den Einfluß gleicher branchenbezogener Rahmenbedingungen. Sie werden daher in einem längeren Zeitraum eine vergleichbare Entwicklung verzeichnen, in der sie sich jedoch von ausländischen Unternehmen unterscheiden.[84] Aus diesem Grund ist es bis zu einem bestimmten Grad zulässig, von internationalem Wettbewerb zwischen Unternehmen einer Branche zu sprechen.

Nachdem der Begriff der internationalen Wettbewerbsfähigkeit auf die verschiedenen Referenzobjekte Unternehmen, Volkswirtschaft und Branche übertragen wurde, stellt sich weiterhin die Frage nach der dieser Arbeit zugrundegelegten Analyseebene. In dieser Untersuchung wird die internationale Wettbewerbsfähigkeit der brasilianischen Automobil-, Chemie-, Agrar- und mineralischen Rohstoffindustrie analysiert. Somit steht das zu untersuchende Objekt "*Branche*" im Mittelpunkt der Analyse. Das Vorgehen nach Branchen steigert die Aussagekraft der Analyse wesentlich, da das Aggregationsniveau im Vergleich zur Volkswirtschaft erheblich verringert wird und somit eine viel differenzierte Betrachtung möglich wird.[85] Diese branchenbezogene Sichtweise wird aber trotzdem durch Daten höheren Aggregationsniveaus (Volkswirtschaft) ergänzt.

Die Heranziehung von **volkswirtschaftlichen** Daten ist erforderlich, weil es viele Indikatoren gibt, die sich zwischen den Branchen nur geringfügig unterscheiden. So wird z.B. eine Steigerung des realen Zinssatzes ähnliche Auswirkungen auf die Finanzierungskosten inländischer Unternehmen haben, unabhängig davon welcher Branche sie

---

[80] Hier wird davon ausgegangen, daß die Innovationstätigkeit, deren Erfolg a priori unsicher ist, eine wesentliche Eigenschaft des Wettbewerbsprozesses darstellt. Vgl. dazu Schumpeter, J. A., Theorie (1964), insbesondere S. 99 ff.

[81] Diese Auffassung von internationaler Wettbewerbsfähigkeit ist vor allem auf JONES zurückzuführen. Vgl. dazu Jones, R. W., Comparative and Absolute Advantage (Schweizerische Zeitschrift für Volkswirtschaft und Statistik, Heft 3, 1980), S. 235 ff.

[82] Vgl. Batista, A., Indikatoren (1995), S. 7 f.; Borner, S./Porter, M. E. et. al., Internationale Wettbewerbsvorteile (1991), S. 33.

[83] Vgl. dazu Seite 57.

[84] Vgl. Perlitz, M., Gesamtwirtschaft (1994), S. 15.

[85] Vgl. dazu auch Batista, A., Indikatoren (1995), S. 5.

angehören. Bei den Lohnkosten handelt es sich auch um einen vergleichbaren Fall. Es ist anzunehmen, daß sich die Arbeitskosten von Beschäftigten ähnlichen Qualifikationsniveaus zwischen den einzelnen Branchen nicht stark unterscheiden werden. Außerdem wird die Erhöhung eines gesetzlich vorgeschriebenen Mindestlohnes alle Branchen gleichermaßen betreffen.

Es muß ferner berücksichtigt werden, daß die Volkswirtschaft die Voraussetzungen zur Verfügung stellt, auf deren Basis sich der nationale und internationale Wettbewerb zwischen einzelnen Wirtschaftssubjekten abspielt. So bilden die Bedingungen an einem Standort (makroökonomische Rahmenbedingungen) den Rahmen für die Handlungsalternativen die den Unternehmen offenstehen, um ihre internationale Wettbewerbsfähigkeit zu erhalten oder zu verbessern.[86]

Die Festlegung der Referenzebene ist aber nur der erste Schritt zur Analyse der internationalen Wettbewerbsfähigkeit. Es muß weiterhin nach theoretischen Konzepten zur Erklärung der internationalen Wettbewerbsfähigkeit gesucht werden.[87] Erst mit Hilfe dieser Konzepte ist es in einem zweiten Schritt dann möglich, Thesen bezüglich der internationalen Konkurrenzfähigkeit der brasilianischen Automobil-, Chemie-, Agrar- und mineralischen Rohstoffindustrie aufzustellen.

Einen wichtigen Beitrag zur Analyse der internationalen Wettbewerbsfähigkeit von Volkswirtschaften und insbesondere von Branchen leistet die **Außenhandelstheorie**. Die Außenhandelstheorie ist in zwei Bereiche unterteilt: die monetäre und die reale Außenhandelstheorie. Die reale Theorie analysiert langfristige güterwirtschaftliche Zusammenhänge internationaler Arbeitsteilung, indem Aspekte des internationalen Zahlungsverkehrs ausgeklammert werden. Im Gegensatz dazu hat die monetäre Theorie die Erklärung von Veränderungen der autonomen Zahlungsbilanz und des Wechselkurses zum Gegenstand.[88]

In dieser Arbeit wird bei der Analyse der internationalen Wettbewerbsfähigkeit vor allem auf die reale Außenwirtschaftstheorie Bezug genommen.[89] Den Ausgangspunkt dieser Theorie bildet u.a. die Frage nach den Wirkungen des Außenhandels auf den Wohlstand der Welt und einzelner Nationen. So wird der Freihandel als ein Mittel zur Erreichung des *Wohlstandsmaximums* aller am Außenhandel beteiligten Nationen gesehen (Hypothese des Freihandels als Optimum). Demzufolge sollen sich Volkswirtschaften auf die Produktion solcher Güter spezialisieren, bei denen sie komparative Vorteile

---

[86] Vgl. Maier, U., Wirtschaftsstandort Deutschland (1998), S. 19.

[87] Als problematisch erweist sich die Tatsache, daß es bislang noch keine umfassende Theorie der internationalen Wettbewerbsfähigkeit vorliegt. Aus diesem Grund muß mit einzelnen Konzepten gearbeitet werden, die jeweils Teilaspekte der Wettbewerbsfähigkeit aufgreifen. Vgl. dazu Perlitz, M., Gesamtwirtschaft (1994), S. 16; Jerger, J., Internationale Wettbewerbsfähigkeit (WiSt, Heft 1, 1996), S. 27.

[88] Vgl. dazu Rose, K./Sauernheimer, K., Außenwirtschaft (1992), insbesondere S. 35 ff. und S. 345 ff.

[89] Zu der damit verbundenen Kritik vgl. Bofinger, P., Internationale Wettbewerbsfähigkeit (Kredit und Kapital, Heft 4, 1995), S. 467 f.

besitzen. Somit werden, je nach Ausprägung des betrachteten komparativen Vorteils, in einer Volkswirtschaft bestimmte Branchen leistungsfähiger sein als andere.[90]

4.2. Außenwirtschaftstheoretische Konzepte zur Analyse der internationalen Wettbewerbsfähigkeit

4.2.1. Grundlagen

Die reale Außenwirtschaftstheorie ist in einen traditionellen und in einen modernen Zweig unterteilt. Sowohl in der traditionellen als auch in der modernen Außenwirtschaftstheorie werden die Ursachen divergierender internationaler Wettbewerbsfähigkeit auf **Kostenunterschiede** zurückgeführt.

Dem **Theorem der komparativen Kostenvorteile** zufolge sollen sich Volkswirtschaften auf die Produktion solcher Güter spezialisieren, die sie relativ kostengünstig produzieren können. Außenhandel kann für verschiedene Länder auch dann vorteilhaft sein, wenn ein Land bei der Herstellung sämtlicher Erzeugnisse absolute Kostenvorteile besitzt. Somit werden Unterschiede in den relativen Preisen als unmittelbare Ursache des internationalen Handels angesehen. Unterschiede zwischen der traditionellen und der modernen Außenwirtschafstheorie bestehen aber hinsichtlich der herangezogenen Bestimmungsfaktoren komparativer Preisvorteile und, eng damit zusammenhängend, auch hinsichtlich der bei der Modellbildung zugrundegelegten Prämissen.

Die *traditionelle Theorie* setzt bei ihrer Modellbildung die Prämisse der **vollständigen Konkurrenz** voraus. Dabei wird angenommen, daß die einzelnen Anbieter auf dem Weltmarkt nicht zu groß sind, daß sie sich strategisch verhalten können und durch ihre Entscheidungen über Preise oder Mengen einen nennenswerten Einfluß auf die Marktergebnisse ausüben können.[91]

Im Gegensatz dazu werden in der *modernen Außenwirtschaftstheorie* zur Erklärung der internationalen Wettbewerbsfähigkeit Faktoren herangezogen, die für die Marktform des **unvollständigen Wettbewerbs** charakteristisch sind. So betont eine wichtige Entwicklungsrichtung der modernen Außenhandelstheorie z.B., daß zumindest in einigen Sektoren die Unternehmensgröße eine wichtige Rolle spielen kann. Neben diesen sog. Skalenerträgen sorgt im Rahmen der modernen Außenwirtschaftstheorie auch ein weiteres Phänomen für die Marktform der unvollständigen Konkurrenz, nämlich der Wunsch der Nachfrager nach Produktvielfalt (Heterogenität der Produkte).[92]

---

[90] Vgl. Trein, W., Internationale Wettbewerbsfähigkeit (1995), S. 71; Rose, K./Sauernheimer, K., Außenwirtschaft (1992), S. 507 ff.

[91] Vgl. Siebert, H., Aussenwirtschaft (1994), S. 96.

[92] Vgl. Bennecke, K.–O., Wettbewerb (1990), S. 188 f.; Siebert, H., Außenwirtschaft (1994), S. 96.

Die Tabelle 8 gibt einen Überblick über die Systematisierung der realen Außenwirtschaftstheorie.[93]

Tabelle 8: Einteilung der realen Außenwirtschaftstheorie

A. Traditionelle Theorie	**B. Moderne Theorie**
A.1. Klassische Theorie	B.1. Theorem der Skaleneffekte
Ricardo-Theorem	B.2. Produktdifferenzierung
A.2. Neo-Klassische Theorie	
A.2.1. Faktorproportionen-Theorem	
A.2.2. Neo-Faktorproportionen-Theorem	
A.2.3. Neo-Technologie-Ansatz	
A.2.4. Produktlebenszyklus-Theorie	

Quelle: In Anlehnung an Bender, D., Außenhandel (1995), S. 430 ff.

Im folgenden werden die einzelnen Modelle der traditionellen und der modernen Außenwirtschaftstheorie dargestellt. Dabei entsteht das Problem, daß diese Modelle sehr detailliert sind und, daß nicht alle Aussagen für diese Untersuchung relevant sind. Aus diesem Grund werden die einzelnen Modelle vor allem dahingehend analysiert, inwieweit sie einen Beitrag zur Klärung der Frage leisten, bei welchen Produktarten bzw. Industriezweigen Entwicklungsländer komparative Vorteile aufweisen müßten. Dies stellt einen wichtigen Schritt für die Ableitung von Hypothesen zur internationalen Wettbewerbsfähigkeit Brasiliens in ausgesuchten Branchen dar.

4.2.2. Traditionelle Ansätze der Außenhandelstheorie

4.2.2.1. Klassische Theorie

Die **klassische Variante** der traditionellen Außenhandelstheorie ist auf RICARDO (1817) zurückzuführen. Unter vereinfachenden Annahmen gelingt es RICARDO, relative Preisvorteile durch Produktionsvorteile zu erklären.

Das **RICARDO-Theorem** geht dabei u.a. von der Prämisse aus, daß die Produktion durch konstante Skalenerträge gekennzeichnet ist. Außerdem werden Güter nur durch Einsatz eines Produktionsfaktors Arbeit erzeugt, welcher im nationalen Wirtschaftsraum vollständig mobil, international aber völlig immobil ist. Weiterhin wird von der Marktform der vollständigen Konkurrenz ausgegangen.

Die ricardianische Außenhandelstheorie analysiert dabei die Auswirkungen internationaler Produktivitätsunterschiede, die aufgrund natürlicher Bedingungen als dauerhaft

---

[93] Wie später im Abschnitt 4.2.4. dargestellt wird, gibt es dennoch Abgrenzungsschwierigkeiten zwischen einzelnen dieser Modelle.

anzusehen sind und nicht auf einen durch Prozeßinnovationen errungenen temporären Vorsprung einer Volkswirtschaft zurückgeführt werden können.[94]

Angenommen Land 1 hat aufgrund natürlicher Produktionsbedingungen eine höhere Arbeitsproduktivität bei Branche 1 als Land 2, d.h.:

$$\frac{\left(\frac{Q_{11}}{A_{11}}\right)}{\left(\frac{Q_{12}}{A_{12}}\right)} \succ \frac{\left(\frac{Q_{21}}{A_{21}}\right)}{\left(\frac{Q_{22}}{A_{22}}\right)} \qquad (4.1),$$

wobei Q_{ij} der Output der Branche i und A_{ij} der Arbeitseinsatz in der Branche i im Land j ist.

Gleichung (4.1) bedingt wiederum, daß

$$\frac{P_{11}}{P_{21}} \prec \frac{P_{12}}{P_{22}} \qquad (4.2),$$

wobei P_{ij} der Preis einer Wareneinheit der Branche i im Land j bedeutet.[95]

Nach dem Ricardo-Theorem hat somit Land 1 einen komparativen Kostenvorteil bei Branche 1, wenn Land 1 in Bezug auf diese Branche eine relativ höhere Arbeitsproduktivität als Land 2 hat.

Von einigen Autoren wird das Ricardo-Theorem dahingehend erweitert, daß neben Arbeit auch Kapital als weiterer Produktionsfaktor verwendet wird.[96] Dabei werden sowohl die Ausstattung mit Arbeit und Kapital als auch die Nachfrageverhältnisse beider Länder als identisch angesehen. Die Berücksichtigung von Kapital ändert aber wenig am Modell. Unterschiede zum ricardianischen Grundmodell bestehen darin, daß zum einen nicht mehr von einer limitationalen, sondern von einer substitutionalen Produktionsfunktion ausgegangen wird und zum anderen, daß komparative Kostenvorteile nicht mehr nur von der Arbeitsproduktivität, sondern von relativen Unterschieden in der totalen Faktorproduktivität bestimmt werden. Ursächlich dafür sind wiederum relative Unterschiede in der Effizienz der Produktionsfaktoren zwischen den einzelnen Ländern.

In dieser Arbeit wird aber der Ansatz RICARDOS in seiner ursprünglichen Form für die Analyse der internationalen Wettbewerbsfähigkeit verwendet. Wie in diesem Abschnitt bereits dargestellt wurde, werden in der ursprünglichen Fassung des Ricardo-Theorems Differenzen in den natürlichen Bedingungen zwischen einzelnen Länder (z.B. klimatische Unterschiede und die Ausstattung mit natürlichen Ressourcen) als wichtigste Ursache für Produktivitätsunterschiede angesehen. Güter, auf die diese Erklärung zutrifft, werden "Ricardo-Güter" genannt.[97] HIRSCH[98] zählt zu diesen Gütern Mineralien,

---

[94] Vgl. Bender, D., Außenhandel (1995), S. 431.

[95] Zu einer ausführlichen Beweisführung vgl. Siebert, H., Aussenhandel (1994), S. 29 f.

[96] Vgl. dazu z.B. Bennecke, K.-O., Wettbewerb (1990), S. 189 ff.; Siebert, H., Aussenhandel (1994), S. 44 ff.

[97] Vgl. Bender, D., Außenhandel (1995), S. 431 ff.

landwirtschaftliche Produkte und Fertigwaren, die einen hohen Anteil an heimischen natürlichen Ressourcen enthalten (sog. weiterverarbeitete Rohstoffe).

Wie bei der vorher besprochenen Erweiterung des Ricardo-Modells durch einige Autoren bereits ersichtlich wurde, spielen in Wirklichkeit aber auch andere Faktoren als Ursachen von Produktivitätsunterschieden eine ebenso wichtige Rolle wie die natürlichen Produktionsbedingungen. Dazu zählen u.a. Unterschiede in der Qualität des Faktors Arbeit sowie Differenzen im technischen Entwicklungsstand einzelner Länder.[99] Diese Faktoren werden in dieser Arbeit bei der Untersuchung des Neo-Faktorproportionentheorems, des Neo-Technologie-Ansatzes und der Produktlebenszyklustheorie gesondert analysiert.

Der Ricardo-Ansatz eignet sich somit insbesondere für die Erklärung der internationalen Wettbewerbsfähigkeit im Bereich der Herstellung von Primärgütern. Es muß dennoch berücksichtigt werden, daß hier Abgrenzungsschwierigkeiten zu der sog. neoklassischen Außenhandelstheorie[100] existieren, denn "Boden" und "Klima" können in einem weiteren Sinne auch als Produktionsfaktoren betrachtet werden. Es wird in dieser Arbeit jedoch aus Übersichtlichkeitsgründen diese Sichtweise nicht vertreten. "Boden" und "Klima" werden hier somit nur als Bestimmungsgründe der Arbeitsproduktivität (natürliche Produktionsbedingungen) im Rahmen des klassischen Ricardo-Ansatzes verstanden.

Als erstes soll auf die Frage eingegangen werden, in welchen Bereich landwirtschaftlicher Produkte Entwicklungsländer komparative Vorteile aufweisen müßten. Hier sind aber nur tendenzielle Aussagen möglich. Für die Analyse der Anbaumöglichkeiten bestimmter landwirtschaftlicher Produkte können insgesamt drei Klimabereiche unterschieden werden: das "warm-gemäßigte", das "subtropisch-warm gemäßigte" und das "tropische" Klima. Die meisten der heutigen Entwicklungsländer befinden sich in klimatischen Gebieten, die als "subtropisch-warm gemäßigt" oder "tropisch" bezeichnet werden können. Dies ist zum überwiegenden Teil in den lateinamerikanischen, afrikanischen und südostasiatischen Ländern der Fall. Diese Länder haben im Sinne des RICARDO-Theorems demzufolge komparative Vorteile beim Anbau von Agrarprodukten, die für diese klimatischen Gebiete geeignet sind.

Die Tropen werden durch den südlichen und nördlichen Wendekreis begrenzt. In diesen Gebieten stehen die agrarischen Nutzungsmöglichkeiten in Abhängigkeit von der Menge und Verteilung der Niederschläge. Die immerfeuchten Tropen (Äquatornaher Bereich) weisen gleichmäßig hohe Monatsmitteltemperaturen (25-28°C) auf und hohe Niederschläge über das ganze Jahr verteilt. In diesen Gebieten ermöglicht das Klima eine ganzjährige Nutzung mit mehreren Ernten. Typische Produkte sind u.a. Reis, Kokosnüsse, Kautschuk, Kakao, Gewürze, Zuckerrohr und Bananen. Im Gegensatz dazu sind in der Feuchtsavanne, die bestimmte Teile ober- und unterhalb des Äquators ab-

---

[98] Vgl. Hirsch, S., Hypothesen (1974), S. 70.

[99] Vgl. Sautter, H., Komparative Vorteile (1983), S. 62; Krugman, P. R./Obstfeld, M., International Economics (1997), S. 14 f.

[100] Vgl. dazu Punkt 4.2.2.2.

deckt, nur bis zu zwei Ernten pro Jahr möglich. Typische Anbauprodukte dieser Regionen sind Hirse, Mais, Tabak, Kaffee, Erdnuß und Baumwolle.

Die subtropischen Gebiete befinden sich zwischen den Wendekreisen und dem 40. Breitengrad beider Halbkugeln. Im Gegensatz zu den Tropen sind diese Regionen durch größere jahreszeitliche Schwankungen der Temperaturen gekennzeichnet. Durch das subtropische Klima wird u.a. der Anbau folgender Produkte besonders begünstigt: Diverse Getreidearten, Baumwolle, Tee, Zitrusfrüchte und Tabak.[101]

Nachdem die Anbaumöglichkeiten bestimmter landwirtschaftlicher Produkte in Entwicklungsländern analysiert wurden, stellt sich weiterhin die Frage, ob diese Länder auch über komparative Vorteile im Bereich des Abbaus mineralischer Rohstoffe verfügen. Dazu muß überprüft werden, ob in diesen Ländern hohe Rohstoffreserven vorhanden sind. Zu diesem Punkt können wiederum nur tendenzielle Aussagen gemacht werden. Eine Analyse der Bergbaugebiete der Erde erlaubt es, bedeutende Vorkommen von mineralischen Rohstoffen in Entwicklungsländern zu erkennen. In Lateinamerika sind vor allem große Lagerstätten von Zinn (Bolivien, Brasilien), Mangan (Brasilien), Kupfer (Chile), Eisenerz (Brasilien), Silber (Mexiko, Peru), Blei/Zink (Peru) und Bauxit (Jamaika, Brasilien) vorhanden. In Afrika befinden sich dagegen große Vorkommen von Bauxit (Guinea) und Kupfer (Zaire, Sambia). Südostasien ist wiederum durch hohe Zinn-Lagerstätten (insbesondere Malaysia) und durch relativ hohe Nickel-Vorkommen (Indonesien) gekennzeichnet.

Als nächstes stellt sich die Frage, ob die Industrieländer auch über hohe Vorkommen der obengenannten Mineralien verfügen. Bei einer genaueren Betrachtung kann festgestellt werden, daß zumindest Bauxit- und Zinnvorkommen in diesen Ländern kaum vorhanden sind.[102] Bezüglich des Abbaus dieser Mineralien werden die komparativen Vorteile der Entwicklungsländer somit besonders groß sein.[103]

Das Ricardo-Theorem war Gegenstand einiger empirischer Untersuchungen, auf die hier kurz eingegangen wird.

Die ersten Tests zum Ricardo-Theorem wurden mit Außenhandelsdaten der Vereinigten Staaten und Großbritanniens für das Jahr 1937 von MACDOUGALL[104] durchgeführt. MACDOUGALL analysierte den Zusammenhang zwischen relativen Arbeitsproduktivitätsunterschieden von 25 US-amerikanischen und englischen Industrieprodukten und deren Marktposition auf Drittländermärkten (gemessen durch das Verhältnis US-Exporte in Drittländer/U.K.-Exporte in Drittländer) und konnte belegen, daß der relative Marktanteil US-amerikanischer Exporte mit steigenden relativen Arbeitsproduktivitätsvorteilen tendenziell zunimmt.

---

[101] Vgl. Sick, W.-D., Agrargeographie (1983), S. 47 ff.

[102] Ausnahmen stellen Australien und Rußland dar, wo jeweils große Vorkommen von Bauxit (Australien) und Zinn (Rußland) vorhanden sind. Vgl. dazu o.V., Diercke Weltatlas (1996), S. 231.

[103] Vgl. Otremba, E., Güterproduktion (1976), S. 244 ff.; o.V., Diercke Weltatlas (1996), S. 231.

[104] Vgl. dazu MacDougall, G. D. A., British and American Exports, Part I (Economic Journal, Dezember, 1951), S. 697 ff.; MacDougall, G. D. A., British and American Exports, Part II (Economic Journal, September, 1952), S. 487 ff.

Später wurde dieser "Mac-Dougall-Test" auf aktuellere Außenhandelsdaten beider Länder mit ähnlichen Ergebnissen von BALASSA[105] und STERN[106] angewendet.

BALASSA und STERN verwendeten, in Anlehnung an MACDOUGALL, Außenhandelsdaten der Vereinigten Staaten und Großbritanniens jeweils für die Jahre 1950 und 1951 und konnten im Rahmen dieser Untersuchungen eine positive und statistisch signifikante Korrelation zwischen relativen Arbeitsproduktivitätsunterschieden und relativer Marktposition feststellen.

Es muß in diesem Zusammenhang jedoch darauf hingewiesen werden, daß bei den obengenannten Tests keine Analyse der Ursachen internationaler Arbeitsproduktivitätsunterschiede erfolgte, so daß auch nicht festzustellen ist, ob der Produktivitätsvorsprung aufgrund der von RICARDO unterstellten natürlichen Umwelt- bzw. Produktionsbedingungen dauerhaft war, oder ob er durch Prozeßinnovationen nur für eine kurze Zeitperiode errungen wurde. Damit bleibt es zweifelhaft, ob tatsächlich die RICARDO-Theorie untersucht und bestätigt werden konnte, weil die untersuchten Wirtschaftszweige z.T. keine reinen "Ricardo-Güter" waren.[107]

4.2.2.2. Neoklassische Theorie

Während in der klassischen ricardianischen Außenhandelstheorie komparative Kostenunterschiede auf internationale Unterschiede in der Arbeitsproduktivität, also auf international divergierende Produktionsfunktionen homogener Produkte zurückgeführt werden,[108] werden in der **neoklassischen Handelstheorie** internationale Unterschiede in der Ausstattung mit Produktionsfaktoren als Ursache komparativer Kostendifferenzen ins Blickfeld gerückt. Bei den neoklassischen Modellen wird somit die Prämisse der identischen Ausstattung von Ländern mit Produktionsfaktoren aufgegeben.[109]

Zu den neoklassischen Ansätzen gehören sowohl das Faktorproportionen-Theorem als auch das Neo-Faktorproportionen-Theorem.[110]

A. HECKSCHER-OHLIN-Theorem

Im Rahmen der **Faktorproportionen-Theorie (HECKSCHER-OHLIN-Theorem)** wird von einer unterschiedlichen landesspezifischen Ausstattung mit den Faktoren Arbeit und Sachkapital ausgegangen. In diesem Modell sind aber nicht die Unterschiede in

---

[105] Vgl. dazu Balassa, B., Classical Comparative Cost Theory (Review of Economics and Statistics, Heft 3, 1963), S. 231 ff.

[106] Vgl. dazu Stern, R. M., British and American Productivity (Oxford Economic Papers, Heft 3, 1962), S. 275 ff.

[107] Beispielsweise wurden u.a. auch heterogene Industriegüter, wie Fahrzeuge, Elektrogeräte und Maschinen berücksichtigt. Vgl. zur Kritik an den obengenannten Untersuchungen Bender, D., Außenhandel (1995), S. 440.

[108] Diese werden wiederum durch länderspezifische Unterschiede in den natürlichen Produktionsbedingungen erklärt.

[109] Vgl. Bender, D., Außenhandel (1995), S. 431.

[110] Vgl. Bender, D., Außenhandel (1995), S. 441 ff.

den absoluten Faktormengen, sondern die Differenzen im *Verhältnis* der Ausstattung mit Arbeit und Kapital die Ursache für komparative Kostenunterschiede.

Die Annahme unterschiedlicher Produktionsfunktionen einer Branche *i* zwischen einzelnen Ländern (Ricardo-Modell) wird im Heckscher-Ohlin-Theorem verworfen. Für die von diesem Ansatz erfaßten Außenhandelsgüter wird unterstellt, daß die Produktionstechnologien in beiden Ländern verfügbar und daher identisch sind. Im Gegensatz zum Ricardo-Modell wird im Heckscher-Ohlin-Theorem von einer substitutionalen Produktionsfunktion ausgegangen. Außerdem wird angenommen, daß die Produktionsfaktoren homogen und international immobil sind. Die Annahmen der vollständigen Konkurrenz und der konstanten Skalenerträge bleiben aber im Heckscher-Ohlin-Modell erhalten.[111]

Nach dem Heckscher-Ohlin-Modell wird in kapitalreichen Ländern der Faktor Arbeit relativ knapp und damit auch teuer sein, während das reichlich vorhandene Kapital relativ billig einsetzbar ist. Im Gegensatz dazu wird in arbeitsreichen Ländern das große Arbeitspotential einen relativ niedrigen Lohnsatz und das knappe Produktivkapital einen relativ hohen Zinssatz bedingen.

Angenommen Land 1 sei arbeitsreich und Land 2 kapitalreich. Dies bewirkt, daß das Lohnzinsverhältnis im Land 1 geringer ausfällt als im Land 2, d.h.:

$$\frac{L_1}{Z_1} \prec \frac{L_2}{Z_2} \qquad (4.3),$$

wobei $\frac{L_j}{Z_j}$ das Lohnzinsverhältnis im Land j bedeutet.

Wenn Sektor 2 kapitalintensiv und Sektor 1 arbeitsintensiv ist ($k_2 \succ k_1$),[112] dann bedingt die Gleichung (4.3) wiederum, daß

$$\frac{P_{11}}{P_{21}} \prec \frac{P_{12}}{P_{22}} \qquad (4.4),$$

wobei P_{ij} den Preis einer Wareneinheit der Branche i im Land j bedeutet.

Arbeitsreiche Länder werden somit komparative Vorteile bei der Herstellung arbeitsintensiver Güter aufweisen, während sich kapitalreiche Länder auf die Produktion kapitalintensiver Güter spezialisieren werden.[113]

---

[111] Vgl. Siebert, H., Aussenwirtschaft (1994), S. 46.

[112] Die Kapitalintensität einer Branche kann z.B. anhand der Größe $\frac{K_i}{A_i}$ bestimmt werden, wobei K_i der Sachkapitalbestand und A_i die Zahl der Beschäftigten in einer Branche i darstellen. Vgl. dazu z.B. Salvatore, D., International Economics (1993), S. 110.

[113] Zur Beweisführung vgl. Siebert, H., Aussenwirtschaft (1994), S. 46 ff.

Dieser Ansatz kann auch zur Analyse der internationalen Wettbewerbsfähigkeit von Entwicklungs- und Industrieländern in bestimmten Bereichen herangezogen werden. Im Rahmen des Faktorproportionen-Theorems wird davon ausgegangen, daß Entwicklungsländer durch ein hohes Arbeitspotential gekennzeichnet sind, während in Industrieländern der Faktor Sachkapital reichlicher vorhanden ist. Somit werden Entwicklungsländer eine höhere internationale Wettbewerbsfähigkeit aufweisen bei der Herstellung arbeitsintensiver Güter als Industrieländer. Letztere werden aber komparative Vorteile im Bereich der Produktion kapitalintensiver Erzeugnisse haben.[114]

CLEMENTS[115] überprüfte die Gültigkeit des Heckscher-Ohlin-Theorems speziell für Brasilien. Unter Heranziehung von Input-Output Tabellen für das Jahr 1975 und unter Zugrundelegung verschiedener Annahmen über die Rolle bzw. Bedeutung von Zwischenimporten wurde die Faktorintensität brasilianischer Exporte, Importsubstitute[116] und nicht-handelbarer Güter berechnet. Die Außenhandelsdaten bezogen sich auf das Jahr 1979 und zur Messung der Faktorintensität der einzelnen Produktgruppen wurden mehrere Kriterien, u.a. die Kapitalsumme pro Arbeiter und das Verhältnis Kapitalgewinn/ Lohnsumme (profit/ wage ratio) verwendet.

Dabei kam CLEMENTS zu folgenden Ergebnissen: Die brasilianischen Exporte wiesen als Ganzes eine höhere Arbeitsintensität auf als die Importsubstitute, was im Sinne des Heckscher-Ohlin-Theorems war. Wurden dagegen die Exporte, die Importsubstitute und die nicht-handelbaren Güter in weitere Gruppen unterteilt, so konnte festgestellt werden, daß die hohe Kapitalintensität der Importsubstitute zum größten Teil auf das Vorhandensein von Mineralölprodukten in dieser Warengruppe zurückzuführen war. Wurden diese nicht berücksichtigt, so wiesen die Importsubstitute in Brasilien bei den meisten Kriterien sogar eine höhere Arbeitsintensität auf als die Exportprodukte, was zum Teil auf den relativ fortgeschrittenen Industrialisierungsgrad Brasiliens zurückzuführen war.

HIDALGO[117] untersuchte für das Jahr 1970 auch die Faktorintensitäten brasilianischer Exporte, Importsubstitute und inländischer Erzeugnisse. Als Basis für seine Berechnungen verwendete er Daten aus der Input-Output-Matrix von 1970. HIDALGO berechnete jeweils für alle Branchen der brasilianischen Volkswirtschaft das Kapital-Lohnverhältnis der Exporte, der Importsubstitute und der nicht-gehandelten (inländischen) Güter. In Anlehnung an das Heckscher-Ohlin Theorem müßte in Brasilien das Kapital-Lohnverhältnis der Importsubstitute höher sein als das der Exporte und

---

[114] Vgl. dazu Rose, K./Sauernheimer, K., Außenwirtschaft (1992), S. 387 ff.

[115] Vgl. Clements, B. J., The Heckscher-Ohlin Theorem (The Journal of Applied Business Research, Heft 1, 1986/87), S. 16 ff.

[116] Unter Importsubstituten bzw. Importkonkurrenzprodukten sind solche Produkte zu verstehen, die das Inland zwar nicht exportiert (z.B. aufgrund mangelnder komparativer Vorteile), die aber als Ersatz für die Importwaren vom Inland selbst hergestellt werden. Wegen fehlender ausländischer Input-Output-Tabellen können häufig bei Tests zum Heckscher-Ohlin-Theorem der Faktorgehalt der Importe eines Landes nicht unmittelbar bestimmt werden. Da das Heckscher-Ohlin-Theorem wiederum identische Produktionsfunktionen und eindeutige Faktorintensitätsunterschiede sowohl von Importen als auch von Importsubstituten unterstellt, erscheint der Rückgriff auf Importsubstitute als legitime Testbasis. Vgl. dazu Bender, D., Außenhandel (1995), S. 446.

[117] Vgl. Hidalgo, A. B., Intensidades Fatoriais na Economia Brasileira (RBE, Heft 1, 1985), S. 27 ff.

der nicht-gehandelten Erzeugnisse. HIDALGO stellte (im Branchendurchschnitt) ein Verhältnis von 2,44 für den Exportsektor fest. Die Importsubstitute und die nicht-gehandelten Güter wiesen dagegen ein Verhältnis von jeweils 2,10 und 1,92 auf, was entgegen der Aussagen des Heckscher-Ohlin Theorems stand. Bei den Berechnungen wurden aber mögliche Unterschiede des Lohnniveaus zwischen Urban- und Agrarzonen nicht berücksichtigt, die in Brasilien sehr ausgeprägt sind. Außerdem wurde bei der Berechung der Kapitalverzinsung auch die Landpacht einbezogen, was die Kalkulation der Sachkapitalverzinsung ungenau machte. Bei der anschließenden Berücksichtigung dieser Korrekturen zeigte sich, daß sowohl die Importsubstitute (Verhältnis: 1,90) als auch die nicht gehandelten Waren (Verhältnis: 1,70) eine niedrigere Kapitalintensität als die Exporte (Verhältnis: 1,67) aufwiesen, was wiederum mit den Vorhersagen des Heckscher-Ohlin Modells vereinbar war.

Auch NONNENBERG[118] widmete sich der Frage nach dem Zusammenhang zwischen der internationalen Wettbewerbsfähigkeit mehrerer brasilianischer Branchen im Zeitraum 1980/88 und ihren Faktorintensitäten (Arbeits-, Kapital- und Bodenintensität). Für die Analyse der internationalen Wettbewerbsfähigkeit verwendete er ein RCA-Maß,[119] bei der Berechnung der Bodenintensitäten wurde die Input-Output-Matrix des Jahres 1980 herangezogen, mit deren Hilfe ein Index für den Anteil von Primärprodukten an den gesamten Zwischenkosten der einzelnen Branchen gebildet wurde. Es wurde außerdem für die einzelnen Branchen das Verhältnis Kapital/ Arbeit berechnet,[120] korrigiert um Produktivitätsunterschiede zwischen den Branchen. Die höchsten RCA-Werte stellte NONNEBERG vor allem bei traditionellen Branchen, wie der Ernährungs- und der Textilindustrie fest. Die geringsten Werte wiesen vor allem die Chemie- und Mechanikindustrie auf.

Jede analysierte Branche wurde anschließend sowohl nach ihrem Verhältnis Kapital/ Arbeit als auch nach ihrer Bodenintensität geordnet und es wurde der Spearmann-Rangkorrelationstest zwischen Faktorintensität und der jeweiligen RCA-Position (1980 und Durchschnitt 1980/88) durchgeführt. NONNENBERG stellte dabei eine höhere Rangkorrelation zwischen Bodenintensität und RCA-Position fest als im Falle der Kapitalintensität. Im Falle der Bodenintensität bedeutet dies, daß die Produkte, die in Brasilien eine hohe RCA-Position hatten, gleichzeitig diejenigen waren, die einen hohen Anteil von Primärinputs aufwiesen. Bei der Kapitalintensität waren die Ergebnisse nicht deckungsgleich mit dem H-O Modell, denn es wäre zu erwarten, daß Produkte mit einer hohen RCA-Position gleichzeitig eine niedrige Kapitalintensität haben, was bei mehreren Produkten nicht der Fall war. Nur bei der Durchführung der Rangkorrelationen bei

---

[118] Vgl. Nonnenberg, M. J. B., Vantagens Comparativas Reveladas (1991), S. 7 ff.

[119] Dabei verwendetete NONNENBERG folgender RCA-Maß:

$$RCA_k = \frac{1000}{BIP}\left[\left(Ex_{ik} - \mathrm{Im}_{ik}\right) - \frac{\left(Ex_{ik} + \mathrm{Im}_{ik}\right)}{Ex_i + \mathrm{Im}_i} * \left(Ex_i - \mathrm{Im}_i\right)\right],$$ wobei Ex_{ik} bzw. Im_{ik} jeweils die Exporte bzw. Importe des Landes i bei der Branche k, Ex_i und Im_i die gesamten Exporte bzw. Importe und BIP das Bruttoinlandsprodukt des Landes i bedeuten.

[120] Dieses wurde durch Teilung der gesamten Sachkapitalbildung einer Branche durch ihre Beschäftigtenzahl berechnet.

den ersten und den letzten 10 bzw. 20 RCA-Positionen zeigte sich, daß die Produkte mit einer hohen RCA-Position gleichzeitig eine hohe Arbeitsintensität hatten. Eine genaue Analyse der Branchen, die gleichzeitig eine hohe Kapitalintensität und einen hohen RCA-Wert aufweisen, zeigt dennoch, daß darunter einige Branchen zu finden sind, die durch einen hohen Standardisierungsgrad gekennzeichnet sind. Dazu zählen u.a. die Eisen- und Stahlindustrie und die Herstellung von Fernseh- und Radiogeräten.[121]

Obwohl die obengenannten Untersuchungen gute Beispiele zur empirischen Überprüfung des H-O-Theorems am Beispiel Brasiliens darstellen, müssen sie dennoch mit Vorsicht interpretiert werden, da die Ergebnisse häufig durch tarifäre und nicht-tarifäre Handelshemmnisse verzerrt werden. Diese werden jedoch bei den Untersuchungen nicht berücksichtigt.

B. Erweiterungen des H-O-Theorems

Ba. Neo-Faktorproportionen-Theorie

Das Faktorproportionen-Theorem wurde aufgrund seiner restriktiven Annahmen (insbesondere wegen der Prämisse der internationalen Immobilität und der Homogenität der Produktionsfaktoren) Gegenstand kritischer Auseinandersetzungen. Im Rahmen einer von WASSILIY LEONTIEF[122] durchgeführten Untersuchung der Außenhandelsstruktur der Vereinigten Staaten für das Jahr 1947 wurde festgestellt, daß dieses Land arbeitsintensive Produkte exportierte und kapitalintensive Erzeugnisse importierte. Da die Vereinigten Staaten als kapitalreiches Land gelten, standen diese Ergebnisse somit im Widerspruch zu den Prognosen des Heckscher-Ohlin Theorems. Dieses Paradoxon (auch Leontief-Paradoxon genannt) führte zur **Neo-Faktorproportionen-Theorie**. Diese Theorie soll man aber nicht im Gegensatz zum Faktorproportionentheorem sehen, sondern als dessen Fortentwicklung und Verallgemeinerung auf eine größere Zahl von Faktoren.

Im Rahmen der Neo-Faktorproportionen-Theorie wird nicht mehr angenommen, daß die Produktionsfaktoren Arbeit bzw. Kapital homogen sind. Dem Neo-Faktorproportionen-Theorem zufolge, könnte eine Vernachlässigung des Humankapitals für das Leontief-Paradoxon verantwortlich sein, wenn die Exportindustrien mehr Humankapital einsetzen als die importkonkurrierenden Branchen. Das bislang homogene Arbeitspotential muß somit in verschiedene Gruppen von Arbeitskräften unterschiedlichen Qualifikationsniveaus aufgespalten werden (z.B. fachlich ausgebildete, angelernte oder ungelernte Arbeitskräfte).

Bei der Interpretation des Begriffs "Humankapital" und, eng damit verbunden, bei der Berechnung von Humankapitalmaßen können wiederum zwei Sichtweisen bzw. Methoden genannt werden.

Das Humankapital kann zum einen zum physischen Kapital hinzugefügt werden (Erweiterung des Kapitalbegriffes), um eine Maßzahl des gesamten Kapitals zu erhalten.

---

[121] Vgl. zur internationalen Wettbewerbsfähigkeit bei standardisierten Branchen die Ausführungen zur Produktlebenszyklustheorie ab S. 79 ff.

[122] Vgl. Leontief, W., Domestic Production (Proceedings of the American Philosophical Society, September, 1953), S. 331 ff.

In diesem Fall bleibt das zugrunde liegende Heckscher-Ohlin-Modell (Faktorproportionentheorie) gültig, und die Streitfrage bezieht sich nur auf Meßprobleme.

Zum anderen kann, neben den Faktoren Arbeit und Sachkapital, das Humankapital als weiterer Produktionsfaktor angesehen werden. In diesem Fall ist aber das ursprüngliche Heckscher-Ohlin-Modell (Faktorproportionentheorem) substantiell verändert, da sich die Zahl der Faktoren von zwei auf drei erhöht.[123]

Es ist aber auch möglich, mehr als drei Faktoren in die Analyse einzubeziehen. Es gibt viele Faktoren. Dazu zählen einfache Arbeit, reproduzierbares Kapital, Naturressourcen und eben verschiedene Formen von Humankapital. Letztere ist notwendig, um qualifikations- und technologieintensive Güter produktiv herzustellen. Es gibt somit viele Faktoren und je nachdem, mit welchen ein Land relativ gut ausgestattet ist, sieht es sich in der Lage, bestimmte Güter zu exportieren.

Auch VANEK[124] erklärt das "Leontief-Paradoxon" unter Heranziehung mehrerer Produktionsfaktoren. Den Überlegungen von VANEK zufolge, gibt es einige Güter, die neben Arbeit und Kapital mit verhältnismäßig vielen Einheiten des Faktors "Natur" hergestellt werden. VANEK interpretiert das "Leontief-Paradoxon" wie folgt: Erstens sind in den USA viele natürliche Produktivkräfte relativ knapp geworden und die USA importieren deshalb Güter, die intensiv natürliche Produktivkräfte verwenden. Zweitens können natürliche Produktivkräfte und der Faktor "Sachkapital" "komplementär" sein, in dem Sinne, daß Güter, deren Herstellung große Mengen natürlicher Produktivkräfte erfordern, auch große Kapitalmengen erforderlich machen können.

Nach der Interpretation von VANEK importieren die Vereinigten Staaten in der Tat kapitalintensive Güter, aber nicht deshalb, weil das Kapital knapp ist, sondern weil das kapitalintensive Gut auch intensiv natürliche Produktivkräfte erfordert, die wiederum knapp sind. Beispielsweise importieren die USA Rohöl, das zum Abbau und zum Transport hohe Kapitalinvestitionen erforderlich macht, so daß auch diese Kapitaldienste importiert werden.[125]

VANEKs Überlegungen werden anhand einer von ihm durchgeführten Untersuchung bestätigt.[126] In dieser Untersuchung verwendet VANEK die gleichen Zahlen wie LEONTIEF bei seiner Untersuchung für das Jahr 1947. VANEK führt die stark naturabhängigen Produkte in seiner Analyse jedoch gesondert auf. Dabei stellt er fest, daß die amerikanischen Konkurrenzimporte den Produktionsfaktor "Natur" (im Verhältnis zu den Faktoren Arbeit und Kapital) in größerem Umfang enthalten als die amerikanischen Exporte.

---

[123] Vgl. dazu Ethier, W. J., Moderne Außenwirtschaftstheorie (1994), S. 187 f.

[124] Vgl. dazu Vanek, J., The Natural Resource Content of Foreign Trade (Review of Economics and Statistics, Heft 2, 1959), S. 146 ff.

[125] Vgl. dazu Ethier, W. J., Moderne Außenwirtschaftstheorie (1994), S. 186 f.

[126] Vgl. dazu Vanek, J., The Natural Resource Content of Foreign Trade (Review of Economics and Statistics, Heft 2, 1959), S. 146 ff.

Das Neo-Faktorproportionen-Theorem beschränkt sich somit nicht nur auf die Berücksichtigung von Humankapital, sondern kann durch die Einbeziehung mehrerer Faktoren, wie z.B. Rohstoffen, Energie, Natur erweitert werden, wie auch aus den Ausführungen zum Vanek-Test ersichtlich wurde. So sollte eine energieintensive Industrie (z.B. Aluminiumherstellung) sich demnach in solchen Ländern ansiedeln, in denen die Energie reichlich vorhanden ist. Die Reichlichkeit der Energiebestände drückt sich dabei in relativ geringen Kosten dieses Faktors aus.[127]

Die Berücksichtigung mehrerer Produktionsfaktoren im Rahmen der Neo-Faktorproportionentheorie kann am besten durch das Heckscher-Ohlin-Vanek-Modell (H-O-V-Modell)[128] dargestellt werden. Den Ausgangspunkt von VANEKs Überlegungen bildet die Frage nach der Aussagefähigkeit des Heckscher-Ohlin-Modells für den Fall, daß mehr als zwei Produktionsfaktoren berücksichtigt werden und außerdem die Zahl der Länder und Güter beliebig ist. Wichtige Voraussetzung für sein Theorem ist jedoch, daß der internationale Handel zum Faktorpreisausgleich führt.

Unter der Annahme, daß Freihandel bei Faktorpreisausgleich stattfindet, zeigt VANEK, daß viele Aussagen des Heckscher-Ohlin-Theorems weiterhin gelten. Da alle Länder identische Faktorpreise aufweisen, setzen sie *identische Techniken* ein, so daß die Mengen der verschiedenen Produktionsfaktoren, die bei der Herstellung einer Gütereinheit verwendet werden, die gleichen sind, unabhängig davon, wo das Gut produziert wird. Aus diesem Grund führt die Annahme, daß alle Länder die Güter in identischen Proportionen verbrauchen, dazu, daß alle Länder die "Produktionsfaktoren" in identischen Proportionen "konsumieren".[129] VANEKs Hypothesen zufolge, ist ein Land mit einem bestimmten Faktor relativ reichlich (knapp) ausgestattet, wenn das Land einen größeren (geringeren) Anteil am Weltangebot hat, als es ihrem Anteil am Welteinkommen entspricht. Dann werden die aggregierten Exporte jedes Landes eine größere Menge ihrer reichlichen Produktionsfaktoren und eine geringere Quantität ihrer knappen Produktionsfaktoren beinhalten als die aggregierten Importe. Das HECKSCHER-OHLIN-VANEK-MODELL kann vereinfacht anhand folgender Formel dargestellt werden:

$$F^i_{XL} = F^i_L - \left(\frac{E_L}{E_W}\right) * F^i_W \qquad (4.5),$$

d.h. die im ausländischen Nettoexport X eines Landes L enthaltene Menge vom Faktor i (F^i_{XL})[130] ist gleich der Differenz zwischen der Ausstattung des Landes L mit dem Pro-

[127] Vgl. Bennecke, K.-O., Wettbewerb (1990), S. 199.

[128] Vgl. dazu Vanek, J., The Factor Proportions Theory: The N-Factor Case (Kyklos, Heft 4, 1968), S. 749 ff.

[129] Vgl. dazu Ethier, W. J., Moderne Außenwirtschaftstheorie (1994), S. 206.

[130] Kurz gefaßt bedeutet F^i_{XL} den inländischen Nettoexport vom Faktor i.

duktionsfaktor i (F_L^i) und dem Produkt aus dem Anteil des Landes L am Welteinkommen $\left(\frac{E_L}{E_W}\right)$ multipliziert mit dem gesamten Weltangebot vom Faktor i (F_W^i).[131]

Das H-O-V-Modell besagt somit, daß auch für den Fall, daß alle Länder gleiche Techniken und Faktorausstattungen haben, es zum internationalen Handel kommen kann.

Angenommen Land 1 und Land 2 haben die gleiche Ausstattung mit dem Produktionsfaktor 1 ($F_1^1 = F_2^1$), wobei $F_W^1 = F_1^1 + F_2^1$, aber Land 1 hat einen größeren Anteil am Welteinkommen als Land 2 ($\frac{E_1}{E_W} \succ \frac{E_2}{E_W}$). Das bedeutet, daß Land 2 Nettoexporteur und Land 1 Nettoimporteur vom Produktionsfaktor 1 sein werden. Land 2 hat somit eine "höhere internationale Wettbewerbsfähigkeit" bei Gütern, deren Herstellung Produktionsfaktor 1 stark beanspruchen.

In der vorliegenden Arbeit wird aber die Neo-Faktorproportionentheorie in einer engen Fassung verwendet, d.h. es wird von der Hypothese ausgegangen, daß die Ausstattung mit Humankapital (mit qualifizierten Arbeitskräften) einen wichtigen Bestimmungsfaktor der internationalen Wettbewerbsfähigkeit im Bereich der Herstellung von qualifikations- bzw. technologieintensiven Gütern ist. Unter diesen Umständen ist es möglich, daß ein arbeitsreiches Land einen Mangel an qualifizierten Arbeitskräften, z.B. aufgrund eines mangelhaften Bildungssystems, aufweist.[132] [133]

Wie einige empirische Untersuchungen belegen, ist die Neo-Faktorproportionen-Theorie am aussagefähigsten, wenn sie auf den Außenhandel zwischen hochentwickelten Industrieländern und halbindustrialisierten Entwicklungsländern angewendet wird.[134]

So geht beispielsweise FELS[135] im Rahmen einer Analyse über Spezialisierungsmuster in der Arbeitsteilung zwischen Industrie- und Entwicklungsländern u.a. auf die Frage ein, in welchen industriellen Zweigen Entwicklungsländer einen komparativen Vorteil besitzen. Ausgehend von Daten zu den "Beständen an Sach- und Ausbildungskapital pro Beschäftigter" in einzelnen Branchen der westdeutschen Industrie (Jahre 1962 und

---

131 Vgl. dazu James, A. M./Elmslie, B. T., Testing Heckscher-Ohlin-Vanek in the G-7 (Weltwirtschaftliches Archiv, Heft 1, 1996), S. 141.

132 Vgl. Bender, D., Außenhandel (1995), S. 447 ff. Zum Einfluß des Humankapitals auf die internationale Wettbewersfähigkeit vgl. z.B. Keesing, D., Labour Skills and International Trade (Review of Economics and Statistics, Heft 3, 1965), S. 287 ff.; Stern, R. M., Testing Trade Theories (1975), S. 12 ff.

133 Vgl. zur Bedeutung der Humankapitalausstattung einer Volkswirtschaft als Bestimmungsfaktor internationaler Wettbewerbsfähigkeit auch die Ausführungen zum Neo-Technologie-Ansatz ab S. 78 f.

134 Vgl. Fels, G., Arbeitsteilung (Die Weltwirtschaft, Heft 1, 1971), S. 19 ff.; Lowinger, T. C., The Neo-Factor Proportions Theory (American Economic Review, Heft 3, 1971), S. 675 ff.; Hirsch, S., Hypothesen (1974), S. 69 ff.

135 Vgl. Fels, G., Arbeitsteilung (Die Weltwirtschaft, Heft 1, 1971), S. 19 ff.

1969) und Daten zur Einfuhrstruktur Deutschlands (Jahr 1969) kommt FELS zu folgenden Ergebnissen:

(1) Nach dem Kriterium "Gesamtkapital je Beschäftigter", bestehend aus der Summe aus "Sach- und Ausbildungskapital je Beschäftigter", gelten insbesondere zwölf der gesamten von FELS analysierten Branchen als Branchen, die relativ wenig Sach- und Ausbildungskapital absolvieren, d.h. den Produktionsfaktor "ungelernte Arbeit" in relativ hohem Maße einsetzen. Zu diesen Branchen zählen u.a. die Bekleidungsindustrie, die Textilindustrie, die Stahlverformung und EBM-Industrie.

(2) Auf diese zwölf Branchen entfielen in der BRD 1969 wiederum 84,3 % der industriellen Einfuhren aus Entwicklungsländern (ohne Nahrungs- und Genußmittelindustrie).

Anhand dieser Ergebnisse kommt FELS somit zu dem Schluß, daß im Bereich dieser zwölf Industriebranchen die komparativen Nachteile der westdeutschen Wirtschaft in der Arbeitsteilung mit den (insbesondere halbindustrialisierten) Entwicklungsländern zu liegen scheinen. Außerdem nimmt FELS weiter an, daß auch andere Industrieländer mit ähnlichen Knappheitsverhältnissen wie die BRD in diesen Sektoren komparative Nachteile haben.

In einer anderen Untersuchung versucht LOWINGER[136] das Neo-Faktorproportionen-Theorem empirisch zu überprüfen. LOWINGER analysiert dabei die Außenhandelsstruktur zwischen einem halbindustrialisierten Entwicklungsland und einer Gruppe ausgesuchter Industrieländer aus Nordamerika und Westeuropa. Als typisches halbindustrialisiertes Entwicklungsland sucht LOWINGER Brasilien aus. Die Untersuchung erfolgt in drei Schritten:

In einem *ersten Schritt* wird die Ausstattung von Brasilien mit Human- und Sachkapital im Vergleich zu den ausgesuchten Industrieländern mit Hilfe mehrerer Kriterien analysiert. Dabei stellt LOWINGER für die analysierte Periode (Anfang der 60er Jahre) eine unterdurchschnittliche Ausstattung Brasiliens mit diesen Produktionsfaktoren fest.

In einem *zweiten Schritt* werden die, mit den ausgesuchten Industrieländern, von Brasilien gehandelten Industriegüter (Importe und Exporte) analysiert. Dabei kommt LOWINGER zu dem Schluß, daß Brasilien hauptsächlich Güter aus den USA, Kanada und Westeuropa importiert, deren Produktion einen relativ hohen Anteil an Kapital (sowohl Human- als auch Sachkapital) erfordert.

In einem *dritten Schritt* wird nach weiteren empirischen Beweisen für diese Ergebnisse gesucht. LOWINGER korreliert dabei die Charakteristika sämtlicher brasilianischer Industriesektoren mit ihrer internationalen Wettbewerbsfähigkeit.[137] Für die Klassifizierung der Branchen in "kapital-, gesamtkapital- und qualifikationsintensiv" verwendet LOWINGER als Abgrenzungskriterien jeweils die "Pferdestärke (horsepower) pro Beschäftigter", die "Wertschöpfung pro Beschäftigter" und ein sog. "Skill-Index". Für die Messung der internationalen Wettbewerbsfähigkeit werden u.a. der "Anteil des Saldos

---

[136] Vgl. Lowinger, T. C., The Neo-Factor Proportions Theory (American Economic Review, Heft 3, 1971), S. 675 ff.

[137] Als Test verwendet LOWINGER den sog. "Spearman Rangkorrelationstest".

aus Import und Export am inländischen Gesamtumsatz" und der "Anteil der Importe am inländischen Gesamtumsatz" als Kriterien herangezogen.

LOWINGER stellt dabei eine negative Korrelation zwischen dem "Skill-Index" und der internationalen Wettbewerbsfähigkeit ausgesuchter brasilianischer Branchen fest. Die Analyse des Zusammenhangs zwischen der Kapitalintensität bzw. der Gesamtkapitalintensität und der internationalen Wettbewerbsfähigkeit führt jedoch nicht zu statistisch signifikanten Ergebnissen.

Anhand dieser Ergebnisse kommt LOWINGER zu der Schlußfolgerung, daß der komparative Nachteil Brasiliens am ausgeprägtesten in der Produktion jener Güter ist, deren Herstellung einen relativ hohen Bedarf an qualifizierter Arbeit (Humankapital) erfordert, so daß diese Güter aus USA und Westeuropa importiert werden.

Im Zusammenhang mit der Eignung des "Neo-Faktorproportionen-Theorems" zur Erklärung der Arbeitsteilung zwischen Industrie- und (halbindustrialisierten) Entwicklungsländern wird noch auf eine Untersuchung von HIRSCH hingewiesen, in deren Rahmen einige Hypothesen über den Handel zwischen Entwicklungs- und Industrieländern überprüft wurden.[138]

In einem *ersten Schritt* erfolgt die allgemeine Klassifikation von Produkten in "Ricardo-Güter", "Heckscher-Ohlin-Güter" und "neue Produktzyklus-Güter".

Wie im Abschnitt 4.2.2.1. bereits dargestellt, zählt HIRSCH zu den "Ricardo-Gütern" Mineralien, landwirtschaftliche Produkte und sog. weiterverarbeitete Rohstoffe. "Heckscher-Ohlin-Güter" werden dagegen in Anlehnung an das Heckscher-Ohlin-Theorem in arbeitsintensive und kapitalintensive ausgereifte Güter eingeteilt. Als Abgrenzungskriterium für diese Klassifizierung zieht HIRSCH die Größe "Kapital pro Arbeitskraft" heran. Als Beispiele für arbeitsintensive Branchen werden die Bekleidungs- und Textilindustrie, für kapitalintensive Branchen die Eisen- und Stahl- und die Kraftfahrzeugindustrie angeführt. Als "neue Produktzyklus-Güter" definiert HIRSCH solche Güter, die als Ergebnis von ganz neuen Innovationen und F&E-Anstrengungen hergestellt werden. Für die Produktion solcher Güter ist somit ein hoher Anteil an qualifizierten Arbeitskräften notwendig (hohe Humankapitalintensität), weshalb HIRSCH die Größe "Anteil des berufsmäßigen technischen und wissenschaftlichen Personals an der Beschäftigtenzahl" als Abgrenzungskriterium dieser Produktgruppe verwendet.[139] Als Beispiel für "neue Produktzyklus-Güter" werden die Chemie- und die Maschinenbauindustrie herangezogen.

---

[138] Vgl. Hirsch, S., Hypothesen (1974), S. 69 ff.

[139] Hier muß aber erwähnt werden, daß HIRSCH's Definition von "neuen Produktzyklus-Gütern" in Anlehnung an die Produktzyklus-Theorie, die normalerweise von vielen Autoren als ein Teilbereich der modernen Außenhandelstheorie dargestellt wird, erfolgt. Da laut HIRSCH diese Güter auch "qualifikationsintensive Güter" darstellen, kann seine Untersuchung auch zur Analyse des "Neo-Faktorproportionen-Theorems" herangezogen werden. Auf mögliche Zusammenhänge zwischen zwischen der Neo-Faktorproportionen-Theorie, der Produktzyklustheorie und dem Neo-Technologieansatz und auf die Kritik zur Einteilung der modernen Außenhandelstheorie wird im Abschnitt 4.2.4. eingegangen.

In einem *zweiten Schritt* wird dann anhand einer Stichprobe von Ländern und Branchen die Handelsbilanz und der Anteil der Entwicklungsländer am Handel führender Industrieländer analysiert. Als Kriterien für diese Analyse verwendet HIRSCH das "Export-/Importverhältnis" (gesamt und mit Entwicklungsländern) und der "Anteil der Entwicklungsländer an den Exporten und an den Importen ausgesuchter Industrieländer". Die Daten stammen aus dem "Bericht des GATT über den internationalen Handel" aus dem Jahr 1971.

HIRSCH kommt dabei zum Ergebnis, daß die komparativen Nachteile der Entwicklungsländer hauptsächlich in der Produktion der "neuen Produktzyklus-Güter" zu suchen sind, während im Bereich der "Ricardo-Güter" und der "arbeitsintensiven ausgereiften H-O-Güter" die Entwicklungsländer die besten Ergebnisse im Handel mit den Industrieländern erzielen. Bei den "kapitalintensiven ausgereiften H-O-Gütern" stellt HIRSCH zwar fest, daß der Anteil der Entwicklungsländer an den Importen der Industrieländer sehr gering ist, dennoch weisen Nordamerika und die EFTA bei diesen Gütern auch einen beweisbaren Nachteil (gemessen am Kriterium "Export-/ Importverhältnis") auf. Eine Erklärung dafür könnte z.B. darin liegen, daß die Gruppe der Entwicklungsländer in der Untersuchung von HIRSCH sehr undifferenziert behandelt wird. In der Weiterführung seiner Argumentation weist selbst HIRSCH auf die erfolgreichen Diversifizierungsstrategien von Hong Kong, Taiwan, Korea, den Philippinen, Argentinien und Brasilien, u.a. auch im Bereich der "kapitalintensiven ausgereiften H-O-Güter" hin. Er selbst sieht das größte Potential der Entwicklungsländer vor allem bei Gütern, die das ausgereifte Stadium des Produktlebenszyklus erreicht haben.

Die relative Knappheit an Sachkapital kann dabei durch Kapitalgüterimporte und ausländische Direktinvestitionen sehr viel leichter gemildert werden als im Falle von Humankapital, weil internationale Kapitalmobilität in der heutigen Zeit gewährleistet ist. Außerdem verursacht eine Abwanderung hochqualifizierter Arbeitskräfte in Länder mit einem hohen Lebensstandard häufig eine Verschärfung des Humankapitaldefizits in Entwicklungsländern.[140]

Die Bedeutung von öffentlichen Investitionen in die Humankapitalbildung für die erfolgreiche Entwicklung von komparativen Konkurrenzvorteilen wird vor allem am Beispiel bestimmter asiatischer Länder bzw. asiatischer Ländergruppen ersichtlich.

In einer von TAN[141] veröffentlichten Untersuchung wurde am Beispiel Singapurs der Einfluß von Änderungen in der Ausstattung mit bestimmten Produktionsfaktoren (insbesondere Humankapital, Sachkapital und angelernte Arbeitskräfte) auf die Entwicklung von komparativen Vorteilen analysiert. Dabei untersucht TAN anhand von Regressionsanalysen wie zwischen 1970 und 1983 die Veränderung der Ausstattung mit verschiedenen Produktionsfaktoren die Entwicklung der Revealed-Comparative-Advantage (RCA) von 29 verschiedenen Industriebranchen Singapurs beeinflußte. Es wurden zwei multivariate Regressionsanalysen mit zwei unterschiedlichen RCA-Maßen,

---

140 Vgl. Bender, D., Außenhandel (1995), S. 449.

141 Vgl. Tan, L-Y, Heckscher-Ohlin Approach (Weltwirtschaftliches Archiv, Heft 2, 1992), S. 288 ff.

der "ratio of export shares"[142] und der "net exports to total trade ratio"[143], als abhängige Variablen durchgeführt. Als unabhängige Variablen fungieren, neben verschiedenen Maßen für die jeweilige Ausstattung mit unterschiedlichen Produktionsfaktoren, noch zwei Variablen: Eine zur Erfassung der technologischen Rückständigkeit gegenüber den USA, die andere zur Analyse von möglichen Einflüssen, die durch interne Skalenerträge hervorgebracht werden.[144] Damit werden vom Autor neben dem Neofaktorproportionen-Theorem auch ansatzweise Modelle der modernen Außenhandelstheorie überprüft. Die Ergebnisse der Untersuchung von TAN bekräftigen dabei das Neofaktorproportionen-Theorem, wobei sich der Gesamtkapitaleinsatz pro Arbeiter (Sach- und Humankapital) als entscheidende Erklärungsvariable erweist, gefolgt vom Humankapital pro Arbeiter. Die Theorien der Skalenerträge und der Technologielücke haben dagegen einen bedeutungslosen Erklärungswert.[145] TAN bestätigt somit die alte These, daß die Imperfektionen wenig zur Erklärung des Handels zwischen Industrie- und Schwellenländern beitragen.

In einer weiteren Studie untersuchen CHOWDHURY/KIRKPATRICK[146] am Beispiel von fünf ASEAN-Ländern[147] den Zusammenhang zwischen Veränderungen in der Humankapitalausstattung und der Entwicklung von komparativen Vorteilen beim Export von humankapital- und technologieintensiven Gütern. Für die Auswahl der humankapitalintensiven Branchen wird wiederum eine von der UNIDO[148] durchgeführte Untersuchung herangezogen, in deren Rahmen die Humankapital- und Technologieausstattung von 32 Ländern mit ihrer RCA bei 90 Industriebranchen korreliert wurde. Dabei werden die zwanzig Branchen mit den höchsten Korrelationskoeffizienten ausgesucht. Anschließend wird die Entwicklung der Exportanteile der ausgesuchten Branchen an den gesamten Industriegüterexporten der obengenannten Länder (ohne Indonesien) zwischen

---

142 Der wird folgendermaßen operationalisiert: $RES = (\frac{Ex_{ji}}{\sum_j Ex_{ji}}) / (\frac{\sum_i Ex_{ji}}{\sum_i \sum_j Ex_{ji}})$, wobei der Zähler der Anteil der Branche j an den Gesamtexporten des Landes i und der Nenner der Anteil der Branche j am Gesamtweltexport bedeuten. Ist RSE größer (kleiner) als eins, dann hat das betreffende Land i einen komparativen Vorteil (Nachteil) bei der Branche j. Vgl. dazu Tan, L-Y, Heckscher-Ohlin Approach (Weltwirtschaftliches Archiv, Heft 2, 1992), S. 295.

143 Der wird folgendermaßen operationalisiert: $NER = \frac{(Ex - Im)_j}{(Ex + Im)_j}$, wobei Ex und Im jeweils die Exporte und Importe der Branche j bedeuten. Vgl. dazu Tan, L-Y, Heckscher-Ohlin Approach (Weltwirtschaftliches Archiv, Heft 2, 1992), S. 296.

144 Zur Operationalisierung der einzelnen unabhängigen Variablen vgl. Tan, L-Y, Heckscher-Ohlin Approach (Weltwirtschaftliches Archiv, Heft 2, 1992), S. 304 ff.

145 Vgl. zu diesen Theorien S. 78 f. und Abschnitt 4.2.3.2.

146 Vgl. Chowdhury, A./Kirkpatrick, C. H., Human Resources (Journal of Economic Studies, Heft 6, 1990), S. 14 ff.

147 Diese sind: Indonesien, Malaysia, die Philippinen, Singapur und Thailand.

148 Vgl. UNIDO, International Comparative Advantage in Manufacture: Changing Profiles of Resources and Trade (1986).

1970-72 und 1981-83 analysiert. Dabei kommen die Autoren zum Schluß, daß innerhalb des obengenannten Zeitraums der Exportanteil humankapitalintensiver Güter in allen Ländern gestiegen ist.

Durch Heranziehung von Daten zur Entwicklung der Humankapitalausstattung in Malaysia, Thailand, Indonesien, den Philippinen und Singapur kommen die Autoren zum Ergebnis, daß komparative Vorteile nicht statischer Natur bzw. vorgegeben sind, sondern gezielt durch wirtschaftspolitische Maßnahmen, z.B. durch massive Investitionen in Bildungseinrichtungen, entwickelt werden können.[149] Dies steht aber nicht im Widerspruch zum Neo-Faktorproportionen-Theorem, denn die Anhänger dieses Theorems behaupten nicht, daß die komparativen Vorteile unveränderbar sind oder unverändert bleiben (auch wenn es ein statisches Modell darstellt).

In einer im Jahr 1997 erschienenen Untersuchung befaßt sich MACHADO[150] auch mit dem Zusammenhang zwischen der Humankapitalausstattung und der Außenhandelsstruktur Brasiliens. Anhand der Input-Output-Matrix des Jahres 1980 und unter Zugrundelegung verschiedener Statistiken zur Qualifikation der Arbeitskräfte in den unterschiedlichen Branchen berechnet MACHADO der durchschnittlich vorhandenene Gehalt sowohl an unqualifizierten als auch an qualifizierten Arbeitskräften pro Geldeinheit (1 Million Cruzeiros) der Exporte, der Importsubstitute und der nicht-gehandelten Waren. Der Vergleich des Verhältnisses des Gehalts an qualifizierten zu unqualifizierten Arbeitskräften sowohl bei Exporten (Verhältnis: 0,0044) als auch bei Importen (Verhältnis: 0,0084) zeigt, daß im Jahr 1980 die brasilianischen Importe einen höheren Gehalt an qualifizierten Arbeitskräften als ihre Exporte aufwiesen, was im Sinne des Neo-Faktorproportionentheorems stand.

Als nächstes werden zwei weitere Erweiterungen des H-O-Modells vorgestellt. Es handelt sich um den Neo-Technologie-Ansatz und um die Produktlebenszyklus-Theorie.

Obwohl viele Autoren[151] den Neo-Technologie-Ansatz und die Produktlebenszyklus-Theorie zu den modernen Ansätzen der Außenwirtschaftstheorie zählen, wird in dieser Arbeit diese Einteilung nicht vertreten.

Es wird in dieser Arbeit dagegen die Position vertreten, daß Neo-Technologie-Ansatz und Produktzyklus-Theorie in keinem Gegensatz zum H-O-Theorem stehen. Sie stellen eher einen Ansatz zu einer Dynamisierung des H-O-Theorems bzw. der Faktorproportionen-Theoreme dar. In allen diesen Ansätzen stellt die Technologie (im Zusammenhang mit der Qualifikation der Arbeiter) einen wichtigen Bestimmungsfaktor der internationalen Wettbewerbsfähigkeit dar. Das Neo-Faktorproportionentheorem (neoklassische Außenhandelstheorie) unterscheidet sich jedoch von den anderen beiden

---

149 Als nachteilig erweist sich dennoch an der Untersuchung von CHOWDHURY/KIRKPATRICK, daß von den Autoren keine Regressionsanalyse zwischen der Entwicklung der Faktorausstattung und der Exportanteile humankapitalintensiver Branchen durchgeführt wurde.

150 Vgl. Machado, D. L., Um Teste do Teorema de Heckscher-Ohlin (1997), insbesondere S. 67 ff.

151 Vgl. dazu z.B. Bender, D., Außenhandel (1995), S. 456 ff.; Salvatore, D., International Economics (1993), S. 152 ff.

Theorien insbesondere dadurch, daß es ein statisches Modell darstellt, während der Neo-Technologie-Ansatz und die Produktlebenszyklus-Theorie dynamische Modelle sind.[152]

Denn was bedeutet es, daß eine Technologie in einem Land nicht angewandt wird im Zeitalter der Globalisierung? Es kann nur daran liegen, daß bestimmte Faktoren wie Humankapital, Infrastruktur, Entwicklungsmöglichkeiten (Marktnähe?) nicht gegeben sind.

Ähnlich verhält es sich mit der Produktlebenszyklus-Theorie: Wenn Entwicklungsländer standardisierte Produkte herstellen, aber wenig Produkte entwickeln, dann liegt dies unter anderem an der zu geringen Ausstattung mit Humankapital, Forschungszentren etc.

Bb. Neo-Technologie-Ansatz

Ausgangspunkt des **Neo-Technologie-Ansatzes** ist die Feststellung, daß der Heckscher-Ohlin-Theorem in sener statischen Variante nicht immer in Einklang zu bringen ist mit den vorherrschenden internationalen Wettbewerbsbedingungen (vor allem bei Industrieerzeugnissen), die durch dynamischen und permanenten Strukturwandel charakterisiert sind. Der Wettbewerb wird in diesem Ansatz daher als ein Prozeß verstanden, bei dem Unternehmen ständig versuchen, durch Innovationen temporäre Wettbewerbsvorsprünge (sog. Verfügbarkeitsmonopole) gegenüber anderen Konkurrenten zu erlangen.[153]

Der Neo-Technologie-Ansatz geht dabei von der Annahme der Existenz von **technologischen Lücken** zwischen einzelnen Ländern aus. Darunter wird der relative Vorsprung oder Rückstand eines Landes im technologischen oder organisatorischen Wissen verstanden. Außenhandel findet demzufolge statt, wenn ein Land (in dem Fall das exportierende Land) ein technologisches Verfügbarkeitsmonopol besitzt, während im Importland Nicht-Verfügbarkeit vorliegt.

Volkswirtschaften mit geringerem technologischen Stand werden somit technologisch anspruchsvollere Produkte von weiterentwickelten Ländern importieren, während sie selbst die Güter mit geringerem Technologiegehalt exportieren.

Der Neo-Technologieansatz geht außerdem von der These aus, daß die Einkommenselastizitäten der Nachfrage bei technologisch anspruchsvolleren Gütern größer sind als bei denen niedrigerer Technologie. Vor dem Hintergrund sich langsam verändernder Angebotskapazitäten bedeutet dies eine entsprechend günstigere Preisentwicklung für die Anbieter von Gütern höheren Technologiegehaltes als für die Hersteller einfacherer Produkte.

Aus diesem Grund werden weniger entwickelte Volkswirtschaften versuchen, nach einer bestimmten Zeit **Imitationsanstrengungen** bei der Herstellung von Hochtechnolo-

---

[152] Vgl. zur Kritik an der von vielen Autoren vorgenommenen Systematisierung der modernen Außenwirtschaftstheorie den Exkurs in Abschnitt 4.2.4.

[153] Vgl. Posner, M. V., International Trade (Oxford Economic Papers, Heft 3, 1961), S. 323 ff.; vgl. dazu auch Bender, D., Außenhandel (1995), S. 457. Diese Charakterisierung des Wettbewerbsprozesses als ein "Prozeß der schöpferischen Zerstörung" ist auf SCHUMPETER zurückzuführen. Vgl. dazu z.B. Berg, H., Wettbewerbspolitik (1995), S. 242.

giewaren zu unternehmen. Imitationen werden z.B. dadurch ermöglicht, daß Technologie keinen international immobilen Faktor darstellt. So nehmen, im Zuge der Globalisierung, beispielsweise multinationale Unternehmen auch die eigene Technologie in die Gastländer mit sich. Um sich der wachsenden Konkurrenz der imitierenden Länder zu entziehen, werden die ursprünglichen Industrieländer ihrerseits versuchen, die technologische Lücke weiter aufrechtzuerhalten. Sie werden dementsprechend neue Innovationsanstrengungen unternehmen und, darauf aufbauend, neue Produktionsverfahren als auch neue Produkte und Produktarten schaffen.[154]

Der Neo-Technologie-Ansatz erweitert somit in zweierlei Hinsicht das Heckscher-Ohlin-Theorem:

Erstens wird nicht mehr angenommen, daß die in der gleichen Branche in unterschiedlichen Ländern verwendete Technologie gleich sei.[155]

Zweitens betrachtet der Neo-Technologie-Ansatz die internationale Spezialisierung nicht mehr als ein statisches Problem, weil sich die Technologie mit der Zeit verändert. Durch Heranziehung einer *dynamischen* Betrachtungsweise werden folglich zusätzliche Aspekte des internationalen Handels erschlossen.

Die Erweiterung des Heckscher-Ohlin-Modells impliziert zwar, daß die internationale Wettbewerbsfähigkeit weiterhin durch komparative Kostendifferenzen bestimmt wird. Für die Entstehung und Aufrechterhaltung dieser Kostenvorteile sind aber im Neo-Technologie-Ansatz allein die *technologische Innovationfähigkeit* und die *Dauer des "imitation-lag"* maßgebend.[156]

Das Neo-Technologie-Theorem erweist sich als guter Ansatz für die Erklärung des Handels zwischen Entwicklungs- und Industrieländern. Obwohl Technologie international mobil ist, sind Entwicklungsländer nicht in der Lage, kurz- und mittelfristig die zu den Industrieländern entstandene technologische Lücke zu schließen. Der Grund dafür liegt an deren geringem technisch-wissenschaftlichen Entwicklungspotential und, damit verbunden, an einem Mangel an Humankapital. Sie werden daher komparative Nachteile in der Herstellung von Hochtechnologie-Produkten aufweisen, mit der Folge, daß diese Produkte importiert werden müssen.[157]

Bc. Produktlebenszyklus-Theorie

Die **Produktlebenszyklus-Theorie** geht von der Hypothese aus, daß neuentwickelte Produkte nach ihrer Markteinführung einen Lebenszyklus durchlaufen, in dessen Verlauf sich die Faktorintensitäten, die Herstellungsmethoden und auch die Marktcharakteristika ändern.[158] Dieser Lebenszyklus wird gewöhnlich in drei Phasen (Innovations-, Ausreifungs- und Standardisierungsphase) eingeteilt.

---

[154] Vgl. Alavi, H., International Competitiveness (1990), S. 5 f.; Boroch, W., Internationale Wettbewerbsfähigkeit (Hamburger Jahrbuch für Wirtschafts- und Gesellschaftspolitik, 40. Jahr, 1995), S. 321.

[155] Vgl. jedoch Abschnitt 4.2.4.

[156] Vgl. Gonçalves, R., The Theory of International Trade (1996), S. 12.

[157] Vgl. Bennecke, K.-O., Wettbewerb (1990), S. 213.

[158] Vgl. Vernon, R., International Investment (Quarterly Journal of Economics, Heft 2, 1966), S. 190 ff.

Produkte, die sich in der **Innovationsphase** ihres Lebenszyklus befinden, sind dadurch gekennzeichnet, daß weder der Produktionsprozeß noch das Erzeugnis selbst standardisiert sind. Dies verursacht nicht nur hohe F&E-Anstrengungen, sondern setzt ein hohes Ausbildungsniveau der Arbeiterschaft voraus. Außerdem ist der Marketingaufwand im Absatzbereich aufgrund der i.d.R. preisunelastischen Nachfrage sehr hoch. Diese Anforderungen können hauptsächlich von Unternehmen in Industrieländern erfüllt werden. Diese Länder werden außerdem die Ursprungsländer der neuen Produkte sein.

Mit zunehmender Ausreifung eines Produktes (Eintritt in die **Ausreifungsphase**) erhöht sich der Standardisierungsgrad seines Herstellungsprozesses und F&E-Arbeit ist nicht mehr im starken Ausmaß erforderlich.

In der **Standardisierungsphase** ist schließlich die Produktionstechnologie vollkommen standardisiert und verlangt z.T. einen hohen Kapitaleinsatz pro Arbeitsplatz. Der standardisierte Produktionsprozess stellt geringe Qualifikationsanforderungen an das Bedienungspersonal, so daß im überwiegenden Teil der Produktion auch angelernte Arbeitskräfte eingesetzt werden können. Außerdem sind F&E-Anstrengungen nicht mehr notwendig. Enwicklungsländern ist es somit möglich, ihr reiches Reservoir gering qualifizierter aber lernfähiger Arbeitskräfte im Produktionsprozeß auszuschöpfen. Nach der Produktlebenszyklustheorie haben Entwicklungsländer somit komparative Vorteile bei der Herstellung von Produkten, die sich in der Standardisierungsphase ihres Lebenszyklus befinden.[159]

Die Ausführungen zur Produktlebenszyklus-Theorie zeigen, daß dieser Ansatz sehr eng verwandt ist mit dem Neo-Technologie-Ansatz. In der Produktlebenszyklus-Theorie ist auch der Faktor "Technologie" und deren zeitliche Entwicklung wichtigste Bestimmungsgrundlage der internationalen Arbeitsteilung. Somit wird, ähnlich wie im Neo-Technologie-Ansatz, nicht mehr angenommen, daß alle Länder die gleichen Technologien haben.[160]

Unterschiede zwischen beiden Ansätzen bestehen aber hinsichtlich des zugrundegelegten Schwerpunktes. SALVATORE[161] charakterisiert die Differenzen beider Ansätze wie folgt: "While the technological gap model emphasizes the time lag in the *imitation* process, the product cycle model stresses the *standardization* process." Die Betonung des Standardisierungsprozesses in der Produktlebenszyklus-Theorie impliziert, daß Entwicklungsländer auch im Bereich kapitalintensiver Branchen komparative Kostenvorteile entfalten können. Voraussetzung dafür ist aber, daß diese Branchen durch eine standardisierte Technologie gekennzeichnet sind. Wegen immer kürzer werdenden Produktlebenszyklen müssen Industrieländer dagegen immer bestrebt sein, neue Produkte einzuführen, um Monopolgewinne zu erhalten.[162]

---

[159] Vgl. Vernon, R., International Investment (Quarterly Journal of Economics, Heft 2, 1966), S. 190 ff.; Hirsch, S., International Competitiveness (1967), S. 112 ff.

[160] Vgl. jedoch dazu Abschnitt 4.2.4.

[161] Salvatore, D., International Economics (1993), S. 163.

[162] Vgl. auch dazu die Ausführungen zum Neo-Technologie-Ansatz ab S. 78 f.

4.2.3. Moderne Ansätze der Außenhandelstheorie

4.2.3.1. Grundlagen

Die vorherigen Ausführungen zur traditionellen Außenhandelstheorie haben gezeigt, daß diese Ansätze einen großen Beitrag zur Analyse der internationalen Wettbewerbsfähigkeit im inter-industriellen Bereich leisten. Diese Ansätze erklären somit, warum sich bestimmte Länder vollständig auf die Herstellung bestimmter Güter spezialisieren sollen (sektorale Spezialisierung). Die Grenzen der traditionellen Theorie zeigen sich aber, wenn es darum geht, internationale Wettbewerbsfähigkeit im **intra-industriellen Bereich**, also innerhalb eines gleichen Sektors, zu erklären. Die moderne Außenhandelstheorie versucht diese Lücke zu schließen. Die Ansätze der modernen Theorie leisten somit einen wichtigen Beitrag zur länderbezogenen Analyse der intra-sektoralen Wettbewerbsfähigkeit.[163]

Zur modernen Außenhandelstheorie gehören insbesondere folgende Ansätze:

a) Theorem zunehmender Skaleneffekte

b) Produktdifferenzierungstheorie

Diesen Ansätzen ist gemeinsam, daß einzelne als *unrealistisch eingestufte Prämissen des Heckscher-Ohlin-Theorems aufgehoben* werden.

Ziel der Prämissenkritik ist es, bestimmte Aspekte des internationalen Handels zu analysieren, die im Rahmen der traditionellen Theorie ungeklärt bleiben. In der modernen Außenhandelstheorie werden vor allem *Elemente des unvollständigen Wettbewerbs* berücksichtigt. Wie im Abschnitt 4.2.1. dargestellt wurde, gehen diesen neue Ansätze auch davon aus, daß der Preis einen wichtigen Bestimmungsfaktor der internationalen Wettbewerbsfähigkeit ist. Komparative Kosten- und Preisvorteile werden aber nicht mehr nur von der Faktorausstattung beeinflußt.

Zusammenfassend kann festgestellt werden, daß die in den modernen Ansätzen berücksichtigten Marktimperfektionen einen wichtigen Beitrag zur Analyse des Handels zwischen den Industrieländern bzw. zwischen den Schwellenländern (intrasektoraler Handel) leisten, nicht aber zwischen den Industrieländern und den gering industrialisierten Ländern (intersektoraler Handel).

Als nächstes werden die einzelnen Ansätze der modernen Außenhandelstheorie analysiert. Diese Modelle werden vor allem auf folgende zwei Punkte hin untersucht:

a) Auf welche Prämisse des Heckscher-Ohlin-Theorems sie einzeln Kritik ausüben und

b) welche Konsequenz sich, bei Aufhebung dieser Prämisse, für die internationale Wettbewerbsfähigkeit einer Branche ergibt.

4.2.3.2. Theorem der Skaleneffekte

Im Rahmen der modernen Außenhandelstheorie spielen **Agglomerationseffekte** eine sehr wichtige Rolle. Agglomerationseffekte werden durch die räumliche Nähe der ein-

---

[163] Vgl. Bender, D., Außenhandel (1995), S. 449.

zelnen Unternehmen hervorgerufen bzw. gehen mit einer entsprechenden Ausweitung der wirtschaftlichen Aktivität einher.

Die Agglomerationseffekte bewirken im positiven Fall, daß durch die Ausweitung der Produktion die langfristigen Durchschnittskosten der Unternehmen überproportional sinken. Es besteht somit ein Anreiz, größere Mengen zu produzieren. Im negativen Fall verzeichnen die Unternehmen dagegen überproportional steigende langfristige Durchschnittskosten bei der Produktionsausweitung.

Agglomerationseffekte können weiterhin sowohl interner als auch externer Natur sein. Interne Effekte sind spezifisch für ein produzierendes Gewerbe und beschreiben die Ausnutzung unternehmenspezifischer Skalenvorteile (Grössendegressionseffekte). Bei den externen Effekten dagegen ist die Erzielung eines entsprechenden Skalenvorteils von der räumlichen Nähe zu anderen Betrieben abhängig. Sie können branchenspezifisch sein, oder die Gesamtheit der Unternehmen einer Region bzw. eines wirtschaftlichen Raumes betreffen.[164] Charakteristisch für externe Agglomerationseffekte ist, daß sie Aktivitäten darstellen, die nicht über Märkte geleitet werden. Sie sind daher nicht mit einer Kompensation für geleistete Aktivitäten bzw. mit einer Vegütung für empfangene Leistungen verbunden.[165]

Agglomerationseffekte können in Anlehnung an JUNIUS[166] anhand der Tabelle 9 systematisiert werden.

Tabelle 9: Systematisierung von Agglomerationseffekten

A. Interne Effekte (Grössendegression)	**B. Externe Effekte**
A.1. Steigende interne Effekte	*B.1. Lokalisationseffekte*
A.2. Fallende interne Effekte	B.1.1. positive Lokalisationseffekte
	B.1.2. negative Lokalisationseffekte
	B.2. Urbanisationseffekte
	B.2.1. positive Urbanisationseffekte
	B.2.2. negative Urbanisationseffekte

Quelle: In Anlehnung an Junius, K., Economies of Scale (1997), S. 5.

---

[164] Hier muß aber erwähnt werden, daß externe Agglomerationseffekte auch Konsumenten betreffen können. Vgl. dazu Stewart, F./Ghani, E., Externalities (World Development, Heft 6, 1991), S. 570 ff; Mishan, E. J., Externalities (Journal of Economic Literature, Heft 1, 1971), S. 2. Die Auswirkungen externer Agglomerationseffekte auf die Konsummöglichkeiten bzw. auf die Nutzenfunktion von Konsumenten wird im Rahmen dieser Untersuchung aber nicht weiter analysiert.

[165] Vgl. Stewart, F./Ghani, E., Externalities (World Development, Heft 6, 1991), S. 569.

[166] Vgl. Junius, K., Economies of Scale (1997), S. 5.

A. Interne Skalenerträge

Interne Skalenerträge beziehen sich auf die Veränderung der physischen Ausbringungsmenge, wenn die physischen Faktoreinsatzmengen gleichzeitig und im gleichen Verhältnis zueinander erhöht werden.

Im Falle **steigender** interner Skalenerträge steigt, bei einem vermehrten Einsatz aller Produktionsfaktoren um das Lambda-fache, das Produktionsergebnis um mehr als das Lambda-fache. Als Folge sinken die Durchschnittskosten und es besteht ein Anreiz, eine größere Outputmenge zu produzieren.

Grundgedanke steigender interner Skalenerträge ist dabei die Ausnutzung von Arbeitsteilung und, damit verbunden, die höhere Spezialisierung der Arbeitskräfte.[167] Eine mögliche Begründung sinkender Durchschnittskosten liegt darin, daß eine vorhandene Produktionskapazität besser ausgeschöpft wird. Durch Verteilung des Fixkostenblocks auf eine höhere Ausbringungsmenge, ist es somit möglich, die durchschnittlichen Kosten pro Ausbringungseinheit zu senken.

Eine andere Begründung steigender interner Skalenerträge liegt in der sog. **Erfahrungs- bzw. Lernkurve.**[168] Im Rahmen des Erfahrungskurveneffekts bestätigen empirische Untersuchungen, daß eine Verdoppelung der kummulierten Ausbringungsmenge eines Produktes eine Stückkostenreduktion in der Herstellung dieses Gutes in Höhe von 20-30 % bewirken kann.[169] Die Kostensenkung ist die Folge aus einem Lernprozess bei der Fertigung, bei der die Mitarbeiter Erfahrungen sammeln, wie die Produktion effizienter zu organisieren ist.

Es ist in diesem Zusammenhang dennoch darauf hinzuweisen, daß im Falle der internen Skalenerträge Wettbewerbspreise bei zunehmenden Skalenerträgen zu Verlusten führen. Sinkende Durchschnittskosten bewirken jedoch die Monopolisierung des Marktes. Dies spielt vor allem bei monopolistischer Preissetzung eine Rolle.

Die Erzielung steigender Skalenerträge kann jedoch nicht beliebig fortgesetzt werden. Der Grund dafür ist, daß eine sog. *optimale Unternehmensgröße* existiert. Bei Überschreiten dieser optimalen Unternehmensgröße kehrt sich die Vorteilssituation um und steigende interne Skaleneffekte werden durch **abnehmende** interne Skaleneffekte ersetzt. Die Begründung für diese Situation liegt darin, daß mit zunehmender Unternehmensgröße die Komplexität innerhalb des Unternehmens erhöht wird. Die Folge sind längere Entscheidungswege und ein höherer Koordinationsaufwand einzelner Teilbereiche des Unternehmens.[170] Die erhöhten Transaktionskosten bewirken, daß mit steigenden Ausbringungsmengen die Durchschnittskosten steigen.

---

[167] Vgl. Hoover, E. M., Economia Geografica (1943), S. 77.

[168] Vgl. Siebert, H., Aussenwirtschaft (1994), S. 97.

[169] Vgl. Henderson, B. D., Erfahrungskurve (1984), S, 11 ff.

[170] Vgl. Marshall, A., Principles of Economics (1977), S. 237; Hoover, E. M., Economia Geografica (1943), S. 81 ff.; vgl. auch zu den, mit einer zunehmenden betrieblichen Größe verbundenen Problemen Fehl, U., Optimale Unternehmensgröße (1988), S. 346 ff.

B. Externe Skalenerträge

B.1. Lokalisationseffekte

Im Gegensatz zu den internen Skalenerträgen, liegt die Entstehung von Lokalisationseffekten nicht im Einflußbereich der betrachteten Unternehmung, sondern steht im externen Verhältnis zum einzelnen Betrieb. Lokalisationseffekte entstehen aber wiederum nur *innerhalb einer bestimmten Industrie bzw. Branche*. Die Wirkung von Lokalisationseffekten erhöht sich dabei durch die zunehmende Größe einer Branche bzw. durch eine Erhöhung des gesamten Produktionsvolumens einer Industrie innerhalb einer Region.[171]

Positive Lokalisationseffekte entstehen hauptsächlich aus der räumlichen Nähe zu Ressourcen und Transportkostenvorteilen (u.a. durch räumliche Nähe von Abnehmern und Lieferanten). Die geringe Distanz bewirkt, daß die Kommunikation zwischen den Unternehmen erleichtert wird und, daß der Koordinierungsbedarf reduziert wird.

Eine weitere Auswirkung positiver Lokalisationseffekte besteht in der Senkung der Durchschnittskosten für alle Unternehmen einer Industrie. Ein Grund dafür kann z.B. sein, daß die wachsende Industrieproduktion auf vorgelagerten Produktionsstufen Kostenvorteile wachsender Vorleistungsproduktion bewirkt, die in sinkenden Lieferpreisen weitergegeben werden.[172]

Außerdem bestehen weitere Kostensenkungsmöglichkeiten durch Auslagerung von Aktivitäten an den Zulieferer (Outsourcing) bzw. durch intensive Kooperation mit den Lieferanten (u.a. Just in Time, Verringerung der Fertigungstiefe).

Die hohe Konzentration von Unternehmen einer bestimmten Industrie in einer Region fördert außerdem die Niederlassung von weiteren Betrieben, die für diese Industrie spezifische Dienstleistungen anbieten. Die hohe Nachfrage nach diesen speziellen Dienstleistungen kann weiterhin auch eine Senkung der für diese Dienstleistungen geforderten Preise bewirken, mit der Folge, daß alle Unternehmen der Branche gleichermaßen davon profitieren.

Im Rahmen von positiven Lokalisationseffekten wird die Errichtung einer industriespezifischen Infrastruktur auch durch Aufbau und Ansiedlung von F&E-Zentren sowie durch intensive Zusammenarbeit mit wissenschaftlichen Instituten (u.a. Universitäten) gefördert. Obwohl die öffentliche Infrastruktur auch positive externe Effekte stiftet, muß jedoch beachtet werden, daß bei zunehmender Bürokratie der Effekt negativ wird.

Eine weitere Auswirkung von positiven Lokalisationseffekten stellen die sogenannten *"spillover-Effekte"* dar, die durch Diffusions- oder Transfervorgänge (u.a. Wissenstransfer) zwischen den Unternehmen entstehen. "Spillover-Effekte" kommen vor allem durch Wanderungen von Arbeitskräften (insbesondere hochqualifizierter Arbeiter) von einem Unternehmen zu anderen Unternehmungen und durch Informationsaustausch (institutionalisiert und/ oder informell) zustande.[173]

---

[171] Vgl. Junius, K., Economies of Scale (1997), S. 4.

[172] Vgl. Bender, D., Außenhandel (1995), S. 450.

[173] Vgl. Stewart, F./Ghani, E., Externalities (World Development, Heft 6, 1991), S. 574 f.

Lokalisationseffekte sind aber nicht nur positiver Natur. Eine überhöhte Konzentration von in gleichen Industriesektoren tätigen Unternehmen kann auch mit negativen Folgen verbunden sein. **Negative externe Lokalisationseffekte** entstehen insbesondere durch die höheren Preise der industriespezifischen Produktionsfaktoren. Dies betrifft vor allem die steigenden Lohnkosten für die in der jeweiligen Industrie benötigten qualifizierten Arbeitskräfte und Spezialisten.[174]

B.2. Urbanisationseffekte

Urbanisationseffekte zählen, genau wie die Lokalisationseffekte, zu den externen Effekten. Im Gegensatz zu den Lokalisationseffekten wirken Urbanisationseffekte aber auf die *Unternehmen aller Industrien* an einem Standort. Sie beschränken sich somit nicht nur auf Unternehmen derselben Branche, sondern treten zwichen Unternehmen verschiedener Industriesektoren mit unterschiedlichen Aktivitäten auf.[175]

Positive Urbanisationseffekte treten auf, wenn der hohe Umfang der wirtschaftlichen Aktivität in einer Region positive Einflüsse auf das Ergebnis jedes einzelnen Unternehmens ausübt. Die Wirkung von Urbanisationseffekten erhöht sich dabei durch Zunahme des gesamten Produktionsvolumens aller Industrien innerhalb eines Standortes bzw. durch Erhöhung der gesamten wirtschaftlichen Aktivität in einer Region.

Ein Grund für positive Urbanisationseffekte kann z.B. sein, wenn die wachsende Industrieproduktion das Angebot differenzierter Produzentendienstleistungen mit entsprechender Kostenreduktion an den Standort zieht. Im Gegensatz zu den Lokalisationseffekten handelt es sich in diesem Fall aber um branchenübergreifende Dienstleistungen, wie z.B. Rechts-, Steuer- und Unternehmensberatungen und Wirtschaftsprüfer. Somit bewirken positive Urbanisationseffekte auch, daß die branchenübergreifende Humankapitalausstattung einer Region erhöht wird.

Ähnlich wie bei den Lokalisationseffekten können im Rahmen der Urbanisierung weitere Kostensenkungspotentiale und -vorteile durch Zusammenarbeit mit Lieferanten, mit anderen Unternehmen und mit Universitäten (Grundlagenforschung), durch Errichtung von Forschungsinstituten (z.B. Technologieparks) und durch Verbesserung der allgemein zu nutzenden Infrastruktur erzielt werden.[176]

Die zunehmende wirtschaftliche Aktivität an einem Standort ist auch mit negativen Erscheinungen **(negative Urbanisationseffekte)** verbunden. Dazu zählen u.a. höhere Lohnkosten und steigende Grundstückspreise.[177] Das hohe Verkehrsaufkommen und die zunehmenden Dichtewerte verursachen weiterhin höhere Transportkosten und zusätzliche Umweltbelastungen (evtl. hohe Entsorgungskosten).[178] Außerdem bewirkt die zunehmende Binnenwanderung der Landbevölkerung in die Großstädte im Zusammenhang mit den steigenden Grundstückspreisen, daß in den einzelnen Metropolen eine starke Verslumung eintritt. Diese starke Verbreitung von Slumgebieten wird am Bei-

---

[174] Vgl. Maier, G./Tödtling, F., Regional- und Stadtökonomik (1992), S. 112.

[175] Vgl. Junius, K., Economies of Scale (1997), S. 4.

[176] Vgl. z.B. Genosko, J., Netzwerke (1996), S. 14.

[177] Vgl. Hoover, E. M., Economia Geografica (1943), S. 191 f.

[178] Vgl. Maier, G./Tödtling, F., Regional- und Stadtökonomik (1992), S. 114.

spiel vieler lateinamerikanischer (u.a. Buenos Aires, Bogotá, Rio de Janeiro, Mexiko-Stadt), asiatischer (u.a. New Delhi, Jakarta, Bangkok), aber auch einiger europäischer Städte, wie z.B. Lissabon, ersichtlich.

C. Bedeutung von Skalenerträgen für die internationale Wettbewerbsfähigkeit

Interne und externe Skaleneffekte sind dadurch charakterisiert, daß sie nicht einzeln, sondern gemeinsam auftreten. Die langfristige Durchnittskostenkurve eines Unternehmens wird daher durch die Summe dieser Effekte **(Gesamtagglomerationseffekt)** beeinflußt. Ist der Wirkungssaldo der einzelnen Agglomerationskräfte positiv (negativ), dann verzeichnet die Unternehmung unterproportional (überproportional) steigende Kosten bei der Produktionsausweitung. Im positiven (negativen) Fall sinkt (steigt) somit die langfristige Durchschnittskostenkurve der Unternehmen.[179]

Skaleneffekte bewirken, daß Unternehmen Marktformen gegenüberstehen, die durch unvollständigen Wettbewerb charakterisiert sind. Somit wird im Rahmen des Theorems der Skaleneffekte die Annahme konstanter Skalenerträge und die Annahme der vollständigen Konkurrenz aufgehoben. Ein positiver Gesamtagglomerationseffekt ist für die partizipierenden Unternehmen eines Landes bzw. einer Region mit einer Senkung ihrer langfristigen Durchschnittskosten verbunden. Das ermöglicht diesen Unternehmen sowohl auf dem heimischen als auch auf ausländischen Märkten einen niedrigen Preis für ihre Leistungen zu verlangen. Sie werden somit international wettbewerbsfähiger.

Einige Autoren nennen als wichtigste Voraussetzung für die Entstehung von steigenden internen Skalenerträgen einen großen Binnenmarkt.[180] Die Größe eines Landes hat vor allem einen Einfluß darauf, inwieweit die zunehmenden skalaren Effekte in Autarkie, d.h. im Falle keiner Außenhandelsbeziehungen, zur Geltung kommen. Länder mit einem großen Binnenmarkt werden daher tendenziell komparative Vorteile bei der Herstellung von Gütern haben, die durch Massenproduktionsprozesse gekennzeichnet sind.[181]

Die Größe des Binnenmarktes beeinflußt auch die Entstehung von externen Effekten, denn je höher die potentielle Nachfrage einer Region ist, desto höher wird die Industrieansiedlung in dieser Region ausfallen.[182]

Viele Entwicklungsländer, wie z.B. Brasilien, Indien und Indonesien, sind durch eine sehr hohe Bevölkerungszahl und hohe Wachstumsraten der Bevölkerung gekennzeichnet. Es wird häufig die These vertreten, daß in bevölkerungsreichen Entwicklungsländer günstige Voraussetzungen vorhanden sind für den Absatz von sog. Massenprodukten und somit für die Senkung der langfristigen Durchschnittskosten (positive Skaleneffekte). Im Sinne von LINDER,[183] der die Ansicht vertritt, daß das Exportpotential eines Landes von seiner heimischen Nachfrage bestimmt wird, müßten bevölkerungsreiche

---

[179] Diese Überlegungen erfolgen in Anlehnung an das Konzept der sog. optimalen Stadtgröße. Vgl. dazu Isard, W., Location and Space-Economy (1972), S. 182 f.; Maier, G./Tödtling, F., Regional- und Stadtökonomik (1992), S. 120 ff.

[180] Vgl. dazu z.B. Siebert, H., Aussenwirtschaft (1994), S. 99.

[181] Vgl. Siebert, H., Aussenwirtschaft (1994), S. 99 f.

[182] Vgl. Hoover, E. M., Economia Geografica (1943), S. 30 f.

[183] Vgl. zu LINDERs Thesen Abschnitt 4.2.3.3., S. 93.

Entwicklungsländer komparative Vorteile bei der Herstellung von Gütern haben, die durch Massenproduktionsprozesse gekennzeichnet sind. Diese These muß aber vor dem Hintergrund der extrem ungleichen Einkommensverteilung in diesen Ländern stark relativiert werden. Unter der Prämisse, daß die Senkung der langfristigen Durchschnittskosten erst durch eine hohe potentielle Nachfrage ermöglicht wird, bewirkt die extrem ungleiche Einkommensverteilung, daß in vielen dieser Länder nur ein bestimmter Teil der Bevölkerung als potentieller Konsument in Frage kommt. Aus diesem Grund wird die Entstehung von positiven Skaleneffekten in vielen dieser Länder begrenzt sein.

Außerdem sind viele der Entwicklungsländer durch strukturell verschiedenartige Regionen gekennzeichnet.[184] So konzentriert sich die Industrie in vielen dieser Länder nur auf wenige Regionen (z.B. den Großraum São Paulo in Brasilien). Die Frage, die sich in diesem Zusammenhang stellt ist, ob die Industriekonzentration in diesen Regionen nicht schon einen so hohen Wert erreicht hat, daß negative Urbanisations- und Lokalisationseffekte die positiven Effekte überwiegen.

Neue Ansätze zur Entwicklungsländerforschung behandeln verstärkt die Frage der internationalen Arbeitsteilung zwischen Industrie-, Entwicklungs- und Schwellenländern, insbesondere unter Berücksichtigung von Skalenerträgen. In zwei in den Zeitschriften "Economic Development and Cultural Change" und "Journal of Development Economics" veröffentlichten Artikeln geht CLAGUE[185] der Frage nach, bei welchen Produkten Entwicklungsländer komparative Kostennachteile aufweisen. Dabei geht er von der Annahme aus, daß komparative Kostenunterschiede von der Faktorausstattung, von internen Skalenerträgen und von der sog. "relative efficiency" einer Volkswirtschaft bestimmt werden. Vor allem der "relative efficiency" wird von CLAGUE eine große Bedeutung als Bestimmungsfaktor internationaler Wettbewerbsfähigkeit zugesprochen. Unter "relative efficiency" sind vor allem die Rahmenbedingungen innerhalb einer Volkswirtschaft zu verstehen, die die Entstehung von positiven externen Effekten innerhalb der dort ansässigen Industrie begünstigen. Dazu gehören u.a. eine gut funktionierende physische Infrastruktur, das Angebot ausreichender öffentlicher Dienstleistungen und stabile wirtschaftspolitische Rahmenbedingungen.

Im Rahmen der Überprüfung seiner sog. "Self-Containment Hypothesis" kommt CLAGUE zum Schluß, daß Entwicklungsländer komparative Kostennachteile vor allem bei solchen Produkten haben, die durch eine hohe Interdependenz zu anderen Sektoren der Wirtschaft gekennzeichnet sind, d.h., deren Herstellung im hohen Ausmaß vom Input-Angebot anderer Sektoren und vom Angebot öffentlicher Dienstleistungen abhängig ist. CLAGUE formuliert die Ergebnisse seiner Studie wie folgt:

"The finding in this study, that LDCs seem to be relatively efficient in self-contained activities and relatively inefficient in interdependent ones, has implications for comparative advantage in international trade. The results suggest that successful trade per-

---

[184] Zu den sogenannten DUALISMUSTHEORIEN vgl. Wagner, N./Kaiser, M., Entwicklungsländer (1995), S. 38 ff.

[185] Vgl. Clague, C. K., Factor Proportions (Journal of Development Economics, Heft 1, 1991), S. 357 ff.; Clague, C. K:, Relative Efficiency (Economic Development and Cultural Change, Heft 3, 1991), S. 507 ff.

formance in LDCs will not usually be found in activities with a high degree of what Hirschman called "forward and backward linkage." "[186]

Die dennoch hohe Leistung mancher Schwellenländer beim Export solcher Güter (wie z.B. Automobile, elektronische Produkte usw.) wird von CLAGUE folgendermaßen erklärt:

"The results also suggest that those LDCs that are successful in exporting products with a high degree of linkage (such as Korea in its automotive exports) are countries that are developing institutions that favour economic efficiency"[187]

CLAGUE bestätigt somit indirekt die Bedeutung von externen Skalenerträgen: Externe Skalenerträge können auch aus öffentlicher Infrastruktur resultieren.

Der Einfluß von externen Skalenerträgen auf die internationale Wettbewerbsfähigkeit von Schwellen- bzw. Entwicklungsländern wird auch im Rahmen von zwei erschienenen Untersuchungen von LOWRY[188] und BENARROCH[189] behandelt. Beide Aufsätze weisen hin auf den großen Erklärungsgehalt von "externen Skalenerträgen" zur Analyse der internationalen Arbeitsteilung zwischen Industrie- und Entwicklungs- bzw. Schwellenländern.

In der Untersuchung von LOWRY wird gezeigt, daß Länder mit einer hohen Ausstattung an "social capability" komparative Vorteile in der Herstellung von "social capability"-intensiven Gütern haben. Dabei beinhaltet nach LOWRY "social capability" "the external effects of human capital; transportation, communication, financial, and energy infrastructure; and research institutions".[190] Da Entwicklungsländer eine niedrige Ausstattung an "social capability" haben, weisen sie demzufolge eine niedrige internationale Wettbewerbsfähigkeit in der Herstellung von Gütern auf, die diesen Faktor stark beanspruchen. Als Indikator (Proxy-Variable) für die "social capability intensity" einer Branche wird von LOWRY der "Anteil der Beschäftigten einer Industrie in städtischen bzw. urbanen Gebieten an der Gesamtzahl der Beschäftigten (in USA)" berechnet. Als besonders "social capability"-intensiv gelten nach diesem Indikator insbesondere die Chemie-, die Maschinenbau-, die Automobil- und die elektronische Industrie.[191]

In der Untersuchung von BENARROCH wird vor allem versucht, den Einfluß externer Skalenerträge auf die Struktur der Arbeitsteilung zwischen Industrie- und Entwicklungsländern von anderen Einflußgrößen zu isolieren. BENARROCH kommt zum Schluß,

---

[186] Clague, C. K:, Relative Efficiency (Economic Development and Cultural Change, Heft 3, 1991), S. 527.

[187] Clague, C. K:, Relative Efficiency (Economic Development and Cultural Change, Heft 3, 1991), S. 527.

[188] Vgl. Lowry, P. E., External Economies and Trade (Economic Development and Cultural Change, Heft 2, 1997), S. 411 ff.

[189] Vgl. Benarroch, M., Scale Economies (Journal of Development Economics, Heft 1, 1996), S. 327 ff.

[190] Lowry, P. E., External Economies and Trade (Economic Development and Cultural Change, Heft 2, 1997), S. 412.

[191] Vgl. dazu Lowry, P. E., External Economies and Trade (Economic Development and Cultural Change, Heft 2, 1997), S. 420.

daß die, durch positive externe Skalenerträge hervorgerufene Kostensenkung in bestimmten Branchen der Industrieländer teilweise die niedrigeren Löhne der Entwicklungsländer kompensieren kann.[192] BENARROCH formuliert seine Strategieempfehlungen für die Entwicklungsländer anschließend wie folgt:

"In order to reduce the North-South wage gap and increase national income, LDCs must try to increase the ratio of goods they produce. The South can achieve this goal by developing technical improvements that lower production costs and partially offset the benefits of the economies of scale to the North. Firms in India, Mexico, China, Brazil, and South Korea for example, have been able to adapt existing products or processes to the specific conditions of their economies."[193]

4.2.3.3. Produktdifferenzierungstheorie

Im Rahmen der modernen Außenhandelstheorie spielt der **Produktdifferenzierungsansatz** eine wichtige Rolle. Ausgangspunkt dieses Ansatzes bildet die empirische Beobachtung, daß ein beachtlicher Teil des internationalen Handels zwischen ähnlichen Produkten der gleichen Branche stattfindet.[194] Nach diesem Ansatz findet die Außenhandelsspezialisierung nicht zwischen Branchen statt, sondern zwischen den Subsektoren eines Wirtschaftszweiges. Dieser intra-sektorale Handel kann aber nicht im Rahmen des Heckscher-Ohlin-Modells erklärt werden.

Die Produktdifferenzierungstheorie geht dabei von zwei wichtigen Annahmen aus:

Erstens nimmt mit steigendem Einkommen die Präferenzvielfalt der Nachfrager zu. Bei geringem Einkommen werden die Haushalte in erster Linie Waren des Grundbedarfs nachfragen und relativ wenig Wert auf Zusatzfunktionen (Markennamen, Verpackung usw.) legen. Mit zunehmendem Einkommen wachsen allerdings die Ansprüche der Konsumenten und sie werden eine größere Auswahl und Qualität fordern.[195]

Zweitens betreiben die Hersteller Produktdifferenzierung, weil auf diese Weise es möglich ist, den harten Preiswettbewerb auf den Märkten homogener Güter zu vermeiden. Produktdifferenzierung stellt demzufolge eine wichtige Maßnahme der Produzenten dar, um den Wunsch der Nachfrager nach qualitativer und quantitativer Präferenzvielfalt zu erfüllen.

Beim Produktdifferenzierungsansatz wird somit die von der klassischen Außenhandelstheorie vetretene *Prämisse der Güterhomogenität* aufgehoben. Es wird nicht mehr von einem homogenen Produkt ausgegangen, das im Inland und Ausland in gleicher Qualität hergestellt werden kann. In der Realität herrschen Qualitätsunterschiede, die auf objektive Gegebenheiten (z.B. Zuverlässigkeit und Service) und auf unterschiedliche Nachfragepräferenzen zurückzuführen sind. Somit ist Produktdifferenzierung eine

---

[192] Vgl. Benarroch, M., Scale Economies (Journal of Development Economics, Heft 1, 1996), S. 340.

[193] Benarroch, M., Scale Economies (Journal of Development Economics, Heft 1, 1996), S. 340.

[194] Vgl. z.B. Grubel, H./Lloyd, P., Intra-Industry Trade (1975), S. 29 ff.

[195] Diese Überlegungen sind vor allem auf LINDER zurückzuführen. Vgl. dazu Linder, S. B., An Essay on Trade and Transformation (1961), S. 94 f.

wichtige Strategie der Unternehmen, um potentielle internationale Wettbewerbsvorteile aufzubauen.[196]

Die Produktdifferenzierung bewirkt, daß die Marktform der vollständigen Konkurrenz verschwindet.[197] Als Marktformen kämen dann als *Extremfälle* das **Monopol** und die Marktform der **Monopolistischen Konkurrenz (Chamberlin-Wettbewerb)** in Frage. Die Herausbildung einer bestimmten Marktform hängt wiederum von der *Preis- und Kreuzpreiselastizität* der differenzierten Produkte ab.

Sind die Produkte durch eine hohe Preis- und Kreuzpreiselastizität gekennzeichnet, so bedeutet dies, daß sie untereinander enge Substitute sind (hohe Substitutionselastizität). Wird weiterhin angenommen, daß andere Anbieter jederzeit in den Markt eintreten können (offener Markt bzw. bestreitbarer Markt), dann ist für den einzelnen Anbieter eine Monopolpreissetzung mit einem über den Durchschnittskosten liegenden Preis unmöglich. Die große Anzahl von Anbietern führt dann dazu, daß die Preisabsatzfunktion des einzelnen Anbieters zwar fallend ist, aber dennoch relativ flach verläuft (Monopolistischer Wettbewerb).

Schafft es aber ein Unternehmen eine Produktvariante zu entwickeln, die durch eine sehr geringe Substitutionselastizität gekennzeichnet ist, so führt der Mangel anderer Substitute im *Extremfall* zu einer Monopolstellung dieses Unternehmens.

Abbildung 11 veranschaulicht noch einmal beide *Extremfälle* der Produktdifferenzierung.

Fall 1: Monopolistische Konkurrenz (Hohe bzw. mittlere Substitutionselastizität, d.h., Produkte sind untereinander enge Substitute)

Angenommen, der Markt ist in dem Sinne offen, daß andere Teilnehmer jederzeit in den Markt eintreten können (bestreitbarer Markt), so verläuft die Preisabsatzfunktion des einzelnen Teilnehmers flach (Kurve N'N'). Anbieter ähnlicher Güter lassen durch ihren Markteintritt übernormale Gewinne verschwinden, d.h. eine Monopolpreissetzung ist unmöglich. Damit ergibt sich das Tangentengleichgewicht in S', dort wo die Durchschnittskostenkurve des Unternehmens (cc) die Preisabsatzfunktion berührt. Je höher die Substitutionselastizität der Produkte ist, desto flacher wird die Preisabsatzfunktion N'N'des Unternehmens. Im Extremfall sind die Grenzkosten (K'K') gleich den Durchschnittskosten (cc) und dem Preis. Ist dies der Fall, dann tritt das Modell der vollkommenen Konkurrenz wieder ein (klassische Theorie).

---

[196] Vgl. Siebert, H., Aussenwirtschaft (1994), S. 103; Rose, K./Sauernheimer, K., Außenwirtschaft (1992), S. 539 ff.

[197] Sind die Produkte untereinander aber vollkommen substituierbar, dann ist vollkommene Konkurrenz theoretisch möglich.

Abbildung 11: Chamberlin-Wettbewerb und Monopolstellung bei der Produktdifferenzierung

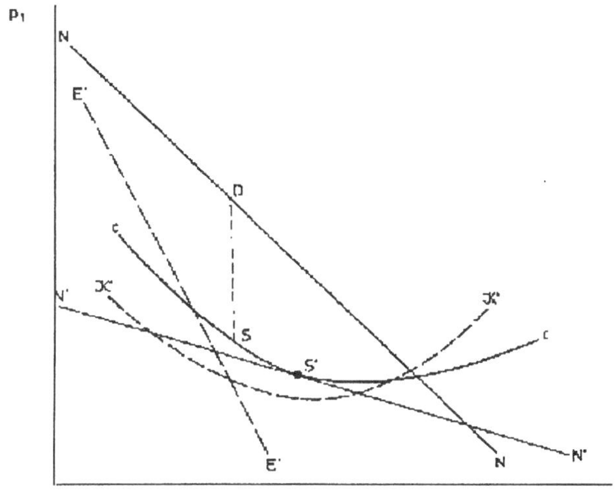

Quelle: Siebert, H., Aussenwirtschaft (1994), S. 109.

Fall 2: Monopol (sehr geringe Substitutionselastizität differenzierter Produkte)

In diesem Fall führt die geringe Substitutionskonkurrenz im Extremfall zu einer Monopolstellung des Unternehmens. Die Preisabsatzfunktion (NN) ist nicht elastisch, d.h. sie verläuft steiler als im Fall 1 und es ergibt sich als Monopollösung der Punkt S, bestimmt durch die Gleichheit von Grenzerlös (E'E') und Grenzkosten (K'K'). Der Durchschnittsgewinn des Unternehmens beträgt somit SD.[198]

Die Ausführungen zur Produktdifferenzierungstheorie zeigen, daß die Substitutionselastizität differenzierter Produkte eine wichtige Rolle in der Preissetzung des einzelnen Anbieters spielt. Der Anbieter eines differenzierten Produktes orientiert seinen Preis an seinen Grenzkosten zuzüglich eines Aufschlages (PREIS=GRENZKOSTEN + AUFSCHLAG). Der Aufschlag hängt wiederum von der Substitutionselastizität ab. Je niedriger die Substitutionselastizität, d.h. je niedriger die Substitutionskonkurrenz durch ähnliche Produkte ist, desto höher wird der Aufschlag sein.

Für die internationale Wettbewerbsfähigkeit impliziert die Aufhebung der Prämisse der Güterhomogenität, daß es durch Produktdifferenzierung Unternehmen möglich ist, sich der Marktform der vollständigen Konkurrenz (Preis=Grenzkosten) zu entziehen und somit Gewinne zu erzielen. Voraussetzung für die Erzielung solcher Gewinne ist aber,

---

[198] Vgl. zu diesen Ausführungen Siebert, H., Aussenwirtschaft (1994), S. 109; vgl. zur Marktform der monopolistischen Konkurrenz (im Zusammenhang mit der Produktdifferenzierung) auch Salvatore, D., International Economics (1993), S. 160 ff.

daß es dem Unternehmen gelingt, durch Produktdifferenzierung gezielt bestimmte Marktsegmente anzusprechen und einen zusätzlichen Kundennutzen anzubieten.

Es muß in diesem Zusammenhang jedoch darauf hingewiesen werden, daß im Rahmen dieser Ausführungen und insbesondere des Falles 2 zu sehr die Perspektive eines einzelnen Unternehmens betrachtet wurde, das versucht, durch Produktdifferenzierung eine Monopolstellung zu erlangen. In Wirklichkeit ist aber eher die Situation denkbar,[199] daß innerhalb eines Landes A mehrere Unternehmen verschiedene Varianten eines Produktes anbieten, das durch eine mittlere Substitutionselastizität gekennzeichnet ist. Angenommen innerhalb eines Landes B werden einige gleiche, aber auch weitere im Land A nicht vorhandene Varianten desselben Produktes angeboten, so impliziert Freihandel, daß die Produktvielfalt in beiden Ländern vergrößert wird. Die Konkurrenz ausländischer Erzeugnisse zieht zwar in beiden Ländern Inlandsnachfrage nach heimischen Produzenten ab, dennoch kann durch Eingliederung in eine intraindustrielle internationale Arbeitsteilung jedes Land die Anzahl der dort gefertigen Produktvarianten reduzieren *(Spezialisierungsgewinne aus Skaleneffekten)* und so dennoch den Verbrauchern eine größere Vielfalt von Produktvarianten bereitstellen *(Wohlfahrtsgewinne aus größerer Produktdifferenzierung)*. Aus diesem Grund ergeben sich in beiden Ländern positive Wohlfahrtseffekte, weil eine größere Vielfalt zu niedrigeren Preisen angeboten wird.[200] Dabei spezialisieren sich die jeweiligen inländischen Produzenten auf jene Produktvarianten, für die die heimische Nachfrage die stärksten Präferenzen äußert.[201]

Die Vorliebe für Vielfalt in den Präferenzen ermöglicht somit die Koexistenz mehrerer Anbieter trotz intern zunehmender Skalenerträge. Bei einem Markt für homogene Güter und bei gleichzeitigem Vorliegen von Marktimperfektionen durch intern zunehmende Skalenerträge würde, ohne Existenz von Präferenzenvielfalt der Verbraucher, nur eine Unternehmung im Markt verbleiben können.[202]

In Wirklichkeit ist somit in erster Linie nicht die Produktdifferenzierung der Hebel, mit dem monopolistische Marktnischen geschaffen werden können, sondern die Skalenerträge. Die Produktdifferenzierung verhindert vielmehr, daß die Märkte völlig monopolisiert werden und monopolistische Wettbewerbsstrukturen entstehen.

Interne und externe Skalenerträge haben somit eine wichtige Bedeutung im Zusammenwirken mit der Produktdifferenzierung. Produktdifferenzierung erlaubt zum einen die Ausnutzung von Skalenerträgen und daher die Senkung der Stückkosten, zum anderen zwingt der Wettbewerbsprozeß (Konkurrenz durch Substitutionsprodukte) zur tendenziellen Anpassung der Preise an die gesunkenen Durchschnittskosten (Verhinderung der Entstehung monopolistischer Wettbewerbsstrukturen).[203]

Als letztes stellt sich die Frage, ob in Entwicklungsländern gute Voraussetzungen für die Erstellung eines differenzierten Güterangebotes und somit für die Eingliederung in

---

[199] Vgl. dazu auch Fall 1 (Marktform der monopolistischen Konkurrenz) auf Seite 90.

[200] Vgl. Bender, D., Außenhandel (1995), S. 455 f.

[201] Vgl. Stackelberg, K., Internationale Wettbewerbsfähigkeit (1991), S. 34.

[202] Vgl. Doerk, M. T., Der Einfluß interner und externer Skalenerträge (1997), S. 31.

[203] Vgl. Bender, D., Außenhandel (1995), S. 455.

eine intraindustrielle internationale Arbeitsteilung, insbesondere mit den Industrieländern, vorhanden sind. Eine gute Argumentationsbasis liefert LINDER[204] in seiner *Ähnlichkeitsthese der Nachfrage*. Dabei geht LINDER von zwei Annahmen aus:

Erstens kann ein Gut sich erst dann zu einem Exportgut entwickeln, wenn es zuerst für die heimische Nachfrage hergestellt wurde. Das Exportpotential eines Landes wird somit von seiner heimischen Nachfrage bestimmt, d.h. potentielle Exporte sind diejenigen Erzeugnisse, für die ein Inlandsmarkt existiert.

Zweitens wird der Bereich der Güter, für die ein Inlandsmarkt existiert, durch das Pro-Kopf-Einkommen bestimmt. Gemäß dieser zweiten Annahme ist das Einkommen die dominierende Bestimmungsgrundlage der Präferenzen.

Die beiden obengenannten Annahmen implizieren, daß das Ausmaß des potentiellen Außenhandels zwischen den Ländern umso größer ist, je ähnlicher ihre Pro-Kopf-Einkommen sind. LINDERs Ähnlichkeitsthese der Nachfrage zufolge müßte zwischen Entwicklungs- und Industrieländern ein sehr geringes Ausmaß intraindustriellen Handels stattfinden. Der Grund dafür ist, daß es aufgrund des niedrigeren durchschnittlichen Pro-Kopf-Einkommens in Entwicklungsländern eher Präferenzen für einfachere Konsumgütersortimente mit geringerem Diversifikationsgrad bestehen. Unter diesen Bedingungen werden Unternehmen in Entwicklungsländern tendenziell keine komparativen Vorteile in der Erstellung differenzierter Produkte, zumindest für Märkte in Industrieländern, haben.[205]

LINDER stützt somit die These, daß die Imperfektionen den Handel zwischen den Industrieländern, nicht aber den Handel zu den gering industrialisierten Ländern darstellen.

Es muß in diesem Zusammenhang dennoch darauf hingewiesen werden, daß die Produktdifferenzierung nicht nur bei Konsumgütern sinnvoll und effizient ist, sondern auch und vor allem bei Investitionsgütern. Es ist z.B. an die Herstellung von spezialisierten Maschinen zu denken, die für ganz konkrete Zwecke verwendet werden. Auch hier beeinflußt das Pro-Kopf-Einkommen die Herstellung von Spezialmaschinen, denn es handelt sich bei der Investitionsgüternachfrage um eine sog. abgeleitete Nachfrage, d.h. sie wird indirekt von der Nachfrage nach den zu produzierenden Konsumgütern beeinflußt. Je mehr hochentwickelte Konsumgütersortimente mit hohem Diversifikationsgrad nachgefragt werden, desto höher ist auch der Bedarf nach Spezialmaschinen, um diese Güter herzustellen.

Der Produktdifferenzierungsansatz war Gegenstand mehrerer Untersuchungen, auf die hier kurz eingegangen wird.

STOLZE/TRABOLD[206] untersuchten die langfristige Entwicklung des intraindustriellen Handels mit Hochtechnologiegütern von 1970 bis 1993 für Deutschland, Italien, Frankreich, Großbritannien, die USA und Japan.

---

[204] Vgl. dazu Linder, S. B., An Essay on Trade and Transformation (1961).

[205] Vgl. zu diesen Ausführungen Linder, S. B., An Essay on Trade and Transformation (1961), S. 94 ff.

[206] Vgl. Stolze, F./Trabold, H., Hochtechnologiegütern (1997), S. 258 ff.

Zur Messung des intraindustriellen Handels mit Hochtechnologiegütern wurde der Grubel-Lloyd-Index (GLI) verwendet, der Werte von 0 (vollständige intersektorale Spezialisierung im Außenhandel) bis 1 (vollständige intrasektorale Spezialisierung) annehmen kann.[207] [208]

STOLZE/TRABOLD konnten im Rahmen ihrer Untersuchung sowohl für Güter der Spitzentechnologie (insbesondere pharmazeutische Erzeugnisse, Radio-, TV- und Nachrichtentechnik und Präzisionsinstrumente) als auch für Güter der höherwertigen Technologie (insbesondere Chemieindustrie, Büromaschinen, elektrotechnische Erzeugnisse und elektrische Maschinen für die Industrie) einen Anstieg des intraindustriellen Handels zwischen den analysierten Ländern feststellen. Dieses Ergebnis ist somit mit den Aussagen der modernen Außenhandelstheorie deckungsgleich, die implizieren, daß sich die Spezialisierungsmuster der technologisch fortgeschrittenen Länder weg entwickeln von einer intersektoralen und hin zu einer intrasektoralen Arbeitsteilung.

HOEKMAN/DJANKOV[209] untersuchten für die Periode 1989-1994 den intraindustriellen Handel zwischen der Europäischen Union und osteuropäischen Staaten.

HOEKMAN/DJANKOV verwendeten zur Analyse des intraindustriellen Handels auch den Grubel-Lloyd-Index.[210] Die Autoren stellen dabei einen relativ starken vertikalen intraindustriellen Handel zwischen der EU und den osteuropäischen Staaten fest. Im Gegensatz zum horizontalen intraindustriellen Handel, findet der vertikale Handel nicht zwischen Produkten, die enge Substitute sind, statt, sondern zwischen Inputs (Vorprodukten) und Fertigprodukten. Die EU exportiert somit vor allem Vorprodukte an die osteuropäischen Staaten, die dort weiterverarbeitet werden bzw. in die Herstellung von Fertigprodukten einfliessen, die dann wieder in die EU reimportiert werden.

Vor allem die höher entwickelten Länder (Tschechische Republik, Slowakische Republik, Slowenien, Ungarn und Polen) sind in einem solchen Handel integriert, der insbesondere folgende Produktgruppen umfaßt: Elektrische Maschinen, Präzisionsinstrumente und Möbel. Der intraindustrielle vertikale Handel ist aber auch in der Bekleidungs-, Textil- und Lederindustrie relativ stark verbreitet und schließt dann die weniger entwikkelten osteuropäischen Länder ein.

---

207 Der GLI wird folgendermaßen definiert: $1-\frac{\sum_i |X_i - M_i|}{\sum_i (X_i + M_i)}$, wobei X_i und M_i jeweils die Exporte und die Importe eines Landes - jeweils auf einem bestimmten Handelspartner bezogen - beim Gut i bedeuten. Vgl. dazu Hoekman, B./Djankov, S., Intra-Industry Trade (1996), S. 15.

208 Der GLI eignet sich am besten zur Erfassung des intraindustriellen Handels nach dem Überlappungskonzept. Im Rahmen dieses Konzepts wird ein bilateraler Handelsstrom statistisch in zwei Teile gespalten, einen intra- und einen intersektoralen. Eine Alternative dazu sind neuere Ansätze der Messung des intraindustriellen Handels, in dessen Rahmen ein bilateraler Handelsstrom nach bestimmten Kriterien in seiner Gesamtheit entweder als inter- oder intraindustriell eingestuft wird. Vgl. dazu Stolze, F./Trabold, H., Hochtechnologiegütern (1997), S. 259.

209 Vgl. Hoekman, B./Djankov, S., Intra-Industry Trade (1996), S. 1 ff.

210 Vgl. zur Definition des Grubel-Lloyd-Indexes Fußnote 207.

Folgende Gründe können für den relativ hohen vertikalen intraindustriellen Handel zwischen der EU und den osteuropäischen Ländern aufgeführt werden:[211]

Erstens ist nach dem Zusammenbruch des Sozialismus der Druck auf die osteuropäischen Länder größer geworden, ihre Produktqualität zu verbessern, sodaß im Import von Vorprodukten eine Möglichkeit besteht, die Produktqualität zu verbessern und gleichzeitig den (indirekten) Technologietransfer zu erhöhen.

Zweitens gewährt die EU niedrigere Markteintrittsbarrieren für Güter, die ein Mindestmaß an Vorprodukten beihalten, die in der EU selbst hergestellt wurden.

LANGHAMMER[212] untersuchte u.a. für 1989 und 1993 die Struktur der Exporte und der Importe einzelner asiatischer Länder. Es wurde für Indien, Indonesien, Japan, Korea, Malaysia, Pakistan, Singapur und Thailand untersucht, aus welchen Ländergruppen die Importe der einzelnen Länder stammten und wohin die Exporte flossen. Die Produktgruppen wurden nach der SITC, Rev. 3, klassifiziert und die Ländergruppen eingeteilt in "Asien" und "Rest der Welt".

Mit Ausnahme von Japan, das ein im Vergleich zu den anderen Ländern relativ hohes Entwicklungsniveau aufweist, konnte LANGHAMMER für die anderen Länder einen relativ hohen Anteil von Exporten und Importen von Chemikalien, traditionellen Industriegütern (Textilien, Gummiprodukten, Eisen- und Stahlprodukten, NE-Metallen, Papier und Druckwaren) und Gütern des Fahrzeug- und Maschinenbaus innerhalb Asiens feststellen (intra-asiatischer/intraindustrieller Handel).

Die Untersuchung von LANGHAMMER zeigt somit, daß intra-industrieller Handel nicht nur zwischen hochindustrialisierten, sondern auch zwischen halbindustrialisierten Ländern eine wichtige Rolle spielt.

4.2.4. Exkurs: Kritik an der Systematisierung der Außenwirtschaftstheorie

Wie bereits dargestellt wurde,[213] zählen viele Autoren sowohl den Neo-Technologieansatz als auch die Produktlebenszyklus-Theorie zu den modernen Ansätzen der Außenwirtschaftstheorie. In dieser Arbeit wird diese Einteilung aber nicht vertreten.

So analysiert beispielsweise DEARDORFF[214] mehrere empirische Tests des Neo-Technologie-Ansatzes und der Produktzyklustheorie, die im Zeitraum von 1967 bis 1981 durchgeführt wurden. In den meisten dieser Tests werden technologieorientierte Variablen (z.B. F&E-Ausgaben) und andere Variablen (z.B. Humankapitalausstattung) mit der Exportleistung ausgesuchter Länder (insbesondere USA) in bestimmten Branchen korreliert.

DEARDORFF kommt dabei zum folgenden Ergebnis:

"*It seems clear, from the results reported for the U.S. at least, that the technology theories have identified an important set of variables that can help to explain trade. These*

---

[211] Vgl. Hoekman, B./Djankov, S., Intra-Industry Trade (1996), S. 17.

[212] Langhammer, R. J., Intra-Asian Trade (1997), S. 8 ff.

[213] Vgl. dazu Seite 77 f.

[214] Vgl. Deardorff, A. V., Testing Trade Theories (1984), S. 493 ff.

variables all relate to the "newness" of products or processes, but they also relate to the special knowledge possessed by individuals, firms, and countries that enable them to develop and exploit technologies. Thus it is difficult to distinguish evidence supporting technology from evidence supporting human capital or skills as determinants of trade."[215]

DEARDORFF führt weiterhin aus:

"There is also some question as to whether the role of technology, whatever it has been in the past, may be diminishing in importance for explaining patterns of trade that are emerging today."[216]

Als Grund für diese untergeordnete Bedeutung des Faktors "Technologie" als Bestimmungsfaktor der internationalen Wettbewerbsfähigkeit nennt DEARDORFF in Anlehnung an Überlegungen von VERNON vor allem die Tätigkeit multinationaler Konzerne.[217] So nehmen multinationale Unternehmen bei Verlagerung der Produktion ins Ausland immer die eigene Technologie mit, so daß im heutigen Zeitalter der Globalisierung der Faktor "Technologie" eine hohe Mobilität aufweist. Es wäre in diesem Sinne somit verkehrt, die Verfügbarkeit über "Technologie" als einen Bestimmungsfaktor internationaler Wettbewerbsfähigkeit zu überinterpretieren. Technologie ist somit einer unter mehreren Produktionsfaktoren, wie reproduzierbares Kapital, Naturressourcen, einfache Arbeit usw.

Andererseits ist die Mindestvoraussetzung für den erfolgreichen Technologietransfer in ein Gastland, daß dieses Land mit einem Mindestmaß an qualifizierten Arbeitskräften ausgestattet ist.[218] Auch HIRSCH argumentiert hinsichtlich der USA, daß "Technologie" überall verfügbar sein kann, dennoch ist die hohe internationale Wettbewerbsfähigkeit der USA bei technologieintensiven Gütern auf die hohe Ausstattung dieses Landes mit qualifizierten Arbeitskräften zurückzuführen.[219]

Es ist aber wiederum auf die Tatsache hinzuweisen, daß wenn die Technologie einer Unternehmung gehört, die technische Innovationsfähigkeit nicht Handelsströme und Wettbewerbsfähigkeit einer Region oder eines Landes erklären kann. Die Unternehmung entwickelt vielmehr an einem Ort und sie produziert an einem anderen.

Ein weiteres Argument gegen die Berücksichtigung der technologischen Ansätze als eigenständige Theorien stellt das in dieser Arbeit kurz besprochene HECKSCHER-OHLIN-VANEK-MODELL[220] dar. Das H-O-V-Modell relativiert den Einfluß der Variable "Technologie" als Bestimmungsfaktor internationaler Wettbewerbsfähigkeit, indem es zeigt, daß auch für den Fall, daß alle Länder gleiche Technologien haben es zum internationalen Handel kommen kann.

---

215 Deardorff, A. V., Testing Trade Theories (1984), S. 499.

216 Deardorff, A. V., Testing Trade Theories (1984), S. 499.

217 Vgl. Deardorff, A. V., Testing Trade Theories (1984), S. 499.

218 Vgl. Fischer, H./Genosko, J./Schneider, J., Das Konzept eines "Wettbewerbs der Länder" (1995), S. 9.

219 Vgl. dazu Deardorff, A. V., Testing Trade Theories (1984), S. 495.

220 Vgl. dazu S. 71 f.

Diese Überlegungen lassen somit den Schluß zu, die technologischen Ansätze (Neo-Technologie-Ansatz und Produktzyklustheorie) als "dynamische Abwandlungen" der neoklassischen Außenhandelstheorie und somit *nicht* als eigenständige Theorien zu interpretieren.

4.2.5. Zusammenfassung und Integration der einzelnen Ansätze

A. Zusammenfassung der Ansätze

In den letzten Ausführungen ist die Außenhandelstheorie herangezogen worden, um als theoretische Grundlage zur Analyse der internationalen Wettbewerbsfähigkeit von Volkswirtschaften bzw. von Branchen zu fungieren. Es wurden einzelne Ansätze sowohl der traditionellen als auch der modernen Außenwirtschaftstheorie analysiert. Die modernen Ansätze der Außenhandelstheorie sind dabei als Kritik an einzelnen als unrealistisch eingestuften Prämissen der traditionellen Theorie entstanden. Es wurde bei der Analyse dieser Ansätze gezeigt, wie sich die Aufhebung einzelner Prämissen des Heckscher-Ohlin-Theorems auf die internationale Wettbewerbsfähigkeit auswirkt. Im Rahmen der letzten Ausführungen wurde außerdem Kritik ausgeübt an der Darstellung des Neo-Technologie-Ansatzes und der Produktzyklustheorie als eigenständige Theorien.

Als nächstes wird aus Übersichtlichkeitsgründen eine Synthese der einzelnen Bestimmungsfaktoren internationaler Wettbewerbsfähigkeit vorgestellt. Tabelle 10 stellt in Form einer Gesamtschau eine Zusammenfassung der wichtigsten Ansätze der Außenhandelstheorie dar.

Bei der Heranziehung der Außenhandelstheorie zur Analyse der internationalen Wettbewerbsfähigkeit entsteht dabei das Problem, daß die Außenhandelstheorie selbst keine geschlossene Theorie darstellt.[221] Sie besteht aus einzelnen Ansätzen, die jeweils nur bestimmte Teilbereiche der internationalen Wettbewerbsfähigkeit erklären.[222] Es müßte somit in einem nächsten Schritt überprüft werden, ob bestimmte, auf der Tabelle 8 dargestellte Ansätze sich ergänzen. Es wird daher als nächstes nachgeprüft, welche Konsequenzen sich für die internationale Wettbewerbsfähigkeit ergeben, wenn bestimmte Ansätze gleichzeitig berücksichtigt werden.

---

[221] Vgl. Gonçalves, R., The Theory of International Trade (1996), S. 16.

[222] Außerdem werden im Rahmen anderer Teilbereiche der Volkswirtschaftslehre, wie z.B. bei der Neuen Wachstumstheorie, auch auf Produktdifferenzierung, auf Technologietransfer, auf Skaleneffekte und auf Humankapital eingegangen. Vgl. dazu Schneider, J./Ziesemer, T., New Growth Theory (ZWS, Heft 3, 1995), insbesondere S. 463.

TABELLE 10: Bestimmungsfaktoren internationaler Wettbewerbsfähigkeit nach einzelnen Ansätzen der Außenhandelstheorie

THEORIE	Bestimmungsgründe komparativer Kostenunterschiede
Ricardo-Theorem	Unterschiede in der Arbeitsproduktivität bzw. in der totalen Faktorproduktivität, die wiederum von den natürlichen Bedingungen beeinflußt werden.
Heckscher-Ohlin-Theorem	Differenzen in der landesspezifischen Ausstattung mit den Faktoren Arbeit und Kapital.
Neo-Faktorproportionentheorie	Ausstattung einer Volkswirtschaft mit qualifizierten Arbeitskräften bzw. mit Humankapital. Eine Erweiterung der Theorie durch Einbeziehung weiterer Produktionsfaktoren, wie z.B. Rohstoffe und Energie, ist auch möglich.
Neo-Technologie-Ansatz	Technologische Innovationsfähigkeit und die Dauer des "imitation-lag".
Produktlebenszyklus-Theorie	Technologische Innovationsfähigkeit, die Position eines Produktes im Produktlebenszyklus und die Dauer des Produktlebenszyklus.
Produktdifferenzierungstheorie	Fähigkeit zur erfolgreichen Produktdifferenzierung, um somit den harten Preiswettbewerb auf den Märkten homogener Güter zu vermeiden.
Theorem der Skaleneffekte	Möglichkeit zur erfolgreichen Nutzung positiver externer und interner Skalenerträge. Ein positiver Gesamtagglomerationseffekt ist für die partizipierenden Unternehmen eines Landes bzw. einer Region mit einer Senkung der langfristigen Durchschnittskosten und somit mit einer Erhöhung der internationalen Wettbewerbsfähigkeit verbunden.

Quelle: Eigene Zusammenstellung.

Zwei Ansätze der Außenhandelstheorie, die sich gut ergänzen, stellen das Heckscher-Ohlin-Theorem und das Neo-Faktorproportionen-Theorem dar. Im Rahmen dieser Ansätze wird der Einfluß der Ausstattung einer Volkswirtschaft mit sämtlichen Produktionsfaktoren auf ihre internationale Wettbewerbsfähigkeit hin untersucht.

Auch der Neo-Technologie-Ansatz und die Produktlebenszyklustheorie stellen zwei eng verwandte Ansätze dar. Sie weisen auf den Einfluß technologischer Innovationsfähigkeit auf die Entwicklung von internationalen komparativen Vorteilen hin. Wie aus Abschnitt 4.2.2.2.[223] ersichtlich wurde, stellen der Neo-Technologie-Ansatz und die Produktlebenszyklustheorie Ansätze zu einer Dynamisierung des H-O-Modells dar und hängen mit diesem Theorem somit auch eng zusammen.

B. Integration einzelner Ansätze

Laut KRUGMAN[224] besteht ein enges Verhältnis zwischen steigenden Skalenerträgen, Produktdifferenzierung und dem Ausmaß intraindustriellen Handels.[225] Unter Verwen-

---

[223] Vgl. dazu S. 78 ff.

[224] Vgl. Krugman, P. R., Scale Economies (The American Economic Review, Heft 5, 1980), S. 950 ff.

[225] Vgl. zum Zusammenhang zwischen steigenden Skalenerträgen, Produktdifferenzierung und dem Ausmaß intraindustriellen Handels auch Abschnitt 4.2.3.3.

dung bestimmter restriktiver Annahmen beweist KRUGMAN, daß es aufgrund steigender Skalenerträge und der Produktdifferenzierung selbst zwischen Volkswirtschaften mit gleichen Ausstattungen, gleichen Technologien und identischen Präferenzen zum Handel mit differenzierten Gütern kommt.[226]

Die Ursache dafür, daß ein Land nicht alle Produktarten herstellt, liegt in der Existenz hoher Fixkosten bei der Produktion. Durch die Herstellung nur eines differenzierten Gutes bzw. einiger differenzierter Güter ist es möglich, die steigenden Skalenerträge in der Produktion auszunutzen und somit die langfristigen Durchschnittskosten zu senken.[227]

Durch Einführung von symmetrischen Transportkosten zeigt KRUGMAN außerdem, daß Länder mit einem großen Heimatmarkt eine höhere internationale Wettbewerbsfähigkeit bei den dort stark nachgefragten (differenzierten) Gütern haben. KRUGMAN[228] argumentiert wie folgt:

"In a world characterized both by increasing returns and by transportation costs, there will obviously be an incentive to concentrate production of a good near its largest market, even if there is some demand for the good elsewhere. The reason is simply that by concentrating production in one place one can realize the scale economies, while by locating near the larger market, one minimizes transportation costs."

Diese Aussage von KRUGMAN muß aber vor dem Hintergrund der seit langem ständig sinkenden Kosten des Industriegütertransports zum Teil relativiert werden.[229] Die kontinuierliche Senkung der Transportkosten impliziert, daß deren Anteil an den Gesamtkosten insgesamt relativ niedrig ausfällt und somit die Transportkosten nicht mehr die von KRUGMAN angenommene Größe aufweisen.

Die Leistung von KRUGMAN beschränkt sich aber nicht nur auf die Integration von zunehmenden Skalenerträgen und Produktdifferenzierung im Rahmen der neuen Außenhandelstheorie. Ausgehend von diesen, zur Erklärung des intraindustriellen Handels entwickelten Modellen wendet sich KRUGMAN verstärkt der Wirtschaftsgeographie zu. In einzelnen dazu erschienenen Veröffentlichungen wird der Frage nachgegangen, unter welchen Umständen eine Region mehr Industrien anlockt, sich also zum sog. Core entwickelt, während andere Regionen nur noch als Produzenten von landwirtschaftlichen Produkten fungieren und somit als Peripherie dienen.[230]

KRUGMAN führt die Herausbildung einer Core-Peripherie-Situation innerhalb eines Landes zurück auf das Zusammenspiel von steigenden Skalenerträgen, Transportkosten und dem Anteil der Industrie am BSP.

---

[226] Zu den Annahmen und zur Beweisführung vgl. Krugman, P. R., Scale Economies (The American Economic Review, Heft 5, 1980), S. 950 ff.

[227] Vgl. Krugman, P R.., Scale Economies (The American Economic Review, Heft 5, 1980), S. 952; Krugman, P. R., Intraindustry Specialization (Journal of Political Economy, Heft 5, 1981), S. 960 f.

[228] Krugman P. R., Scale Economies (The American Economic Review, Heft 5, 1980), S. 955.

[229] Vgl. dazu Doerk, M. T., Der Einfluß interner und externer Skalenerträge (1997), S. 30; Genosko, J., Netzwerke (1996), S. 3; Ewers, H.-J., Declining Costs of Transportation (1995), S. 185 ff.

[230] Vgl. dazu Krugman, P. R., Increasing Returns (Journal of Political Economy, Heft 3, 1991, S. 483 f.; Krugman, P. R., Metropolitan Location (Journal of Regional Science, Heft 2, 1993), S. 129 ff.

Ausgangspunkt seiner Überlegungen ist die Feststellung, daß "...*manufactures production will tend to concentrate where there is a large market, but the market will be large where manufactures production is concentrated.*"[231]

Darauf aufbauend zeigt KRUGMAN, daß die Herausbildung einer Core-Peripherie-Situation nur in industriellen Gesellschaften (hoher Anteil der Industrie im BSP) gewährleistet ist. In diesen Gesellschaften führt das Vorhandensein einer Region mit einer potentiellen hohen Nachfrage nach Industrieprodukten zu einer starken Ungleichverteilung der Industrie und der Bevölkerung im Raum.[232] Ursache dafür liegt im Zusammenspiel steigender Skalenerträge (diese werden aufgrund der zunehmenden Massenproduktion erzielt), sinkender Transportkosten und einer verstärkten Wanderung von Arbeitern in diese Region. Diese Migration von Arbeitskräften wird wiederum durch Reallohndifferenzen verursacht.

Im Falle einer vorindustriellen Gesellschaft führen dagegen die geringen Skalenerträge, die hohen Transportkosten und die geringe Nachfrage nach industriellen Produkten zu einer Gleichverteilung der (gering entwickelten) Industrie und der Bevölkerung im Raum. In diesem Fall wird sich die Industrie in der Nähe der landwirtschaftlichen Bevölkerung niederlassen.[233]

In einem seiner Hauptwerke, das 1991 erschienene Buch "Geography and Trade", faßt KRUGMAN die obengenannten Thesen zur Entstehung von Industrieagglomerationen zusammen. In diesem Werk argumentiert KRUGMAN, daß die abstrakte "Nation" als Untersuchungsobjekt der volkswirtschaftlichen Außenhandelstheorie ihre Bedeutung verloren hat und durch den "core", die regional konzentrierte Branche, ersetzt werden sollte.[234]

Im Rahmen seiner Analyse des Zusammenhangs zwischen regionaler Branchenkonzentration und Wettbewerbserfolg weist KRUGMAN nach, daß diese sog. cores bzw. Unternehmensballungen durch einen hohen Grad an internationaler Wettbewerbsfähigket gekennzeichnet sind.[235] Diese Wettbewerbsvorteile sind wiederum immer auf Skaleneffekte - zumeist bestimmt durch Produktions- und Informationsexternalitäten - zurückzuführen. KRUGMAN zeigt somit, daß es für eine einzelne Unternehmung wenig Sinn macht, sich außerhalb des "core" niederzulassen, auch wenn es für die betreffende Un-

---

[231] Krugman, P. R., Increasing Returns (Journal of Political Economy, Heft 3, 1991, S. 486. Diese Beobachtungen lassen sich auf MYRDAL ("circular causation"), ARTHUR ("positive feedback") und HIRSCHMAN ("forward and backward linkages") zurückführen. Vgl. dazu Myrdal, G., Economic Theory (1957); Hirschman, A., Economic Development (1958); Arthur, W. B., Positive Feedbacks (Scientific American, Band 262, 1990), S. 92 ff.

[232] Warum aber die Nachfrage in einer bestimmten Region hoch ist, wird von KRUGMAN nicht erklärt. Dies könnte z.B. historisch bedingt sein.

[233] Vgl. Krugman, P. R., Increasing Returns (Journal of Political Economy, Heft 3, 1991, S. 486 ff.

[234] Vgl. Krugman, P. R., Geography and Trade (1991), S. 70 ff.

[235] Als Beispiele werden von KRUGMAN u.a. Detroit als Zentrum der Automobilindustrie, New York als Zentrum der Bekleidungsindustrie und Silicon-Valley als Hochtechnologiezentrum genannt.

ternehmung möglich wäre, eine Monopsonmacht gegenüber den vor Ort ansässigen Facharbeitern und Zulieferern aufzubauen.[236]

Obwohl das "core-periphery"-Modell von KRUGMAN nicht das Ziel verfolgt, die Frage zu klären, warum sich bestimmte Industrien in bestimmten Regionen niederlassen, stellt es einen wichtigen Beitrag dar zur Analyse der Einflußnahme von steigenden Skalenerträgen auf die Herausbildung von Industrieregionen (cores) mit hoher Wettbewerbsfähigkeit. Er zeigt vor allem, daß positive Lokalisationseffekte zwischen Unternehmen einer Region (eines Landes) Wettbewerbsvorteile begründen können.

In einem 1997 veröffentlichten Buch wendet sich DOERK[237] auch verstärkt der Frage des Einflusses interner und externer Skalenerträge auf regionale Disparitäten zu. In dieser Untersuchung werden, im Rahmen des unvollkommenen Wettbewerbs mit differenzierten Gütern, verschiedene Wirkungszusammenhänge regionaler Konzentrationsprozesse herausgearbeitet. DOERK entwickelt dabei zwei Varianten allgemeiner Gleichgewichtsmodelle zur Untersuchung regionaler Konzentrationen. In einigen Punkten unterscheiden sie sich erheblich von den bisher vorliegenden Arbeiten, insbesondere aber von den durchgeführten Untersuchungen KRUGMANs.

Erstens werden regionale Unterschiede in der Ausprägung der intern zunehmenden Skalenerträge zugelassen, so daß die verwendete Technik zwischen den Regionen differieren kann. *Zweitens* werden die Auswirkungen von externen Agglomerationseffekten in die Analyse integriert. *Drittens* werden Preiseffekte nicht-handelbarer und nicht-vermehrbarer Güter (z.B. Boden) in die Betrachtungen einbezogen und *viertens* wird darauf verzichtet, einen Teil der Bevölkerung als ortsgebunden zu modellieren und Transportkosten werden nicht berücksichtigt.

Im Rahmen des ersten Modells werden in einer komparativen statischen Analyse die Effekte regionaler Kostenvariationen, die Effekte einer Veränderung der Ausprägung der Agglomerationseffekte und die der Variation von Marktstrukturparametern herausgearbeitet. In den sich anschließenden Simulationsstudien werden einige für das theoretische Modell notwendige Prämissen gelockert und der sich daraus ergebende Einfluß auf die sich einstellenden Gleichgewichte untersucht. Entgegen der Modelle von KRUGMAN ermöglicht das Modell von DOERK nicht nur Fragen von Core und Periphery zu untersuchen, sondern auch von Core und Core. Im Gegensatz zu den Modellen von KRUGMAN, bei denen nur Gleichverteilungsgleichgewichte oder völlige Konzentrationen als Ergebnis möglich sind, können die Konzentrationsgleichgewichte, die sich beim Modell von DOERK einstellen, für ähnliche Regionen sehr nahe beieinander liegen. Außerdem führen marginale Unterschiede zwischen zwei Regionen im Bereich der Technologien und beim nicht-vermehrbaren und nicht-handelbaren Gut nicht sofort zu unrealistischen Null-Eins Konzentrationen, können aber disparitäre regionale Entwicklungen durchaus gut erklären.

Die von DOERK durchgeführte komparativ statische Analyse liefert erste Hinweise auf mögliche Ansatzpunkte für eine empfehlenswerte Regionalpolitik. Sie führt zum Ergeb-

---

[236] Vgl. Meckl, R./Rosenberg, C., Neue Ansätze zur Erklärung internationaler Wettbewerbsfähigkeit (ZWS, Heft 2, 1995), S. 216 ff.

[237] Vgl. Doerk, M. Th., Der Einfluß interner und externer Skalenerträge (1997).

nis, daß sowohl eine staatliche Einflußnahme auf die Fix- und/oder Grenzkosten einer Unternehmung (beispielsweise durch deren regionale Subventionierung) als auch die Einflußnahme auf die Angebotsmenge des nicht-handelbaren Gutes (beispielsweise durch den Ausbau der Infrastruktur oder eine erhöhte Bodenbereitstellung) keine elementaren Umschwünge in den Konzentrationsprozessen hervorrufen. Eine elementare Beeinflussung der Konzentrationen zwischen einzelnen Regionen und somit der Herausbildung sog. industrieller Kerne sind hingegen durch die Einflußnahme auf die Wettbewerbssituation, auf den Anteil der nicht gehandelten Güter am Haushaltsbudget und auf die Stärke der externen Effekte möglich. Als problematisch erweist sich aber die Tatsache, daß es völlig unklar ist, wie staatliche Institutionen auf diese Marktparameter Einfluß nehmen können.[238]

Im Rahmen eines, in der gleichen Veröffentlichung entwickelten zweiten Gleichgewichtsmodells werden anschließend alternative Spezifikationen der Agglomerationsfunktion und deren Auswirkungen auf die sich einstellenden Gleichgewichte untersucht. Im Gegensatz zu den eindeutig stabilen Gleichgewichten der, im Rahmen des ersten Modells, durchgeführten komparativ statischen Analyse führt die alternative Spezifikation des regionalen externen Effekts zu einer deutlichen Erhöhung der stabilen Konzentration für eine der beiden Regionen. Es ist mit Hilfe des zweiten von DOERK entwickelten Modells somit beispielsweise möglich, die ungleiche Entwicklung der Halbleiterindustrie in Dallas und Sillicon Valley, trotz gleicher Ausgangsbedingungen, zu erklären. Dies könnte entweder durch historischen Zufall, oder durch eine Verstärkung des externen Effekts mittels der Standford University und des Research Parks zu Gunsten von Sillicon Valley erklärt werden.[239]

C. Spezialisierungsmuster der Entwicklungsländer

Nach den einzelnen oben diskutierten Modellen der Außenhandelstheorie müßten die komparativen Vorteile der Entwicklungsländer somit vor allem in der Herstellung der, in Tabelle 11 dargestellten Produktarten liegen.

Da die Analyse der internationalen Wettbewerbsfähigkeit Brasiliens im Mittelpunkt dieser Arbeit steht, stellt sich weiterhin die Frage, ob weitere Ansätze vorhanden sind, die als weitere theoretische Grundlage zur Analyse der komparativen Vorteile dieses Landes fungieren können. Neben der schon ausführlich diskutierten Außenhandelstheorie dient, vor dem Hintergrund des Reichtums Brasiliens an natürlichen Ressourcen, auch die *Entwicklungstheorie*, insbesondere die Literatur und empirischen Tests zum sog. Konzept der "Resource-based" Industrialisierung diesem Zweck.

---

[238] Vgl. Doerk, M. Th., Der Einfluß interner und externer Skalenerträge (1997), S. 72 ff.

[239] Vgl. Doerk, M. Th., Der Einfluß interner und externer Skalenerträge (1997), S. 127 ff.

Tabelle 11: Komparative Vorteile der Entwicklungsländer nach einzelnen Ansätzen der Außenhandelstheorie

PRODUKTART	THEOREM
Primärprodukte	Ricardo-Theorem
Arbeitsintensive Produkte	Heckscher-Ohlin-Theorem
Niedrig-Technologie-Produkte	Neo-Faktorproportionen-Theorie/Neo-Technologie-Ansatz
Standardisierte, u.a. kapitalintensive Produkte	Produktlebenszyklus-Theorie
Einfache Konsumgüter mit geringem Diversifikationsgrad	Produktdifferenzierungstheorie
Produkte deren Herstellung *nicht* im hohen Ausmaß vom Input-Angebot anderer Sektoren und vom Angebot öffentlicher Dienstleistungen abhängig ist.	Theorie der Skaleneffekte

Quelle: Eigene Zusammenstellung.

4.3. Entwicklungsstheoretische Konzepte zur Analyse der internationalen Wettbewerbsfähigkeit

4.3.1. "Resource-based" Industrialisierungsstrategien

Im Vordergrund des Konzepts der "resource-based" Industrialisierung steht die Analyse möglichen Nutzens zunehmender Weiterverarbeitung von Primärprodukten zwecks Exports für (rohstoffreiche) Entwicklungsländer. Dabei geht dieses Konzept von der Überlegung aus, daß Entwicklungsländer, die durch einen enormen Reichtum an natürlichen Resourcen gekennzeichnet sind, über ein großes vertikales Differenzierungspotential im Bereich der Rohstoffverarbeitung verfügen.[240] Diese Annahme steht vorerst im Einklang mit der neoklassischen Außenhandelstheorie, die besagt, daß Länder mit einer relativ hohen Ausstattung an natürlichen Ressourcen komparative Vorteile bei der Herstellung von "ressourcenintensiven" Gütern haben.

In der Literatur werden mehrere Nutzen, die in Verbindung mit der Weiterverarbeitung von Rohstoffen entstehen können, genannt:

Erstens sind die Möglichkeiten zur Erzielung eines höheren Exporterlöses größer als beim Export unverarbeiteter Primärprodukte. Mit zunehmender Weiterverarbeitung von Primärprodukten wird die Wertschöpfung im Verhältnis zum Wert der eingesetzten Rohware höher, mit der Folge, daß ein höherer Preis für die exportierte weiterverarbeitetete Ware gefordert werden kann. Außerdem sind die Chancen der Abschöpfung von Monopolrenten größer.[241]

---

[240] Vgl. dazu z.B. Roemer, M., Resource-based Industrialization (Journal of Developing Economics, Band 6, 1979), S. 168 ff.

[241] Vgl. Adams, F. G./Behrman, J. R., Raw Material Processing (Journal of Policy Modeling, Heft 3, 1981), S. 385.

Zweitens eröffnet die Weiterverarbeitung von Primärprodukten den Entwicklungsländern die Möglichkeit, neue Technologien zu erwerben und neue Fertigkeiten zu gewinnen (learning-effects).[242] Dies ist vor allem dann der Fall, wenn ausländische Direktinvestitionen direkt in Weiterverarbeitungsaktivitäten einfließen.[243]

Drittens ist auf die Möglichkeit der Entstehung positiver externer Effekte hinzuweisen. So kann sich die Weiterverarbeitung von Primärprodukten positiv auf vor- (z.B. Bergbau, Landwirtschaft) und nachgelagerte (z.B. Stahl für die Automobilindustrie) Aktivitäten bzw. Sektoren auswirken (forward und backward linkages).[244]

Viertens können sich bei der industriellen Weiterverarbeitung eines Rohstoffes im Erzeugerland Gewichtsverluste ergeben, die im Falle des Exports zu einer Ersparnis von Transportkosten führen. Dies betrifft insbesondere die Weiterverarbeitung bestimmter Mineralien, wie z.B. Kupfer zu Kupfer-Konzentraten, Bauxit zu Alumina, Alumina zu Aluminium und Eisen und Kohle zu Stahl. Bei Agrarprodukten dagegen ist die Weiterverarbeitung nicht immer als positiv zu beurteilen. Beispielsweise tritt durch die Verarbeitung von Kakaobohnen zu Kakaobutter ein Gewichtsverlust ein und die Risiken einer Kontaminierung der Ware sind geringer, dennoch erfolgt durch eine weitere Verarbeitung zu Schokolade sowohl eine Gewichtszunahme als auch eine Erhöhung der Empfindlichkeit der Ware. Die Weiterverarbeitung von Palmkernen zu Palmöl ist mit einem Gewichtsverlust verbunden, andererseits ist die Verschlechterungsgefahr beim Transport höher. Bei der Weiterverabeitung von Kaffeebohnen zu gemahlenem Kaffee entsteht ein ähnliches Problem, da zum einen ein Gewichtsverlust eintritt, zum anderen der gemahlene Kaffee immer frisch gehalten werden muß und ein Transport in "Vakuum-Dosen" wiederum sehr teuer wäre. Dieses Problem kann aber durch die Verarbeitung von gemahlenem zu löslichem Kaffee gelöst werden.[245]

Obwohl mit der zunehmenden Weiterverarbeitung von Primärprodukten häufig ein Gewichtsverlust einhergeht, muß jedoch auf Regressionsstudien hingewiesen werden, die belegen, daß die Wertschöpfung einer Ware eine wichtige Bestimmungsgrundlage internationaler Frachtraten ist. Das bedeutet somit, daß mit zunehmendem Weiterverarbeitungsgrad von Primärprodukten die internationalen Frachtraten steigen.[246] Dies läßt sich nach DEAKIN[247] vor allem auf willkürliche Preisverhandlungspolitiken internationaler Frachtgesellschaften zurückführen.

---

[242] Es muß jedoch in diesem Zusammenhang hingewiesen werden, daß dies auch durch andere industrielle Aktivitäten möglich ist.

[243] Vgl. Owens, T./Wood, A., Export-oriented Industrialization (1995), S. 8; Adams, F. G./Behrman, J. R., Raw Material Processing (Journal of Policy Modeling, Heft 3, 1981), S. 384.

[244] Vgl. Adams, F. G./Behrman, J. R., Raw Material Processing (Journal of Policy Modeling, Heft 3, 1981), S. 386 ff.

[245] Vgl. Roemer, M., Resource-based Industrialization (Journal of Developing Economics, Band 6, 1979), S. 176.

[246] Vgl. Yeats, A. J., Industrial Processing of Natural Resources (World Development, Heft 5, 1981), S. 487 ff.

[247] Vgl. Deakin, B. M., Shipping Conferences (Maritime Studies and Management, Mai, 1974), S. 11, zitiert nach Yeats, A. J., Industrial Processing of Natural Resources (World Development, Heft 5, 1981), S. 490.

Das Vorhandensein solcher Transportkostenbarrieren läßt die Frage aufkommen, ob die Weiterverarbeitung von Primärprodukten durch ressourcenreiche Entwicklungsländer nicht durch weitere Barrieren beeinträchtigt wird. So impliziert die Verfügbarkeit von heimischen Rohstoffen nicht unbedingt einen Wettbewerbsvorteil für ihre Verarbeitung und für den anschließenden Export durch die Erzeugerländer. Folgende Barrieren[248] stehen einer erfolgreichen vertikalen Diversifizierungsstrategie gegenüber:

Erstens muß, neben der Versorgung mit den Primärprodukten, auch das Angebot sog. sekundärer Inputs langfristig sichergestellt sein. Beispielsweise ist die Weiterverarbeitung von Bauxit zu Alumina ein energieintensiver Prozeß, so daß neben der Ausstattung mit Bauxit auch die Verfügbarkeit von gut erschließbaren Energiequellen komparative Vorteile (z.B. aufgrund billiger Elektrizität) begründen kann.

Zweitens muß ein Mindestmaß an Unterstützung durch die Regierung vorhanden sein. Die Unterstützung von Weiterverarbeitungsaktivitäten sollte aber nicht durch protektionistische Maßnahmen oder Beteiligungen, sondern eher durch Berufsbildungssysteme, Technologieinstitute, Produkt- und Marktforschungsaktivitäten erfolgen.

Drittens wird in der Literatur behauptet, die geringe Ausstattung mit qualifizierten Arbeitskräften und, unter Umständen, Kapital sei ein großes Hindernis für die Entwicklung von Weiterverabeitungsaktivitäten in Entwicklungsländern, da die Weiterverarbeitung von Primärprodukten sowohl kapitalintensiv ist als auch ein Mindestmaß an qualifizierten Arbeitskräften benötigt. Diese sind nicht nur für die Produktion, sondern u.a. auch für Marketingaktivitäten[249] (Marktforschung, Produktentwicklung, Distributionssytem) und für den Umgang mit (inländischer und/ oder ausländischer) Technologie notwendig. Während die Verfügbarkeit von Kapital infolge zunehmender Mobilität kein Hindernis darstellen dürfte, kann dies nicht bezüglich des Humankapitals behauptet werden, da es durch eine relativ hohe Immobilität gekennzeichnet ist.

Viertens sind, neben den bereits genannten internationalen Frachtraten,[250] auch weitere sog. Handelsbarrieren zu nennen, die einer erfolgreichen vertikalen Diversifizierungsstrategie entgegenstehen. Dazu zählen vor allem tarifäre und nicht-tarifäre Handelshemmnisse auf Exporte von weiterverarbeiteten Rohstoffen.[251]

---

[248] Zum sog. barriers approach im Bereich der Weiterverabeitung von Primärprodukten vgl. UNCTAD, The Local Processing in Developing Countries (1986), S. 4 ff; Wall, D., Natural Resources (World Development, Heft 4, 1980), S. 305 ff; Adams, F. G./Behrman, J. R., Raw Material Processing (Journal of Policy Modeling, Heft 3, 1981), S. 378 ff; Yeats, A. J., Industrial Processing of Natural Resources (World Development, Heft 5, 1981), S. 485 ff; Benavente, J. M., Commodity Exports (CEPAL Review, Heft 45, 1991), S. 46 f. und S. 50 ff.

[249] So wird in der Literatur den Marketingaktivitäten eine wichtige Rolle beim Export weiterverarbeiteter Rohstoffe zugeschrieben. Als wesentlicher Grund wird die oligopolistische Marktstruktur (wenige multinationale Großunternehmen) im Bereich weiterverarbeiteter Rohstoffe genannt. Vgl. dazu Roemer, M., Resource-based Industrialization (Journal of Developing Economics, Band 6, 1979), S. 188 ff; Wall, D., Natural Resources (World Development, Heft 4, 1980), S. 312 f.

[250] Vgl. dazu Seite 104.

[251] So sind viele Länder durch ein progressives Zollsystem (Zollsätze steigen mit dem Verarbeitungsgrad eines Produktes) charakterisiert. Vgl. dazu Abschnitt 6.7.1.

4.3.2. Empirische Studien zu Rohstoffverarbeitungsaktivitäten in Entwicklungs- und Schwellenländern

Nachdem auf die theoretischen Grundlagen der "resource-based" Industrialisierungsstrategien eingegangen wurde, werden im Rahmen dieses Abschnittes empirische Studien zu diesem Konzept genauer analysiert.

YEATS[252] untersuchte für den Zeitraum 1965-1987 die Veränderung der Rohstoffexportstruktur ausgesuchter Entwicklungsländerregionen, insbesondere vor dem Hintergrund, ob zunehmende Rohstoffverarbeitungsaktivitäten in diesen Ländern mit Preisvorteilen im internationalen Handel verbunden waren.

Dabei wurden sowohl a) die Exporte ausgesuchter Entwicklungsländerregionen als auch b) die Importe (aus Entwicklungsländern) von ausgesuchten Industrieländern bei 48 verschiedenen commodities aus 4 Primärgütergruppen (Nahrungsmittel/ Tabak, Agrarmaterialien,[253] Mineralien und Erdöl) untersucht. Jede Commodity wurde weiterhin in zwei bzw. drei Verarbeitungsstufen (Roherzeugnis, halbverarbeitete und verarbeitete Güter) anhand der SITC-Nomenklatur unterteilt.

Bei der Analyse der Veränderung der Exportstruktur kam YEATS zu folgenden Ergebnissen:

1. Im Bereich der (nicht-verzehrbaren) Agrarmaterialien und, in geringerem Maße, im Bereich der Mineralien konnte eine zunehmende Bedeutung von weiterverarbeiteten Exporten in den meisten Entwicklungsländern festgestellt werden. Während beispielsweise im Jahr 1965 Lateinamerika 90 % seiner Agrarmaterialien im rohen Zustand exportierte, waren es im Jahre 1987 nur noch 20 %.

2. Die Struktur der Exporte von Nahrungsmitteln/Tabak (foodstuffs) wies (im Durchschnitt aller Entwicklungsländerregionen) keine nennenswerte Änderung auf, obwohl der Anteil von unverarbeiteten Exporten zwischen 1965-1987 in den Regionen "West-Asien" und "Anderes Asien/China"[254] um 10 % sank, meist aufgrund von Exporten von weiterverarbeiteten Nahrungsmitteln (insbesondere Früchte, Gemüse und Fisch).

YEATS analysierte weiterhin die Frage der Exportpreisstabilität und der Preisvorteile des Exports weiterverarbeiteter Rohstoffe. Tabelle 12 faßt die Ergebnisse für die einzelnen Gruppen zusammen. Die höchsten Nutzen zunehmender Weiterverarbeitung ergaben sich vor allem im Bereich der Mineralien und im Bereich der (nicht-verzehrbaren) Agrarmaterialien. Im Bereich der Nahrungsmittel läßt sich der geringe Preisanstieg der Endprodukte insbesondere durch den Preisverfall von Tee-Extrakten und durch die Preissteigerung von frischen Schalentieren während der betrachteten Periode erklären.

---

[252] Vgl. Yeats, A.J., Natural Resource-Based Industrialization (1991).

[253] Dazu zählen z.B. Holz, Gummi, Wolle usw.

[254] Zu diesen Regionen zählen alle asiatischen Länder, außer Brunei, Indonesien, Malaysia, Philippinen, Singapur und Thailand.

Tabelle 12: Preisvorteile zunehmender Weiterverarbeitung ausgesuchter Rohstoffe (Prozent)

	Nahrungsmittel/Tabak		Agrarmaterialien (!)		Mineralien (!)		Erdöl	
	Roh	End	Roh	End	Roh	End	Roh	End
Preisstabilität (1)	17	15	16	10	23	13	21	20
Preisänderung (2)	217	168	176	203	179	246	828	668

Die mit (!) gekennzeichneten Rohstoffe weisen einen höheren Preisvorteil der End- als der Primärprodukte (Rohzustand) auf.

(1) Durchschnitt der Preisänderungsrate 1965-1987.

(2) Preissteigerung im Zeitraum 1965/68-1985/87.

Quelle: Yeats, A.J., Natural Resource-Based Industrialization (1991), S. 20 f.

OWENS/WOOD[255] untersuchten die Erfolgsaussichten vertikaler Exportsubstitutionsstrategien, d.h. ob durch Weiterverarbeitungsaktivitäten eine erfolgreiche (exportorientierte) Industrialisierung ressourcenreicher, aber an qualifizierten Arbeitskräften armer Länder möglich ist.

Ausgangspunkt der Untersuchung war eine Kritik an der, in den meisten Studien verwendeten Definition bzw. Abgrenzung sog. weiterverarbeiteter Rohstoffe. Diese werden entweder anhand der ISIC- oder der SITC-Nomenklatur der Vereinten Nationen abgegrenzt. Beide Nomenklaturen beinhalten jedoch Mängel, denn während die ISIC-Nomenkatur weiterverarbeitete Rohstoffe zu den Industriegütern zählt, werden diese in der SITC-Nomenklatur als Primärgüter klassifiziert. Beide Klassifizierungen widerspiegeln somit die Eigenarten weiterverarbeiteter Rohstoffe nicht zweckmäßig, denn diese weisen einerseits z.T. einen relativ hohen Industrialisierungsgrad auf, verzeichnen anderseits aber weiterhin einen relativ hohen Rohstoffanteil. Die Autoren schlugen somit vor, weiterverarbeitete Rohstoffe anhand der "Schnittmenge" der ISIC- und der SITC-Nomenklatur zu definieren. Sie umfassen folgende Kategorien: "processed food, beverages and tobacco, refined petroleum, non-ferrous metals, leather goods, lumber und pulp and paper."[256]

In einem ersten Schritt wurde, anhand von Länderquerschnittsregressionen, jeweils der Zusammenhang zwischen a) den Fertigkeiten pro Arbeiter (skill per worker), b) den natürlichen Ressourcen, c) dem Verhältnis aus a und b (skill/land ratio) und dem Außenhandelserfolg im Bereich weiterverarbeiteter Rohstoffe (abhängige Variable) untersucht.

Die unabhängigen Variablen Fertigkeiten pro Arbeiter und natürliche Ressourcen pro Arbeiter wurden dabei jeweils als "average years of schooling of the adult (over 25) population in 1985" bzw. "total land area, divided by adult population" definiert. Als ab-

255 Vgl. Owens, T./ Wood, A., Export-oriented Industrialization (1995).

256 Owens, T./ Wood, A., Export-oriented Industrialization (1995), S. 6.

hängige Variablen wurden jeweils die Bruttoexporte, die Nettoexporte (Bruttoexporte minus Importe) und die Importe herangezogen.[257]

Tabelle 13 zeigt zusammenfassend einige Ergebnisse der Regressionen.

Tabelle 13: Zusammenhang zwischen den "Fertigkeiten pro Arbeiter", den "natürlichen Ressourcen pro Arbeiter" und dem Außenhandelserfolg im Bereich weiterverarbeiteter Rohstoffe

Abhängige Variable		Unabhängige Variable		R^2
		H	N	
NE	IG	0,37	-0,43	0,41
	WP	0,57	0,10	0,20
	RP	-1,12	0,61	0,49
BE	IG/WP	0,08	-0,49	0,27
	WP/RP	0,68	-0,28	0,28

n= 108 Länder.

NE= Nettoexporte, BE= Bruttoexporte, IG= (traditionelle) Industriegüter, WP= weiterverarbeitete Primärprodukte, RP= unverarbeitete Primärprodukte (Roh), H= Fertigkeiten pro Arbeiter, N= natürliche Ressourcen pro Arbeiter.

Quelle: Owens, T./ Wood, A., Export-oriented Industrialization (1995), S. 14 A ff.

OWENS/WOOD konnten somit einen wesentlichen Einfluß der Variable "Fertigkeiten pro Arbeiter" (vor allem im Vergleich zu unverarbeiteten Primärprodukten) und der Variable "natürliche Ressourcen pro Arbeiter" (vor allem im Vergleich zu traditionellen Industriegütern) auf den Exporterfolg weiterverarbeiteter Primärprodukte feststellen.

In einem zweiten Schritt wurde dann für ausgesuchte Ländergruppen der Zusammenhang zwischen dem "Verhältnis aus Fertigkeiten und natürlichen Ressourcen pro Arbeiter" (skill/land ratio) und der Exportstruktur im Bereich der drei obengenannten Gütergruppen (traditionelle Industriegüter, weiterverarbeitete Rohstoffe, unverarbeitete Rohstoffe) untersucht.

Dabei stellten die Autoren (innerhalb der Entwicklungsländer) den höchsten Anteil von Exporten weiterverarbeiteter Rohstoffe an den Gesamtexporten in Lateinamerika fest, das sowohl mit qualifizierten Arbeitskräften als auch mit natürlichen Ressourcen relativ gut ausgestattet ist. Die Autoren kommen zum folgenden Schluß:

"*The message of this paper for countries with low skill/land ratios, but moderate levels of skill per worker, epitomised by much of Latin America, is thus a positive one. Although they lack a comparative advantage in the sorts of manufactures in which East Asia specialises, these countries can, through primary processing, produce and export other sorts of manufactures.*"[258]

---

[257] Owens, T./ Wood, A., Export-oriented Industrialization (1995), S. 11.

[258] Owens, T./ Wood, A., Export-oriented Industrialization (1995), S. 28.

Bezüglich der afrikanischen Länder südlich der Sahara kommen die Autoren dagegen eher zu pessimistischen Schlußfolgerungen:

"*For countries which have both low skill/land ratios and low levels of skill per worker, epitomised by much of sub-Saharan Africa, the message of this paper is, alias, a negative one. Countries in this situation have no more of a comparative advantage in primary processing than in narrowly defined manufacturing. They thus have little chance of exporting large amounts of manufactures, unless or until they can raise the skill level of their workers (not just absolutely, but relative to the rest of the world), which will require, first and foremost, large increases in the coverage and quality of basic education.*"[259]

LONDERO/TEITEL[260] untersuchten, anhand der Analyse des Industrialisierungsprozesses Argentiniens, Kolumbiens und Venezuelas, den Faktorbestand der wichtigsten Exportgüter dieser Länder (Anfang der 70er Jahre bis Mitte der 80er Jahre). Es wurden folgende Produktionsfaktoren berücksichtigt: natürliche Ressourcen, Kapital und Arbeit. Weiterhin wurde der Faktor Arbeit in folgende Kategorien eingeteilt: qualifiziert, angelernt und unqualifiziert.

Für die Messung des Faktorbestands wurden zwei Meßmethoden verwendet, "*...the first being a breakdown of the total content of domestic value added, the second a breakdown of the total content of value added in the manufacturing sector only.*"[261] Dabei wurde z.B. ein Produkt als ressourcenintensiv eingestuft, wenn es im Vergleich zum Industriedurchschnitt über ein größeres Verhältnis natürlicher Primärinputs zum Kapital und zur Arbeit (Lohnbestandteil) verfügte.

Im Rahmen der Analyse der Wertschöpfung des Industriesektors (zweites Meßkonzept) wurde auch die Humankapitalintensität ("high, medium und low direct skill content") einzelner Produkte untersucht. Dabei wurde beispielsweise ein Produkt als "highly skilled" klassifiziert, wenn "*...the share of high-wage sectors in its total wage content is greater than the corresponding share for the whole manufacturing sector.*"[262]

Durch Vergleich der Faktorausstattung von Argentinien, Kolumbien und Venezuela mit der Faktorintensität der wichtigsten, von diesen Ländern, exportierten Gütern, konnten die Autoren einen wichtigen Zusammenhang zwischen beiden Variablen feststellen.[263] Es wurde außerdem ein wichtiger Einfluß der Industrialisierungspolitik, insbesondere der Kapitalakkumulation und des technologischen Lernprozesses während der Importsubsti-

---

[259] Owens, T./ Wood, A., Export-oriented Industrialization (1995), S. 28 f.

[260] Vgl. Londero, E./Teitel, S., Factor Content of Latin American Exports (The Journal of Development Studies, Heft 4, 1996), S. 581 ff.

[261] Londero, E./Teitel, S., Factor Content of Latin American Exports (The Journal of Development Studies, Heft 4, 1996), S. 585.

[262] Londero, E./Teitel, S., Factor Content of Latin American Exports (The Journal of Development Studies, Heft 4, 1996), S. 587.

[263] Beispielsweise wies die Exportstruktur Argentiniens einen hohen Anteil an Nahrungsmittelprodukten (hohe Ausstattung mit bebaubarem Land), die Venezuelas einen hohen Anteil an Stahl- und Aluminiumprodukten (hohe Ausstattung mit Mineralressourcen) und die Kolumbiens einen hohen Anteil an Bekleidungs- und Textilprodukten (hohe Ausstattung mit unqualifizierten Arbeitskräften) auf.

tutionsperiode auf die Faktorintensität exportierter Güter, vor allem in Argentinien und Venezuela, festgestellt:

"...*the relative factor intensity of those products whose exports grew consistently over time reflects the endowments of factors given by nature, plus capital accumulation, as well as those acquired as a result of economic policies, which gave rise to an important proportion of products intensive in semi-skilled and skilled labour - especially in Argentina and Venezuela.*"[264]

Ein weiteres interessantes Ergebnis aus der Untersuchung von LONDERO/TEITEL in bezug auf die Faktorintensität exportierter weiterverarbeiteter Rohstoffe ist aus Tabelle 14 ersichtlich. Wie aus dieser Tabelle entnommen werden kann, weist der Großteil sog. weiterverarbeiteter Rohstoffe (ressourcenintensive Produkte) sowohl eine hohe Kapitalintensität als auch eine niedrige Humankapitalintensität auf. Dies steht zum Teil im Widerspruch zur Untersuchung von OWENS/WOOD, die eine relativ hohe Anforderung an die Qualifikation der Arbeitskräfte bei der Weiterverarbeitung von Rohstoffen festgestellt haben.[265]

So kommen LONDERO/TEITEL zu folgenden Schlußfolgerungen:

"*The large majority of the selected products that are natural-ressource-intensive originate in manufacturing processes that are relatively intensive in unskilled labour. There is also evidence supporting the hypothesis of complementarity between capital and natural resources, that is, that the initial stages of natural resource processing tend to be capital-intensive.*"[266]

Eine von der UNCTAD[267] durchgeführte Studie hatte das Ziel, interne und externe Hindernisse bei Rohstoffverarbeitungsaktivitäten in Entwicklungsländern zu identifizieren. Dabei führte die UNCTAD "case studies" durch, d.h., sie analysierte die Weiterverarbeitung ausgesuchter Rohstoffe in bestimmten Ländern. Dahinter stand die Überlegung, daß konkrete Aussagen zu Weiterverarbeitungsaktivitäten nur produktspezifisch getroffen werden können.

Es wurden folgende Rohstoffe analysiert: Bauxit (Sierra Leone, Indien, Indonesien, Korea, Brasilien und Guyana), Palmöl und palmähnliche Öle (Elfenbeinküste, Malaysia und Brasilien), Phosphate (Senegal, Indien und Mexiko) und tropisches Holz (Liberia, Indonesien, Malaysia, Korea, Brasilien, Ekuador und Guyana). Tabelle 15 faßt wichtige Ergebnisse der UNCTAD-Studie zusammen.

---

264 Londero, E./Teitel, S., Factor Content of Latin American Exports (The Journal of Development Studies, Heft 4, 1996), S. 597.

265 Vgl. zur Untersuchung von OWENS/WOOD S. 106 ff.

266 Londero, E./Teitel, S., Factor Content of Latin American Exports (The Journal of Development Studies, Heft 4, 1996), S. 597.

267 Vgl. UNCTAD, The Local Processing in Developing Countries (1986).

Tabelle 14: Einteilung ausgesuchter exportierter Produktgruppen nach Humankapital-, Sachkapital- und Arbeitsintensität (Argentinien, Kolumbien, Venezuela)

	ARGENTINIEN Industrie-Löhne				KOLUMBIEN Industrie-Löhne				VENEZUELA Industrie-Löhne			
	H	M	N	Ge	H	M	N	Ge	H	M	N	Ge
Ressourcenintensiv	2	8	5	15	1	3	4	8	3	2	5	10
Produktionsprozess												
Kapitalintensiv	2	4	5	11	1	2	0	3	1	2	5	8
Arbeitsintensiv	-	4	-	4	-	1	4	5	2	-	-	2
Nicht-Ress.intensiv	10	17	6	33	6	14	24	44	13	14	4	31
Produktionsprozess												
Kapitalintensiv	6	4	3	13	1	1	2	4	8	13	3	24
Arbeitsintensiv	1	12	3	16	5	13	22	40	5	1	1	7
Nicht-feststellbar	3	1	-	4	-	-	-	-	-	-	-	-
Alle Produkte	12	25	11	48	7	17	28	52	16	16	9	41
Produktionsprozess												
Kapitalintensiv	8	8	8	24	2	3	2	7	9	15	8	32
Arbeitsintensiv	1	16	3	20	5	14	26	45	7	1	1	9
Nicht-feststellbar	3	1	-	4	-	-	-	-	-	-	-	-

H= Hoch, M= Mittel, N= Niedrig, Ge= Gesamt.

Quelle: Londero, E./Teitel, S., Factor Content of Latin American Exports (The Journal of Development Studies, Heft 4, 1996), S. 595.

Tabelle 15: Voraussetzungen für die Weiterverarbeitung ausgesuchter Rohstoffe (UNCTAD-Studie)

Bauxit	Palmöl und palmähnliche Öle	Phosphate	Tropisches Holz
* wichtiger Einfluß der Größe des inländischen Marktes auf die vollkommene Integration aller Verarbeitungsaktivitäten (Indien, Brasilien) * wichtige Bedeutung ausländischer Technologie, qualifizierter Arbeitskräfte und billiger Elektrizität * Mangel an infrastrukturellen Einrichtungen und an staatlicher Unterstützung (u.a. zur Erhöhung der Qualifikation der Arbeitskräfte) verhindern die Entwicklung von Weiterverarbeitungs-aktivitäten (Sierra Leone, Guyana	* Erfolge in Brasilien, in Malaysia und in der Elfenbeinküste, insbesondere aufgrund der Unterstützung der Regierung * große Bedeutung der vertikalen Integration, der Marketingaktivitäten und der Infrastruktur (Lagerhäuser und Häfen) * wichtige Bedeutung multinationaler Unternehmen (Technologie)	* relativ große Erfolge in Mexiko und Indien, z.T. durch die Entwicklung eigener technologischer Kapazitäten und durch Investitionen in die Qualifikation der Arbeitskräfte * wichtige Bedeutung der Marketingaktivitäten, insbesondere für den Export in Industrieländer	* wichtige Bedeutung der Marketingaktivitäten (vor allem bei der Weiterverarbeitung von Holzplatten zu Möbelerzeugnissen) wegen ständiger Änderung der Konsumentenwünsche, insbesondere in den Industrieländern * hohe Anforderungen an die Infrastruktur (insbesondere Häfen, Forschungsinstitute zur Überprüfung der Qualität des Holzes und zur Vermeidung der unkontrollierten Abholzung) und an die Arbeitskräfte

Quelle: UNCTAD, The Local Processing in Developing Countries (1986).

Neben der UNCTAD-Studie ist auf andere Fallstudien hinzuweisen, in deren Rahmen die Weiterverarbeitung weiterer natürlicher Rohstoffe analysiert wurde. Dazu zählen Studien der OECD (Zucker, Kaffee, Phosphate und Kupfer), der UNIDO (Zinn, Jute und Pyrethrum) und der WELTBANK/COMMONWEALTH BÜRO (Bauxit, Gummi, tropisches Hartholz, Kakao, Kokosnusöl und Tee). Die Ergebnisse all dieser Studien wurden von WALL[268] zusammengefaßt. WALL identifizierte im Rahmen seiner Fallstudienanalyse mehrere Wettbewerbs- und Standortfaktoren, die Einfluß auf die Weiterverabeitung natürlicher Rohstoffe haben. Er teilte diese Faktoren in vier Kategorien ein: (i) **geographische und** (ii) **technologische Faktoren**, welche die komparativen Kosten der Produktion beeinflussen, (iii) **Marktfaktoren**, die Einfluß auf die relative Vorteilhaftigkeit von Standorten ausüben und schließlich (iv) die sog. **politischen Faktoren:**

(i) *Geographische Faktoren:* a) Gewichtsverlust, b) Verderblichkeit. Diese Faktoren können eine Ansiedlung von Weiterverarbeitungsaktivitäten (zumindest in der ersten Verarbeitungsstufe) in den ressourcenreichen Entwicklungsländern begründen.

(ii) *Technologische Faktoren:* a) Anforderungen an die Infrastruktur und an die öffentliche Versorgungsstruktur, b) Anforderungen an die Produktion (Skalenerträge, Inputs, Neben- und Abfallprodukte).

(iii) *Marktfaktoren:* (nachfragebedingte Faktoren): Notwendigkeit der schnellen Reaktion auf Marktänderungen (Marktnähe).

(iv) *Politische Faktoren:* a) Exportsteuern, b) Royalties, c) Existenz staatlicher Marketingbehörden.

ALAM[269] ging der Frage nach, ob "resource-based"-Industrien durch eine höhere Effizienz als andere Branchen in Entwicklungsländern gekennzeichnet sind.

ALAM ging dabei von der These aus, daß "resource-based"-Industrien eine höhere Effizienz als andere Industrien in Entwicklungsländern aufweisen müßten. Der Grund dafür sind bestimmte Charakteristika dieser Branchen:

"*...all the above industries [resource-based industries, Anm. d. Verf.] have several characteristics which tend to promote efficiency (i) either because failure to meet certain minimum standards gives occasion to adverse consequences not likely to be tolerated, or (ii) the machines and processes reduce the range of effort and managerial choices avaible to managers and workers alike. In other words, the choice and effort latitudes avaiable to these industries are narrower relative to nearly most other industries, a factor which should promote their relative efficiency.*"[270]

Mindestvoraussetzung für die erfolgreiche Weiterverarbeitung von Primärprodukten ist nach ALAM dennoch das Vorhandensein einer relativ gut ausgebauten Infrastruktur, vor allem im Transportbereich.

---

[268] Vgl. Wall, D., Processing Primary Products (Foreign Trade Review, Heft 1, 1987), S. 60 ff.

[269] Vgl. Alam, M. S., Efficiency Differentials (Journal of Development Economics, Band 13, 1983), S. 361 ff.

[270] Alam, M. S., Efficiency Differentials (Journal of Development Economics, Band 13, 1983), S. 362.

Als *erstes* analysierte ALAM einige empirische Untersuchungen, die zu dieser Thematik durchgeführt wurden.[271] Die Analyse dieser Untersuchungen bestätigte, zumindest tendenziell, die These von ALAM. In den untersuchten Ländern (Peru, Argentinien und Indien) wiesen "resource-based"-Industrien eine höhere relative Effizienz als andere inländische Branchen auf, gemessen an der Arbeitsproduktivität der Branche im Verhältnis zur Arbeitsproduktivität dergleichen Branche in einem Industrieland. Die teilweise in Indien festgestellte geringe relative Effizienz von "resource-based"-Industrien wurde von ALAM durch die mangelnde Infrastruktur in diesem Land erklärt.

Als *zweites* führte ALAM für die Jahre 1951, 1960 und 1964 für eine Reihe von Industrien einen Effizienzvergleich zwischen Entwicklungs- und Industrieländern durch. Für die Messung der relativen Effizienz einer Branche in den Entwicklungsländern verwendete ALAM das "Verhältnis der durchschnittlichen Wertschöpfung pro Arbeiter dieser Industrie zur durchschnittlichen Wertschöpfung pro Arbeiter dergleichen Industrie in den Industrieländern". Auch hier konnte ALAM in den Entwicklungsländern im Durchschnitt eine höhere Effizienz der "resource-based"-Industrien im Vergleich zu anderen Branchen feststellen.[272]

YABUKI/AKIYAMA[273] analysierten die Frage, ob die Abhängigkeit eines (ressourcenreichen) Landes vom Export von Primärprodukten tatsächlich mit Nachteilen verbunden ist. Laut YABUKI/AKIYAMA existieren eine Reihe von Entwicklungsländern die erfolgreiche Exporteure von Primärprodukten sind. Dazu zählen Chile, Indonesien, Malaysia und Thailand. Dies läßt sich u.a. auf die zunehmenden Weiterverarbeitungsaktivitäten dieser Länder zurückführen:

"*Processing of commodities to intermediate and final goods has been considered as an important way for commodity producing countries to increase the value of their exports. Successful commodity-dependent countries, such as the four above [Chile, Indonesia, Malaysia and Thailand, Anm. d. Verf.], have expanded exports of processed commodities substantially in recent years[...] In addition to its value-added effect, the processing of commodities has other advantages, a main one of which is making export revenue more stable because the price volality of processed goods tends to be much smaller than that of primary commodities...*"[274]

Weitere Erfolgsfaktoren zunehmender Weiterverarbeitungsaktivitäten sind nach YABUKI/AKIYAMA:

(1) Zusammenarbeit mit multinationalen Unternehmen (vor allem in Form von Joint-Ventures)

---

271 Vgl. zu diesen Untersuchungen Alam, M. S., Efficiency Differentials (Journal of Development Economics, Band 13, 1983), S. 363 f.

272 Dies bedeutet jedoch nicht, daß "resource-based"-Industrien in den Entwicklungsländern effizienter als diejenigen der Industrieländer waren, sondern nur, daß in Entwicklungsländern "resource-based"-Industrien eine bessere relative Effizienz als andere Industrien aufwiesen.

273 Vgl. Yabuki, N./Akiyama, T., Is Commodity-Dependence Pessimism Justified? (1996), in: http://www.worldbank.org.

274 Yabuki, N./Akiyama, T., Is Commodity-Dependence Pessimism Justified? (1996), in: http://www.worldbank.org.

(2) Investitionen in Sachkapital, Technologie und Infrastruktur (vor allem im Transport- und im Kommunikationsbereich)

(3) Stabiles und liberales Wirtschaftsklima

(4) Förderung von F&E-Aktivitäten

4.3.3. Zusammenfassung

Die Analyse empirischer Untersuchungen zu den "resource-based" Industrialisierungsstrategien zeigt, daß die Weiterverarbeitung von Primärprodukten mit zunehmenden (Preis-)vorteilen im internationalen Handel, insbesondere bei Mineralien, verbunden ist. Länder mit einer relativ hohen Ausstattung an natürlichen Ressourcen haben somit komparative Vorteile bei der Weiterverarbeitung von Primärprodukten.

Einige Untersuchungen zeigen dennoch, daß die Verfügbarkeit über natürliche Ressourcen nicht die einzige Voraussetzung für ihre Weiterverarbeitung ist. Diese Untersuchungen weisen auf weitere wichtige Bestimmungsfaktoren erfolgreicher Verarbeitungsaktivitäten hin. Dazu zählen a) die relativ gute Ausstattung mit Arbeitskräften mittleren und hohen Qualifikationsniveaus (OWENS/WOOD, UNCTAD und WALL), b) die Zusammenarbeit mit multinationalen Unternehmen (UNCTAD und YABUKI/AKIYAMA), c) die relativ gute Ausstattung mit infrastrukturellen Einrichtungen (Elektrizitätsversorgung, Transport- und Kommunikationsinfrastruktur) (UNCTAD, WALL und YABUKI/AKIYAMA), d) die Existenz öffentlicher Unterstützung (UNCTAD, WALL und YABUKI/AKIYAMA) und e) ein stabiles und offenes Wirtschaftsklima (YABUKI/AKIYAMA).

Zusammenfassend kann somit festgestellt werden, daß die "resource-based Industrialisierungsstrategien" durchaus an den traditionellen und modernen Begründungen der Außenwirtschaftstheorie anknüpfen. Sie knüpfen zum einen am H-O-Ansatz an - Spezialisierungseffekte - zum anderen bauen sie letztlich auch auf internen und externen Skalenerträgen auf.

In dieser Arbeit wird von der Grundannahme ausgegangen, daß Brasilien über komparative Vorteile bei der Weiterverarbeitung seiner natürlichen Rohstoffe verfügt. Demzufolge müßte die internationale Wettbewerbsfähigkeit Brasiliens bei der Agrar- und bei der mineralischen Rohstoffindustrie höher sein als bei der Chemie- und der Automobilindustrie. Außerdem müßten sich durch Verlagerung der Entwicklungsschwerpunkte auf die Weiterverarbeitung natürlicher Ressourcen zunehmende Exportwachstumsmöglichkeiten für Brasilien ergeben.

Dies steht vorerst im Widerspruch zu der sogenannten **Prebisch-Singer-These**.[275] Im Kern besagt diese These, daß die Entwicklungsländer aus dem Handel mit den Industrieländern nur unterdurchschnittliche, vor allem aber im Zeitablauf abnehmende Tauschgewinne verbuchen können.

Diese Nachteile des internationalen Handels resultieren aus einer fortdauernden Verschlechterung des internationalen Preisverhältnisses für die Entwicklungsländer. Sie zei-

---

[275] Zur Prebisch-Singer-These vgl. z.B. Hemmer, H., Entwicklungsländer (1988), S. 222 ff.; Lachmann, W., Entwicklungspolitik - Band 3 (1994), S. 133 ff.

gen sich, so PREBISCH und SINGER, in einer säkularen Verschlechterung der realen Austauschverhältnisse, also der Commodity Terms of Trade (CToT)[276], für diese Länder.[277]

Diese Verschlechterung der realen Austauschverhältnisse ist hauptsächlich auf die Außenhandelsstruktur der Entwicklungsländer zurückzuführen. Diese Länder exportieren hauptsächlich Primärgüter und importieren vorwiegend Industriegüter. Zur Begründung der säkularen Verschlechterung der CToT für die Entwicklungsländer weisen PREBISCH und SINGER u.a. auf die unterschiedlichen Nachfragebedingungen bei Industrie- und Primärgütern hin.

So ist die Nachfrage nach industriellen Fertigwaren zum einen durch eine hohe Einkommenselastizität der Nachfrage, zum anderen durch eine niedrige Preiselastizität der Nachfrage gekennzeichnet. Im Gegensatz dazu weisen Primärgüter eine niedrige Einkommenselastizität der Nachfrage auf, während die Preiselastizität bei Preiserhöhungen als hoch, bei Preissenkungen hingegen als niedrig einzustufen ist. Aus diesen Gründen erweist sich die Verfolgung einer Spezialisierungsstrategie, bei der die Exporte von Primärgütern im Vordergrund steht, als nicht erfolgsversprechend.[278]

Die Aussagen der Prebisch-Singer-These müssen aber stark relativiert werden. Der Grund dafür ist, daß PREBISCH und SINGER im Rahmen ihrer Untersuchungen nur einfache Primärgüter (Rohstoffe/Naturprodukte) berücksichtigt haben. Die Abgrenzung des Untersuchungsgegenstandes auf einfache Primärgüter übersieht aber die Vorteile, die durch die **Weiterverarbeitung dieser Primärgüter** für Entwicklungsländer entstehen können, wie aus der Analyse der empirischen Untersuchungen zur resource-based Industrialisierungsstrategie z.T. ersichtlich wurde.[279]

Bevor die komparativen Vorteile Brasiliens bei den einzelnen Branchen analysiert werden, müssen diese vorerst abgegrenzt werden. Außerdem muß die Faktorausstattung Brasiliens im Vergleich zu ausgesuchten Ländern untersucht werden. Das ist Gegenstand des nächsten Abschnittes.

---

[276] Unter dem "Commodity Terms of Trade (CToT)" wird der Quotient aus dem Index der Exportgüterpreise (Px) und dem Index der Importgüterpreise (Pm) eines Landes verstanden (CToT= Px/Pm). Der CToT gibt somit an, wie viele Einheiten an Importgütern ein Land im Austausch gegen eine Einheit seiner Exportgüter erhalten kann. Vgl. dazu Hemmer, H., Entwicklungsländer (1988), S. 223.

[277] Vgl. zum Beispiel Prebisch, R., Dependence, Development, and Interdependence (1990), S. 31 ff.

[278] Es muß in diesem Zusammenhang darauf hingewiesen werden, daß die Prebisch-Singer-These schon Gegenstand sämtlicher empirischer Untersuchungen war. Diese Untersuchungen kamen jedoch zu verschiedenen Ergebnissen, die z.T. auf die unterschiedliche Methodik und auf die unterschiedliche Abgrenzung der Zeitperioden und der Produktgruppen zurückzuführen waren. Vgl. dazu z.B. Léon, J./Soto, R., Long-Run Trends in Commodity Prices (1995), in: http://www.worldbank.org.

[279] Vgl. dazu Abschnitt 4.3.2.

5. Thesen zur internationalen Wettbewerbsfähigkeit ausgewählter brasilianischer Branchen

5.1. Grundlagen

Die Ausführungen zur Außenhandels- und zur Entwicklungstheorie im vorherigen Abschnitt haben zwar einen hohen Abstraktionsgrad, erweisen sich aber als guter Rahmen zur Analyse der internationalen Wettbewerbsfähigkeit Brasiliens. Ziel dieses Abschnittes ist es, Thesen zur internationalen Wettbewerbsfähigkeit Brasiliens bei der Agrar-, der mineralischen Rohstoff-, der Automobil- und der Chemieindustrie aufzustellen. Die Auswahl dieser Branchen erweist sich als zweckmäßig, da dadurch Produktgruppen mit unterschiedlichen Faktorintensitäten berücksichtigt werden.

Bei der Aufstellung dieser Thesen müssen zwei wichtige Faktoren beachtet werden:

Erstens spielen die besonderen Charakteristika der einzelnen Branchen eine wesentliche Rolle. Der Grund dafür ist, daß die wettbewerbsrelevanten Anforderungen an die einzelnen Wirtschaftszweige stark variieren. So sind Skalenerträge in bestimmten Branchen wichtig, in anderen von geringerer Bedeutung. Das gleiche gilt für Kapital oder unqualifizierte Arbeit. Ähnliche Bedingungen, die in bestimmten Industrien von großem Vorteil sind, können somit in anderen Branchen komparative Nachteile begründen.[280]

Zweitens sind die speziellen Merkmale der zu analysierenden Volkswirtschaft, in diesem Fall Brasilien, auch von großer Wichtigkeit. Erst durch die Verknüpfung von volkswirtschaftlichen Merkmalen mit den branchenspezifischen Charakteristika wird es möglich, Thesen zur internationalen Wettbewerbsfähigkeit der Branchen eines bestimmten Landes aufzustellen.

Diese Problematik wird insbesondere durch folgende, von SAUTTER aufgestellte Hypothese gut zusammenfaßt:

"*Die komparativen Wettbewerbsvorteile eines Landes sind bei einem Gut ceteris paribus umso größer, je besser die spezifischen Produktionserfordernisse dieses Gutes mit den Produktionsmöglichkeiten dieses Landes übereinstimmen*"[281]

Für die Aufstellung der Thesen zur internationalen Wettbewerbsfähigkeit Brasiliens werden somit folgende Schritte unternommen:

In einem *ersten Schritt* werden die spezifischen Produktionsbedingungen der Agrar-, der mineralischen Rohstoff-, der Automobil- und der Chemieindustrie analysiert. Da einige dieser Branchen aus mehreren Industriezweigen bestehen, werden auch die Produktionserfordernisse von einzelnen Zweigen innerhalb dieser Branchen untersucht. Dies ist vor allem wichtig, wenn die Herstellungsbedingungen einzelner Zweige voneinander abweichen.

In einem *zweiten Schritt* wird dann auf die länderspezifischen Produktionsmöglichkeiten Brasiliens, im Vergleich zu ausgesuchten Ländern, eingegangen.

---

[280] Vgl. dazu Borner, S./Porter, M. E. et. al., Internationale Wettbewerbsvorteile (1991), S. 40.

[281] Sautter, H., Komparative Vorteile (1983), S. 81.

5.2. Abgrenzung der ausgesuchten Branchen

Die Analyse der internationalen Wettbewerbsfähigkeit Brasiliens bei den hier ausgesuchten Branchen setzt voraus, daß diese Branchen und die dazugehörenden Industriezweige vorher klassifiziert werden. Die Klassifizierung der Branchen ermöglicht vor allem die Auswertung und die Vergleichbarkeit internationaler Statistiken. Bei der internationalen Klassifikation von Branchen bieten sich zwei Möglichkeiten an:

Bei der ersten Alternative handelt es sich um das "Internationale Warenverzeichnis für den Außenhandel" der Vereinten Nationen **(United Nations Standard International Trade Classification - SITC)**. Ziel der SITC ist es, Untersuchungen des Welthandels und internationale Vergleiche von Außenhandelsstatistiken zu erleichtern.

Bei der zweiten Alternative handelt es sich um das "Internationale Verzeichnis aller industriellen Aktivitäten" der Vereinten Nationen **(United Nations International Standard Industrial Classification of All Economic Activities - ISIC)**. Während die SITC nach Produkten klassifiziert, geht die ISIC nach Aktivitäten vor. Zweck der ISIC ist es, die Analyse einzelner Branchen und Industriezweige in ausgesuchten Ländern zu erleichtern und internationale Vergleiche von Industriestatistiken zu ermöglichen. Diese Nomenklatur ist somit sehr hilfreich bei der international vergleichenden Untersuchung der Industriestruktur und der Industrieentwicklung in einzelnen Ländern. Die ISIC wird heutzutage auch von vielen internationalen Organisationen (OECD, UN, UNIDO) verwendet.[282]

In dieser Arbeit wird die Systematisierung der Branchen sich hauptsächlich an der ISIC orientieren. Diese Nomenklatur erfüllt am besten die Zielsetzung dieser Untersuchung, weil die Analyse der internationalen Wettbewerbsfähigkeit sich nicht nur auf Außenhandelsaktivitäten beschränken soll. Es werden auch produktionsbezogene Daten, wie beispielsweise Beschäftigung, Kosten (u.a. Lohnkosten), Kapitalbildung usw. berücksichtigt. Andererseits wird auch in einigen Fällen, insbesondere bei der Analyse außenhandelsbezogener Daten, die Abgrenzung nach der SITC-Nomenklatur vorgenommen.

Obwohl eine dritte überarbeitete Fassung der ISIC schon existiert, wird in dieser Arbeit hauptsächlich die zweite Fassung (ISIC, Rev. 2) aus dem Jahr 1968 herangezogen. Die detaillierte Einteilung der Branchen nach der ISIC, Rev. 2 ist aus Anhang A ersichtlich. Aus Anhang B ist dagegen die Systematisierung ausgesuchter Produktgruppen nach der SITC-Nomenklatur (SITC, Rev. 3) zu entnehmen.

Es muß in diesem Zusammenhang jedoch darauf hingewiesen werden, daß diese Systematisierung vor allem als **Orientierungsrahmen** zur Abgrenzung der hier ausgesuchten Branchen dient. Im Laufe dieser Untersuchung sind Abweichungen von der hier aufgeführten Systematik aber möglich. Das wird vor allem dann der Fall sein, wenn das statistische Material einzelner Länder oder die herangezogenen Untersuchungen von einer anderen Systematik ausgehen bzw. eine konkrete Branchenabgrenzung nicht vornehmen.

---

[282] Vgl. Statistisches Bundesamt, Internationales Warenverzeichnis (1976), S. IV; Langer, C., World Trade (1986), S. 11 f.

5.3. Einteilung der ausgesuchten Branchen nach güterspezifischen Produktionserfordernissen

5.3.1. Grundlagen

Nachdem die Agrar-, die mineralische Rohstoff-, die Automobil- und die Chemieindustrie anhand der ISIC und SITC-Nomenklatur klassifiziert wurden, werden im nächsten Unterabschnitt ihre spezifischen Produktionsbedingungen analysiert. Es wird somit auf die Frage eingegangen, durch welche besonderen Charakteristika diese Branchen gekennzeichnet sind. Dabei geht es vor allem um folgende Eigenschaften: a) Kapital-/Arbeitsintensität, b) Forschungsintensität und c) Bodenintensität.

Im Rahmen dieses Unterabschnittes werden nur die einzelnen Eigenschaften und die Wahl der dazugehörenden Kriterien diskutiert. Die Analyse der Daten wird erst in den Abschnitten 5.3.2. bis 5.3.5. erfolgen.

Zu a) Kapital-/Arbeitsintensität

Wichtiges Unterscheidungsmerkmal zwischen arbeits- und kapitalintensiven Branchen ist die Kapitalausstattung je Arbeitsplatz. Während arbeitsintensive Branchen durch eine relativ niedrige Kapitalausstattung pro Arbeitsplatz gekennzeichnet sind, weisen letztere eine relativ hohe auf.

Für die Analyse der Faktorintensität (Arbeits- bzw. Kapitalintensität) einer Branche stehen mehrere Indikatoren zur Verfügung.[283] Aufgrund der Datenverfügbarkeit wird in dieser Arbeit das Kriterium "Bruttoanlageinvestitionen je Beschäftigter" verwendet. Dieses wird in dieser Untersuchung folgendermaßen berechnet:

$$Inv - Besch_{ij} := \frac{gfcf_{ij}}{Besch. - Zahl_{ij}} \qquad (5.1),$$

wobei $Inv.\text{-}Besch_{ij}$ die Bruttoanlageinvestitonen je Beschäftigter, $gfcf_{ij}$ (gross fixed capital formation) die gesamten Bruttoanlageinvestitonen und $Besch.\text{-}Zahl_{ij}$ die gesamte Beschäftigtenzahl einer Branche i im Jahr j bedeuten.

Durch Vergleich der Bruttoanlageinvestitonen pro Beschäftigter einer Branche mit dem Industriedurchschnitt können somit für einzelne Länder tendenzielle Aussagen über die Faktorintensität der ausgesuchten Branchen getroffen werden.

Aus den Tabellen 16 und 17 sind die Bruttoanlageinvestitionen je Beschäftigter in den Branchen der ausgesuchten Länder ersichtlich. Korea, Japan und Argentinien wurden gesondert aufgeführt, weil für diese Länder nur branchenbezogene Daten zur Verfügung standen, die anhand der dritten überarbeiteten Fassung der ISIC (ISIC, Rev. 3) voneinander abgegrenzt wurden.

---

[283] Vgl. dazu Sautter, H., Komparative Vorteile (1983), S. 111; OECD, Manufacturing Performance (1994), S. 65 ff.

Tabelle 16: Bruttoanlageinvestitionen je Beschäftigter in den Branchen ausgesuchter Länder (einheimische Währung, laufende Preise) (ISIC, Rev. 2)[1]

	Brasilien[2] (1.000 Cruz. Reais)		**Chile** (1.000.000 Pesos)		**Thailand** (1.000 Bahts)		**USA** (1.000 US-Dollars)		**Indonesien** (1.000.000 Rupiahs)		**Malaysia** (1.000 Ringgits)	
	1992	1993	1993	1994	1990	1991	1994	1995	1994	1995	1993	1994
Ver. Gewerbe (3)	13,0	349,0	1,5	1,5	280,4	124,6	6,6	7,4	2,8	2,9	13,4	14,0
Ernähr. ind. (311/2)	8,2	309,4	1,5	1,5	388,0	74,0	6,1	7,2	2,2	2,1	9,5	8,0
Getränkeind. (313)	16,9	290,8	3,1	3,8	152,4	280,7	12,5	14,4	4,8	7,9	15,1	10,0
Tabakind. (314)	15,1	1.302,7	6,1	4,4	203,4	290,8	11,1	13,3	1,0	0,7	6,1	6,3
Industrie-Chemikalien (351)	44,6	1.319,6	4,8	5,2	598,3	217,7	24,4	29,7	24,0	11,6	164	41,8
Andere Chemikalien (352)	-	-	1,4	1,2	163,0	230,7	14,0	14,3	3,4	3,9	15,9	13,8
Mineralölind. (353)	-	-	11,1	16,3	k.D.	1.561,8	76,6	83,9	k.D.	0,7	96,2	385,6
Gem. Mineralöl/ Kohleind. (354).	-	-	2,1	1,3	k.D.	42,5	10,0	8,4	k.D.	0,6	8,0	24,2
Eisen- und Stahlindustrie (371)	15,1	437,6	2,4	1,7	278,0	370,0	10,3	10,8	8,0	11,6	84,2	41,1
NE-Metallindustrie (372)	-	-	5,3	6,5	126,8	18,4	9,4	8,4	7,9	3,9	15,6	36,8
Metallerzeugnisse (381)	-	-	1,1	1,0	419,8	83,9	3,5	4,2		2,9	7,5	10,5
Fahrzeugbau (384)	8,7	158,1	0,7	0,5	164,3	228,7	7,7	8,7		10,4	20,8	21,9
Kraftwagen (3843)	k.D.	k.D.	k.D.	k.D.	k.D.	k.D.	10,5	11,7		7,4	26,1	21,9

(1) Die Zahl in Klammern steht für die jeweilige ISIC, Rev. 2, Position. Vgl. dazu Anhang A.

(2) Brasilien: Position 351 umfaßt Positionen 352 + 353 + 354; Position 371 umfaßt Positionen 372 + 381.

Quelle: UNIDO, Yearbook of Industrial Statistics (1996, 1997 und 1998).

zu b) Forschungsintensität:

Zur Gruppe der forschungsintensiven Güter gehören solche Produkte, die sich gemäß der Produktzyklus-Theorie in der Innovationsphase ihres Lebenszyklus befinden. Das sind vor allem Güter, die a) zum ersten Mal auf dem Markt angeboten werden oder b) bereits bekannte Erzeugnisse, die ständige Verbesserungsprozesse, sowohl in der Qualität als auch in der Entwicklung neuer Produktionsverfahren, unterlaufen.[284] Die Herstellung forschungsintensiver Güter setzt normalerweise hohe Anforderungen an die technische und wissenschaftliche Leistungsfähigkeit der Arbeitskräfte und auch einen relativ hohen F&E-Aufwand voraus.

Tabelle 17: Bruttoanlageinvestitionen je Beschäftigter in den Branchen ausgesuchter Länder (einheimische Währung, laufende Preise) (ISIC, Rev. 3)[(1)(2)]

	Korea (1.000.000 Won)		**Japan** (1.000.000 Yen)		**Argentinien** (1.000 Pesos)	
	1994	1995	1993	1994	1992	1993
Ver. Gewerbe (D)	11,2	15,1	k.D.	1,1	k.D.	4,3
Ernährungsind. (151+1520+153+154)	8,1	10,6	k.D.	0,7	k.D.	3,8
Getränkeindustrie (155)	43,3	35,2	k.D.	2,5	k.D.	9,4
Tabakindustrie (1600)	5,9	7,6	k.D.	0,5	k.D.	8,1
Industrie- Chemikalien (241)	38,4	52,4	k.D.	4,9	k.D.	5,9
Andere Chemikalien (242)	13,9	19,3	k.D.	2,1	k.D.	4,8
Mineralölindustrie (2320)	89,1	162,9	k.D.	12.,3	k.D.	39,5
Eisen- und Stahlindustrie (2710+2731)	29,3	60,8	k.D.	3,3	k.D.	6,1
NE-Metallindustrie (2720+2732)	15,7	20,1	k.D.	1,7	k.D.	3,7
Metallerzeugnisse (281+289)	7,6	7,6	k.D.	0,4	k.D.	2,4
Kraftwagenindustrie (3410+3420+3430)	15,0	18,2	k.D.	1,7	k.D.	2,7

(1) Die Zahl in Klammern steht für die jeweilige ISIC, Rev. 3, Position. Um (annähernde) Deckungsgleichheit mit den ISIC, Rev. 2, Positionen zu erlangen, wurden folgende Positionen zu einzelnen Branchen zusammengefaßt: Ernährungsindustrie (151: Processed meat, fish, fruit, vegetables, fats; 1520: Dairy Products; 153: Grain mill products, starches, animal feeds und 154: Other food products), Getränkeindustrie (155), Tabakindustrie (1600), Industrie-Chemikalien (241: Basic chemicals), Andere Chemikalien (242), Mineralölindustrie (2320: Refined petroleum products), Eisen- und Stahlindustrie (2710: Basic iron and steel; 2713: Casting of iron and steel), NE-Metallindustrie (2720: Basic precious and non-ferrous metals; 2732: Casting of non-ferrous metals), Herstellung von Metallerzeugnissen (281: Struct. Metal products, tanks, steam generators; 289: Other metal products, metal working services), Kraftwagenindustrie (3410: Motor Vehicles; 3420: Automobile Bodies, trailers & semi-trailers und 3430: Parts/accessories for automobiles).

(2) Für Deutschland standen keine Daten aus der UNIDO zur Verfügung.

Quelle: UNIDO, Yearbook of Industrial Statistics (1996, 1997 und 1998).

Für die Beurteilung der **Forschungsintensität** der in dieser Arbeit ausgesuchten Branchen wird in dieser Untersuchung der Indikator "**sektorale Verteilung der F&E-Ausgaben**" verwendet.[285] Unter diesem Indikator wird der Anteil einer bestimmten Branche an den gesamten F&E-Ausgaben der Industrie eines Landes verstanden. Es

---

[284] Vgl. Sautter, H., Komparative Vorteile (1983), S. 106 ff.

[285] Dies erfolgt in Anlehnung an die OECD-Studie "Manufacturing Performance: A Scoreboard of Indicators". Vgl. dazu OECD, Manufacturing Performance (1994), S. 35.

werden nur Deutschland, die USA und Japan berücksichtigt, da für die Schwellenländer keine Daten zur Verfügung standen (Tabelle 18).

Tabelle 18: Sektorale Verteilung der F&E-Ausgaben innerhalb ausgesuchter Industrieländer (Jahr 1990) (laufende Preise)(1)

Branche	Deutschland	Japan	USA
Ernährungsgewerbe und Tabakverarbeitung (311/2+313+314)	0,7 %	2,6 %	2,5 %
Chemische Industrie (351+352, ohne 3522)	16,4 %	10,1 %	11,5 %
Pharma-Industrie (3522)	5,8 %	5,8 %	15,9 %
Eisen- und Stahlindustrie (371)	0,9 %	3,4 %	0,7 %
NE-Metallindustrie (372)	0,3 %	1,6 %	0,5 %
Herstellung von Kraftwagen (3843)	17,1%	14,4 %	7,1 %

(1) Die Zahl in Klammern steht für die jeweilige ISIC, Rev. 2, Position. Vgl. dazu Anhang A.

Quelle: OECD, Manufacturing Performance (1994), S. 38.

Zu c) Bodenintensität

Bodenintensive Erzeugnisse sind diejenigen, deren Herstellung einen hohen Anteil an Primärinputs (landwirtschaftliche und mineralische Inputs) benötigen. Dazu zählen vor allem Produkte aus der Ernährungsindustrie, der Getränkeherstellung, der Tabakindustrie, der Eisen- und Stahlindustrie und der NE-Metallindustrie.

5.3.2. Agrarindustrie

In dieser Untersuchung wird die Agrarindustrie in einem weiten Sinne definiert. Sie umfaßt sowohl die Landwirtschaft als auch die Weiterverarbeitung landwirtschaftlicher Erzeugnisse (Ernährungsgewerbe und Tabakverarbeitung). Viele Autoren zählen zur Agrarindustrie auch die Herstellung von landwirtschaftlichen Maschinen, die Herstellung von Pflanzenschutzmitteln und von Düngemitteln. Obwohl diese Erzeugnisse einen wichtigen Beitrag zur Erhöhung der Produktivität im landwirtschaftlichen Sektor leisten, werden sie in dieser Arbeit nicht als Teilbereich der Agrarindustrie betrachtet. Die Herstellung von landwirtschaftlichen Maschinen gehört vielmehr zur Branche “Maschinenbau”, während die Herstellung von Pflanzenschutzmitteln und von Düngemitteln als Teilbereich der Chemieindustrie anzusehen ist.[286]

Die Agrarindustrie ist somit in zwei Teilbereiche unterteilt, die zwar durch verschiedene Produktionsbedingungen gekennzeichnet sind, aber in einem engen Wechselverhältnis miteinander stehen. Den ersten Teilbereich stellt die **Landwirtschaft**, den zweiten Teilbereich die **Ernährungsindustrie,** die **Getränkeherstellung** und die **Tabakverarbeitung** dar. Hauptziel dieser Industrien ist die industrielle Aufbereitung, Verarbeitung und Veredelung landwirtschaftlicher Produkte zu Lebensmitteln. Es handelt sich dabei um sog. bodenintensive Branchen.

---

[286] Vgl. Lifschitz, J./Prochnik, V., Complexo Agroindustrial (1991), S. 7.

Die Analyse der Faktorintensitäten dieser Branchen (Tabelle 16 und 17) zeigt, daß die *Ernährungsindustrie* in allen dort analysierten Ländern tendenziell unterdurchschnittliche Bruttoanlageinvestitionen pro Beschäftigtem in den untersuchten Jahren aufweisen.[287] Dies ist bei der *Getränkeindustrie* dagegen nicht der Fall, denn diese weist in den meisten Ländern relativ hohe Bruttoanlageinvestitionen pro Beschäftigtem auf. Die *Tabakindustrie* ist auch in einigen der Länder durch eine relativ hohe Sachkapitalbildung gekennzeichnet (Ausnahme: Korea, Indonesien, Malaysia und Japan).

Diese Branchen sind weiterhin durch eine relativ geringe Forschungsintensität gekennzeichnet, denn das *Ernährungsgewerbe und die Tabakverarbeitung* stellen, innerhalb der Industrieländer (Tabelle 18) die Branchen mit dem geringsten Anteil an den gesamten industriellen F&E-Ausgaben dar. Diese Aussagen müssen dennoch, vor dem Hintergrund der Innovationen im landwirtschaftlichen Bereich, insbesondere aufgrund von Fortschritten in der Biotechnologie, relativiert werden.[288]

5.3.3. Mineralische Rohstoffindustrie

In dieser Untersuchung wird die mineralische Rohstoffindustrie, ähnlich wie die Agrarindustrie, in einem weiten Sinne definiert. Sie umfaßt sowohl den Erzbergbau als auch die Weiterverarbeitung mineralischer Rohstoffe (Metallerzeugung und -bearbeitung). Die Gewinnung von Steinen und Erden sowie deren Weiterverarbeitung wird jedoch in dieser Arbeit nicht berücksichtigt.

Der **Erzbergbau** umfaßt die Prospektion, Exploration, Erschließung und den Abbau von Erzlagerstätten der Erdrinde, sei es im Tagebau, im Untertagebau oder in einer kombinierten Betriebsform. Er ist durch eine relativ hohe Kapitalintensität charakterisiert. Die wichtigste Voraussetzung für den Erzbergbau stellt das Vorhandensein von Rohstofflagerstätten dar. Wichtige Kriterien für die Abbauwürdigkeit dieser Lagerstätten sind, neben den natürlichen Gegebenheiten, die relative Lohnhöhe im jeweiligen Bergbaugebiet, Aufwendungen für den Ausbau der Infrastruktur, sowie Umweltschutzauflagen. Der Erzbergbau wurde in letzter Zeit durch den technischen Fortschritt maßgeblich beeinflußt. Mit immer besseren Prospektionsmethoden wurden neue Lagerstätten entdeckt,

---

[287] Es muß in diesem Zusammenhang dennoch darauf hingewiesen werden, daß es sich hier um einen Durchschnittswert der gesamten Ernährungsindustrie handelt. In Wirklichkeit besteht diese Branche aus mehreren Wirtschaftszweigen, bei denen die Wertschöpfung im Verhältnis zum Wert der eingesetzten Rohware sehr unterschiedlich ausfällt. Während beispielsweise die Wertschöpfung in den Molkereien und in der Fleischverarbeitung bei 15 bis 20 Prozent liegt, beträgt sie in der Tabakverarbeitung und in der Kaffeeindustrie meist 30 Prozent und mehr. Vgl. dazu Müller, T., Nahrungsmittelindustrie (1993), S. 8 f. Die Faktorintensität einzelner Wirtschaftszweige des Ernährungsgewerbes Deutschlands wurde auch in einer von DICKE durchgeführten Untersuchung für den Zeitraum 1967-1972 analysiert. Dabei wiesen in Deutschland folgende Wirtschaftszweige eine hohe Arbeitsintensität auf: Fleischverarbeitende, fischverarbeitende, stärkeverarbeitende Industrie, Obst- und Gemüseverarbeitung und Süßwarenindustrie. Die Milch-, Zucker-, Mühlen-, Getränke-und Tabakindustrie und die Herstellung von pflanzlichen Ölen und Fetten waren dagegen durch eine relativ hohe Kapitalintensität gekennzeichnet. Vgl. dazu Dicke, H., Ernährungsindustrie (1977), S. 32 ff.

[288] Zur kritischen Auseinandersetzung über den Einfluß der Biotechnologie und weiterer technologischer Innovationen auf die Zukunft der Agrarindustrie, u.a. in Brasilien, vgl. Carmo, M. S. d., Sistema Agroalimentar no Brasil (1996), S. 31 ff. und die dort angegebene Literatur.

und mit Hilfe moderner Verfahren gelangten Lagerstätten mit einem geringen Metallgehalt in den Bereich der Abbauwürdigkeit.[289]

Der Erzbergbau setzt sich aus dem **Eisenerzbergbau** und dem **NE-Metallerzbergbau** zusammen:

Das Eisenerz als ubiquitäres Mineral hat eine recht weite Verbreitung und ist ein Schwermetall. Trotz dieser Verbreitung sind die einzelnen Eisenerzvorkommen der Welt durch Unterschiede im Fe-Gehalt gekennzeichnet. Das Eisenerz ist ein mineralischer Rohstoff, der am Gewinnungsstandort eine differenzierte Nachfolgeindustrie nach sich zieht, denn bis zum Walzprodukt und Gießereiprozeß kann sich alles in einem Prozeß technologischer Einheitlichkeit vollziehen. Aus diesem Grund liegt es nahe, alle Verarbeitungsstufen im näheren Umkreis der Eisenerzvorkommen zu etablieren.[290]

Die Erzminerale der NE-Metalle treten dagegen häufig in komplexer Form auf, d.h. sie sind auch in feinen Einschlüssen in anderen fremden Mineralien enthalten. Dies erschwert vor allem den rentablen Abbau dieser Mineralien. Unter dem Kriterium der "Verwendung als industrieller Werkstoff" kann in Anlehnung an MÜLLER-OHLSEN[291] folgende Systematisierung der NE-Metalle vorgenommen werden:

1) *Schwermetalle:* Blei, Kupfer, Zink und Zinn

2) *Leichtmetalle:* Aluminium, Magnesium und Titan

3) *Stahlveredler* (als Legierungsmetalle) bzw. *Sondermetalle* (als Basismetalle): Chrom, Kobalt, Mangan, Molybdän, Nickel, Vanadin und Wolfram

4) *Andere Legierungs- bzw. Sondermetalle:* Antimon, Cer, Hafnium, Kadmium, Lanthan, Lithium, Niob, Quecksilber, Rhenium, Silicium, Tantal, Wismut, Yttrium und Zirkonium

Im Gegensatz zum Eisenerz sind viele der Ne-Metalle sog. Monopolmineralien, d.h., sie kommen nur in begrenzten Regionen vor. Dazu gehören u.a. Zinn und die große Zahl der Stahlveredler.

Bei der mineralischen Rohstoffindustrie ist der Warenfluß richtungsgebunden, d.h. jede Fertigungsstufe beliefert nur nachgelagerte Stufen und erhält selbst nur Warenströme von vorgelagerten Produktionsstufen. Nach dem Erzbergbau findet als nächste Stufe die Weiterverarbeitung der abgebauten Rohstoffe statt (Metallerzeugung und -bearbeitung). Je nach verwendetem Metall werden hier zwei Industrien, die Eisen- und Stahlindustrie und die NE-Metallindustrie, unterschieden. Aufgrund der Vielfalt der existierenden NE-Metalle besteht die NE-Metallindustrie wiederum aus weiteren Industriezweigen.

Innerhalb der Metallerzeugung und -bearbeitung können weiterhin zwei Fertigungsstufen unterschieden werden. Die erste Produktionsstufe stellt die **Verhüttung und Raffination** dar. Dieser Produktionsprozeß findet in den Hüttenwerken statt. Hier werden die Metalle aus den vom Bergbau geförderten Roherzen bzw. aus den zu Erzkonzentraten aufbereiteten Mineralien gewonnen (Primärmetalle). Bei diesem Herstellungsprozess

---

[289] Vgl. Müller-Ohlsen, L. M., Weltmetallwirtschaft (1981), S. 15 ff.

[290] Vgl. Otremba, E., Güterproduktion (1976), S. 244 ff.

[291] Vgl. Müller-Ohlsen, L. M., Weltmetallwirtschaft (1981), S. 5. Hier muß erwähnt werden, daß in dieser Arbeit die Edelmetalle nicht berücksichtigt werden.

bestehen aber wichtige Unterschiede zwischen der Eisen- und Stahlindustrie und der NE-Metallindustrie. Die Verhüttung weist in der NE-Metallindustrie meistens einen nicht so hohen Standardisierungsgrad auf, wie in der Eisen- und Stahlindustrie. Dies läßt sich vor allem darauf zurückführen, daß die NE-Erze in komplexerer Form als die Eisenerze in Lagerstätten auftreten und daher, außer dem führenden Metall, weitere Metalle als Nebenprodukte anfallen.

Nach der Verhüttung und Raffination findet als weitere Produktionsstufe die **Metallverarbeitung** statt. Im Verlauf dieses Prozesses werden in verschiedenen Bearbeitungsvorgängen den Primärmetallen die angestrebte Form, Oberflächengüte und Eigenschaften verliehen, wie sie von den nachgelagerten Industrien benötigt werden. Bei der Metallverarbeitung bestehen auch weitere Unterschiede zwischen der Eisen- und Stahlindustrie und der NE-Metallindustrie. Während in der Stahlindustrie die Weiterverarbeitung zum Halbzeug meist unmittelbar zum Hüttenwerk gehört, findet in der NE-Metallindustrie häufig eine weitgehende örtliche und organisatorische, in manchen Fällen sogar eine unternehmerische Trennung statt. In den letzten drei Jahrzehnten ist jedoch hinsichtlich der Trennung Hütte-Halbzeugwerk auch in der NE-Metallindustrie die Tendenz zum Übergang zu kontinuierlichen Prozessen festzustellen.[292]

Die Analyse der Faktorintensitäten der Eisen- und Stahlindustrie, der NE-Metallindustrie und der Herstellung von Metallerzeugnissen (Tabelle 16 und 17) zeigt, daß die *Eisen- und Stahlindustrie* in allen dort analysierten Ländern tendenziell relativ hohe Bruttoanlageinvestitionen pro Beschäftigtem in den untersuchten Jahren aufzuweisen hat. Dies ist auch bei der *NE-Metallindustrie* der Fall, denn diese weist in den meisten Ländern relativ überdurchschnittliche Bruttoanlageinvestitionen pro Beschäftigtem auf.[293] Die *Herstellung von Metallerzeugnissen* dagegen ist in allen der Länder tendenziell durch eine relativ niedrige Sachkapitalbildung pro Beschäftigter in den analysierten Jahren gekennzeichnet.

Die Analyse der Anteile der *Eisen- und Stahlindustrie* und der *NE-Metallindustrie* an den gesamten F&E-Ausgaben innerhalb ausgesuchter Industrieländer (Tabelle 18) zeigt, daß diese Branchen eine relativ niedrige Forschungsintensität aufweisen. Dies würde bedeuten, daß die Technologie in diesen Branchen einen relativ hohen Standardisierungsgrad erreicht hat. Dennoch muß diese Aussage, ähnlich wie bei der Agrarindustrie, relativiert werden. So zeigt MORANDI, daß die Eisen- und Stahlindustrie seit der Energiekrise Mitte der 70er Jahre kontinuierliche Anpassungsprozesse durchlaufen hat, obwohl diese Branche nie durch bahnbrechende Innovationen charakterisiert war:

"*Since the middle of the 1970s, the World steel industry has restructured itself as a result of the energy crisis and consequent reduction of steel use in the main steel-intensive products. [...] the steel industry has adjusted its production structure in response to*

---

[292] Vgl. Müller-Ohlsen, L. M., Weltmetallwirtschaft (1981), S. 18 ff.

[293] Es muß in diesem Zusammenhang darauf hingewiesen werden, daß die Eisen- und Stahlindustrie und die NE-Metallindustrie auch aus einzelnen Produktgruppen bestehen, bei denen die Wertschöpfung im Verhältnis zum Wert der eingesetzten Rohware sehr unterschiedlich ausfällt. Innerhalb der Eisen- und Stahlindustrie ist insbesondere die Herstellung von Walzprodukten aus speziellem Stahl durch eine hohe Wertschöpfung gekennzeichnet. Vgl. dazu Morandi, A. M., Siderurgia (Análise Econômica, Heft 28, 1997), S. 7 ff., insbesondere S. 10.

changes in the demand. Cost-saving innovations and, especially, product innovations have been introduced, making steel a lighter, more malleable and more resistant product than it was before, acquiring characterists of a new material[...]"[294]

5.3.4. Chemieindustrie

In der vorliegenden Arbeit wird die Chemieindustrie sehr weit definiert, d.h., es wird versucht, sofern die Datenverfügbarkeit es gestattet, sämtliche Bereiche der Chemieindustrie zu analysieren. Dazu zählen u.a. die Herstellung von Industrie-Chemikalien, wie beispielsweise die Produktion von chemischen Grundstoffen und von Dünge- und Schädlingsbekämpfungsmitteln, und die Herstellung anderer Chemikalien, wie z.B. die Pharma- und die Arzneimittleindustrie. Diese Untersuchung versteht unter Chemieindustrie somit alle Aktivitäten der chemischen Stoffumwandlung.

In Anlehnung an GRIESSHAMMER[295] ist die Chemieindustrie u.a. durch folgende Merkmale gekennzeichnet:

(1) Hohe Diversifikation der Produktpalette und große Vielfalt von Abnehmern für diese Produkte

(2) Hohe Lieferverflechtung innerhalb der Branche

(3) Kuppel- bzw. Verbundproduktion (weitgehende Verwertung der zwangsweise anfallenden Nebenprodukte)

(4) Der Ersatz und die Modifizierung von Naturstoffen ist ebenfalls ein wichtiger Aktivitätsbereich (Hohe Stoff- und Produktvielfalt und Komplexität)

Die Analyse der Faktorintensitäten der Chemieindustrie (Tabelle 16 und 17) läßt erkennen, daß die *Herstellung von Industrie-Chemikalien* in allen dort analysierten Ländern relativ hohe Bruttoanlageinvestitionen pro Beschäftigtem in den untersuchten Jahren aufzuweisen hat, was ein Indiz für die hohe Kapitalintensität dieser Industrie ist. Dies ist z. T. auch bei der *Herstellung "anderer Chemikalien"* und bei der *Mineralölverarbeitenden Industrie*, die mit der Chemieindustrie eng verflochten ist, der Fall, denn diese weisen in den meisten Ländern relativ überdurchschnittliche Bruttoanlageinvestitionen pro Beschäftigtem auf.[296]

Wie aus der Tabelle 18 zu entnehmen ist, stellt die *Chemische Industrie*, innerhalb der hier ausgesuchten Branchen, denjenigen Wirtschaftszweig dar mit dem zweithöchsten Anteil an den gesamten F&E-Ausgaben in allen drei analysierten Industrieländern. Als forschungsintensiv kann auch die *Pharmaindustrie* bezeichnet werden, die in allen Ländern relativ hohe Anteile verzeichnet. In den Vereinigten Staaten weist diese Branche für

---

[294] Morandi, A. M., Siderurgia (Análise Econômica, Heft 28, 1997), S. 5.

[295] Vgl. Griesshammer, R., Chemiewende (Jahrbuch Ökologie 1993, 1992), S. 34.

[296] Wie die Analyse aus Daten der OECD erkennen läßt, weisen die Chemische Industrie und die Pharmaindustrie auch in Deutschland eine hohe Kapitalintensität auf. So betrug im Zeitraum 1986-88 die Summe des pro Beschäftigten investierten Sachkapitals der deutschen Chemischen Industrie und der Pharmaindustrie jeweils 175 % bzw. 125 % des industriellen Durchschnitts. Vgl. dazu OECD, Manufacturing Performance (1994), S. 76 f.

das Jahr 1990 sogar den höchsten Anteil an den gesamten industriellen F&E- Ausgaben innerhalb der hier ausgewählten Branchen auf.[297]

Innerhalb der Chemieindustrie weist vor allem die *Arzneimittelindustrie* eine zunehmende Forschungsintensität auf. Der Grund dafür ist, daß in letzter Zeit eine starke Akkumulation von Wissen im Bereich der Bio- und der Gentechnologie stattgefunden hat, die einen starken Einfluß auf die Arzneimittelindustrie ausgeübt hat. Die Arzneimittelforschung ist somit in eine neue Technologiephase (auch "zweite technologische Revolution" genannt) eingetreten. Zum einen eröffnet diese Entwicklung für Arzneimittelunternehmen beträchtliche Wachstumschancen, zum anderen besteht aufgrund des Innovationsdrucks für sie die Notwendigkeit, hohe Ausgaben für F&E zu tätigen.[298]

5.3.5. Automobilindustrie

In dieser Arbeit wird die Automobilindustrie die Produktion und Montage von Kraftwagen umfassen. In manchen Fällen ist es aber aufgrund der Datenverfügbarkeit (hohe Aggregation der Daten) nicht möglich, die Automobilindustrie isoliert zu analysieren, sondern es wird der gesamte Bereich "Fahrzeugbau" untersucht, der außer der Herstellung von Kraftwagen auch den Schiffbau, den Schienenfahrzeugbau, den Luft- und Raumfahrzeugbau und die Herstellung von Krafträdern und Fahrrädern umfaßt. Es ist aber davon auszugehen, daß in einigen Ländern, wie beispielsweise in Brasilien, die Automobilindustrie den wichtigsten Teilbereich des Fahrzeugbaus darstellt.

Wichtigste Eigenschaft der Automobilindustrie ist deren starker "backward-" und "forward linkages"-Effekt, der in den starken Lieferbeziehungen zu vor- und nachgelagerten Branchen besteht.[299]

Aus der Analyse der Kapitalintensität der *Automobilindustrie* (Tabelle 16 und 17) ist ersichtlich, daß diese Branche in den südostasiatischen Schwellenländern, wie auch in Japan und USA, relativ hohe Bruttoanlageinvestitionen pro Beschäftigtem in den untersuchten Jahren aufzuweisen hat, was ein Indiz für die hohe Kapitalintensität dieser Industrie in diesen Ländern ist.[300] In den lateinamerikanischen Schwellenländern Brasilien, Chile und Argentinien ist der Bereich *Fahrzeugbau* bzw. die *Automobilindustrie* dagegen durch eine unterdurchschnittliche Sachkapitalbildung pro Beschäftigtem gekennzeichnet. Im Falle von Brasilien und, in geringerem Maße Argentiniens, sind diese Ergebnisse et-

---

[297] Die hohe Forschungsintensität der Chemischen Industrie und der Pharmaindustrie wurde auch von zwei Untersuchungen, die von der OECD (1970) und vom Ifo-Institut (1970) durchgeführt wurden, bestätigt. Die hier zugrundegelegten Indikatoren für die Analyse der Forschungsintensität ausgesuchter Branchen waren das "Verhältnis des F&E-Aufwandes zum Umsatz" und das "Verhältnis von Mitarbeitern in der F&E zur Gesamtzahl der Beschäftigten". Vgl. dazu OECD, Gaps in Technology (1970), S. 231 f. und Breitenacher, M. et. al., Forschung und Entwicklung (1970), S. 6.

[298] Vgl. Boroch, W., Arzneimittelindustrie (1994), S. 2.

[299] Vgl. Parck, C.-E., Automobilindustrie (1993), S. 125 f.

[300] Wie die Analyse aus Daten der OECD erkennen läßt, weist die Automobilindustrie auch in Deutschland eine hohe Kapitalintensität auf. So betrug im Zeitraum 1986-88 die "Summe des pro Beschäftigten investierten Sachkapitals" der deutschen Automobilindustrie 175 % des industriellen Durchschnitts. Vgl. dazu OECD, Manufacturing Performance (1994), S. 76 f.

was überraschend, wenn bedacht wird, daß dort die komplette Montage bzw. Herstellung von Automobilen stattfindet.

Die *Automobilindustrie* ist weiterhin durch eine hohe Forschungsintensität gekennzeichnet. Durch Analyse der Tabelle 18 kann erkannt werden, daß die Automobilindustrie in Deutschland, Japan und USA einen sehr hohen Anteil an den gesamten industriellen F&E-Ausgaben beansprucht (Jahr 1990). Einige Untersuchungen stufen die Automobilindustrie dennoch nicht als forschungsintensiv ein, sondern kommen zum Schluß, diese sei durch standardisierte Herstellungsprozesse gekennzeichnet.[301] Die meisten dieser Untersuchungen sind jedoch bis Anfang der achtziger Jahre entstanden. Ihre Daten stammen somit hauptsächlich aus den sechziger und siebziger Jahren, als der Konkurrenzdruck auf dem Automobilmarkt noch nicht so hoch war. Neuere Untersuchungen bestätigen aber, daß die Technologie zu einem zentralen Wettbewerbsfaktor in der Automobilindustrie avanciert. Kennzeichnend dafür ist, daß die Ausgaben für F&E im Kfz-Sektor weltweit sowohl absolut als auch in Prozenten vom Unternehmensumsatz kontinuierlich ansteigen. Ein Anzeichen dafür, daß sich diese Tendenz weiter beschleunigen wird, sind die immer kürzer werdenden Lebenszyklen der Kfz-Modelle und die sich verschärfende Konkurrenz auf den Weltmärkten.[302] [303]

Nachdem die Agrar-, die mineralische Rohstoff-, die Chemie- und die Automobilindustrie abgegrenzt und anhand deren Herstellungsbedingungen klassifiziert wurden, stellt sich die Frage, inwieweit die Faktorausstattung Brasiliens die Herstellung dieser Güter begünstigt.

5.4. Die Faktorausstattung Brasiliens

5.4.1. Grundlagen

Ziel dieses Kapitels ist es, eine Analyse der Ausstattung Brasiliens mit wichtigen Produktionsfaktoren durchzuführen, um auf diese Weise Hypothesen zur internationalen Wettbewerbsfähigkeit von Brasilien bei der Agrar-, der mineralischen Rohstoff-, der Chemie- und der Automobilindustrie aufzustellen. Mit Hilfe geeigneter Indikatoren soll eine Aussage darüber gemacht werden, in welchem Ausmaß Brasilien die Produktionsbedingungen dieser Branchen erfüllt.

Nach SAUTTER[304] spielen für die länderspezifischen Produktionsmöglichkeiten bei einzelnen Gütern folgende Faktoren eine wichtige Rolle:

---

[301] Vgl. dazu z.B. Sautter, H., Komparative Vorteile (1983), S. 300; Hirsch, S., Hypothesen (1974), S. 79; Hufbauer, G. C., Manufactured Goods (1970), S. 192.

[302] Vgl. dazu Choi-Kang, Y., Automobilindustrie (1994), S. 13 f.; Fischer, B./Nunnenkamp, P. et. al, Capital-intensive Industries (1988), S. 93 ff.

[303] Es soll am Ende dieses Abschnittes noch darauf hingewiesen werden, daß die Automobilindustrie, aber auch die Chemieindustrie außerdem als stark "social-capability" intensive Branchen im Sinne von LOWRY gelten. Damit ist gemeint, daß die internationale Wettbewerbsfähigkeit dieser Industrien in einem großen Maß von den, in einem Land vorhandenen Rahmenbedingungen abhängig ist. Vgl. dazu Punkt 4.2.3.2., S. 88.

[304] Vgl. Sautter, H., Komparative Vorteile (1983), S. 81. Dabei kommt es nicht nur auf die jeweilige Menge, sondern auch auf die Qualität dieser Ressourcen bzw. Faktoren an.

(1) Ausstattung mit natürlichen Ressourcen (Faktor Boden)

(2) Ausstattung mit Arbeitskräften

(3) Ausstattung mit Sachkapital

5.4.2. Ausstattung mit natürlichen Ressourcen (Boden)

Der Grad der Verfügbarkeit natürlicher Ressourcen spielt eine große Rolle, sowohl bei der Herstellung bodenintensiver Erzeugnisse der Landwirtschaft, als auch bei den Abbau- und Aufbereitungsmöglichkeiten mineralischer Rohstoffe. In diesem Punkt wird somit auf die Frage eingegangen, ob Brasilien über ein hohes Maß an landwirtschaftlich nutzbarem Boden als auch an Rohstofflagerstätten verfügt.

A. (Landwirtschaftliche) Fläche

Brasilien verfügt über eine Fläche von 8,5 Millionen km² und nimmt damit 47 % der Fläche Südamerikas ein. Die Gesamtfläche der landwirtschaftlichen Betriebe umfaßt in Brasilien 45 % der Landesfläche. Der Rest ist Staatsland, das entweder noch nicht landwirtschaftlich genutzt wird, insbesondere im Amazonasgebiet, oder auch nicht anbaubar ist.[305]

In Brasilien sind verschiedene anbaubare Bodentypen zu finden. Dazu gehören vor allem rotbraune und rote Böden (gute Bodenqualität), lateristische Böden, Schwarzerde und Braunerde.[306] Außerdem erstreckt sich Brasilien über sehr unterschiedliche Klimazonen. Diese reichen vom innertropischen immerfeuchten Äquatorialklima im Norden über die wechselfeuchten äußeren Tropen bis in subtropische Bereiche im Süden des Landes.[307]

Somit sind im allgemeinen wichtige Voraussetzungen für den Anbau verschiedener Arten landwirtschaftlicher Erzeugnisse in Brasilien vorhanden. Es handelt sich dabei vor allem um den Anbau von Agrarprodukten, die für tropische und subtropische Gebiete geeignet sind. Dazu gehören u.a. Reis, Kokospalmen, Kautschuk, Kakao, Gewürzpflanzen, Zukkerrohr, Bananen, Hirse, Mais, Tabak, Kaffee, Erdnuß, Baumwolle, Tee, Zitrusfrüchte und Tabak.

In Brasilien sind auch günstige Voraussetzungen für die extensive Viehzucht vorhanden. Ursächlich dafür ist die große Flächenausdehnung dieses Landes. Diese begünstigt vor allem die Rinderzucht.[308]

In der Fischerei liegen die Vorteile Brasiliens an dessen ausgedehntem Küstengebiet. Im Norden, Osten, Südosten und Süden wird dieses Land auf einer Küstenlinie von 7.400 km vom Atlantischen Ozean begrenzt. Außerdem erstreckt sich das brasilianische Hoheitsgebiet auf 200 Seemeilen. Die wichtigtsten Fischvorkommen sind hauptsächlich in den nordöstlichen und südlichen Küstengebieten zu treffen. Hier sind folgende Fischarten

---

305 Vgl. Kohlhepp, G., Strukturprobleme (1994), S. 279.

306 Vgl. Vesentini, J. W., Brasil - Sociedade e Espaço (1990), S. 178 ff.

307 Vgl. Sautter, H., Komparative Vorteile (1983), S. 131; Vesentini, J. W., Brasil - Sociedade e Espaço (1990), S. 178 ff.; Kohlhepp, G., Raum und Bevölkerung (1994), S. 9.

308 Vgl. dazu Andrade, M. C., Geografia Econômica (1992), S. 251.

zu finden: Rabenfisch, Sardinen (Rio Grande do Sul, Santa Catarina), Krabben (Amapá, Pará, Maranhão) und Hummer (Nordosten).[309]

Einen Vergleich zwischen der Bodenausstattung Brasiliens und den ausgesuchten Ländern gibt Abbildung 12. Hier wurde der Indikator "Land pro Einwohner" (HA) als Proxyvariable zur Erfasssung der Bodenausstattung herangezogen. Dieser wird durch Teilung der gesamten Landesfläche (ohne Flüsse und Seen) durch die gesamte Bevölkerungszahl eines Landes berechnet. Wie aus dieser Abbildung ersichtlich wird, weist Brasilien, neben Argentinien, Chile und USA einen der höchsten Werte bei diesem Indikator auf. Die südostasiatischen Schwellenländer als auch Deutschland und Japan sind dagegen durch eine relativ niedrige Bodenausstattung gekennzeichnet.

B. Mineralische Rohstoffreserven

Brasilien besitzt einen außerordentlichen Reichtum an mineralischen Rohstoffen. Die brasilianischen Eisenerzvorkommen zählen, nach deren Australiens und Rußlands, zu den drittgrößten der Welt. Diese konzentrieren sich vor allem in der "Serra do Carajás" (nordöstliches Amazonasgebiet) im Bundesland Pará. Diese 1967 entdeckten Eisenlagerstätten gehören zu den bedeutendsten der Welt. Dort werden Vorräte von rund 18 Milliarden Tonnen Reicherzvorräte (Hämatite mit 60-66% Fe-Gehalt) geschätzt. Außerdem gibt es im Carajás-Gebirge, das eine der wichtigsten Lagerstätten-Konzentrationen der Erde darstellt, große Vorkommen von Mangan-, Kupfer-, Nickel- und Zinnerzen sowie Gold und Bauxit.

Weitere Eisenerzvorkommen sind im sog. "Eisernen Viereck" (Quadrângulo de Ferro) im Bundesland Minas Gerais zu finden. Dort sind ca. 2,5 Milliarden Tonnen sicherer und 3 Milliarden Tonnen vermuteter Reicherzvorräte (Hämatite mit 60-66% Fe-Gehalt) sowie ca. 50 Milliarden Tonnen geringwertiger Eisenerze (Itabirite mit unter 50 % Fe-Gehalt) vorhanden.

An weiteren Mineralvorkommen besitzt Brasilien bedeutende Reserven von Manganerz und Bauxit. Die Mangan-Lagerstätten befinden sich zum größten Teil in Amapá, Minas-Gerais, Mato-Grosso do Sul und auch im Carajás-Gebiet (65 Millionen Tonnen hochwertige Reserven). Bauxit ist vor allem in Pará und Minas-Gerais anzutreffen. Brasilien hat auch wichtige Vorkommen an Kupfer-, Chrom-, Blei-, Nickel-, Zink- und Zinnerz, Magnesit, Asbest, Uran und Graphit.

---

[309] Vgl. dazu Kohlhepp, G., Raum und Bevölkerung (1994), S. 10; Andrade, M. C., Geografia Econômica (1992), S. 180 ff.

Abbildung 12: Land pro Einwohner (HA) in ausgesuchten Ländern (Jahr 1996)[(1)]

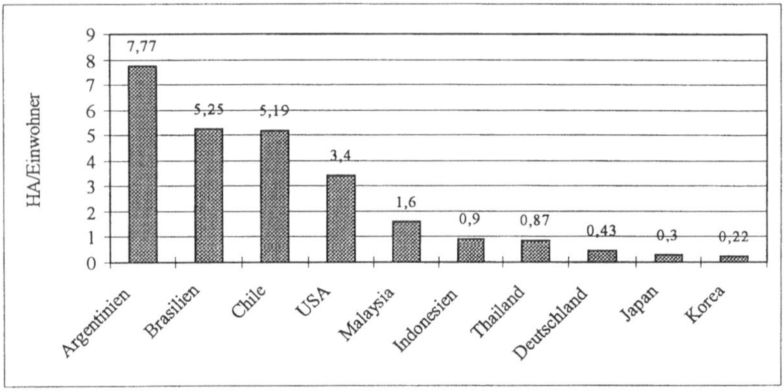

(1) HA=Hektar.

Quelle: FAO, FAO Yearbook Production (1996); UN, Population Division, Department for Economic and Social Information and Policy Analysis of the United Nations Secretariat, World Population Prospects: The 1996 Revision (annex Tables) (1996).

Arm ist Brasilien vor allem an hochwertigen Steinkohlevorkommen. Die vorhandene Steinkohle besitzt einen niedrigen Heizwert und einen hohen Schwefelgehalt. Die Lagerstätten befinden sich vor allem in Santa-Catarina und Rio Grande do Sul. Die brasilianische Hüttenindustrie ist zu über 90% von Importkohle abhängig.[310]

Tabelle 19: Anteile der rohstoffreichsten Länder am Welt-Rohstoffvorkommen

Land	Anteil (%)
Rußland	23,80
Australien	9,21
USA	8,86
Kanada	7,84
Brasilien	7,75
Chile	4,98
China	4,21
Indien	2,94

Quelle: UN, World Ressources 1994-95, A Guide to the Global Environment (1994), zitiert nach Banas, G., Globalização (1996), S. 178.

In diesem Zusammenhang soll hier als letztes noch auf eine Studie der Vereinten Nationen hingewiesen werden, in deren Rahmen eine Rangliste der Länder mit den größten Rohstoffvorkommen ermittelt wurde.[311] Es wurden die Vorkommen sämtlicher Rohstof-

---

[310] Vgl. Kohlhepp, G., Bergbau und Energiewirtschaft (1994), S. 293 ff.; Andrade, M. C., Geografia Econômica (1992), S. 141 ff.

[311] Vgl. dazu UN, World Ressources 1994-95, A Guide to the Global Environment (1994), zitiert nach Banas, G., Globalização (1996), S. 177 f.

fe, mit Ausnahme von Erdöl, in allen Ländern ermittelt. Tabelle 19 zeigt die acht Länder mit den größten Rohstoffanteilen der Welt. Wie aus dieser Tabelle ersichtlicht ist, rangiert Brasilien als fünft rohstoffreichstes Land der Welt.

5.4.3. Ausstattung mit Arbeitskräften

A. Erwerbsbevölkerung und Erwerbstätigen

Im Gegensatz zur Analyse des Sachkapitalbestandes,[312] ist die Erfassung der Arbeitsausstattung einer Volkswirtschaft vergleichsweise unproblematisch. Als Träger von Arbeitsleistungen kommt als erstes die Erwerbsbevölkerung in Frage. Darunter sind alle für eine Erwerbstätigkeit geeigneten Personen eines Landes zu verstehen.[313] Bei der Erhebung der Erwerbsbevölkerung werden normalerweise, neben Personen unter eines bestimmten Alters, auch solche Personen nicht berücksichtigt, die sich in einer Ausbildung befinden sowie Hausfrauen und Rentner.[314] In dieser Arbeit wird, neben der Erwerbsbevölkerung, auch die Variable "Zahl der Erwerbstätigen" (Erwerbsbevölkerung minus Erwerbslose) als Proxyvariable zur Erfassung der Arbeitsausstattung eines Landes herangezogen.

Tabelle 20: Arbeitsausstattung ausgesuchter Länder

Land	Erwerbsbevölkerung (1)	Erwerbstätigen (Gesamtzahl)
Brasilien (JAHR 1993)	70.965.378 (10 +)	66.570.000
Argentinien (JAHR 1991)	13.202.200 (14 +)	Keine Daten
Chile (JAHR 1995)	5.273.940 (15 +)	5.025.800
Indonesien (JAHR 1994)	85.775.633 (10 +)	Keine Daten
Korea (JAHR 1995)	20.797.000 (15 +)	20.377.000
Malaysia (JAHR 1995)	7.869.600 (15-64)	7.645.000
Thailand (JAHR 1991)	Keine Daten	31.138.400
Deutschland (JAHR 1993)	40.083.000 (15 +)(2)	36.380.000
Japan (JAHR 1995)	66.660.000 (15 +)	64.570.000
USA (JAHR 1995)	132.304.000 (16 +)	124.900.000

(1) Die Zahl in Klammern bezieht sich auf das Alter, das zur Erfassung der Erwerbsbevölkerung in den einzelnen Ländern herangezogen wird.
(2) Die Daten zur Erwebsbevölkerung in Deutschland beziehen sich auf das Jahr 1995.
Quelle: ILO, Yearbook of Labour Statistics (1996).

Die Analyse aus Tabelle 20 läßt erkennen, daß Brasilien, neben USA, Japan und Indonesien über eine relative hohe Ausstattung mit Arbeitskräften verfügt. Dennoch sagen diese Zahlen noch nichts über die Ausstattung mit qualifizierten Arbeitskräften aus. Auch wenn die Herstellung von arbeitsintensiven Produkten geringe Ansprüche an die Qualifikation

---

[312] Vgl. dazu Punkt 5.4.4.

[313] Vgl. Sautter, H., Komparative Vorteile (1983), S. 151.

[314] Vgl. dazu ILO, Yearbook of Labour Statistics (1996), S. 5. Es muß dennoch in diesem Zusammenhang darauf hingewiesen werden, daß die internationale Vergleichbarkeit der Erwerbsbevölkerung aufgrund unterschiedlicher länderspezifischer Erhebungsmethoden nur bedingt möglich ist.

der Arbeitskräfte stellt, ist für die Produktion von (standardisierten) kapitalintensiven Erzeugnissen ein Mindestmaß an angelernten Arbeitskräften notwendig. Aus diesem Grund wird in dieser Arbeit, neben der Gesamtzahl der Erwerbstätigen auch die Zahl derer getrennt erfaßt, die über Erfahrungen und Kenntnisse im industriellen Produktionsprozeß verfügen.

B. Arbeitskräfte mittleren Qualifikationsniveaus

Tabelle 21: Absolute Zahl und Anteil der ISCO-Gruppen 7/8/9 (ISCO-68) bzw. ISCO-Gruppen 7/8 (ISCO-88) an der Gesamtzahl der Erwerbstätigen in ausgesuchten Ländern(1) (2)

	Anteil (Prozent)			Absolute Zahl (1000)		
	1986	1990	1993	1986	1990	1993
Brasilien (68)	24,64	23,65	21,97	13.657	14.687	14.628
Argentinien	k.D.	k.D.	k.D.	k.D.	k.D.	k.D.
Chile (68)	32,41	30,51	32,18	1.262,5	1.360,7	1.604,5
Indonesien	k.D.	k.D.	k.D.	k.D.	k.D.	k.D.
Korea (68)	31,56	34,82	33,57(3)	4.894	6.298	6.365(3)
Malaysia (68)	26,80	31,31	33,97	1.543,6	2.092,8	2.508
Thailand (68)	13,05	15,92	17,41(4)	3.484,2	4.909	5.420,3(4)
Deutschland (88)	k.D.	k.D.	26,89	k.D.	k.D.	9.783
Japan (68)	36,87	35,40	35,21	21.580	22.120	22.710
USA (68)	27,89	26,78	25,59	30.565	31.816	30.770

(1) k.D. = keine Daten.

(2) Die Zahl in Klammern neben dem Land bezieht sich auf die zugrundegelegte ISCO-Klassifikation.

(3) Die Daten beziehen sich auf das Jahr 1992.

(4) Die Daten beziehen sich auf das Jahr 1991.

Quelle: ILO, Yearbook of Labour Statistics (1996); Eigene Berechnungen.

Bei der Erfassung der Ausstattung eines Landes mit Arbeitskräften, die über Erfahrungen und Kenntnisse im industriellen Produktionsprozeß verfügen, entsteht das Problem, diese durch geeignete Indikatoren zu erfassen. Von allen, in der internationalen Arbeitsstatistik unterschiedenen Qualifikationsniveaus entspricht diese besondere Qualifikation am ehesten derjenigen der ISCO-Gruppe 7/8/9 ("Production and related workers, transport equipment operators and labourers") (ISCO-1968) bzw. den ISCO-Gruppen 7 ("Craft and related trade workers") und 8 ("Plant and machine operators and assemblers") (ISCO-1988).[315]

---

[315] ISCO ist die Abkürzung für INTERNATIONAL STANDARD CLASSIFICATION OF OCCUPATIONS. Die ISCO ist die von der ILO (International Labour Organization) verwendete internationale Standardklassifikation von Berufen. Die letzte Überarbeitung dieser Klassifizierung geht auf das Jahr 1988 zurück (ISCO-88). In der vorliegenden Untersuchung wird aber vorwiegend die ISCO-68 herangezogen, da einige der Länder ihre nationalen Statistiken noch nicht nach der ISCO-88 aufbereiten. Die ISCO Positionen 7/8/9 (ISCO-68) und 7 und 8 (ISCO-88) weisen dennoch eine große Deckungsgleichheit auf, so daß die Daten untereinander vergleichbar sind. Vgl.

Wie aus Tabelle 21 ersichtlich ist, weist Brasilien einen, im Vergleich zu anderen Ländern, relativ geringen Anteil von Arbeitskräften mit einem mittleren Qualifikationsniveau an der Gesamtzahl der Erwerbspersonen auf. Außerdem ist dieser Anteil zwischen 1986 und 1993 gesunken. Nur Thailand ist durch einen noch geringeren Anteil als Brasilien gekennzeichnet, welcher dennoch zwischen 1986 und 1993 kontinuierlich gestiegen ist. Werden dagegen die absolute Zahl von Arbeitskräften mit einem mittleren Qualifikationsniveau betrachtet, so erweisen sich die brasilianischen Zahlen als relativ hoch. Diese Analyse muß aber mit Vorsicht durchgeführt werden, da sie keine Auskunft über die Qualität der Berufsausbildung in den einzelnen Ländern gibt.[316]

C. Arbeitskräfte mit einem hohen Qualifikationsniveau

Die Ausstattung einer Volkswirtschaft mit **wissenschaftlich und technisch ausgebildeten** (hochqualifizierten) Arbeitskräften stellt eine wichtige Voraussetzung für die Herstellung von forschungsintensiven Produkten dar.

Eine Möglichkeit für die Erfassung solcher Arbeitskräfte wäre, analog zur vorherigen Erfassung des Anteils und der Anzahl angelernter Arbeitskräfte, auf die von der ILO verwendete Klassifizierung von Arbeitstätigkeiten (ISCO-Klassifikation) zurückzugreifen. Die Gruppe der wissenschaftlich und technisch ausgebildeten Arbeitskräfte dürfte demzufolge (im Falle der noch weit verbreiteten Klassifizierung nach der ISCO-1968) am ehesten durch die ISCO-Gruppe 0/1 ("Professional, technical and related workers") vertreten sein.[317] Obwohl alle technisch-wissenschaftlichen Berufe in dieser Gruppe enthalten sind, ist sie dennoch sehr heterogen zusammengesetzt. So gehören zur ISCO-Gruppe 0/1 z.B. neben Naturwissenschaftlern und Ingenieuren auch Hebammen und Krankenschwestern. Nicht von jeder in der ISCO-Gruppe 0/1 vertretenen Berufsgruppen dürfte daher derselbe Beitrag zum wissenschaftlichen und technischen Fortschritt eines Landes zu erwarten sein. Die ISCO-Gruppe 0/1 kann daher höchstens als eine ungenaue "Proxy-Variable" zur Erfassung des wissenschaftlich-technischen Entwicklungspotentials eines Landes aufgefaßt werden und muß dementsprechend mit großer Vorsicht interpretiert werden.

Eine bessere Möglichkeit als die Verwendung der ISCO-Gruppe 0/1 besteht in der Heranziehung von Daten, die von der United Nations Educational, Scientific and Cultural Organization (UNESCO) zum technologischen Entwicklungsstand einzelner Länder erhoben werden. Die UNESCO erhebt u.a. die "Zahl der Erwerbstätigen eines Landes, die in F&E-Aktivitäten beschäftigt" sind. Dabei trennt sie diese Erwerbstätigen in "Wissenschaftler und Ingenieure" und "Techniker". Der Unterschied zwischen beiden Gruppen ist, daß die Techniker über keine Hochschulausbildung, sondern über eine Lehre in einem technisch-wissenschaftlichen Bereich verfügen.

Die von der UNESCO erfaßten technisch-wissenschaftlichen Bereiche sind vor allem die Natur-, Ingenieur-, Human-, Agrar- und Sozialwissenschaften.[318] Es ist davon auszuge-

---

zur Klassifikation der Berufe nach der ISCO-1968 und nach der ISCO-1988 jeweils Anhang C und D.

[316] Vgl. zur Berufsausbildung in Brasilien Abschnitt 3.3., S. 54 f.

[317] Vgl. dazu Anhang C.

[318] Vgl. dazu UNESCO, Statistical Yearbook (1995), S. 5-1.

hen, daß mit zunehmendem Anteil der beiden obengenannten Gruppen an der Gesamtzahl der Bevölkerung auch das technologische Entwicklungspotential eines Landes höher sein müßte.

Aus der Tabelle 22 ist zu entnehmen, daß Brasilien, im Vergleich zu Argentinien, Korea und den Industrieländern über eine relativ schlechte Ausstattung mit hochqualifizierten Arbeitskräften verfügt. Werden dagegen die neuen "asiatischen Tiger" Malaysia und Thailand als Vergleichsbasis herangezogen, so erweisen sich die brasilianischen Zahlen als relativ hoch. Interessant ist außerdem die Feststellung, daß alle analysierten Länder ein relativ schlechtes Verhältnis von Technikern zu Wissenschaftlern oder Ingenieuren aufweisen.

Tabelle 22: Anzahl von "Wissenschaftlern und Ingenieuren" und "Technikern" in ausgesuchten Ländern(1)

Land	Wissensch. und Ing. per Mio. Einwohner	Techn. per Mio. Einwohner	Anzahl von Technikern per Wissensch. oder Ing.
Brasilien (1995)	168	59	0,3
Chile	k. D.	k.D.	k.D.
Argentinien (1995)	671	149	0,2
Indonesien (1988)	181	k.D.	k.D.
Malaysia (1992)	87	88	1,0
Thailand (1995)	119	40	0,3
Korea (1994)	2.636	317	0,1
USA (1993)	3.732	k.D.	k.D.
Japan (1994)	6.309	828	0,1
Deutschland (1993)	2.843	1.472	0,5

(1) k.D. = keine Daten.

Quelle: UNESCO, Statistical Yearbook (1997), in: http://unescostat.unesco.org/yearbook/ybframe.htm.

5.4.4. Ausstattung mit Sachkapital

Als letztes stellt sich die Frage nach der **Ausstattung Brasiliens mit Sachkapital**. Die statistische Erfassung des Sachkapitalbestandes eines Landes erweist sich aber als eine schwierige Aufgabe. *Erstens* kann der Bestand einer Volkswirtschaft an Kapital nur **annähernd** geschätzt werden, *zweistens* spielen bei dieser Schätzung qualitative Gesichtspunkte auch eine wichtige Rolle. So besteht der Sachkapitalbestand eines Landes aus Anlagen, die durch einen unterschiedlichen technischen Entwicklungsstand gekennzeichnet sind und daher nur in engen Grenzen gegenseitig substituierbar sind.[319]

Trotz dieser Schwierigkeiten gibt es grundsätzlich zwei Möglichkeiten, den Sachkapitalbestand einer Volkswirtschaft zu ermitteln. Die erste Alternative besteht in der direkten Ermittlung anhand von Zensusdaten, Bilanz- oder Versicherungsstatistiken. Die Anwen-

---

[319] Vgl. Sautter, H., Komparative Vorteile (1983), S. 144 ff.

dung dieser Methode auf Brasilien scheidet aufgrund von Datenmangel aus. Anwendbar ist nur die zweite Alternative, die sog. indirekte Erfassung des Sachkapitalbestandes anhand sog. Proxyvariablen. Hier bestehen zwei Möglichkeiten bei der **Errechnung des Energieverbrauchs des Industriesektors in kW**[320] **bzw. in GW**. Je größer dieser Energieverbrauch in einer Volkswirtschaft ist, desto höher müßte demzufolge auch der Sachkapitalbestand dieses Landes sein.

Im Jahr 1992 nahm Brasilien mit 241.000 GWh (241 Mrd kWh) weltweit den 10. Rang in der elektrischen Energieerzeugung ein.[321] Im gleichen Jahr betrug der Elektrizitätsverbrauch in Brasilien 213,0 Mrd.kWh. Davon entfielen 48,55 % (103,4 Mrd. kWh) auf die Industrie.[322]

Außerdem ist aus Tabelle 23 zu entnehmen, daß der Energieverbrauch des Industriesektors in Brasilien, verglichen mit anderen Entwicklungsländern, als relativ hoch einzustufen ist. Dieser hohe Energieverbrauch des Industriesektors dient somit als ein indirektes Indiz dafür, daß Brasilien durch eine relativ hohe Sachkapitalausstattung gekennzeichnet ist.

Diese Feststellung ist somit auch im Einklang mit dem Neo-Faktorproportionen-Theorem,[323] das die Annahme der Immobilität von Kapital als unrealistisch einstuft. Ein Zeichen dafür stellen ausländische Direktinvestitionen dar, die häufig von Unternehmen aus Industrieländern in Entwicklungsländern getätigt werden.[324] So stellt Brasilien, aufgrund der Attraktivität seines großen inländischen Marktes, innerhalb der Entwicklungsländer eines der beliebtesten Zielländer für ausländische Direktinvestitionen dar. Ein Großteil der in Brasilien getätigten ausländischen Direktinvestitionen diente bzw. dient dem Ziel, Produktionsstätten aufzubauen (sog. produktionswirtschaftliche Direktinvestitionen). Charakteristisch für diese Art von Investition ist neben dem Transfer von Geldkapital auch der hohe Sachkapitaltransfer in die Zielländer. Diese Investitionen stellen daher einen wichtigen Indikator für die relativ hohe Sachkapitalausstattung Brasiliens dar.[325]

---

[320] Zur Verwendung des Energieverbrauchs in kW als Proxy-Variable für die Kapitalausstattung eines Landes vgl. z.B. Leamer, E., Commodity Composition (Oxford Economic Papers, Heft 3, 1974), S. 353.

[321] Vgl. Kohlhepp, G., Bergbau und Energiewirtschaft (1994), S. 298. Wird nur die Stromerzeugung durch Wasserkraft gezählt, so nimmt Brasilien nach den USA und Kanada weltweit sogar den dritten Platz ein. Vgl. dazu Kohlhepp, G., Bergbau und Energiewirtschaft (1994), S. 298.

[322] Vgl. Statistisches Bundesamt, Länderbericht Brasilien (1994), S. 71.

[323] Vgl. zum Neo-Faktorproportionen-Theorem Punkt 4.2.2.2., S. 69 ff.

[324] Vgl. dazu Fischer, B./Nunnenkamp, P. et al., Capital-intensive Industries (1988), S. 4.

[325] Vgl. dazu Fritsch, W./Franco, G., Foreign Direct Investment in Brazil (1991), S. 23 f.

Tabelle 23: Energieverbrauch des Industriesektors in ausgesuchten Ländern (GWh) (Jahr 1993)

Land	Energieverbrauch des Industriesektors (GWh)
Brasilien	122.036
Argentinien	25.480
Chile	13.747
Korea	73.437
Indonesien	21.881
Malaysia	16.537
Thailand	21.632
USA	988.730
Deutschland	202,200
Japan	373,037

Quelle: International Energy Agency, Energy Statistics and Balances of Non-OECD Countries 1992-1993 (1995); International Energy Agency, Energy Statistics of OECD-Countries 1993-1994 (1996).

5.5. Ableitung einzelner Thesen

In diesem Kapitel wurde das Ziel verfolgt, zum einen die besonderen Charakteristika der für diese Arbeit relevanten Branchen zu analysieren, zum anderen die Ausstattung Brasiliens mit wichtigen Produktionsfaktoren zu untersuchen, um so schließlich, Thesen zu den komparativen Vorteilen Brasiliens bei den einzelnen Branchen abzuleiten.

Es zeigte sich, daß die größten Probleme Brasiliens in der Ausstattung mit hochqualifizierten Arbeitskräften liegen und, in geringerem Maße, in der Verfügbarkeit von Arbeitskräften mittleren Qualifikationsniveaus. Der größte Vorteil dieses Landes liegt dagegen in seinem enormen Reichtum an mineralischen Bodenschätzen und in seiner großen (landwirtschaftlich nutzbaren) Fläche. Die Ausstattung mit Sachkapital stellt auch keinen großen Engpaß Brasiliens dar.

Vor diesem Hintergrund dürften die komparativen Nachteile Brasiliens am ehesten bei den sog. forschungsintensiven Branchen liegen (Chemische Industrie, Pharmaindustrie und Automobilindustrie), während bei den standardisierten sowohl arbeitsintensiven (Landwirtschaft, Ernährungsindustrie) als auch kapitalintensiven Branchen (mineralische Rohstoffindustrie, Tabak- und Getränkeindustrie) die komparativen Vorteile Brasiliens stärker sein dürften.

Basis für die Ableitung dieser Thesen zu den komparativen Vorteilen Brasiliens liefern vor allem a) das Ricardo-Theorem (Vorteile bei der Herstellung von Primärgütern), b) das Heckscher-Ohlin-Theorem (Vorteile bei der Herstellung von arbeitsintensiven Gütern), c) das Neo-Faktorproportionen-Theorem, der Neo-Technologie-Ansatz und die

Produktlebenszyklustheorie (Vorteile bei der Herstellung von Niedrig-Technologie-Produkten und von standardisierten kapitalintensiven Gütern).[326]

Wie bereits im Abschnitt 4.3.3. dargestellt, müßte Brasilien außerdem über ein großes Potential in der Weiterverarbeitung seiner, insbesondere mineralischen Rohstoffe verfügen. Dennoch zeigt die Analyse der Literatur zu den "resource-based Industrialisierungsstrategien", daß (neben der mittleren Qualifikation der Arbeitskräfte) auch weitere Mindestvoraussetzungen für erfolgreiche Weiterverarbeitungsaktivitäten vorhanden sein müssen, wie z.B. eine gut funktionierende Infrastruktur. Es muß somit abgeklärt werden, ob Brasilien im Bereich der weiterverarbeiteten Rohstoffe durch eine relativ hohe internationale Wettbewerbsfähigkeit gekennzeichnet ist und welche Faktoren Einfluß auf diese ausüben. Aus diesem Grund werden im nächsten Abschnitt ausgewählte volkswirtschaftliche Indikatoren internationaler Wettbewerbsfähigkeit untersucht, um dann anschließend die Konkurrenzfähigkeit der ausgesuchten Branchen zu analysieren. Die Analyse der volkswirtschatlichen Rahmenbedingungen bzw. Indikatoren dient somit u.a. als Basis zur Untersuchung und Interpretation der Probleme der einzelnen Branchen.

[326] Vgl. zu diesen einzelnen Ansätzen die Abschnitte 4.2.2.1. und 4.2.2.2.

6. Indikatoren für die allgemeine internationale Wettbewerbsfähigkeit Brasiliens

6.1. Grundlagen

Bei der Untersuchung der internationalen Wettbewerbsfähigkeit einer Volkswirtschaft bzw. von Branchen ergibt sich das Problem, daß es keine einzelne wirklich umfassende Sammelmeßgröße in diesem Bereich gibt.[327] Deshalb kann die internationale Wettbewerbsfähigkeit einer Volkswirtschaft bzw. von Branchen nur mit Hilfe einer parallelen Anwendung mehrerer ausgesuchter Indikatoren und Determinanten abgeschätzt werden.[328]

In Abbildung 13 sind die Indikatoren und Determinanten aufgeführt, mit deren Hilfe die internationale Wettbewerbsfähigkeit von Brasilien analysiert wird.

Wie aus Abbildung 13 ersichtlich ist und wie bereits im Punkt 4.1. dargestellt,[329] gibt es viele Indikatoren, die sich zwischen den Branchen nur geringfügig unterscheiden. Dazu gehören die rechtlichen Rahmenbedingungen, die Finanzierungskosten und die Kosten für Infrastruktur. Andererseits gibt es einige Indikatoren, die sehr stark branchenspezifisch sind. Dazu zählen hauptsächlich die F&E-bezogenen Faktoren. Aus diesem Grund wird in dieser Arbeit eine Trennung in allgemeine und in branchenbezogene Indikatoren vorgenommen. Die Analyse der allgemeinen Indikatoren erweist sich gleichzeitig als wichtige Voraussetzung, um mögliche Unterschiede in der internationalen Wettbewerbsfähigkeit von ausgesuchten brasilianischen Branchen im Vergleich zu den Branchen ausgewählter Länder zu erklären.

---

[327] Eine Ausnahme bildet aber die Revealed-Comparative-Advantage-Analyse, die in der Literatur häufig zur Beurteilung der internationalen Wettbewerbsfähigkeit von Branchen verwendet wird. Zur Berechnung des RCA-Wertes und zu den damit verbundenen Problemen vgl. Gries, T./Hentschel, C./Wigger, B., Internationale Wettbewerbsfähigkeit (1992), S. 10 f.

[328] Vgl. Batista, A., Indikatoren (1995), S. 12.

[329] Vgl. dazu S. 57 ff.

Abbildung 13: Erweitertes Rahmenmodell zur Analyse internationaler Wettbewerbsfähigkeit

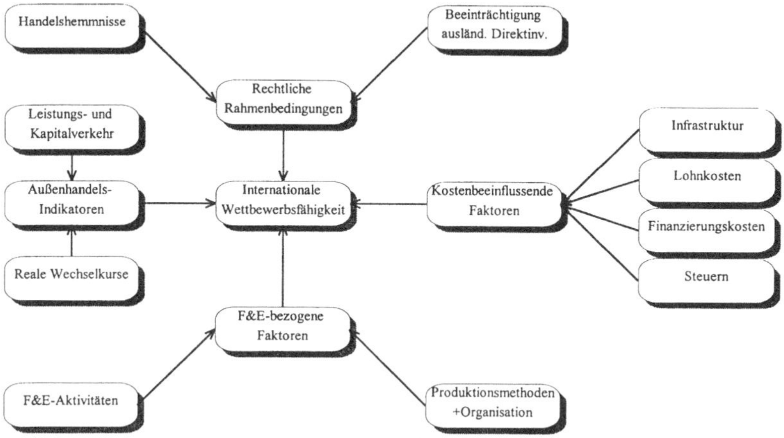

Quelle: eigene Zusammenstellung.

In diesem Abschnitt werden die allgemeinen und im Abschnitt 7 die branchenspezifischen Indikatoren der internationalen Wettbewerbsfähigkeit Brasiliens und ausgesuchter Schwellenländer bzw. Industrieländer untersucht. Im Abschnitt 8 werden anschließend bestimmte entwicklungspolitische Handlungsempfehlungen für Brasilien konzipiert.

6.2. Leistungs- und Kapitalverkehr

6.2.1. Außenhandelsanteile

Der Außenhandelsanteil, gemessen als **Anteil der Exporte eines Landes an den Weltexporten**, ist ein häufig gebrauchter Indikator der internationalen Wettbewerbsfähigkeit. Mit Hilfe dieses Indikators kann festgestellt werden, wie stark sich eine Volkswirtschaft gegen Konkurrenzländer auf dem Weltmarkt durchsetzen kann. Der Außenhandelsanteil ist somit ein Indikator für die **"ability to sell"** einer Volkswirtschaft. Er ist aber wiederum kein umfassender Indikator, da er nicht die Verhältnisse auf dem inländischen Markt zeigt, sondern nur den Exportkonkurrenzeffekt zum Ausdruck bringt.[330]

In dieser Arbeit werden für die Berechnung des Außenhandelsanteils ausgesuchter Länder Daten verwendet, die vom IWF (Internationaler Währungsfond) im Rahmen des "International Financial Statistics Yearbook" veröffentlicht werden. Der Außenhandelsanteil wird, ausgehend von den Daten des IWF, anhand folgender Formel berechnet:

[330] Vgl. Gries, T./Hentschel, C./Wigger, B., Internationale Wettbewerbsfähigkeit (1992), S. 8.

$$AHA_{ij} = \frac{Ex_{ij}}{WEx_j} * 100 \qquad (6.1)$$

Der Außenhandelsanteil eines Landes i im Jahr j (AHA_{ij}) ist gleich dem Verhältnis der Exporte dieses Landes im Jahr j (Ex_{ij}) zum Weltexport im gleichen Jahr (WEx_j). Sowohl der Export eines Landes als auch der Weltexport werden in *laufenden US-Dollar* erfaßt, d.h. es wird der nominale Außenhandelsanteil berechnet. Einige Autoren weisen zwar auf die bessere Aussagefähigkeit nomineller Exporte hin, da sie auch Preissteigerungen aufgrund von Qualitätsverbesserungen beinhalten,[331] es muß jedoch dabei berücksichtigt werden, daß Preis- und Wechselkursschwankungen auch einen Einfuß auf die Exportleistung ausüben.

Vor allem den Wechselkursveränderungen wird ein großer Einfluß auf die Handelsbilanz und auch auf den nominalen Außenhandelsanteil zugesprochen. So wird in Anlehnung an die "Marshall-Lerner-Bedingung"[332] häufig unterstellt, daß eine Abwertung der inländischen Währung die Handelsbilanz desselben Landes verbessert, wenn die Summe der Preiselastizitäten der Export- und Importnachfrage absolut größer als 1 ist.

Empirische Untersuchungen weisen jedoch darauf hin, daß in einem Industrieland nach einer Abwertung mindestens ein Jahr vergehen muß, bis sich eine zuvor ausgeglichene Handelsbilanz verbessert.[333] Diese kurzfristige inverse Reaktion der Handelsbilanz auf eine Abwertung wird auch als "J-Kurven-Effekt" bezeichnet. Der "J-Kurven-Effekt" hat seinen Ursprung in der Tatsache, daß die exportierten und importierten Mengen langsam auf eine Preisveränderung reagieren. Eine Abwertung hat, zumindest kurzfristig, keinen Einfluß auf die exportierte Menge eines Landes. Es ist somit in Anlehnung an den "J-Kurven-Effekt" davon auszugehen, daß eine Abwertung der inländischen Währung (zu einem gegebenen Zeitpunkt) sich erst in den darauffolgenden Jahren in eine Erhöhung des Außenhandelsanteils niederschlagen wird.[334] Im Falle der Verwendung langer Zeitreihen, wie es in dieser Untersuchung der Fall ist, kann somit langfristig von einem Einfluß der Wechselkursschwankungen auf die Handelsbilanz und auf den nominalen Außenhandelsanteil gesprochen werden.

In dieser Arbeit wird demzufolge der nominale Außenhandelsanteil zur Messung der "ability to sell" der brasilianischen Volkswirtschaft verwendet, weil im Rahmen dieses Indikators, neben der realen Güterbewegungen, auch andere Parameter der internationalen Wettbewerbsfähigkeit berücksichtigt werden, wie z.B. der nominale Wechselkurs.

---

[331] Vgl. z.B. Richardson, J. D., Sensitivity Tests (Review of Economics and Statistics, Heft 3, 1971), S. 300 ff.

[332] Vgl. zur "Marshall-Lerner-Bedingung" z.B. Rose, K./Sauernheimer, K., Außenwirtschaft (1992), S. 72 ff.

[333] Vgl. dazu Schäfer-Lochte, C., Makroökonomik der J-Kurve (1993), S. 4. Den Berechnungen von GOLDSTEIN/YOUNG zufolge, vergehen, im Falle einer Nachfrageelastizität von eins, ungefähr drei Jahre bis eine 10%ige Abwertung eine 10%ige Veränderung der Export- und Importvolumina zur Folge hat, und damit die Verbesserung der Handelsbilanz abgeschlossen ist. Vgl. dazu Goldstein, M./Young, J. H., Wechselkurspolitik (Finanzierung und Entwicklung, Heft 1, 1979), S. 7 ff.

[334] Vgl. dazu Schäfer-Lochte, C., Makroökonomik der J-Kurve (1993), S. 2 f.

Aus den Abbildungen 14, 15 und 16 ist die Entwicklung des Außenhandelsanteils Brasiliens im Vergleich zu ausgesuchten Industrieländern und zu anderen asiatischen und lateinamerikanischen Schwellenländern ersichtlich. Es sind folgende Entwicklungen erkennbar:

Erstens, ist der Abstand zwischen Brasilien und den Industrieländern (Japan, Deutschland und USA) zwischen 1966 und 1997 immer sehr hoch geblieben. (Abbildung 14)

Zweitens, ist der Außenhandelsanteil von Brasilien, verglichen mit denen von Argentinien und Chile, immer noch als hoch einzustufen. (Abbildung 15)

Drittens, ist mit einer schärferen Konkurrenz auf den Auslandsmärkten, vor allem von den asiatischen Schwellenländern, zu rechnen. Wird die Entwicklung des Außenhandelsanteils von Brasilien mit der von Indonesien, Malaysia, Thailand und Südkorea verglichen, so kann festgestellt werden, daß diese Länder (insbesondere Malaysia, Thailand und Südkorea) im Laufe der letzten 30 Jahre kontinuierlich Außenhandelsanteile gewonnen haben. Brasilien wies noch bis 1978 höhere Werte als diese Länder auf, aber wurde im Laufe der 80er Jahre zuerst von Südkorea und sodann in den neunziger Jahre von den "neuen Tigern" überholt (Abbildung 16).

Abbildung 14: Entwicklung der Weltexportanteile Brasiliens im Vergleich zu Industrieländern (1966-1997) (laufende US-Dollar) (Prozent)

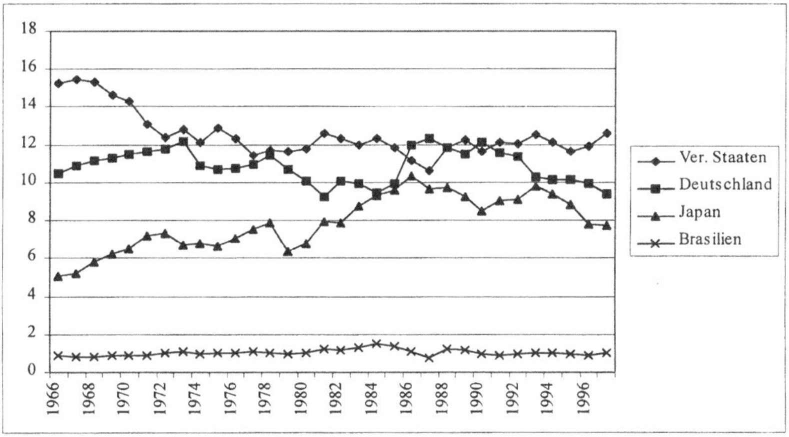

Quelle: IMF, International Financial Statistics Yearbook (1996); ITC-Datenbank, in: http://www.intracen.org/itc; eigene Berechnungen.

Abbildung 15: Entwicklung der Weltexportanteile Brasiliens im Vergleich zu lateinamerikanischen Schwellenländern (1966-1997) (laufende US-Dollar) (Prozent)

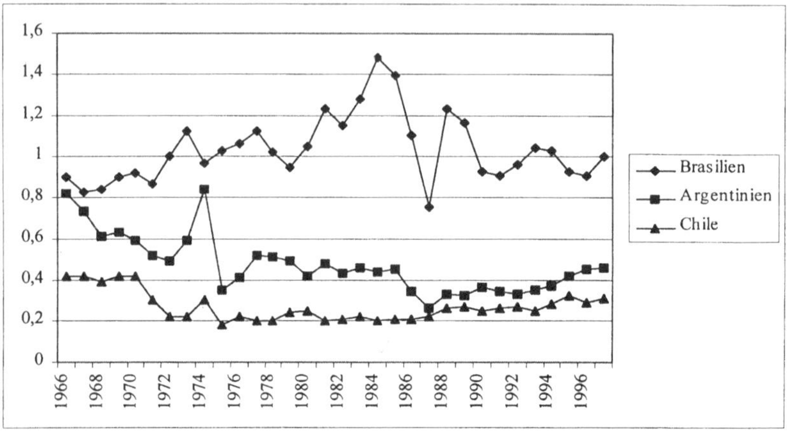

Quelle: IMF, International Financial Statistics Yearbook (1996); ITC-Datenbank, in: http://www.intracen.org/itc; eigene Berechnungen.

Abbildung 16: Entwicklung der Weltexportanteile Brasiliens im Vergleich zu asiatischen Schwellenländern (1966-1997) (laufende US-Dollar) (Prozent)

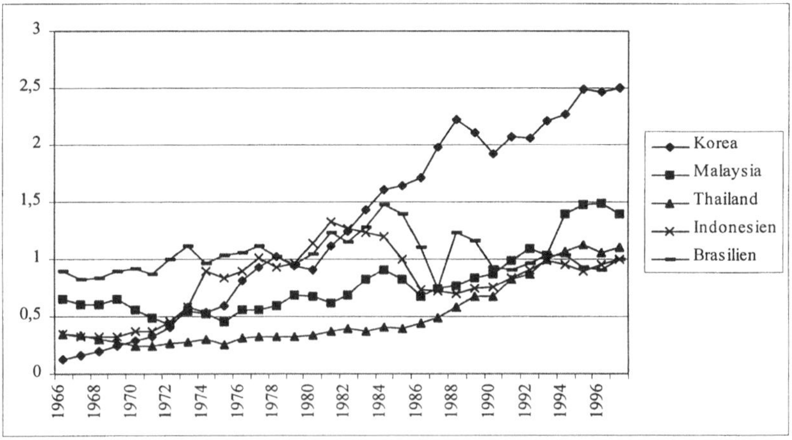

Quelle: IMF, International Financial Statistics Yearbook (1996); ITC-Datenbank, in: http://www.intracen.org/itc; eigene Berechnungen.

Dies läßt sich vor allem durch die von den südostasiatischen Schwellenländern verfolgte exportorientierte Entwicklungsstrategie erklären. Brasilien dagegen hielt lange Zeit an einer Importsubstitutionsstrategie fest.[335]

6.2.2 Außenbeitrag zum BIP

Neben der Erfassung des Außenhandelsanteils wird in dieser Arbeit die **Entwicklung des Saldos aus Warenhandel und Dienstleistungen** als ein weiterer Indikator der **"ability to sell"** von Brasilien im Vergleich zu ausgesuchten Ländern analysiert. Im Rahmen der Analyse des Saldos aus Warenhandel und Dienstleistungen, der einen Teilsaldo der Leistungsbilanz darstellt,[336] werden Exporte als Indikatoren für Wettbewerbsstärke, Importe dagegen als Indikatoren der Wettbewerbsschwäche im internationalen Vergleich angesehen.[337] Dies entspricht auch der Ansicht des Sachverständigenrates, der behauptet: "In der Leistungsbilanz eines Landes läuft alles das zusammen, was einzelne Teile der Wirtschaft an Vorteilen und Nachteilen auf den internationalen Märkten aufweisen".[338] In dieser Arbeit werden für die Analyse der Entwicklung des Saldos aus Warenhandel und Dienstleistungen Daten herangezogen, die vom IWF im Rahmen des jährlich erscheinenden "Balance of Payments Statistics Yearbook" veröffentlicht werden.[339] In dieser Untersuchung werden die vom IWF in Mio. US-Dollar herausgegebenen Daten außerdem mit der Entwicklung der Großhandelspreise in USA deflationiert, um den Einfluß der US-amerikanischen Inflation auf die Höhe des Saldos zu berücksichtigen. Der Saldo aus Warenhandel und Dienstleistungen wird somit in *realen laufenden US-Dollar* dargestellt. Für diese Deflationierung werden Daten verwendet, die vom IWF (International Financial Statistics Yearbook) veröffentlicht werden.[340] [341]

Wie bei der Berechnung der Außenhandelsanteile bereits dargestellt wurde,[342] ist auch hier davon auszugehen, daß eine Abwertung (Aufwertung) der einzelnen Währungen *langfristig* eine Verbesserung (Verschlechterung) des Saldos aus Warenhandel und Dienstleistungen mit sich bringt. In Anlehnung an den "J-Kurven-Effekt" (im Falle ei-

---

[335] Vgl. dazu Abschnitt 2.2., S. 32 ff.

[336] In den Volkswirtschaftlichen Gesamtrechnungen entspricht der Saldo aus Warenhandel und Dienstleistungen den Außenbeitrag zum BIP. Vgl. dazu Deutsche Bundesbank, Änderungen in der Systematik der Zahlungsbilanz (Monatsbericht, Heft 3, 1995), S. 37.

[337] Vgl. Gries, T./Hentschel, C., Internationale Wettbewerbsfähigkeit (Wirtschaftsdienst, Heft 8, 1994), S. 417.

[338] Sachverständigenrat zur Beurteilung der gesamtwirtschaftlichen Entwicklung (1981), Zf. 444, zitiert nach Batista, A., Indikatoren (1995), S. 20.

[339] Vgl. dazu IMF, Balance of Payments Statistics Yearbook (1996), Part 1: Country Tables, Zeile "Balance of Goods and Services".

[340] Vgl. dazu IMF, International Financial Statistics Yearbook (1996), S. 108 f.

[341] Dies erfolgt anhand folgender Formel: $rSWD_{ij} = \frac{nSWD_{ij}}{PGH_{ij}}$, wobei $rSWD_{ij}$ der reale und $nSWD_{ij}$ der nominale Saldo aus Warenhandel und Dienstleistungen eines Landes i im Jahr j und PGH_{ij} den Großhandelspreisindex eines Landes i im Jahr j bedeuten.

[342] Vgl. dazu Abschnitt 6.2.1., S. 140.

ner Abwertung) bzw. an den sog. "Spazierstockeffekt" (im Falle einer Aufwertung) ist es dennoch möglich, daß sich *kurzfristig* der Saldo aus Warenhandel und Dienstleistungen im Zuge einer Abwertung (Aufwertung) verschlechtert (verbessert).[343]

Wird die Entwicklung des Saldos aus Warenhandel und Dienstleistungen Brasiliens analysiert (Abbildungen 17, 18 und 19), so kann festgestellt werden, daß dieser Saldo seit 1988 kontinuierlich gesunken ist (Ausnahme bildet das Jahr 1992). Im Jahr 1995 wies Brasilien sogar einen negativen Wert auf, der sich im Jahr 1996 leicht verbesserte. Diese Entwicklung läßt sich zum einen auf die, in Verbindung mit der Öffnung der brasilianischen Wirtschaft (1990), durchgeführte Senkung der Importzölle,[344] [345] zum anderen auf zunehmende Dienstleistungsimporte[346] zurückführen. Für Brasilien sind während dieser Periode tendenziell keine "J-Kurven-Effekte" bzw. "Spazierstockeffekte" direkt zu erkennen. So erfuhr während den Hochinflationsperioden (vor allem zwischen 1985 und 1990) die brasilianische Währung eine kontinuierliche reale Aufwertung, die wiederum die sinkenden Salden zwischen 1988-1990 mitbegünstigte. Zwischen 1990 und 1992 verzeichnete die brasilianische Währung dagegen eine reale Abwertungs- (Saldo verbesserte sich) und ab 1993 wieder eine Aufwärtungstendenz (Saldo verschlechterte sich).[347]

Wird die Entwicklung des Saldos aus Warenhandel und Dienstleistungen von Brasilien mit anderen ausgesuchten lateinamerikanischen Schwellenländern verglichen (Abbildung 18), so wird wiederum ersichtlich, daß auch Argentinien (zwischen 1991 und 1994) negative Salden zu verzeichnen hat. Als positiv ist die Entwicklung des Saldos in Chile anzusehen, der sich zwischen 1988 und 1995 auf einen konstanten und insgesamt positiven Niveau gehalten hat.

Die Entwicklung des Saldos aus Warenhandel und Dienstleistungen Brasiliens im Vergleich zu ausgesuchten asiatischen Schwellenländern (Abbildung 19), läßt insgesamt den Schluß zu, daß auch Indonesien, Malaysia, Thailand (insbesondere ab 1992) und Korea (insbesondere ab 1993) eine Verschlechterung ihres Saldos erfahren haben. Als etwas überraschend wirkt die Entwicklung des Saldos Thailands, der in der Periode 1988-1996 immer negativ war. Auch Korea wies zwischen 1990 und 1996 (mit Ausnahme des Jahres 1993) immer negative Salden aus Warenhandel und Dienstleistungen auf. Dies ist genauso bei den USA der Fall, die ab 1991 sinkende und negative Salden zu verzeichnen haben. Japans Salden sinken ebenfalls kontinuierlich ab 1994. Deutschland hat dagegen relativ ansteigende Salden (vor allem ab 1991) aufzuweisen (Abbildung 17).

Von vielen Autoren wird die Verwendung des Saldos aus Warenhandel und Dienstleistungen bzw. die Verwendung des gesamten Leistungsbilanzsaldos als Indikator der internationalen Wettbewerbsfähigkeit einer Volkswirtschaft stark kritisiert. Die Kritiken

---

[343] Vgl. dazu z.B. Schäfer-Lochte, C., Makroökonomik der J-Kurve (1993), S. 2 ff.

[344] Vgl. zu den Importzöllen in Brasilien und in den hier ausgewählten Schwellenländern Abschnitt 6.7.1.

[345] Vgl. dazu Abschnitt 2.2., Teil A., insbesondere S. 34.

[346] So hatte Brasilien zwar seit 1988 immer negative Salden bei der Dienstleistungsbilanz, diese sanken aber schlagartig und zunehmend ab 1992.

[347] Vgl. zur Entwicklung der realen Wechselkurse der brasilianischen Währung Abschnitt 6.3.

richten sich vor allem auf die Anfälligkeit dieses Indikators gegenüber Wechselkursschwankungen und die starke Konjunkturabhängigkeit.[348]

Abbildung 17: Brasilien: Entwicklung des Saldos aus Warenhandel und Dienstleistungen im Vergleich zu Industrieländern (1988-1996) (Mrd. US-Dollar)[(1)(2)]

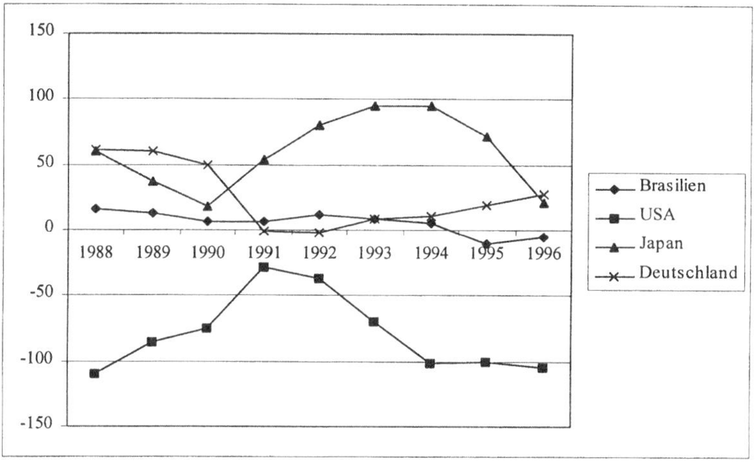

(1) Deflationiert mit der Entwicklung der Großhandelspreise in USA.

(2) Brasilien: Die Daten für 1996 beziehen sich nur auf das Saldo aus Warenhandel.

Quelle: IMF, Balance of Payments Statistics Yearbook (1996); IMF, International Financial Statistics (November 1997), Banco Central, Boletim do Banco Central do Brasil (Oktober 1998); eigene Berechnungen.

[348] Vgl. Batista, A., Indikatoren (1995), S. 22.

Abbildung 18: Brasilien: Entwicklung des Saldos aus Warenhandel und Dienstleistungen im Vergleich zu lateinamerikanischen Schwellenländern (1988-1996) (Mrd. US-Dollar)(1) (2)

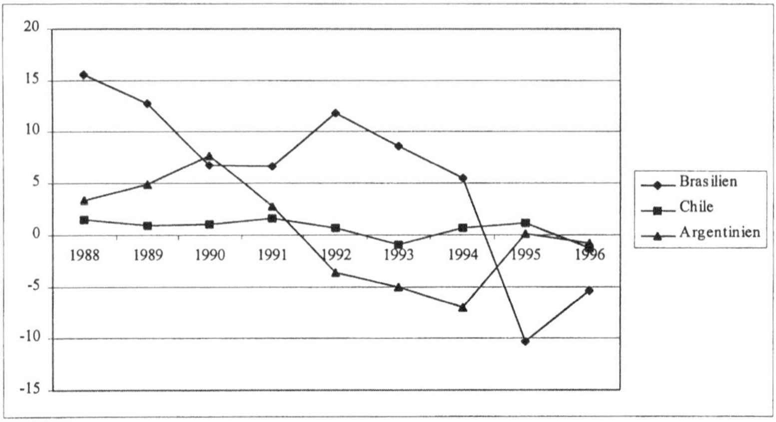

(1) Deflationiert mit der Entwicklung der Großhandelspreise in den USA.
(2) Brasilien: Die Daten für 1996 beziehen sich nur auf das Saldo aus Warenhandel.
Quelle: IMF, Balance of Payments Statistics Yearbook (1996); IMF, International Financial Statistics (November 1997), Banco Central, Boletim do Banco Central do Brasil (Oktober 1998); eigene Berechnungen.

Abbildung 19: Brasilien: Entwicklung des Saldos aus Warenhandel und Dienstleistungen im Vergleich zu asiatischen Schwellenländern (1988-1996) (Mrd. US-Dollar)(1) (2)

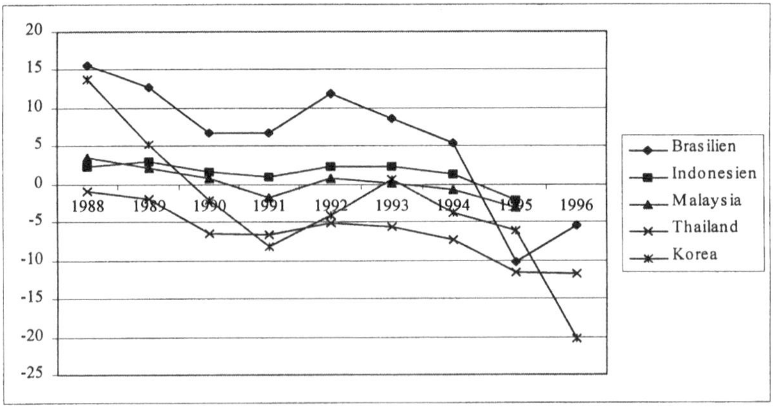

(1) Deflationiert mit der Entwicklung der Großhandelspreise in den USA.
(2) Brasilien: Die Daten für 1996 beziehen sich nur auf das Saldo aus Warenhandel.
Quelle: IMF, Balance of Payments Statistics Yearbook (1996); IMF, International Financial Statistics (November 1997), Banco Central, Boletim do Banco Central do Brasil (Oktober 1998); eigene Berechnungen.

Außerdem wird vielfach behauptet, es sei sehr problematisch, Importe generell als Hinweis auf niedrige Wettbewerbsfähigkeit des einheimischen Industriesektors zu interpretieren. Beispielsweise können Importe von Investitionsgütern eher als Ausdruck von Wettbewerbsstärke interpretiert werden, da sie die Konkurrenzfähigkeit einheimischer Unternehmen verbessern.[349] Diese Aussage muß aber stark relativiert werden, denn sie betrifft nur die exportierenden inländischen Konsumgüterproduzenten. Für die einheimischen Kapitalgüterproduzenten ist der Import von Investitionsgütern durch inländische Konsumgüterhersteller dagegen eher als ein Zeichen mangelnder internationaler Wettbewerbsfähigkeit zu interpretieren, denn dieser bedeutet, daß die inländischen Investitionsgüterproduzenten ein Produkt mit einem geringeren Preis-/ Leistungsverhältnis als die ausländischen Konkurrenten anbieten.

6.2.3. Internationaler Kapitalverkehr (Kapitalbilanz)

Innerhalb der Kapitalbilanz ist in dieser Arbeit vor allem der **Saldo aus ausländischen Direktinvestititionen** relevant. Diesem Saldo wird eine höhere Aussagefähigkeit für die Analyse der internationalen Wettbewerbsfähigkeit als dem Saldo aus Warenhandel und Dienstleistungen zugeschrieben. Der Saldo aus ausländischen Direktinvestitionen wird berechnet, indem von der absoluten Höhe der ausländischen Direktinvestitionen im Inland die inländischen Direktinvestitionen im Ausland abgezogen werden. Direktinvestitionen werden häufig im Zusammenhang mit der Standortqualität einer Volkswirtschaft gesehen, da sie im Vergleich zu anderen Ländern von günstigeren Standortbedingungen angezogen werden. Der Saldo aus ausländischen Direktinvestitionen ist somit ein Maß für die **"ability to attract"** einer Volkswirtschaft, weil mit dessen Hilfe Rückschlüsse auf die Standortbedingungen eines Landes gezogen werden können.[350] [351]

In dieser Arbeit werden, in Analogie zu der Analyse der Entwicklung des Saldos aus Warenhandel und Dienstleistungen, auch Daten aus dem "Balance of Payments Statistics Yearbook" vom IWF herangezogen. Diese Daten werden auch mit der Entwicklung der Großhandelspreise in USA deflationiert.

Der Begriff der Direktinvestitionen wird hier eng gefaßt. Zu den Direktinvestitionen werden hier neben Beteiligungen (in Form von Aktien und anderen Kapitalanteilen) sowie reinvestierte Gewinne auch Finanzbeziehungen verbundener Unternehmen gezählt. Zu den Direktinvestitionen gehören hier nicht die sog. Portfolioinvestitionen (Wertpapieranlagen, insbesondere Obligationen, Anleihen, Geldmarktpapiere, Finanzderivate und Anteile an Fonds) sowie andere Investitionen, wie z.B. Kredite internationaler Organisationen.[352]

Grundlage für die Abgrenzung der Direktinvestitionen von den sog. Portfolioinvestitionen im Rahmen der IMF-Statistiken bildet der 1993 veröffentlichte "Balance of Pay-

---

[349] Vgl. Batista, A., Indikatoren (1995), S. 20 f.

[350] Vgl. Batista, A., Indikatoren (1995), S. 18.

[351] Für die damit verbundene Kritik vgl. aber Seite 151 f.

[352] Vgl. dazu IMF, Balance of Payments Statistics Yearbook (1996), Part 1: Country Tables, Annex VI: Classification and Standard Components of the Balance of Payments; Deutsche Bundesbank, Änderungen in der Systematik der Zahlungsbilanz (Monatsbericht, Heft 3, 1995), S. 38 f.

ments Manual".[353] Als Direktinvestition werden vom IMF alle Transaktionen von Gebietsansässigen in fremde Wirtschaftsgebiete verstanden, die darauf abzielen, einen wesentlichen Einfluß auf die Geschäftstätigkeit des sich im Ausland befindenden Unternehmens zu gewinnen.[354]

Die Möglichkeit der Einflußnahme auf die Geschäftstätigkeit eines Unternehmens setzt i.d.R. einen Eigentumsanteil an diesem Unternehmen voraus. Probleme ergeben sich aber bei der Festlegung der Mindestbeteiligung an einem Unternehmen, um Einfluß auf die Geschäftspolitik nehmen zu können.

Obwohl der IMF versucht, bei der Ausarbeitung der von den einzelnen Ländern gelieferten Statistiken, die Daten soweit wie möglich international vergleichbar zu machen, soll noch darauf hingewiesen werden, daß in vielen Ländern im Bereich der Direktinvestitionsstatistiken Abweichungen bei der Festlegung der Mindestbeteiligungsgrenzen existieren.

So liegt z.B. in Deutschland und Korea die Mindestbeteiligungsgrenze für die Klassifikation als Direktinvestition bei 20 %, während in Malaysia sie bei 50 % liegt.[355]

In anderen Länder, wie z.B. Brasilien, Chile und Indonesien werden keine Mindestbeteiligungsgrenzen vorgegeben. So werden beispielsweise in Brasilien Direktinvestitionen von den sog. Portfolioinvestitionen anhand des sog. "exchange record" voneinander abgegrenzt. "The classification of the exchange record permits separating funds received directly by enterprises for capital participation (classified as direct investment) from inflows of funds for purchases of shares in the local stock market (classified as portfolio investment)".[356]

Trotz dieser Abweichungen ist dennoch davon auszugehen, daß die Daten der einzelnen Länder durch den IMF (in Zusammenarbeit mit den jeweiligen nationalen statistischen Bundesämtern) auf ein international vergleichbares Niveau ausgearbeitet werden. Dies wird auch z.T. dadurch erleichtert, daß einige Länder ihre nationalen Zahlungsbilanzstatistiken in Anlehnung an die neuen Regeln der 5. Auflage des "Zahlungsbilanzmanuals" des IMF schon umgeändert haben.

Brasilien gilt schon seit langem als traditionelles Direktinvestitionsland, was teilweise durch seinen recht großen Binnenmarkt bedingt ist. Aus den Abbildungen 20, 21 und 22 wird jedoch ersichtlich, daß bis zur Öffnung der brasilianischen Wirtschaft im Jahr 1991 der jährliche ausländische Direktinvestitionssaldo, insbesondere ab Ende der achtziger Jahre, kontinuierlich gesunken ist. Dies läßt sich vor allem auf die zunehmende mißlungene Wirtschaftspolitik der Regierung zurückführen und damit verbunden, auf die hohe Instabilität während dieser Periode. Bemerkenswert ist die Tatsache, daß brasilianische

---

[353] Vgl. dazu IMF, Balance of Payments Manual, 5.Auflage, (1993).

[354] Vgl. dazu IMF, Balance of Payments Statistics Yearbook (1996), Part 1: Country Tables, Annex VI: Classification and Standard Components of the Balance of Payments.

[355] Vgl. dazu IMF, Balance of Payments Statistics Yearbook (1996), Part 3: Methodologies, Compilation Practices, and Data Sources.

[356] IMF, Balance of Payments Statistical Yearbook (1996), Part 3: Methodologies, Compilation Practices, and Data Sources.

Unternehmen seit den achtziger Jahren zunehmend Direktinvestitionen im Ausland, u.a. auch in einigen Industrieländern, vorgenommen haben. Seit 1991 sind die Auslandsinvestitionen brasilianischer Unternehmen stetig gestiegen und haben in den Jahren 1994 und 1995 sogar Rekordwerte erreicht.[357] Es bleibt hier noch anzumerken, daß im Zuge der Öffnung und der zunehmenden Stabilisierung der brasilianischen Wirtschaft, vor allem ab 1993, die jährlichen Zuflüsse an ausländischen Direktinvestitionen nach Brasilien wieder stark zugenommen haben.

Werden die Entwicklungen der Salden aus ausländischen Direktinvestitionen Brasiliens und von ausgesuchten lateinamerikanischen Schwellenländern miteinander verglichen (Abbildung 21), so kann festgestellt werden, daß in der Periode 1989-1994 Argentinien höhere jährliche Salden als Brasilien zu verzeichnen hat. Ab 1993 hat, im Zuge der als positiv zu bewertenden Wirtschaftsreformen, auch Chile einen ansteigenden Saldo aus ausländischen Direktinvestitionen zu verzeichnen.

Aus Abbildung 22 ist die Entwicklung des Saldos aus ausländischen Direktinvestitionen von Brasilien im Vergleich zu ausgesuchten asiatischen Schwellenländern ersichtlich. Wie aus dieser Abbildung entnommen werden kann, haben vor allem Malaysia und Indonesien eine bemerkenswerte Zunahme ihrer Salden aus ausländischen Direktinvestitionen im Vergleich zu Brasilien zu verzeichnen. Als überraschend wirkt die Entwicklung des Saldos aus ausländischen Direktinvestitionen in Korea, der seit 1989 kontinuierlich abnimmt und seit 1990 nur negativ ist. Dies läßt sich vor allem auf die überdurchschnittlich hohe Investitionstätigkeit koreanischer Unternehmen im Ausland zurückführen.

Ähnliches ist auch bei den Industrieländern festzustellen (Abbildung 20), die im untersuchten Zeitraum einen negativen Saldo aus Direktinvestitionen zu verzeichnen haben. Vor allem die USA weisen zwischen 1988 und 1993 eine abrupte Senkung des Saldos auf, der aber danach kontinuierlich zunimmt.

Die im Falle von Korea und den Industrieländern festgestellte Entwicklung des Saldos aus ausländischen Direktinvestitionen läßt wiederum die Frage aufkommen, ob ansteigende Direktinvestitionen im Ausland nicht als Indikator für zunehmende unternehmerische Wettbewerbsstärke interpretiert werden können.

---

[357] Es muß in diesem Zusammenhang dennoch darauf hingewiesen werden, daß der Abfluß an Direktinvestitionen aus einem Land nicht immer als ein Zeichen mangelnder internationaler Wettbewerbsfähigkeit interpretiert werden kann, insbesondere wenn diese Direktinvestitionen in Form der Gründung einer ausländischen Vertriebsgesellschaft getätigt werden. Vgl. dazu Seite 151 f.

Abbildung 20: Brasilien: Entwicklung des Saldos aus Direktinvestitionen im Vergleich zu Industrieländern (1988-1996) (Mrd. US-Dollar) (1)

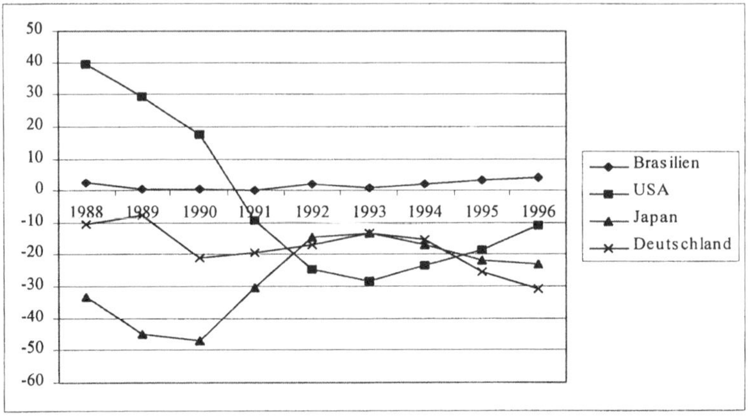

(1) Deflationiert mit der Entwicklung der Großhandelspreise in USA.

Quelle: IMF, Balance of Payments Statistics Yearbook (1996); IMF, International Financial Statistics (November 1997), Banco Central, Boletim do Banco Central do Brasil (Oktober 1998); eigene Berechnungen.

Abbildung 21: Brasilien: Entwicklung des Saldos aus Direktinvestitionen im Vergleich zu lateinamerikanischen Schwellenländern (1988-1996) (Mrd. US-Dollar) (1)

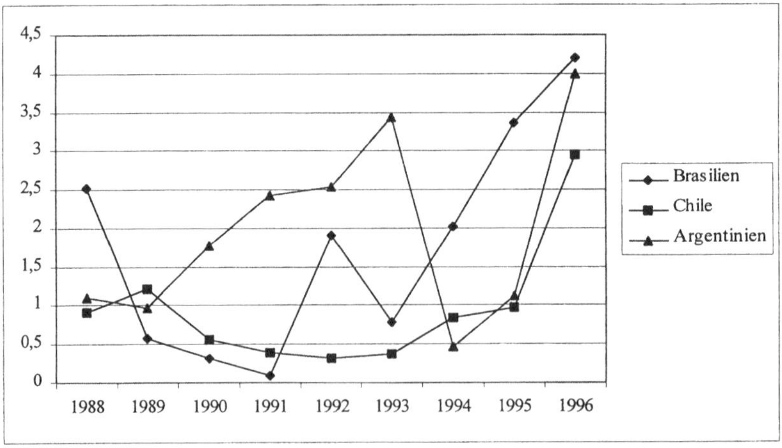

(1) Deflationiert mit der Entwicklung der Großhandelspreise in USA.

Quelle: IMF, Balance of Payments Statistics Yearbook (1996); IMF, International Financial Statistics (November 1997), Banco Central, Boletim do Banco Central do Brasil (Oktober 1998); eigene Berechnungen.

Abbildung 22: Brasilien: Entwicklung des Saldos aus Direktinvestitionen im Vergleich zu asiatischen Schwellenländern (1988-1996) (Mrd. US-Dollar) (1)

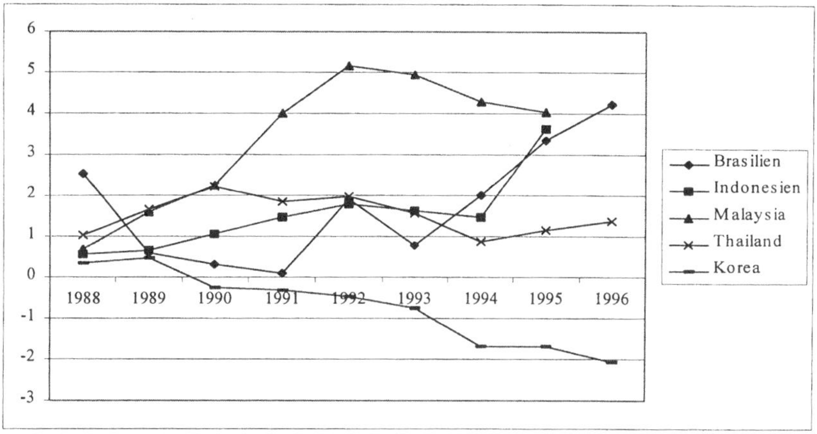

(1) Deflationiert mit der Entwicklung der Großhandelspreise in USA.

Quelle: IMF, Balance of Payments Statistics Yearbook (1996); IMF, International Financial Statistics (November 1997), Banco Central, Boletim do Banco Central do Brasil (Oktober 1998); eigene Berechnungen.

So besagt die *Internationalisierungstheorie*, daß die Auslandsaktivitäten von Unternehmen einem Phasenschema folgen. Danach bearbeiten Unternehmen einen Auslandsmarkt zuerst über Exporte, um im folgenden Produktionsstätten im Ausland zu errichten. Exporte werden dabei jedoch nicht vollständig durch die Auslandsproduktion ersetzt, so daß Direktinvestitionen gleichzeitig Voraussetzung und Resultat von Exporterfolgen sind. Im Sinne der Internationalisierungstheorie sind zunehmende ausländische Direktinvestitionen im Ausland somit eher ein Ausdruck für Wettbewerbsstärke, weil Unternehmen unmittelbar im Ausland präsent sein müssen, um im internationalen Wettbewerb langfristig bestehen zu können.[358]

Eine solche Sichtweise muß aber vor dem Hintergrund der vielfältigen Gestaltungsmöglichkeiten von Direktinvestitionen stark relativiert werden. So können Direktinvestitionen mit Kapitalbeteiligung zum einen in Form der Errichtung einer Produktionsstätte (Auslagerung der Produktion), zum anderen in Form der Errichtung einer Vertriebsgesellschaft (sales und after-sales service) getätigt werden. Während aber die Errichtung einer ausländischen Vertriebsgesellschaft eindeutig als Zeichen hoher internationalen Wettbewerbsfähigkeit interpretiert werden kann, z.B. wenn sie zum Zwecke der Betreuung ausländischer Kunden (Serviceleistung) gegründet wird, kann das gleiche nicht bezüglich der Errichtung einer ausländischen Produktionsstätte behauptet werden. So kann beispielsweise die Auslagerung der Produktion durch brasilianische Unterneh-

[358] Vgl. dazu Batista, A., Indikatoren (1995), S. 18 f.

men nach Chile oder in ein anderes Schwellen- bzw. Entwicklungsland damit zusammenhängen, daß die Lohnkosten in Brasilien zu hoch sind.

Fazit

Im Bereich der Leistungs- und Kapitalverkehrsindikatoren kann tendenziell eine Verschlechterung der internationalen Wettbewerbsfähigkeit Brasiliens festgestellt werden. Dies betrifft vor allem die Entwicklung der Weltexportanteile im Vergleich zu den südostasiatischen Ländern. Außerdem weist Brasilien zwischen 1992 und 1995 eine kontinuierliche Senkung des Saldos aus Warenhandel- und Dienstleistungen auf, während beispielsweise Chile durch einen relativ stabilen und insgesamt positiven Saldo gekennzeichnet ist. Als positiv ist die Entwicklung des Saldos aus Direktinvestitionen in Brasilien zu beurteilen, der zwischen 1993 und 1995 kontinuierlich zunahm. Aber auch hier weisen z.B. Chile relativ stabile und Indonesien kontinuierlich ansteigende Werte auf.

6.3. Reale Wechselkurse

In einer inflationären Umwelt sagt die nominelle Veränderung des Wechselkurses noch nichts darüber aus, ob Waren und Dienstleistungen dadurch im Ausland billiger oder teurer geworden sind im Vergleich zum Inland. Um die reale Kaufkraft einer Währung zu ermitteln, muß neben Wechselkursänderungen auch die Veränderungen der Preise im Ausland und im Inland berücksichtigt werden. In diesem Fall wird dann von der Ermittlung eines realen Wechselkurses oder der realen Bewertung einer Währung gesprochen. Sie ist für die internationale Wettbewerbsfähigkeit einer Volkswirtschaft von großer Bedeutung.[359]

Der **reale Wechselkurs zwischen zwei Währungen zweier Länder (RWK)** *(Preisnotierung)* kann insgesamt anhand folgender Formel beschrieben bzw. berechnet werden:

$$RWK = NWK_{ia} * \frac{P_a}{P_i} \qquad (6.2)$$

wobei NWK_{ia} den nominellen Wechselkurs der betreffenden Währung, ausgedrückt in Inlandswährung *i* pro Einheit Auslandswährung *a* (Preisnotierung), P_a den Preisindex des Auslandes und P_i den Preisindex des Inlandes bedeuten.[360]

Aus dieser Formel wird ersichtlich, wenn im Inland die Preise schneller wachsen als im Ausland[361] $\frac{P_a}{P_i}$ kleiner wird. Eine höhere Steigerung der Preise im Inland im Vergleich zum Ausland bedeutet, daß die inländischen Produkte teurer werden, was wiederum auch die Exporte benachteiligt. Unter der Annahme, daß NWK_{ai} konstant bleibt, ist die obengenannte Steigerung der Preise einer nominalen Aufwertung der Inlandswährung

---

[359] Vgl. dazu Feldsieper, M., Wechselkurs (Vahlens Großes Wirtschaftslexikon 1994), S. 2324.

[360] Vgl. Batista, A., Indikatoren (1995), S. 15.

[361] Unter Ausland ist hier ein beliebiges Land, wie z.B. ein wichtiger Handelspartner des Inlandes, zu verstehen.

gleich. Damit RKW aber auf dem gleichen Niveau bleibt und die Exporte sich nicht verteuern, muß die Steigerung der Inlandspreise durch eine Abwertung der Inlandswährung (NWK_{ia} steigt) kompensiert werden (Abwertung der Inlandswährung in Anlehnung an die Differenz zwischen der Inflationsrate im Inland und derjenigen im Ausland). Es wird somit ersichtlich, daß in Ländern, die unter chronischer Inflation leiden (wie Brasilien bis 1994), die Währung regelmäßig abgewertet werden muß (sog. System der Miniabwertungen), damit die Exporttätigkeit nicht stark beeinträchtigt wird (was wiederum negative Konsequenzen auf die Handelsbilanz hätte).[362]

Es muß jedoch in diesem Zusammenhang darauf hingewiesen werden, daß in Anlehnung an die *Kaufkraftparitäten-Theorie* bzw. *langfristige monetaristische Theorie* der reale Wechselkurs immer konstant (RWK=1) bleibt. Der Grund dafür ist darin zu sehen, daß in einem System flexibler Wechselkurse die Märkte immer konstante reale Wechselkurse aufweisen, denn die durch national divergierende Inflationsraten ausgelöste *Veränderung des Preisverhältnisses* wird durch eine gleichhohe, prozentuale *Änderung des nominellen Wechselkurses* ausgeglichen.[363]

Die Tatsache, daß trotz flexibler Wechselkurse die realen Wechselkurse in vielen Ländern Schwankungen unterliegen, deutet aber darauf hin, daß die Bedeutung der Inflationsdifferenzen für die Wechselkursentwicklung von anderen Faktoren überlagert wird.

So versucht der finanzmarkttheoretische Ansatz[364] dem Bedeutungsverlust der güterwirtschaftlichen Transaktionen bei der Bestimmung des Wechselkurses gerecht zu werden, indem er die international gehaltenen Vermögensbestände in Finanzaktiva in den Mittelpunkt der Analyse rückt.

Nach diesem Erklärungsansatz kommt, wegen der Unsicherheiten über die Wechselkursentwicklung, den Ertragserwartungen der Marktteilnehmer eine maßgebliche Bedeutung zu. So bestimmen die Einschätzungen der Wechselkursentwicklung die Erwartungen bezüglich der finanziellen Erträge internationaler Vermögensanlagen mit, und die so beeinflußten Vermögensanlagen bzw. Umschichtung der Vermögensbestände lösen ihrerseits Wechselkursänderungen aus. Die kurzfristigen Schwankungen des realen Wechselkurses sind somit u.a. auf Erwartungen bezüglich der Entwicklung der nominellen Wechselkurse zurückzuführen.

Neben diesen sog. Unsicherheitsfaktoren sorgen weitere Faktoren für die Schwankung der realen Wechselkurse. Dazu zählen, neben dem mangelnden Wettbewerb bei nichthandelbaren Gütern, die beschränkte Anpassungsgeschwindigkeit der Güterpreise und Wechselkurse.[365]

Der **realе Wechselkurs einer (inländischen) Währung gegenüber einer Gruppe von Währungen (RWK_w)** *(Preisnotierung)* kann wiederum anhand folgender Formel berechnet werden:

---

[362] Vgl. Cardoso, E. A., Economia Brasileira ao Alcance de Todos (1991), S. 184 ff.

[363] Vgl. dazu Willms, M., Währung (1995), S. 241 ff.

[364] Vgl. dazu Görgens, E./Ruckriegel, K/Giersberg, K.-W., Grundzüge der makroökonomischen Theorie (1992), S. 87 f.

[365] Vgl. Willms, M., Währung (1995), S. 241 ff.

$$RWK_w = \sum_{a=1}^{n} NWK_{ia} * \frac{P_a}{P_i} q_a \qquad (6.3)$$

wobei hinzufügend zu Formel (6.2) q_a das Gewicht des Landes *a* im Außenhandelsvolumen des Inlandes *i* bedeuten.[366] Bei der Berechnung des realen Wechselkurses wird normalerweise ein Korb mit den Währungen der wichtigsten Handelspartner (sog. Währungskorb) herangezogen.

Die Berechnung des realen Wechselkurses einer Währung ist mit einigen Schwierigkeiten verbunden. Diese beziehen sich zum einen auf die Wahl eines gerechten Indexes zur Erfassung der inländischen und der ausländischen Preisentwicklung, zum anderen auf die Bestimmung der Anzahl der wichtigsten ausländischen Handelspartner, die im Währungskorb aufzunehmen sind (falls die Berechnung des realen Wechselkurses mehrere ausländische Währungen berücksichtigen soll).

In dieser Arbeit werden für die Analyse der Entwicklung des realen Wechselkurses der brasilianischen Währung im Vergleich zu ausgesuchten Ländern Daten verwendet, die von den Vereinten Nationen im Rahmen ihrer "World Economic and Social Survey" veröffentlicht werden. In dieser Reihe wird u.a. die Entwicklung der industriellen Erzeugerpreise eines Landes (ohne Nahrungsmittel und Energie) im Verhältnis zu einem gewichteten Index der Konkurrenzländer, umgerechnet mit einem gewichteten Index der nominellen Wechselkurse, untersucht. Dabei werden 22 Industrie- und 23 Entwicklungländer erfaßt.[367] Außerdem wird für die Berechnung des realen Wechselkurses der *Kehrwert der Formel (6.3)* verwendet. Die Entwicklung der realen Wechselkurse auf Abbildungen 23, 24 und 25 basiert somit auf der *Mengennotierung* der nominellen Wechselkurse und demzufolge auf folgende Formel:[368]

$$RWK_w = \sum_{a=1}^{n} NWK_{ai} * \frac{P_i}{P_a} q_a \qquad (6.4)$$

wobei NWK_{ai} der nominelle Wechselkurs, ausgedrückt in Auslandswährung *a* pro Einheit Inlandswährung *i* (Mengennotierung), P_i der Preisindex des Inlandes, P_a der Preisindex des Auslandes und q_a das Gewicht des Landes *a* im bilateralen Handel des Inlandes *i* (Jahr 1990) bedeuten.

Eine Erhöhung des realen Wechselkurses einer bestimmten Währung ist somit, im Falle der von den Vereinten Nationen verwendeten Daten, für das betreffende Land mit einer Senkung seiner internationalen preislichen Wettbewerbsfähigkeit verbunden.[369]

---

[366] Vgl. Correa, P. G., Taxa de Câmbio (1995), S. 6.

[367] Diese sind: Argentinien, Australien, Österreich, Belgien, Brasilien, Kanada, Chile, Kolumbien, Dänemark, Ekuador, Finnland, Frankreich, Deutschland, Griechenland, Hong Kong, Indien, Indonesien, Irland, Italien, Japan, Korea, Kuwait, Malaysia, Mexiko, Marroko, Niederlande, Neuseeland, Nigeria, Norwegen, Pakistan, Peru, Philippinen, Portugal, Saudi Arabien, Singapur, Südafrika, Spanien, Schweden, Schweiz, Taiwan, Thailand, Türkei, Großbritannien, USA und Venezuela.

[368] Vgl. dazu UN, World Economic and Social Survey (1996), S. 317.

[369] Vgl. dazu UN, World Economic and Social Survey (1996), S. 317.

Aus Abbildungen 23, 24 und 25 ist die Entwicklung des realen Wechselkurses der brasilianischen Währung im Vergleich zu ausgesuchten Industrieländern und zu ausgesuchten lateinamerikanischen und asiatischen Schwellenländern ersichtlich.

Abbildung 23: Brasilien: Entwicklung des realen Wechselkurses im Vergleich zu ausgesuchten Industrieländern (1985-1998) (1990=100)[(1)]

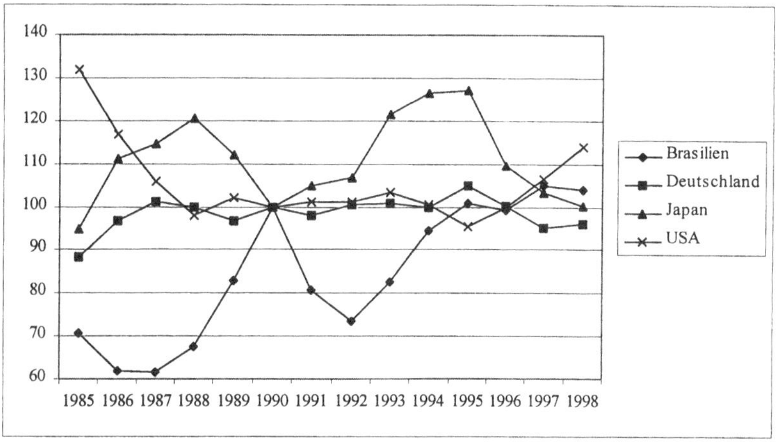

(1) 1998: Letzter berücksichtigter Monat ist November.
Quelle: UN, World Economic and Social Survey (1996) und (1997); JP-Morgan-Homepage, in: http://www.jpmorgan.com; eigene Berechnungen.

Abbildung 24: Brasilien: Entwicklung des realen Wechselkurses im Vergleich zu ausgesuchten lateinamerikanischen Schwellenländern (1985-1998) (1990=100)[(1)]

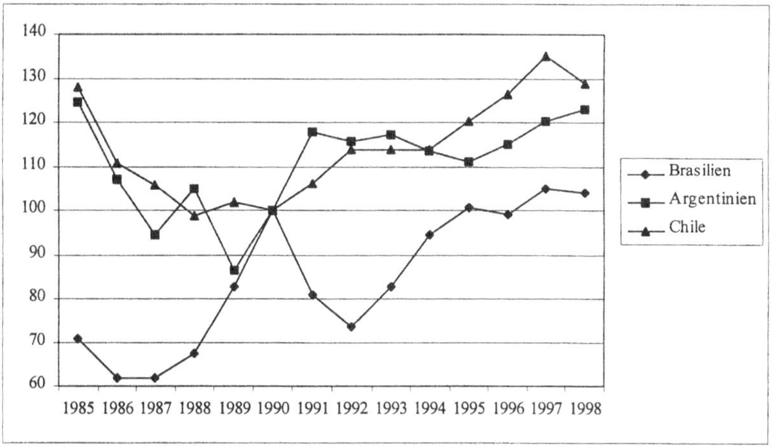

(1) 1998: Letzter berücksichtigter Monat ist November.
Quelle: UN, World Economic and Social Survey (1996) und (1997); JP-Morgan-Homepage, in: http://www.jpmorgan.com; eigene Berechnungen.

Abbildung 25: Brasilien: Entwicklung des realen Wechselkurses im Vergleich zu ausgesuchten asiatischen Schwellenländern (1985-1998) (1990=100)(1)

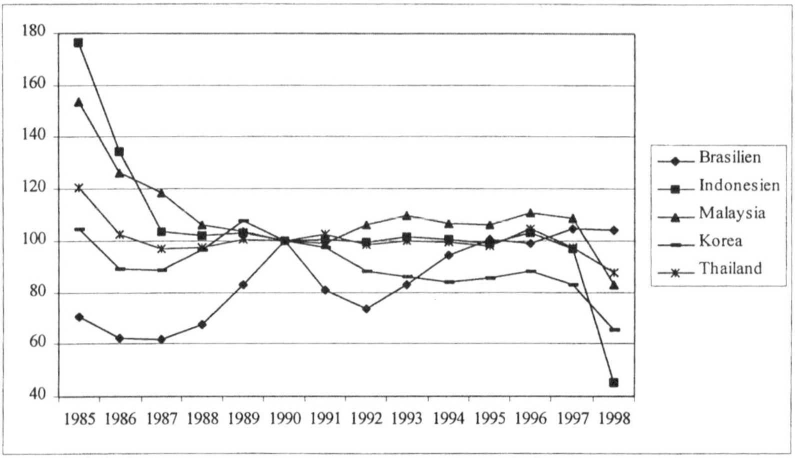

(1) 1998: Letzter berücksichtigter Monat ist November.

Quelle: UN, World Economic and Social Survey (1996) und (1997); JP-Morgan-Homepage, in: http://www.jpmorgan.com; eigene Berechnungen.

Wie aus Abbildungen 23, 24 und 25 ersichtlich ist, kann die Entwicklung des realen Wechselkurses der brasilianischen Währung ab 1985 in 3 Perioden unterteilt werden. Die erste Periode geht von 1985 bis 1990 und ist durch eine kontinuierliche reale Aufwertung gekenzeichnet. Diese Periode, die sich mit der Regierungszeit von Präsident Sarney deckt, war durch hohe jährliche Inflationsraten (Hyperinflation) gekenzeichnet. Während dieser Periode wurden mehrere Stabilisierungsprogramme (Cruzado-Plan, Bresser-Plan und Verão-Plan) durchgeführt, mit dem Ziel, die Inflationsrate zu senken; diese blieben aber erfolglos. Die kontinuierliche reale Aufwertung der brasilianischen Währung während dieser Periode erklärt sich zum Teil durch den Widerstand der Regierung, eine kontinuierliche nominelle Abwertung der Währung in gleicher Höhe wie die Inflationsrate vorzunehmen. Dafür sind viele Gründe maßgebend:

Erstens würden nominelle Abwertungen gleichzeitig den Inflationsdruck erhöhen, was wiederum den Erfolg der jeweiligen Stabilisierungsprogramme beeinträchtigen könnte.[370]

Zweitens war die Auslandsverschuldung Brasiliens, sowohl aus staatlicher als auch aus unternehmerischer Seite, sehr hoch. Jede starke Abwertung wäre demzufolge mit einer Erhöhung des Schuldendienstes (Tilgung + Zinsen) in einheimischer Währung verbunden gewesen.[371]

---

[370] Vgl. Correa, P. G., Taxa de Câmbio (1995), S. 14.

[371] Vgl. Baer, W., A Economia Brasileira (1996), S. 227; Correa, P. G., Taxa de Câmbio (1995), S. 14.

Drittens ist davon auszugehen, daß viele große Unternehmen in Brasilien einen starken Einfluß auf die Regierung ausüben (Lobbyismus) und demzufolge jede starke Abwertung der Währung verhindern konnten, welche wiederum die Importe verteuert hätte.

Die zweite Periode (1990-1992) ist durch eine graduelle Öffnung der brasilianischen Wirtschaft im Rahmen der Regierung COLLOR gekennzeichnet. Während dieser Periode erfuhr die brasilianische Währung eine kontinuierliche reale Abwertung. Ursächlich dafür waren u.a. die starke Rezession während dieser Periode, verbunden mit einer aktiven Wechselkurspolitik, um vor allem die Wettbewerbsfähigkeit der brasilianischen Industrie im Zuge der zunehmenden Liberalisierung zu unterstützen.

Die dritte Periode geht von 1992 bis 1998 und ist wieder (tendenziell) durch eine reale Aufwertung der brasilianischen Währung charakterisiert. Während dieser Periode, die mit der Regierung von Präsident Itamar Franco anfängt und mit der Regierung von Präsident Fernando Henrique Cardoso endet, wurde im Juli 1994 der "REAL – Plan" eingeführt. Im Rahmen dieses Plans war es möglich, die damals sehr hohe Inflationsrate kontinuierlich zu senken.[372] Zwischen 1992 und 1994 läßt sich die Entwicklung des realen Wechselkurses durch die hohe Inflationsrate in Brasilien erklären. Ab 1994 ist eine andauernde Senkung der Inflationsrate in Brasilien festzustellen. Die reale Aufwertung des "Real" ab 1994 bis Ende 1995 wird somit vor allem durch die nominale Aufwertung der Währung durch die Regierung erklärt, um die Stabilität der Wirtschaft zu gewährleisten (Senkung des Inflationsdrucks).[373] Erst im Jahr 1996 ist die brasilianische Währung (Real) auf einem, im Vergleich zu 1995, relativ konstanten Niveau geblieben.

Die Entwicklung des realen Wechselkurses Brasiliens im Vergleich zu ausgesuchten Industrieländern (Abbildung 23) läßt erkennen, daß zwischen 1996 und 1998 Brasilien tendenziell eine ungünstigere relative Entwicklung des realen Wechselkurses als Deutschland und Japan aufweisen kann.

Eine andere Entwicklung kann im Vergleich zu ausgesuchten lateinamerikanischen Schwellenländern festgestellt werden (Abbildung 24). Zwischen 1985 und 1998 wies Brasilien insgesamt eine günstigere relative Entwicklung des realen Wechselkurses als diese Länder auf.

Wird aber die Entwicklung des realen effektiven Wechselkurses Brasiliens und von ausgesuchten asiatischen Schwellenländern miteinander verglichen (Abbildung 25), so kann festgestellt werden, daß alle südostasiatischen Schwellenländer ihre preisliche Wettbewerbsfähigkeit zwischen 1985 und 1998 tendenziell verbessern konnten, insbesondere die wirtschaftlich am weitesten zurückliegenden Länder (Indonesien, Thailand und z. T. Malaysia). Obwohl Brasilien zwischen 1985 und 1993 insgesamt eine günstigere relative Entwicklung des realen Wechselkurses als diese Länder aufzuweisen hatte, hat sich ab 1993 der reale Wechselkurs Koreas, ab 1994 die von Indonesien und Thailand und ab 1997 der von Malaysia im Vergleich zu Brasilien relativ verbessert.

---

[372] Vgl. dazu Abschnitt 2.2., Teil A, S. 34.

[373] Vgl. dazu Amadeo, E. J./Gonzaga, G., Salário, Produtividade e Câmbio (1996), S. 3 f.; Baer, W., A Economia Brasileira (1996), S. 163 ff.

Es soll am Ende dieses Abschnittes auf neuere Erhebungen zur Entwicklung des bilateralen realen Wechselkurses der brasilianischen Währung zum US-Dollar hingewiesen werden, die durch den brasilianischen Industrieverband (CNI) durchgeführt wurden. Diese zeigen, daß zwischen Januar 1994 und Juli 1997 die brasilianische Währung durch eine relativ starke Aufwertung gegenüber dem US-Dollar gekennzeichnet war. In der Periode zwischen August 1997 und Mai 1998 wies die brasilianische Währung dagegen eine leichte Abwertungstendenz auf.[374]

Fazit

Zusammenfassend kann festgehalten werden, daß die im Abschnitt 6.3.1 festgestellten zunehmenden Marktanteilsgewinne der südostasiatischen Schwellenländer (im Vergleich zu Brasilien) auf eine erhöhte preisliche Wettbewerbsfähigkeit dieser Länder zurückzuführen sind.

So zeigt die Entwicklung der realen Wechselkurse, daß alle hier untersuchten südostasiatischen Schwellenländer ihre preisliche Wettbewerbsfähigkeit zwischen 1985 und 1996 tendenziell verbessern konnten. Folglich beruhen die Marktanteilsgewinne der südostasiatischen Schwellenländer auf einer günstigeren Preisentwicklung im Vergleich zu anderen Schwellenländern und den Industrieländern.[375]

Für diese günstigere Preisentwicklung können mehrere Gründe maßgebend sein. Ein Grund könnte darin liegen, daß diese Länder eine bessere Entwicklung der Lohnstückkosten als Brasilien erfahren haben. Ursächlich dafür könnte eine, im Vergleich zur Produktivität, unterproportionale Entwicklung der Lohnkosten sein.

In diesem Zusammenhang stellt sich die Frage nach den Lohnkosten bzw. Lohnstückkosten in der brasilianischen Industrie und somit nach dem Vergleich dieser Kosten mit ausgesuchten Konkurrenzländern.

6.4. Lohnkosten

In diesem Abschnitt wird die Entwicklung der Lohnkosten in der gesamten brasilianischen Industrie analysiert und mit der Entwicklung in bestimmten Ländern verglichen. Dabei entstand das Problem, daß für einige der hier untersuchten südostasiatischen und lateinamerikanischen Schwellenländer keine international vergleichbaren Daten zur Verfügung standen. Aus diesem Grund wurde in diesem Abschnitt gezielt auf Daten anderer (vergleichbarer) Schwellenländer ausgewichen.

A. Struktur der brasilianischen Arbeitskosten

Bevor auf die Entwicklung der Lohnkosten eingegangen wird, wird als erstes auf die Struktur der brasilianischen Arbeitskosten eingegangen (Tabelle 24). In Brasilien gibt es, neben dem vertraglichen Lohn (salário contratual), drei Arten von weiteren Lohnkosten: die "sozialen Kosten", die "steuerlichen Kosten" und die "steuerähnlichen Beiträge". Zu

---

[374] Vgl. dazu CNI, Economia Brasileira: Desempenho e Perspectivas (1998), S. 21.

[375] Zum gleichen Ergebniss kommt LINDLAR. Vgl. dazu Lindlar, L., Internationale Wettbewerbsfähigkeit (DIW – Vierteljahrshefte zur Wirtschaftsforschung, Heft 2, 1995), S. 318.

den **"sozialen Kosten" (Encargos Sociais)** zählen der 13. Lohn,[376] die fortbestehende Lohnzahlung bei nicht-gearbeiteten Stunden (z.B. bezahlter Urlaub), der Mutterschaftsurlaub, der FGTS[377] und der SESI[378]. Die **"steuerlichen Kosten" (Encargos Tributários)** werden vom Staat erhoben und behalten. Dazu zählen Beiträge für die staatliche Rentenversicherung (INSS-Instituto Nacional de Seguridade Social), für die Unterstützung von Bildungsmaßnahmen bei den Arbeitern (salário-educação), für die Versicherung gegen Arbeitsunfälle und für das zuständige Institut für die Agrarreform (Instituto de Colonização e Reforma Agrária, INCRA). Die **"steuerähnlichen Beiträge" (Contribuições Para-Fiscais)** bestehen aus Beiträgen mit dem Ziel der Finanzierung der Aktivitäten des SENAI/SENAC[379] und der Aktivitäten des brasilianischen Instituts zur Unterstützung von Kleinbetrieben (Serviço Brasileiro de Auxílio à Pequena Empresa, SEBRAE).

In Brasilien ist zwischen dem sog. **Grundlohn** und den **Gesamtlohnkosten** zu unterscheiden.[380]

Der Grundlohn (GL) errechnet sich anhand folgender Formel:

GL = L + 13. Lohn + Nicht-gearbeitete Stunden + Andere (6.5a),

wobei unter L der vertragliche Lohn zu verstehen ist.

Angenommen der vertragliche Lohn (L) beläuft sich auf 100 Geldeinheiten (GE), dann beträgt der Grundlohn (GL):

GL = (100 + 8,3 +16,0 + 15,0) GE (6.5b) bzw.

GL = 139,3 GE (bei L = 100 GE) (6.5c)

Die Lohnzusatzkosten (LZK) errechnen sich in Brasilien, indem auf den Grundlohn die Sätze der restlichen Lohnkosten (FGTS, SESI, INSS, Bildungsmaßnahmen, Arbeitsunfälle, INCRA, SENAI/SENAC und SEBRAE) aufgeschlagen werden, d.h.:

LZK = GL (0,08 + 0,015 + 0,20 + 0,025 + 0,02 + 0,002 + 0,01 + 0,006) (6.6)

Angenommen der Grundlohn (GL) beläuft sich auf 139,3 GE (bei L = 100 GE), dann betragen die Lohnzusatzkosten in Brasilien 49,9 GE.

Die Gesamtlohnkosten (GLK) belaufen sich somit auf (Berechnung der kumulativen Effekte):

GLK = GL + LZK (6.7a), d.h.

GLK = 139,3 GE + 49,9 GE (6.7b) bzw.

---

[376] Der 13. Lohn ist die in Brasilien geltende gesetzliche Gehaltszulage am Ende des Jahres.

[377] Der FGTS (Fundo de Garantia por Tempo de Serviço) ist ein sog. Garantiefonds für schon gearbeitete Jahre. Der Arbeiter hat nur Anspruch auf einem solchen Fonds im Falle, daß er entlassen (d.h. arbeitslos) wird.

[378] Der SESI (Serviço Social da Indústria) ist eine Institution, die soziale Dienstleistungen für die Industrie leistet.

[379] Vgl. zum SENAI und SENAC Abschnitt 3.3., Teil A, S. 54 f.

[380] Vgl. Amadeo, E. J./Gonzaga, G., Salário, Produtividade e Câmbio (1996), S. 4 ff.

GLK = 189,47 GE (bei GL = 139,3 GE bzw. bei L = 100 GE) (6.7c)

Tabelle 24: Zusammensetzung der Lohnkosten in Brasilien (ohne vertraglichen Lohn) (Jahr 1995)[381]

LOHNKOSTEN	SÄTZE (PROZENT)
A) Soziale Kosten (Encargos Sociais)	
13. Lohn	8,3
Andere [1)]	15,0
Nicht-gearbeitete Stunden (z.B. bezahlter Urlaub)	16,0
FGTS	8,0
SESI	1,5
B) Steuerliche Kosten (Encargos Tributários)	
INSS	20,0
Beiträge zur Unterstützung von Bildungsmaßnahmen	2,5
Versicherung gegen Arbeitsunfälle	2,0
INCRA	0,2
C) Steuerähnliche Beiträge (Contribuições Para-Fiscais)	
SENAI/SENAC	1,0
SEBRAE	0,6

1) Mutterschaftsurlaub, Urlaub im Krankheitsfall, Prämien, Transport-Zulage usw. Der Satz von 15 % kann aber von Unternehmen zu Unternehmen bzw. von Branche zu Branche leicht variieren. Er ist somit nur ein Durchschnittssatz.

Quelle: Amadeo, E.J./Gonzaga, G., Salário, Produtividade e Câmbio (1996), S. 5.

B. Reale Gesamtlohnkosten pro Stunde

In diesem Abschnitt wird als erstes die Entwicklung der **realen Gesamtlohnkosten pro gearbeiteter Stunde** in der brasilianischen Industrie analysiert und mit ähnlichen Daten ausgesuchter Länder verglichen.

Aus Abbildungen 26 und 27 ist die Entwicklung der realen Gesamtlohnkosten pro Stunde in der **Verarbeitenden Industrie (nur Produktion)** in Brasilien im Vergleich zu ausgesuchten OECD-Ländern und zu ausgesuchten asiatischen Schwellenländern ersichtlich. Die genauere Berechnung der brasilianischen Daten und der Daten der anderen Länder ist aus Anhang E ersichtlich.

So ist die Verarbeitende Industrie in Brasilien ab 1991 tendenziell durch einen kontinuierlichen Anstieg ihrer realen Gesamtlohnkosten pro Stunde gekennzeichnet. Als überraschend wirkt die Senkung des realen Gesamtlohns pro Stunde in Brasilien zwischen 1989 und 1991, denn durch die Verfassung von 1988 wurde der Entlohnungssatz für geleistete

---

381 Vgl. zu den einzelnen Positionen und Abkürzungen S. 159.

Überstunden erhöht und die gesetzliche Arbeitszeit wurde von wöchentlich 48 auf 44 Stunden gesenkt. Außerdem wurden weitere Lohnzusatzkosten durch diese Verfassung eingeführt, wie z.B. der bezahlte Mutterschaftsurlaub.[382] Es wäre somit für diese Periode mit einer Erhöhung der realen Gesamtlohnkosten pro Stunde zu rechnen. Eine mögliche Erklärung für die dennoch stattfindende Senkung des realen Gesamtlohns pro Stunde zwischen 1989 und 1991 liegt in der rapiden Steigerung der Inflationsrate in Brasilien, verbunden mit einer Lockerung der Lohnindexierungspolitik in dieser Periode.

Ab 1991 steigt der reale Gesamtlohn pro Stunde in Brasilien, verglichen mit den OECD-Ländern, sehr stark an. Obwohl die OECD-Länder, mit Ausnahme der USA, auch einen Anstieg ihrer realen Arbeitskosten pro Stunde zu verzeichnen haben, weist Brasilien ab 1991 überdurchschnittliche Anstiegsraten auf. Im Vergleich zu ausgesuchten asiatischen Entwicklungs- und Schwellenländern weisen Singapur und insbesondere Korea höhere Anstiegsraten als Brasilien auf. Auffallend ist der explosionsartige Anstieg des realen Gesamtlohns pro Stunde in Korea. Zwischen 1985 und 1997 hat sich der reale Gesamtlohn pro Stunde in Korea mehr als verfünffacht.

Abbildung 26: Brasilien: Entwicklung der realen Gesamtlohnkosten pro Stunde im Vergleich zu ausgesuchten OECD-Ländern (1985-1998) (einheimische Währung) (1985=100)[(1)]

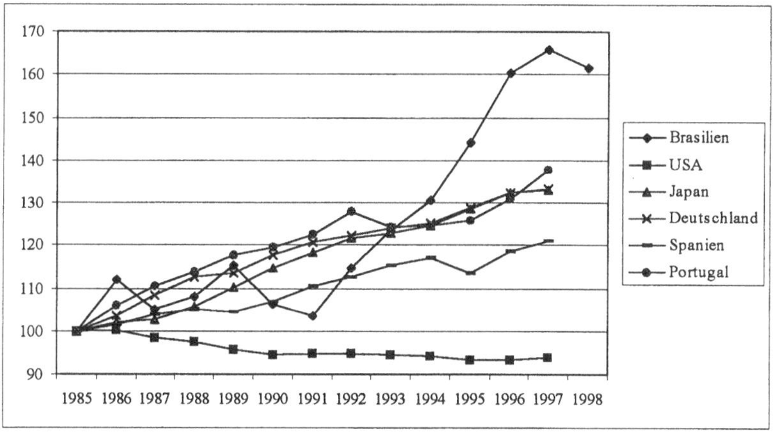

(1) Für Brasilien beziehen sich die Daten für 1998 nur auf die Periode von Januar bis Juli.

Quelle: IBGE, Pesquisa Industrial Mensal (mehrere Ausgaben); U.S. Department of Labor, Hourly Compensation Costs in National Currency (1998), in: http://www.stats.bls.gov.; IMF, International Financial Statistics Yearbook (1997); eigene Berechnungen.

---

[382] Vgl. dazu Amadeo, E. J./Gonzaga, G., Salário, Produtividade e Câmbio (1996), S. 10.

Abbildung 27: Brasilien: Entwicklung der realen Gesamtlohnkosten pro Stunde im Vergleich zu asiatischen Schwellenländern (1985-1998) (einheimische Währung) (1985=100)(1) (2)

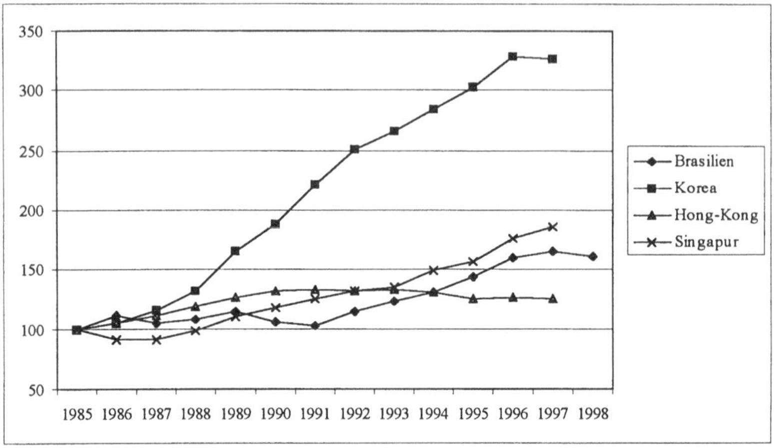

(1) Für Brasilien beziehen sich die Daten für 1998 nur auf die Periode von Januar bis Juli.

(2) Für Hong-Kong, Korea und Singapur wurden zur Deflationierung im Jahr 1997 nicht der Verbraucherpreisindex, sondern der Preisindex des Bruttoinlandsprodukts verwendet.

Quelle: IBGE, Pesquisa Industrial Mensal (mehrere Ausgaben); U.S. Department of Labor, Hourly Compensation Costs in National Currency (1998), in: http://www.stats.bls.gov.; IMF, International Financial Statistics Yearbook (1997), ADB-Homepage, in: http://www.asiandevbank.org; eigene Berechnungen.

Für den fortdauernden Anstieg der realen Gesamtlohnkosten pro Stunde in Brasilien ab 1991 sind mehrere Gründe maßgebend.

Erstens erfolgte im "Plano Collor II", der im Februar 1991 angekündigt wurde, eine Veränderung der Lohnindexierungsregeln. In Brasilien änderte sich die Lohnindexierungspolitik zwar kontinuierlich, aber die Lohnindexierung war zum größten Teil dadurch gekennzeichnet, daß zu einem vorgegebenen Zeitpunkt der Lohn an die Durchschnittsinflation einer vorherigen (vorher bestimmten) Periode angepaßt wurde. Diese Politik der Lohnanpassung an die Vergangenheitsinflation bewirkte somit, daß bei rasch ansteigenden Preisen die realen Löhne kontinuierlich sanken. Beim "Plano Collor II" wurden dagegen zwar nur halbjährige Lohnanpassungen erlaubt, aber neben der gesetzlichen Lohnindexierung wurde für den Fall, daß die Arbeitnehmer weitere nominelle Lohnerhöhungen wünschen, freie Lohnverhandlungen zwischen Arbeitgebern und Arbeitnehmern zugelassen.[383] Dies bewirkte, daß die Arbeiter, die starken Gewerkschaften angehören, eine relative Erhöhung ihrer realen Löhne durchsetzen konnten. Zu diesen Gewerkschaften zählen vor allem die CUT (Central Única dos Trabalhadores) und die

[383] Vgl. Barrote, A. C., Principais Medidas (1995), S. 177.

CGT (Central Geral dos Trabalhadores), bei denen der Großteil der Industriearbeiter Brasiliens Mitglied ist.

Zweitens ist im Rahmen des "Plano Real"[384] (Juli 1994), bei dem die Politik der freien Lohnverhandlung zwischen Arbeitgeber und Arbeitnehmer beibehalten wurde, die monatliche Inflationsrate auf Werte zwischen 1-2 % sehr stark gesunken, während die nominellen Löhne Anstiegsraten aufwiesen, die über diesen Werten lagen.[385] Außerdem wurde im Mai 1994 der gesetzliche Mindestlohn von R$ 64,75 auf R$ 100,00 erhöht.[386]

Neben der Untersuchung der Entwicklung der realen Gesamtlohnkosten pro Stunde auf Nationalwährungsbasis (Indizes) wird als nächstes die Entwicklung der Gesamtlohnkosten in Brasilien (in US-Dollar) im Vergleich zu ausgesuchten Ländern analysiert, um so einen Überblick über absolute Unterschiede dieser Kosten zu bekommen.

Abbildung 28: Brasilien: Entwicklung der Gesamtlohnkosten pro Stunde im Vergleich zu ausgesuchten OECD-Ländern (1985-1995) (laufende US-Dollar)

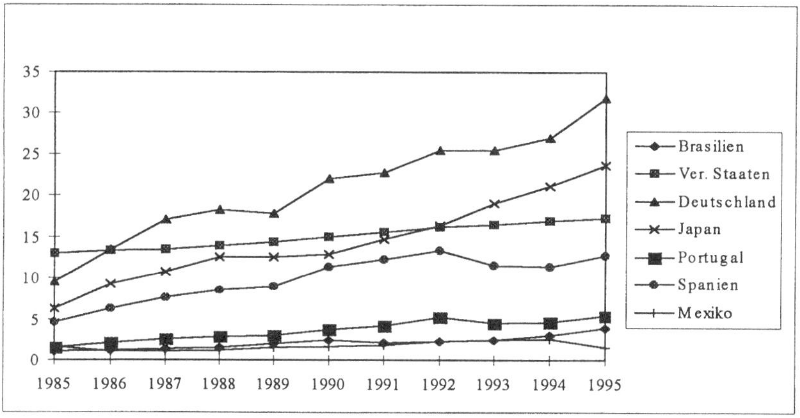

Quelle: Amadeo, E. J./Gonzaga, G., Salário, Produtividade e Câmbio (1996); U.S. Department of Labor, Hourly Compensation Costs (1996), in: http://www.stats.bls.gov.

Wie aus Abbildung 28 ersichtlich wird, sind in fast allen OECD-Ländern die Gesamtlohnkosten pro Stunde (in US-Dollar) im Verlauf des Zeitraumes 1985-1995 gestiegen. Im Vergleich zu den OECD-Ländern weist Brasilien, zusammen mit Mexiko, eine sehr günstige Entwicklung seiner Gesamtlohnkosten pro Stunde auf. Im Vergleich zu den asiatischen Schwellenländern Hong-Kong, Singapur, Korea und Taiwan ist die absolute Gesamtlohnkostenentwicklung in Brasilien auch als sehr positiv zu beurteilen (Abbildung 29). Während in Brasilien zwischen 1985 und 1995 die Gesamtlohnkosten pro Stunde sich von 1,01 US-Dollar auf 3,88 US-Dollar erhöhten, stiegen sie im gleichen Zeitraum

[384] Vgl. zum "Plano Real" Abschnitt 2.2., Teil A.

[385] Vgl. Franco, G., O Plano Real e outros Ensaios (1995), S. 46.

[386] Vgl. Ministério da Fazenda, Balanço do Real (1995), in: http://www.fazenda.gov.br.

in Korea von 1,23 US-Dollar auf 7,4 US-Dollar, in Singapur von 2,47 US-Dollar auf 7,28 US-Dollar, in Taiwan von 1,5 US-Dollar auf 5,82 US-Dollar und in Hong-Kong von 1,73 US-Dollar auf 4,82 US-Dollar an.

Abbildung 29: Brasilien: Entwicklung der Gesamtlohnkosten pro Stunde im Vergleich zu ausgesuchten asiatischen Schwellenländern (1985-1995) (laufende US-Dollar)

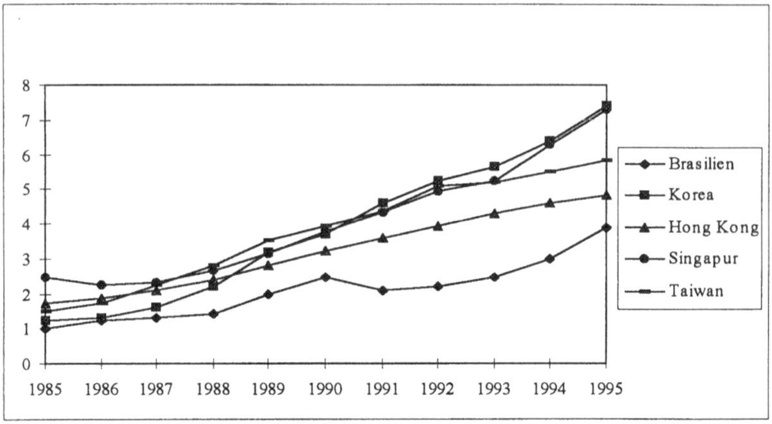

Quelle: Amadeo, E. J./Gonzaga, G., Salário, Produtividade e Câmbio (1996); U.S. Department of Labor, Hourly Compensation Costs (1996), in: http://www.stats.bls.gov.

Da vom US-Department of Labor und von internationalen Statistiken keine Daten zu der Entwicklung der Lohnkosten in den südostasiatischen NIC's Thailand, Indonesien und Malaysia zur Verfügung standen, soll als nächstes zumindest ein Vergleich der Gesamtlohnkosten pro Stunde im Verarbeitenden Gewerbe zwischen Brasilien und u.a. diesen Ländern gemacht werden. Dazu dienen weitere Daten, die vom Institut der deutschen Wirtschaft (IW) veröffentlicht wurden.[387] Der IW erhob u.a. die Arbeitskosten im Verarbeitenden Gewerbe (Jahr 1993) für die Länder Malaysia, Indonesien, Thailand und China. Die Arbeitskosten wurden in Direktentgelt (einschließlich Geldzuschüsse, wie z.B. für Wohnen, Verpflegung oder Fahrtkosten) und Personalzusatzkosten (z.B. Sozialversicherung, Unfallversicherung, Lohnfortzahlung im Krankheitsfall und die teilweise von den Betrieben finanzierte oder bereitgestellte medizinische Versorgung) eingeteilt. Somit umfassen die vom IW definierten Arbeitskosten insgesamt die gleichen Positionen wie die Gesamtlohnkosten (Brasilien)[388] und die "hourly compensation costs" (BLS).[389]

---

[387] Vgl. dazu IW, Internationale Wirtschaftszahlen (1996), S. 108.

[388] Vgl. dazu Seite 159 f. und Anhang E.

[389] Vgl. dazu Anhang E.

Abbildung 30: Gesamtlohnkosten pro Stunde im Verarbeitenden Gewerbe in ausgesuchten Ländern (US-Dollar):[1]

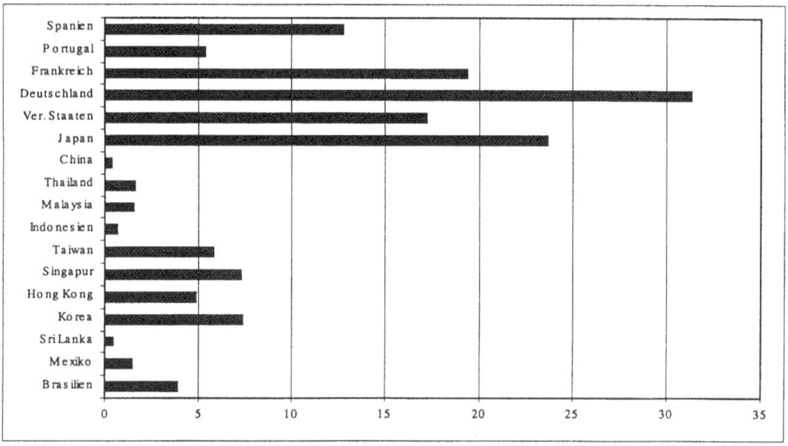

(1) Die Gesamtlohnkosten beziehen sich auf die folgenden Jahre: Brasilien, Mexiko, Korea, Hong Kong, Singapur, Taiwan, Vereinigte Staaten, Deutschland, Frankreich, Japan, Portugal und Spanien (1995), Sri Lanka (1994), Malaysia, Indonesien, Thailand und VR China (1993).

Quelle: Amadeo, E. J./Gonzaga, G., Salário, Produtividade e Câmbio (1996); U.S. Department of Labor, Hourly Compensation Costs (1996), in: http://www.stats.bls.gov.; Institut der deutschen Wirtschaft, Internationale Wirtschaftszahlen (1996).

Wie aus Abbildung 30 hervorgeht, weisen Indonesien (0,66 US-Dollar/Stunde), Thailand (1,61 US-Dollar/Stunde) und Malaysia (1,53 US-Dollar/Stunde), wie auch Sri-Lanka (0,45 US-Dollar/Stunde) und die VR-China (0,40 US-Dollar/Stunde) wesentlich niedrigere Gesamtlohnkosten pro Stunde als Brasilien auf.

C. Lohnzusatzkosten

Als nächstes soll ein Vergleich der Lohnzusatzkosten zwischen Brasilien, Mexiko und ausgesuchten asiatischen Schwellenländern durchgeführt werden. Um ein Mindestmaß an Deckungsgleichheit mit den vom IW erhobenen Daten zu schaffen, werden hier für Brasilien die Lohnzusatzkosten breiter als in Formel (6.6) definiert. Es werden hier die Positionen "Nicht-gearbeitete Stunden" und "Andere" als Lohnzusatzkosten berücksichtigt (vgl. Tabelle 24). Bei der Position "Andere" wird aber nur die Hälfte des Satzes (7,5 %) als sog. "Pauschalsatz" angesetzt, da bei dieser Position viele untere Positionen, sog. Geldzuschüsse im Sinne der Definition des IW darstellen.

Aus Abbildung 31 wird ersichtlich, daß Brasilien und Mexiko die höchsten Lohnzusatzkosten in Prozent des vertraglichen Lohns aufweisen. Auffällig ist die niedrige Lohnzusatzkostenquote in den südostasiatischen Ländern. Nur in Singapur und Korea übersteigt die Zusatzkostenquote die 40-Prozentmarke, in den übrigen Ländern liegt sie zwischen 20 und etwas über 30 Prozent (Malaysia). Der niedrige Stellenwert der Sozialausgaben in Südostasien im Vergleich zu Lateinamerika liefert die Erklärung dafür, daß in Lateinamerika die Zusatzkostenquote höher liegt als in Südostasien.[390]

Abbildung 31: Lohnzusatzkosten (in Prozent des vertraglichen Lohnes einschließlich Geldzuschüsse) in ausgesuchten Ländern[(1) (2) (3)]

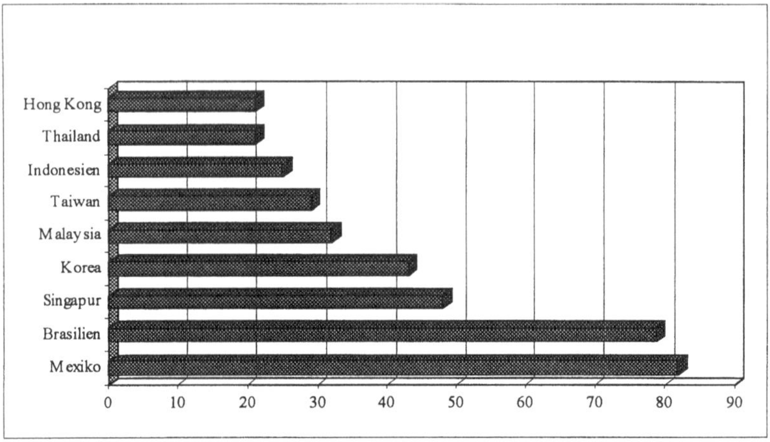

(1) Die Daten beziehen sich auf die folgenden Jahre: Brasilien (1995), andere Länder (1993).

(2) Zu den Lohnzusatzkosten wurden hier u.a. folgende Positionen gezählt: Sozialversicherungsbeiträge, Unfallversicherung, Lohnfortzahlung im Krankheitsfall, Bonuszahlungen und Entgelt für arbeitsfreie Tage. Geldzuschüsse, beispielsweise für Wohnen, Verpflegung oder Fahrtkosten wurden dem Direktentgelt zugeschlagen.

(3) Im Falle von Mexiko beziehen sich die Lohnzusatzkosten nur auf den rein vertraglichen Lohn ohne Geldzuschüsse.

Quelle: Institut der deutschen Wirtschaft, Internationale Wirtschaftszahlen (1996); Camargo, J. M., Mercado de Trabajo, Estabilización y Competitividad (1996).

D. Lohnstückkosten

Obwohl die Analyse der Gesamtlohnkosten pro Stunde einen wichtigen Anhaltspunkt zur Untersuchung der internationalen Wettbewerbsfähigkeit Brasiliens gibt, müssen diese Daten dennoch durch die **Arbeitsproduktivität** in den einzelnen Ländern ergänzt werden, d.h. es müssen die sog. **Lohnstückkosten** berechnet werden. Im Konzept der Lohnstückkosten werden die Gesamtlohnkosten (Lohnkosten und Lohnzusatzkosten) in Bezug gesetzt zur Arbeitsproduktivität (diese wird wiederum von der Qualifikation und Motivation der Mitarbeiter sowie von der Kapitalausstattung beeinflusst). In dieser Arbeit erfolgt die Definition der Lohnstückkosten anhand der Formeln (6.8) und (6.9):

[390] Vgl. dazu auch Schröder, C., Arbeitskosten in Südostasien (iw-trends, Heft 1, 1995), S 36 ff.

$$LSK_{nw} = \frac{\frac{nGLK}{Std.}}{\frac{rBWS}{Std.}} = \frac{nGLK}{rBWS} \qquad (6.8)$$

Die Lohnstückkosten in nationaler Währung (LSK_{nw}) sind durch die Relation von nominellen Gesamtlohnkosten je Beschäftigtenstunde ($\frac{nGLK}{Std.}$) zur realen Bruttowertschöpfung je Beschäftigtenstunde ($\frac{rBWS}{Std.}$) definiert. Durch Umformung dieses Quotientens folgt die weitere Bestimmungsgleichung der Lohnstückkosten als Verhältnis von nominaler Gesamtlohnkostensumme zur realen Bruttowertschöpfung ($\frac{nGLK}{rBWS}$).[391]

Aus Formel (6.8) wird ersichtlich, daß die Lohnstückkosten konstant bleiben, wenn die nominalen Gesamtlohnkosten pro Stunde im gleichen Umfang wachsen wie die Arbeitsproduktivität.

Tabelle 25 illustriert die Lohnstückkostenentwicklung auf Nationalwährungsbasis in Brasilien und in ausgesuchten Ländern. Bei der Analyse dieser Tabelle muß jedoch berücksichtigt werden, daß für Brasilien keine vollständigen Daten zur Bruttowertschöpfung pro Stunde zur Verfügung standen.[392] Aus diesem Grund wird zur Messung der Produktivitätsentwicklung in Brasilien eine technisch-mengenmäßige Größe herangezogen, d.h., die pro gearbeitete Stunde erbrachte Produktionsmenge. Der Vorteil ist, daß diese Daten für eine längere Zeitperiode verfügbar sind.[393]

Wie aus Tabelle 25 ersichtlich wird, stiegen die Lohnsstückkosten auf Nationalwährungsbasis in Brasilien zwischen 1985 und 1991 kontinuierlich und explosionsartig an. Dies läßt sich vor allem durch die Hyperinflation während dieser Periode erklären, welche die nominellen Gesamtlohnkosten pro Stunde in Brasilien in die Höhe trieb. Im Rahmen des Plano Real ist dann ab 1994 die Inflationsrate stark gesunken, so daß die Lohnstückkosten zwar anstiegen, aber nicht mehr in so starkem Maße wie in den Jahren zuvor.

Obwohl nicht so stark wie in Brasilien, stiegen die Lohnstückkosten auch in Korea, Deutschland und, in etwas geringerem Maße, in Taiwan zwischen 1985 und 1995 relativ an. Die geringste relative Steigerung der Lohnstückkosten verzeichnen dagegen die USA. Im Jahr 1997 waren außerdem alle analysierten Länder (mit Ausnahme von Brasi-

---

391 Vgl. dazu Link, F. J., Produktivität und Lohnkosten (iw-trends, Heft 2, 1995), S. 6.

392 Vgl. zu dieser Problematik z.B. Saboia, J./Carvalho, P. G. M. d, Produtividade na Indústria Brasileira (1997), S. 34.

393 Die Berechnung der brasilianischen nominellen Gesamtlohnkosten zwischen 1985-1995 wird auch unter Berücksichtigung der Entwicklung der Lohnzusatzkosten im Zeitablauf durchgeführt. Vgl. dazu Anhang E.

lien) durch eine Senkung ihrer Lohnstückkosten (nationaler Währung) gekennzeichnet (Tabelle 25).

Bei internationalen Vergleichen müssen die Lohnstückkosten in eine einheitliche Währung umgerechnet werden. Der Grund dafür ist, daß Wechselkursverschiebungen die Kostenposition eines Landes in gleichem Maße beeinflussen können wie die Entwicklung der nationalen Gesamtlohnkosten. In dieser Untersuchung ist der US-Dollar die gemeinsame Währung. Auf US-Dollar-Basis (LSK_{us}), also um den Außenwert (AW) ergänzt, lautet die Definition der Lohnstückkosten somit:[394]

$$LSK_{us} = \left(\frac{\frac{nGLK}{Std.}}{\frac{rBWS}{Std.}}\right) * AW \qquad (6.9)$$

Die Lohnstückkosten in gemeinsamer Währung steigen also, wenn die nominellen Gesamtlohnkosten pro Stunde und der US-Außenwert stärker zunehmen als die Stundenproduktivität.

Tabelle 25: Lohnstückkostenentwicklung (nationale Währung) in ausgesuchten Ländern (1985-1998) (1985=100)

	Brasilien	Korea	Taiwan	Deutschland	USA	Japan
1985	100,00	100,00	100,00	100,00	100,00	100,00
1986	260,07	99,15	103,78	103,42	101,89	105,54
1987	797,63	105,5	103,53	109,75	98,44	102,35
1988	6.410,21	118,16	106,18	110,00	99,89	99,57
1989	101.611,53	126,10	110,84	111,65	102,56	100,21
1990	2.485.397,75	134,04	118,92	114,68	105,67	101,28
1991	12.507.788,21	140,43	120,55	118,10	108,68	102,88
1992	153.120,57	141,84	126,10	126,58	111,23	106,61
1993	3.014.420,71	139,29	127,24	132,53	109,90	110,98
1994	67.546,89	147,66	128,63	128,86	108,12	112,58
1995	105.179,46	145,96	125,09	131,27	107,45	110,23
1996	115.941,41	141,56	128,37	134,18	108,74	105,33
1997	163.245,45	134,89	127,11	129,62	107,69	102,35
1998	105.776,99 (1)	k.D.	k.D.	k.D.	k.D.	k.D.

(1) Nur bis Juli 1998.

Quelle: U.S. Department of Labor, International Comparisons of Manufacturing Productivity and Unit Labor Cost Trends (1995), in: http://www.stats.bls.gov.; U.S. Department of Labor, Unit Labor Costs in Manufacturing (1998), in: http://www.stats.bls.org; IBGE, Pesquisa Industrial Mensal (mehrere Ausgaben); eigene Berechnungen.

Wie aus Abbildung 32 hervorgeht, hat Brasilien, neben Japan und Deutschland, tendenziell eine starke Erhöhung seiner Lohnstückkosten in der Periode 1985-1995 zu verzeichnen. Im Verhältnis zu den Lohnstückkosten auf Nationalwährungsbasis ist die Stei-

---

394 Vgl. dazu Link, F. J., Produktivität und Lohnkosten (iw-trends, Heft 2, 1995), S. 6.

gerung der Lohnstückkosten in US-Dollar in Brasilien nicht so stark, was damit zusammenhängt, daß der explosionsartige Anstieg der nominellen Gesamtlohnkosten in nationaler Währung durch die Abwertung der brasilianischen Währung kompensiert wurde.

Abbildung 32: Brasilien: Entwicklung der Lohnstückkosten im Vergleich zu ausgesuchten Ländern (1985-1997) (1985=100) (US-Dollar)(1)

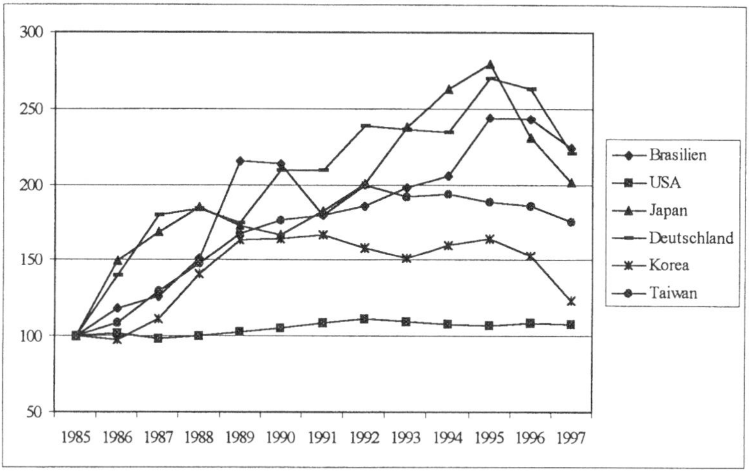

(1) Brasilien: Bei den Jahren 1996 und 1997 wurde nur die Zeitperiode Januar-September berücksichtigt.

Quelle: U.S. Department of Labor, International Comparisons of Manufacturing Productivity and Unit Labor Cost Trends (1995), in: http://www.stats.bls.gov.; IBGE, Pesquisa Industrial Mensal (mehrere Ausgaben); U.S. Department of Labor, Unit Labor Costs in Manufacturing (1998), in: http://www.stats.bls.org; Bonelli, F./Fonseca, R., Competitividade (1998), S. 8.

In Taiwan sind während dieser Periode die Lohnstückkosten auch gestiegen, aber nicht in einem so starken Maße wie bei den drei vorher genannten Ländern. In den Vereinigten Staaten und in Korea (insbesondere seit 1989) sind dagegen die Lohnstückkosten insgesamt auf einem konstanten Niveau geblieben. Ab 1996 ist in fast allen Ländern eine Senkung der Lohnstückkosten zu beobachten.

Wie aus Abbildung 33 ersichtlich wird, hat Brasilien seit der Öffnung seiner Volkswirtschaft (vor allem seit 1991) kontinuierliche Produktivitätserhöhungen zu verzeichnen. Dies ist ein positives Zeichen dafür, daß brasilianische Unternehmen auf den zunehmenden Konkurrenzdruck mit einer Erhöhung ihrer Produktivität reagiert haben. Trotzdem sind in Brasilien die nominalen Gesamtlohnkosten pro Stunde (US-Dollar) im Zuge der Öffnung z.T. überproportional zur Produktivität gestiegen, was wiederum relativ ansteigende Lohnstückkosten zur Folge hatte.

Zum Abschluß dieses Abschnittes soll noch auf die hohe Fluktuationsrate auf dem brasilianischen Arbeitsmarkt hingewiesen werden. Im Durchschnitt wechseln zwischen 2,5 % und 3 % der Arbeiter des Industriesektors in Brasilien ihren Arbeitsplatz monatlich. Außerdem sind ca. 40 % der Arbeiter des brasilianischen Industriesektors weniger als zwei Jahre am gleichen Arbeitsplatz. Dies kommt vor allem zustande, weil das brasilianische Arbeitsrecht die Eingehung von langfristigen Arbeitsbeziehungen zwischen Unternehmen und Arbeiter durch dazu geeignete Gesetze nicht unterstützt.[395]

Während in den meisten Ländern die gesetzliche Auflage von Entlassungskosten die Entstehung hoher Fluktuationsraten auf den jeweiligen Arbeitsmärkten verhindert, ist das in Brasilien nicht der Fall. Dort fördert die Art, wie gesetzliche Entlassungskosten auferlegt werden, eher die Herausbildung hoher Fluktuationsraten auf dem Arbeitsmarkt.

Abbildung 33: Brasilien: Entwicklung der Lohnstückkosten, der nominalen Gesamtlohnkosten (Std.) und der Produktivität (Std.) (US-Dollar) (1985-1997) (1985=100)

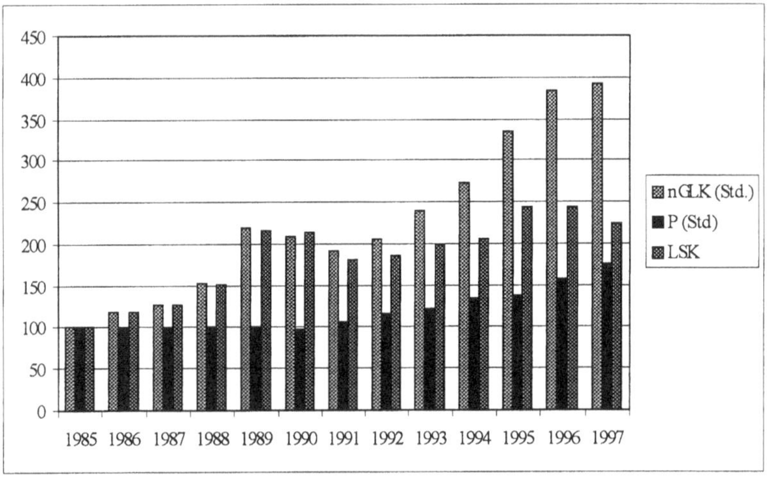

Quelle: IBGE, Pesquisa Industrial Mensal (mehrere Ausgaben); Bonelli, F./Fonseca, R., Competitividade (1998), S. 8; eigene Berechnungen.

In Brasilien sind zwei Arten von gesetzlichen Entlassungskosten vorhanden:[396]

Erstens eine Geldstrafe von 40 % des akkumulierten FGTS-Saldos des jeweiligen Arbeiters im Falle einer Entlassung ohne triftigen Grund. Beim FGTS (Fundo de Garantia por Tempo de Serviço) handelt es sich um einen sog. Kapitalisationsfonds, in dessen Rahmen die Unternehmen gesetzlich verpflichtet sind, für die gesamte Dauer der Beschäftigung eines Arbeiters monatlich 8 % des Grundlohns zur Seite zu legen. Im Falle der Entlas-

---

[395] Vgl. dazu Amadeo, E. J./Gonzaga, G., Salário, Produtividade e Câmbio (1996), S. 10.

[396] Vgl. dazu Amadeo, E. J./Gonzaga, G., Salário, Produtividade e Câmbio (1996), S. 12.

sung hat der Arbeiter dann Recht auf den akkumulierten FGTS-Betrag und darf zusätzlich die 40 % Geldstrafe behalten.

Zweitens fungieren als weitere Entlassungskosten in Brasilien, aber auf indirekte Weise, die Verpflichtung des Arbeitgebers dem Arbeitnehmer eine Kündigungsfrist von einem Monat einzuräumen, in deren Zeitraum der Arbeitnehmer zwei Stunden täglich frei bekommt, um eine neue Arbeitsstelle zu suchen.

Während die gesetzliche Kündigungsfrist keinen Einfluß auf die Fluktuationsrate in Brasilien ausübt, kann das gleiche nicht bezüglich des FGTS behauptet werden. Weil a) Arbeiter in Brasilien Anspruch auf den akkumulierten FGTS-Betrag und auf die dazugehörende Geldstrafe im Falle einer Entlassung haben und b) die Aufstiegschancen, vor allem für gering ausgebildete Arbeitskräfte, in Brasilien sehr gering sind, versuchen die meisten Arbeiter, insbesondere in Aufschwungsphasen, bei denen die Nachfrage nach Arbeitskräften hoch ist, ihre Entlassung zu forcieren, um die obengenannte Summe zu bekommen. In einigen Fällen ist es auch denkbar, daß der Arbeiter im gleichen Arbeitsverhältnis weiterhin für einige Zeit schwarz arbeitet und parallel dazu die Summe aus dem FGTS plus 40 % des FGTS erhält.[397]

Die hohe Fluktuationsrate auf dem brasilianischen Arbeitsmarkt hat auch negative Auswirkungen auf die internationale Wettbewerbsfähigkeit brasilianischer Firmen, weil dann sehr wenig in betriebsinterne Bildungsmaßnahmen investiert wird, was wiederum zur Folge hat, daß das Potential für Produktivitätserhöhungen sehr gering ausfällt. Eine weitere Auswirkung der hohen Fluktuation stellen die dadurch verursachten hohen Entlassungskosten dar. Obwohl die Entlassungskosten pro Arbeiter in Brasilien relativ niedrig sind, bewirkt die hohe Fluktuation der Arbeitskräfte, daß insgesamt die Firmen mit hohen Entlassungskosten belastet werden.[398]

Eine Möglichkeit, aus diesem Dilemma zu entkommen, wäre es, sog. private Ausbildungsverträge zwischen den Unternehmen und den einzelnen Arbeitern zu schließen. Für den Fall, daß der Arbeiter das Unternehmen vorzeitig verlassen will, wäre er somit verpflichtet, den komplett investierten Ausbildungsbetrag zurück zu bezahlen. Durch private Ausbildungsverträge wäre es somit möglich, Bindungen an die Firma zu schaffen und dementsprechend in die Ausbildung von qualifizierten Facharbeitern zu investieren.

In Brasilien scheidet diese Möglichkeit jedoch dadurch aus, daß der Abschluß von Ausbildungsverträgen nicht gesetzlich verankert ist.[399]

Untersuchungen zeigen, daß in lateinamerikanischen Schwellenländern betriebsinterne Ausbildungsmaßnahmen eine relativ untergeordnete Bedeutung haben: Im Rahmen einer von TAN/BATRA[400] durchgeführten Untersuchung wurden Unternehmen in Kolumbien, Mexiko, Indonesien und Malaysia zu der Durchführung von Trainingsmaßnahmen befragt. Die Ergebnisse dieser Untersuchung sind in Tabelle 26 zusammengefaßt.

---

397 Vgl. dazu Amadeo, E. J./Gonzaga, G., Salário, Produtividade e Câmbio (1996), S. 12; vgl auch dazu Camargo, J. M., Mercado de Trabajo, Estabilización y Competitividad (1996), S. 10.

398 Vgl. dazu Amadeo, E. J./Gonzaga, G., Salário, Produtividade e Câmbio (1996), S. 12.

399 Vgl. dazu Auskünfte von Herrn Araújo (SEBRAE – Rio de Janeiro) am 10.09.1998 per Telefon.

400 Vgl. Tan, H. W./Batra, G., Enterprise Training (1995).

Tabelle 26: Verbreitung von (formellen) Trainingsmaßnahmen in ausgesuchten Ländern

	Kolumbien (1992)	Mexiko (1992)	Indonesien (1992)	Malaysia (1994)
Zahl der befragten Unternehmen	500	5.072	300	2.200
% betriebsextern	48,7	7,9	14,2	20,4
% betriebsintern	3,7	5,8	9,7	25,2

Quelle: Tan, H. W./Batra, G., Enterprise Training (1995), S. 6.

Es zeigt sich, daß die untersuchten lateinamerikanischen Unternehmen stärker auf betriebsexterne Ausbildungsmaßnahmen (Übertragung der Trainingsaufgaben an externe Organisationen) zurückgreifen als die ostasiatischen Betriebe. Vor allem Unternehmen aus Malaysia sind dadurch gekennzeichnet, daß sie die eigenen Arbeiter zum größten Teil selbst ausbilden.

Fazit

Zusammenfassend kann festgehalten werden, daß in Brasilien dem Vorteil der relativ niedrigen Arbeitskosten der Nachteil einer relativ niedrigen Produktivität gegenübersteht. So hat sich in Brasilien die Produktivität, vor allem ab 1991 deutlich erhöht, dennoch blieb diese Erhöhung hinter der Gesamtlohnkostenentwicklung zurück. Dies hatte deutlich ansteigende Lohnstückkosten zur Folge.

Korea dagegen verzeichnete zwar einen explosionsartigen Anstieg der Gesamtlohnkosten pro Stunde zwischen 1985 und 1996, dennoch war die Produktivitätsentwicklung in der koreanischen Industrie während dieser Periode auch extrem hoch. Die Folge war ein deutlich geringerer Anstieg der Lohnstückkosten als in Brasilien.

6.5. Kosten für Infrastruktur

Die Ausstattung einer Volkswirtschaft mit einer gut erschlossenen Infrastruktur ist eine bedeutende Determinante internationaler Wettbewerbsfähigkeit für die dort ansässigen Unternehmen. Dies wird ersichtlich, wenn bedacht wird, daß die Bereitstellung ausreichender, u.a. staatlicher Infrastruktur einen wichtigen Bestandteil der *strukturellen Wettbewerbsfähigkeit* eines Landes darstellt:

*"We propose the notion of "structural competitiveness" as a way of expressing the fact that, while the competitiveness of firms will obviously reflect sucessful management practice by entrepreneurs or corporate executives, it also stem from the strength and efficiency of national economy's productive structure, its **technical infrastructure** [Hervorhebung nicht im Original] and the other factors determining the externalities on which firms can build."*[401]

Es wird somit als nächstes sowohl auf die Ausstattung Brasiliens mit infrastrukturellen Einrichtungen als auch auf die Kosten für Infrastruktur im Vergleich zu ausgesuchten Ländern eingegangen, um auf diese Weise Erkenntnisse darüber zu gewinnen, ob von der Infrastruktur ausreichende positive externe Effekte für die in Brasilien ansässigen Unternehmen ausgehen.[402] [403] Aus der Menge der, der materiellen Infrastruktur eines Landes zuzurechnenden Einrichtungen werden in dieser Arbeit insbesondere folgende Sachbereiche analysiert:

(1) Staatliche Energieversorgung

(2) Verkehrsinfrastruktur

(3) Kommunikationsinfrastruktur

(4) Hochschulen

(5) Wissenstransfereinrichtungen

(6) Berufliche Bildungseinrichtungen

Da bereits auf das Bildungs- und Innovationssystem Brasiliens eingegangen wurde,[404] werden diese infrastrukturellen Einrichtungen im Rahmen dieses Abschnittes nicht weiter behandelt.

---

[401] Chesnais, F., Science, Technology and Competitiveness (STI Review, Heft 1, 1986), S. 86.

[402] Vgl. zum Begriff der externen Effekte Abschnitt 4.2.3.2.

[403] Zum Zusammenhang zwischen Infrastrukturausstattung und externen Effekte bzw. wirtschaftlicher Entwicklung vgl. weiterhin Bach, S./Gornig, M./Stille, F./Voigt, U., Wechselwirkungen zwischen Infrastrukturausstattung, strukturellem Wandel und Wirtschaftswachstum (DIW-Beiträge zur Strukturforschung, Heft 151, 1994), S. 113 ff. Eine Zusammenfassung wichtiger Studien zu diesem Themengebiet ist außerdem bei BUSCH/KLÖS zu finden. Vgl. dazu Busch, B./Klös, H.-P., Potentialfaktor Infrastruktur (1995), S. 11 ff.

[404] Vgl. dazu Abschnitt 3.3.

A. Energie

Als erstes stellt sich somit die Frage nach der Struktur und nach den Kosten (staatlicher) Energieversorgung in Brasilien im Vergleich zu ausgesuchten asiatischen und lateinamerikanischen Schwellenländern.

Abbildung 34: Brasilien: Entwicklung der Preise ausgesuchter Energiequellen (boe)(1) (1980-1995) (konstante US-Dollar von 1995)

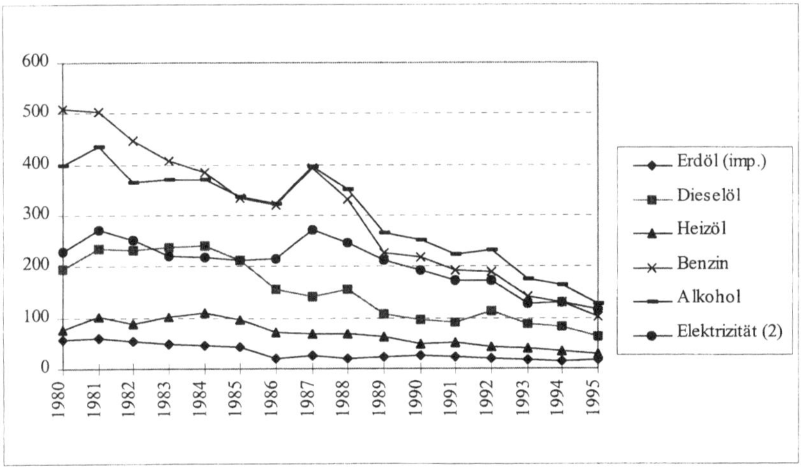

(1) boe= barrel of oil equivalent.

(2) Hier sind nur die Preise für industrielle Elektrizität maßgebend. Die Preise für Wohnelektrizität wurden nicht berücksichtigt.

Quelle: Ministério das Minas e Energia, Balanço Energético Nacional (1996).

Wie aus Abbildung 34 ersichtlich wird, kann zwar in Brasilien tendenziell eine Senkung der Durchschnittspreise sämtlicher Energiequellen festgestellt werden, dennoch zählen Benzin, Alkohol und Dieselöl immer noch zu den teuersten Energiequellen in diesem Land. Dies stellt einen relativ hohen Wettbewerbsnachteil für Brasilien dar, insbesondere wenn bedacht wird, daß ein Großteil des Gütertransports, über Autobahnen abgewickelt wird (Tabelle 27).

Tabelle 27: Transportierte Fracht in ausgesuchten Ländern (1993) (Prozent)

	Brasilien	Durchschnitt aus 7 Ländern (1)
Eisenbahn	26,0	44,5
Autobahn	56,0	28,0
Wasser	17,0	27,0
Luft	0,5	0,4

(1) Argentinien, Mexiko, Kanada, Australien, China. Indien und USA.

Quelle: Banas, G., Globalização (1996), S. 224.

Der Vergleich der absoluten Preise bestimmter Energiequellen (Abbildung 35) zeigt außerdem, daß die Durchschnittspreise für industrielle Elektrizität in Brasilien relativ niedrig sind. Von den südostasiatischen Schwellenländern weist nur Malaysia niedrigere Elektrizitätspreise als Brasilien auf. Außerdem ist der Durchschnittspreis für industrielle Elektrizität im Jahr 1994 in Brasilien (48 US-Dollar/MWh) niedriger als der von Argentinien (68 US-Dollar/MWh), Chiles (62 US-Dollar/MWh), Japans (162 US-Dollar/MWh), den USA (49 US-Dollar/MWh) und Deutschlands (89 US-Dollar/MWh).

Die Benzinpreise sind in Brasilien dagegen höher als in den meisten südostasiatischen Schwellenländern. Nur Taiwan und Korea weisen höhere Benzinpreise als Brasilien auf. Ähnliches ist auch bezüglich der Preise für Dieselöl festzustellen. Auch hier liegen die brasilianischen Werte deutlich über deren der asiatischen Schwellenländer (vgl. Abbildung 35). Einen Grund für die hohen Preise der Erdölderivate in Brasilien läßt sich auf die Tatsache zurückführen, daß Brasilien nicht zu den größten Erdölproduzenten der Welt gehört. Außerdem reicht die Inlandsproduktion nicht aus, um die sich ständig erhöhende Nachfrage zu decken. Indonesien dagegen zählt z.B. zu den größten Erdölproduzenten Ostasiens. Außerdem wird dort der Erdölpreis staatlich subventioniert, so daß mit insgesamt niedrigeren Preise als in Brasilien zu rechnen ist.[405]

Wie bereits dargestellt,[406] stellen die hohen Preise für Erdölderivate einen Wettbewerbsnachteil für ein großes Land wie Brasilien dar, wenn bedacht wird, daß in diesem Land der Großteil der Waren über Autobahnen transportiert wird.

In Brasilien, wie auch in den meisten der lateinamerikanischen und asiatischen Schwellenländer befindet sich der Energiesektor in einer starken Restrukturierungsphase. Kennzeichnend für diese Neuorganisation ist eine zunehmende Deregulierung und Entziehung des Staates aus dem Energiesektor in diesen Ländern. Als ein wichtiger Grund für die Deregulierung ist vor allem die relativ hohe staatliche Verschuldung zu nennen. Es wird aber nicht eine totale Trennung des Staates von energiepolitischen Fragen angestrebt, sondern der Staat soll in Zukunft die Rolle einer Kontrollinstanz übernehmen.[407]

---

[405] Vgl. Banas, G., Globalização (1996), S. 66 ff.

[406] Vgl. dazu Seite 174 f.

[407] Vgl. Fesharaki, F./Keevill, H. S./Dorian, J. P., Recent Trends in Domestic Energy Prices of Asia (Opec Review, Heft 2, 1996), S. 145; Castello Branco, E., A Restruturação e a Modernização do Setor Elétrico Brasileiro (Nova Economia, Heft 1,1996), S. 106 ff; Rigolon, F. J. Z., Regulação da Infra-Estrutura (Revista do BNDES, Heft 7, 1997), S. 124 ff.

Abbildung 35: Durchschnittspreise für industrielle Elektrizität, Benzin und Dieselöl in ausgesuchten Schwellenländern(1) (2) (3)

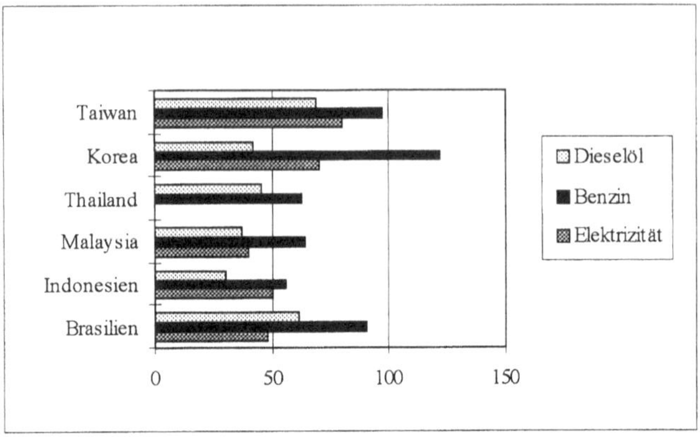

(1) Es wurden folgende Maßgrößen verwendet: Elektrizität (US-Dollar/MWh), Benzin (US-Dollar/Faß) und Dieselöl (US-Dollar/Faß).

(2) Die Elektrizitätspreise beziehen sich auf die folgenden Jahre: Brasilien, Taiwan (1994), Malaysia, Indonesien, Korea (Januar 1994).

(3) Die Preise für Benzin und Dieselöl beziehen sich auf die folgenden Jahre: Brasilien (1995), restliche Länder (Januar 1994). Mit Ausnahme von Korea (Benzin Typ "unleaded regular") und Brasilien beziehen sich die Benzinpreise außerdem auf den Benzintyp "unleaded premium".

Quelle: Fesharaki, F./Keevill, H. S./Dorian, J. P., Recent Trends in Domestic Energy Prices of Asia (Opec Review, Heft 2, 1996), S. 120; Ministério das Minas e Energia, Balanço Energético Nacional (1996); Castello Branco, E., A Restruturação e a Modernização do Setor Elétrico Brasileiro (Nova Economia, Heft 1,1996), S. 133; OECD/IEA, Energy Prices and Taxes, Third Quarter (1996).

Obwohl Länder wie Korea bereits Anfang der achtziger Jahre damit begannen, den Energiesektor zunehmend zu liberalisieren, ist dieser Trend erst ab Anfang der neunziger Jahre in Brasilien festzustellen. Die Liberalisierung des Energiesektors muß im Zusammenhang mit dem im Rahmen der Regierung COLLOR (März 1990) angekündigten Privatisierungsprogrammms (Programa Nacional de Desestatização-PNI) gesehen werden. Bis Ende 1994 wurden 24 staatliche Unternehmen in Privateigentum überführt. Dazu gehörten hauptsächlich Unternehmen aus der Petrochemie-, Stahl- und Düngemittelindustrie. Im Rahmen des "Plano Real" wurde mit einer zweiten Phase des Privatisierungsprogramms begonnen, bei der zunehmend Betriebe aus den Bereichen elektrische Energie, Transportwesen, Telekommunikation und Finanzwesen privatisiert wurden. Insgesamt wurden in dieser neuen Privatisierungsphase bis Ende 1996 15 Unternehmen in Privateigentum überführt. Dazu gehören auch zwei große elektrische Werke, die ESCELSA und die LIGHT.[408]

---

[408] Vgl. dazu Baer, W., Economia Brasileira (1996), S. 272 ff.

Auf dem Energiesektor sind in Brasilien noch weitere Maßnahmen zur Deregulierung angestrebt. Dazu gehört auch die Privatisierung weiterer elektrischer Werke. Der Staat soll dabei hauptsächlich die Rolle einer Kontrollinstanz durch die Gründung von sog. Überwachungsbehörden übernehmen. Für diesen Zweck wurden für den Elektrizitäts-Bereich die ANEEL[409] und für den Erdöl-Bereich die ANP[410] gegründet.[411]

Es ist davon auszugehen, daß durch die Liberalisierung des Energiesektors und insbesondere der Stromwirtschaft die Energiepreise in Brasilien weiter sinken werden. Da sich die Deregulierungswelle auch in anderen asiatischen und lateinamerikanischen Schwellenländern vollzieht, ist es möglich, daß in vielen dieser Länder (insbesondere die mit hohen Energiepreisen) die Preise international konkurrenzfähig werden.

Aber auch im Erdölbereich ist mit einer Senkung der Preise in Brasilien zu rechnen. So ist die starke Regulierung des Erdölbereichs eine mögliche Ursache der hohen Benzin- und Dieselölpreise in Brasilien.[412] Nicht nur die Preise von Erdöl und von Erdölderivaten waren stark reguliert, sondern der Abbau und die Weiterverarbeitung dieser Produkte erfolgte durch die staatliche Erdölunternehmung PETROBRÁS. Im August 1997 wurde aber durch die Verabschiedung des Gesetzes Nr. 9.478 das Monopol der PETROBRÁS abgeschafft. Obwohl die private Suche nach Erdöl und der Abbau nur in Form von Partnerschaften mit der PETROBRÁS durchgeführt werden kann, ist in nächster Zeit mit einer Verschärfung des Wettbewerbs im Erdölbereich zu rechnen. So werden bis zum Jahr 2000 Investitionen in Höhe von US$ 13 Mrd. im brasilianischen Erdölbereich erwartet, davon US$ 4 Mrd. durch private Unternehmen; außerdem wird mit einer Erhöhung der täglichen Erdölproduktion von 900.000 Fässer (1997) auf 2 Millionen Fässer (2005) gerechnet.[413]

B. Verkehrsinfrastruktur

Neben dem Energiesektor kommt, im Zeitalter der Globalisierung der Absatz- und Beschaffungsmärkte sowie abnehmender betrieblicher Fertigungstiefe, der Verkehrsinfrastruktur zunehmende Bedeutung zu.

Aus Tabelle 28 sind Daten zur Streckenlänge der Eisenbahn und zur Straßenlänge (insgesamt und betoniert/asphaltiert) in Brasilien sowie in ausgesuchten asiatischen und lateinamerikanischen Schwellenländern ersichtlich. Um einen Anhaltspunkt zur verkehrsinfrastrukturellen Erschließung der einzelnen Länder zu bekommen, wurden diese Daten in Bezug zur Gesamtfläche der einzelnen Länder gesetzt. Die so errechneten Werte geben an, wieviel Kilometer Eisenbahnlinie bzw. betonierte Straße pro km^2 vorhanden sind. Diese Werte sollen aber nur als sog. "Proxy-Variablen" zum Ausbau der

---

[409] Agência Nacional de Energia Elétrica (Staatliche Elektrizitätsbehörde).

[410] Agência Nacional do Petróleo (Staatliche Erdölbehörde).

[411] Vgl. Melloni, E., Modelo Energético (1996), S. 40; Rigolon, F. J. Z., Regulação da Infra-Estrutura (Revista do BNDES, Heft 7, 1997), S. 137 ff.; o.V., Quebra do Monopólio trará Investimentos de US$ 13 Bi, in: Folha de São Paulo von 08.08.1997.

[412] Ein weiterer Grund dafür sind die relativ hohen indirekten Energiesteuern in Brasilien, vor allem für Mineralölprodukte. Vgl. dazu Pröckl, T., Das brasilianische Steuersystem (1991), S. 87 f.

[413] Vgl. o.V., Quebra do Monopólio trará Investimentos de US$ 13 Bi, in: Folha de São Paulo von 08.08.1997.

Verkehrsinfrastruktur interpretiert werden im Verhältnis zur Größe der einzelnen Ländern. Es ist aus dieser Tabelle erkennbar, daß Brasilien zwar absolut über eine große Streckenlänge der Eisenbahn und über eine große Straßenlänge verfügt, aber im Verhältnis zu seiner großen Fläche sind diese Werte als niedrig einzustufen. Dies wird ersichtlich, wenn die einzelnen Verhältniszahlen mit denen anderer lateinamerikanischer und asiatischer Schwellenländer verglichen werden. Länder mit einer geringeren Fläche als Brasilien weisen sogar höhere bzw. ähnliche absolute Werte wie Brasilien auf, wie z.B. Argentinien im Eisenbahnnetz oder Indonesien bei der betonierten Straßenlänge. Diese Werte zeigen wiederum auch, wie schwer es ist, ein Land der Größe Brasiliens verkehrsinfrastrukturell zu erschließen.

Bei großen Ländern wie Brasilien könnte anstatt der Gesamtfläche, die Fläche der besiedelten Gebiete als Bezugsgröße verwendet werden. Man würde in diesem Fall zu realistischeren Ergebnissen kommen. Abgesehen von den Schätzungsproblemen, ergeben sich im Falle von Brasilien zusätzliche Probleme, da das in diesem Land früher verfolgte Entwicklungsmodell die Erschließung der abgelegenen Gebiete gefördert hat. So wurde beispielsweise im Jahr 1967 die Zona Franca de Manaus, eine Art steuerfreie Zone in Manaus, der Hauptstadt des Bundeslandes Amazonas, gegründet und im Jahr 1960 wurde die Hauptstadt von Rio de Janeiro nach Brasília, eine für diesen Zweck neu gegründete Stadt, verlegt. So haben diese Aktionen bewirkt, daß sich in Brasilien einige Industrie- und Bevölkerungspole gebildet haben, die extrem weit von den Industriezentren und Metropolen des Südens entfernt liegen, aber verkehrsinfrastrukturell mit denen in Verbindung bleiben müssen. So liegt beispielsweise die Zona Franca de Manaus, die das Zentrum der Elektronikindustrie Brasiliens darstellt und in der mittlerweile mehr als 300 Betriebe angesiedelt sind,[414] etwa 3000 km vom Großraum São Paulo, dem Industriezentrum Brasiliens, entfernt.

Es soll im Anschluß dieser Ausführungen auf die infrastrukturelle Erschließung des Südostens Brasiliens, der die Bundesländer São Paulo, Rio de Janeiro, Minas Gerais und Espírito Santo einschließt, eingegangen werden. In dieser Region wurden im Jahr 1995 62,97 % des brasilianischen BIP erwirtschaftet.[415] Diese Region hat eine Fläche von 924.300 km² und hat ca. 52.000 km betonierte Straßen (1995).[416] Wird in Anlehnung an Spalte 5 von Tabelle 28 die betonierte Straßenlänge mit der Fläche in Beziehung gesetzt, ergibt sich im Falle der alleinigen Berücksichtigung des Südostens ein Index von 0,056, der weit über dem brasilianischen Durchschnitt von 0,020, aber dennoch weiter unter den Werten von Mexiko, Indonesien, Thailand und Korea liegt.

---

[414] Vgl. dazu Lennertz, M., Nach Rio hat in Brasilien das Umdenken begonnen, in: FAZ von 28.06.1997.

[415] Vgl. Dunningham, A., Real consolida a Economia do Sudeste, in: O Globo von 07.01.1997.

[416] Vgl. Ligia Torres, C., Primeiro Passo é recuperar (1996), S. 26.

Tabelle 28: Verkehrsinfrastruktur in ausgesuchten Ländern (1)

	Fläche (km^2) (1)	Streckenlänge der Eisenbahn (km) (2)	(2)/(1)	Straßenlänge (insgesamt) (3)	Straßenlänge (betoniert/ asphaltiert) (4)	(4)/(1)
Brasilien	8.511.996	30.223	0,004	1.700.000	170.000	0,020
Argentinien	2.079.000	34.115	0,016	200.000	60.000	0,022
Chile	756.629	8.185	0,011	79.223	10.299	0,014
Mexiko	1.096.000	26.334	0,024	240.000	90.000	0,082
Indonesien	1.919.317	6.370	0,003	315.460	137.060	0,071
Malaysia	329.758	1.777	0,005	61.649	44.885	0,136
Thailand	513.115	3.870	0,008	48.623	44.496	0,087
Korea	99.274	3.101	0,031	73.833	57.421	0,578

(1) Die Daten beziehen sich auf das Jahr 1993, mit Ausnahme von Korea (Jahr 1994) und Chile: Eisenbahn (Jahr 1990) und Straßenlänge (Jahr 1987).

Quelle: Banas, G. Globalização (1996), S. 220 f.; ANFAVEA, Anuário Estatístico da Indústria Automobilística Brasileira (1996), S. 27 f., UN, Statistical Yearbook for Asia and the Pacific (1995); Statistisches Bundesamt, Länderbericht Chile (1991).

Neben den bereits erwähnten Problemen, die in Verbindung mit der Struktur des Frachttransports in Brasilien entstehen,[417] ist noch auf die hohen Frachtkosten hinzuweisen. Untersuchungen weisen darauf hin, daß in Brasilien der Durchschnittstarif der, über Autobahnen, transportierten Fracht (Tonne/km) doppelt so hoch ist wie in China und 60 % höher ist als in den USA.[418] Als Ursachen dafür können u.a. der schlechte Zustand vieler Bundesstraßen in Brasilien und die bis 1993 geltende starke staatliche Kontrolle der brasilianischen Autobahnen in Verbindung mit einer mangelnden staatlichen Investitionstätigkeit (insbesondere zur Modernisierung der Autobahnen) genannt werden.[419]

Ähnlich wie der Energiebereich, ist der Verkehrsinfrastruktursektor auch von den Liberalisierungstendenzen in der brasilianischen Wirtschaft betroffen. Einige der brasilianischen Autobahnen wurden bereits dem Privatsektor in Form von Konzessionen übertragen.[420] Außerdem sind die RFFSA (Rede Ferroviária Federal S.A., d.h. die brasilianische Bundesbahn) und die FEPASA (Ferroviária Paulista S.A., d.h. die Bahn des Bundeslands São Paulo) zum größten Teil schon privatisiert worden.[421]

Ob die Privatisierung der Eisen- und Autobahnen und anderer infrastruktureller Einrichtungen in Brasilien als positiv zu beurteilen ist, d.h., ob dadurch zu erwarten ist, daß die notwendigen Modernisierungsinvestitionen getätigt werden, kann vorerst nicht behauptet werden. Der Grund dafür ist, daß die Vornahme von Modernisierungsinvestitionen sehr stark von den durchgeführten Kontrakten bzw. Verträgen abhängt. Die Privatisierung

[417] Vgl. dazu Seite 174 f.

[418] Vgl. Brandão, V., Carga Perigosa (Expressão, Heft 70, 1996), S. 39.

[419] Vgl. Ligia Torres, C., Primeiro Passo é recuperar (1996), S. 26.

[420] Grundlage dafür bildet das 1993 entwickelte Programm zur Konzession von Staatlichen Autobahnen (PROCROFE, Programa de Concessão de Rodovias Federais). Vgl. dazu Ligia Torres, C., Primeiro Passo é recuperar (1996), S. 22 ff.

[421] Vgl. Lacerda, A., Entrando nos Trilhos (1996), S. 27 ff.

von infrastrukturellen Einrichtungen kann in Form von Pachtverträgen (arrendamento) oder Konzessionen (concessão der serviços públicos) erfolgen. Während bei der Konzession der private Partner die ganze Verantwortung bzw. Haftung für die Vornahme von Investitionen übernimmt, ist das beim Pachtvertrag nicht der Fall. Aber auch beim Konzessionsvertrag handelt es sich um eine sehr komplexe Kontraktform. Von der richtigen Wahl und Gestaltung einzelner Vertragsklauseln (u.a. Wert und Dauer der Konzession, Höhe der Tarife, Pflichten und Rechte während der Konzessionszeit) hängt es ab, ob die Privatisierung infrastruktureller Einrichtungen zu den erwünschten Modernisierungs- und Erweiterungsinvestitionen führt.[422]

Ein Beispiel für einen gut durchgeführten Vertrag stellt die Privatisierung der "Via Dutra", die Autobahn die São Paulo und Rio de Janeiro verbindet, dar. Die Verwaltung der "Via Dutra" wurde im Mai 1996 an ein Konsortium von vier Bauunternehmen in Form eines Konzessionsvertrages (Dauer: 25 Jahre) übertragen. Während dieser Zeit plant das Konsortium 717 Millionen Reais in Modernisierungs- und Erweiterungsarbeiten zu investieren. Bis Januar 1997 wurden schon 160 Millionen Reais u.a. in die Planierung der Autobahn und in den Bau von Schutzbegrenzungen und Trennungsmauern investiert. Da die "Via Dutra" eine der wichtigsten Transportachsen in Brasilien ist, die zwei der wichtigsten Industriezentren des Landes verbindet, ist davon auszugehen, daß durch ihre Modernisierung das Transportrisiko und demzufolge die Transportkosten eines Großteils der in Brasilien transportierten Fracht gesenkt wird. Auch bei anderen Teilen der privatisierten brasilianischen Auto- und Eisenbahnen ist mit hohen Modernisierungs- und Erweiterungsinvestitionen zu rechen, da sie in Form von Konzessionsverträgen an private Partner übertragen wurde.[423]

Tabelle 29: Beladungs- und Entladungskosten in ausgesuchten Häfen (US-Dollar/Container) (Jahr 1996)

Rio de Janeiro	603
New York	557
Miami	299
Buenos Aires	271
Antwerpen	209

Quelle: Brazilian Foreign Trade Association, Ports (Brazilian Foreign, Heft 9, 1996), S. 10.

Neben des Eisenbahn- und Autobahnnetzes befinden sich die meisten der brasilianischen Häfen in einer Modernisierungs- und Privatisierungsphase. Grund dafür sind die hohen Fracht- und Ladekosten, welche wiederum vor allem die Exporttätigkeit und somit die internationale Wettbewerbsfähigkeit brasilianischer Firmen belasten. So kostet z.B. der Transport eines Containers in Brasilien durchschnittlich US$ 500, während in Europa im Durchschnitt US$ 120 und in Asien durchschnittlich US$ 11 bezahlt werden.[424] Außerdem gehören die Kosten für das Beladen und Entladen von Fracht in brasilianischen Hä-

[422] Vgl. dazu Rigolon, F. J. Z., Regulação da Infra-Estrutura (Revista do BNDES, Heft 7, 1997), S. 127 f.

[423] Vgl. Novo, A., Nas Estradas, Sinal fechado ao Lucro, in: O Globo von 06.01.1997.

[424] Vgl. Novo, A., Nas Estradas, Sinal fechado ao Lucro, in: O Globo von 06.01.1997.

fen zu den höchsten der Welt, wie aus einem Vergleich des Hafens von Rio de Janeiro zu ausgesuchten Häfen ersichtlich ist (Tabelle 29).

Als Ursache der hohen Fracht- und Ladekosten in brasilianischen Häfen kann der mangelnde Wettbewerb in diesem Bereich genannt werden, da die Häfen in Brasilien bis 1996 staatlich waren. Im Rahmen der neuen Privatisierungsbemühungen der Regierung ist aber geplant, 21 der insgesamt 36 Bundes-Häfen zu privatisieren, so daß langfristig mit einer Senkung der Kosten zu rechnen ist.[425]

Als wichtigste Priorität der Regierung dient die Modernisierung des Hafens von Sepetiba, eine Stadt in der Nähe von Rio de Janeiro. Es wird davon ausgegangen, daß nach den Modernisierungsarbeiten im Jahr 1999 die durchschnittlichen Transportkosten (US-Dollar/Tonne) von Sepetiba nach Japan auf US$ 30, nach Europa auf US$ 14 und nach USA auf US$ 23 gesenkt werden.[426] Dies wird es brasilianischen Unternehmen ermöglichen, Waren zu einem international wettbewerbsfähigeren Preis zu exportieren, da der Anteil der Frachtkosten an den Gesamtkosten erheblich reduziert wird.

C. Kommunikationsinfrastruktur

Vor dem Hintergrund einer sich ständig öffnenden Weltwirtschaft, spielt auch der Ausbau der Kommunikationsinfrastruktur in den einzelnen Ländern eine Schlüsselrolle für die Behauptung im internationalen Wettbewerb. Eine gut ausgebaute Kommunikationsinfrastruktur erlaubt vor allem eine Reduzierung der Transaktionskosten zwischen den Wirtschaftssubjekten und eng damit verbunden, erleichtert sie auch die horizontalen und vertikalen Integrationsprozesse einheimischer und multinationaler Unternehmen.[427] Insbesondere für die im weltweiten Produktionsverbund zunehmend produzierenden multinationalen Unternehmen ist der Ausbau der Kommunikationsinfrastruktur in den einzelnen Ländern von großer Wichtigkeit.

Dabei entsteht aber die Schwierigkeit, geeignete Indikatoren für die Entwicklung der Kommunikationsinfrastruktur von einzelnen Ländern zu finden. In dieser Arbeit wird als Indikator für den Ausbau der Kommunikationsinfrastruktur die *"Zahl von Telefonanschlüssen pro 100 Einwohner"* in den jeweiligen Ländern verwendet. Als Anhaltspunkt dient eine Untersuchung, die von der CEPAL[428] durchgeführt wurde. Es wurde in dieser Untersuchung festgestellt, daß Entwicklungsländer, die in der Periode 1965/86 ihre internationale Wettbewerbsfähigkeit verbessern konnten, auch eine verhältnismäßig gute telefonische Dichte, gemessen durch den obigen Indikator, aufweisen konnten. Außerdem schätzt diese gleiche Studie, daß Länder, die international wettbewerbsfähig sein wollen, mindestens eine telefonische Dichte von 20 Telefonen pro 100 Einwohner haben müssen.

---

[425] Vgl. dazu Luccas, J., Carga Pesada (Expressão, Heft 70, 1996), S. 16.

[426] Vgl. Costa Moura G., Sepetiba, o Coração do Mercosul, in: O Globo von 30.01.1997; Machado, A., Sepetiba: A História da Navegação começa agora, in: O Globo von 11.02.1997.

[427] Vgl. Lima, E. T. et. al., Infra-Estrutura (Revista do BNDES, Heft 7, 1997), S. 113.

[428] Vgl. dazu CEPAL, Informacion y Telecomunicaciones: Vector de la Transformacion Productiva con Equidad (1991).

Tabelle 30: Anzahl von Telefonen pro 100 Einwohner in ausgesuchten Ländern (1)

Brasilien	8,4
Indonesien	1,4
Thailand	2,7
Malaysia	14,6
Korea	39,7
USA	58,6

(1) Die Daten beziehen sich auf die folgenden Jahre: Brasilien (1995), USA, Indonesien und Korea (1994), Malaysia (1993) und Thailand (1991).

Quelle: UN, Statistical Yearbook for Asia and the Pacific (1995); Magalhães, H., Telebrás sobe no Ranking (1996), S. 43.

Wie aus Tabelle 30 ersichtlich wird, weist Brasilien eine im Vergleich zu Malaysia und insbesondere Korea sehr niedrige Anzahl von Telefonen pro 100 Einwohner auf. Als überraschend wirkt außerdem die extrem niedrige Verbreitung von Telefonen in Indonesien und Thailand. Wird die von der CEPAL empfohlene Dichte von 20 Telefonen pro 100 Einwohnern berücksichtigt, so weist (innerhalb der in Tabelle 30 angeführten Schwellenländer) nur Korea einen darüber liegenden Wert auf. In den USA sind dagegen pro 100 Einwohner 58,6 Telefone vorhanden.

Bei der Heranziehung des Indikators "Anzahl von Telefonen pro 100 Einwohner" muß jedoch beachtet werden, daß diese Größe nur einen Teilaspekt der Kommunikationsinfrastruktur darstellt. Es müßten in einem nächsten Schritt u.a. auch Daten zur Qualität dieser Infrastruktur und zur Verbreitung moderner Telekommunikationsmittel, wie beispielsweise dem Internet, herangezogen werden.

Bei der Analyse der Qualität der brasilianischen Kommunikationsinfrastruktur entsteht jedoch das Problem, daß die in Brasilien von der TELEBRÁS[429] erhobenen Daten nicht deckungsgleich sind mit den Daten internationaler Organisationen, wie beispielsweise von der OECD. Außerdem werden im Rahmen der Erhebungen von internationalen Organisationen selten Schwellen- bzw. Entwicklungsländer in die Analyse einbezogen.

In dieser Arbeit wird somit nur die von der TELEBRÁS erhobenen Daten herangezogen.[430] Als Kriterien werden von der TELEBRÁS, neben mehreren Größen, "die Rate, bei der beim Abheben des Telefons ein Freizeichen vorhanden ist" (d.h. beim Abheben des Telefons ist die Leitung nicht tot) und die "Rate erfolgreich beendeter DDD[431]-

[429] Die TELEBRÁS, Telecomunicações Brasileiras, ist das brasilianische staatliche Telekommunikations-Holdingunternehmen. Sie ist für mehr als 95 % der öffentlichen Telekommunikationsdienstleistungen in Brasilien verantwortlich.

[430] Die Daten stammen von Almeida, M. W., Serviços de Infra-Estrutura de Telecomunicações e Competitividade (1993), S. 63.

[431] Distance Direct Dial.

Kontaktversuche" verwendet.[432] Abbildung 36 zeigt die Entwicklung dieser Größen in Brasilien zwischen 1987 und 1992.

Wie aus Abbildung 36 entnommen werden kann, erfolgte zwischen 1987 und 1992, mit Ausnahme der Jahre 1988/89, eine tendenzielle Verbesserung der Qualität der Kommunikationsinfrastruktur in Brasilien. Im Rahmen dieser Arbeit erweist sich aber ein Vergleich mit anderen Ländern als notwendig. Wie aber vorher in diesem Abschnitt dargestellt wurde, stellt sich in diesem Fall ein internationaler Vergleich aufgrund von Datenmangel und von mangelnder Deckungsgleichheit der Daten als problematisch dar. Bei dem von der TELEBRÁS erhobenen Kriterium "Rate erfolgreich beendeter DDD-Kontaktversuche" sind dennoch annähernde Vergleiche mit OECD-Ländern möglich.

Im Rahmen einer im Jahre 1995 veröffentlichten Studie erhob die OECD[433] u.a. die Qualität der Kommunikationsinfrastruktur in ausgesuchten Mitgliedsländern. Dort wurde neben vielen Kriterien, die aber keine Deckungsgleichheit mit den Daten der TELEBRÁS aufweisen, auch das Kriterium "IDD completion rates in the OECD area" erhoben. Es stellt sich in diesem Zusammenhang somit die Frage, ob der Begriff "IDD-Kontakt" mit dem von der TELEBRÁS verwendeten Begriff "DDD-Kontakt" deckungsgleich ist. Unter IDD-Kontakt wird nach der Klassifikation der OECD "[...]the amount of outgoing traffic (incluiding voice, data, telex, ISDN, 800, 900 number etc.) that actually terminates in the country of destination" verstanden.[434] Bei der TELEBRÁS wiederum wird zwischen DDD-Kontakt (Discagem Direta à Distância) und DDI-Kontakt (Discagem Direta Internacional) unterschieden. Während DDI und IDD (International Direct Dial) sich auf Kommunikationsversuche vom Inland Richtung Ausland beziehen, also die gleiche Bedeutung haben, bezieht sich der Begriff "DDD" nur auf Kommunikationsversuche innerhalb von Brasilien.[435] Trotz der unterschiedlichen "Bezugsobjekte" sind dennoch tendenzielle Aussagen möglich, zumal Brasilien ein Land kontinentaler Größe ist.

Wie aus Tabelle 31 ersichtlich wird, ist der Abstand zwischen Brasilien und Japan bzw. USA als ziemlich hoch einzustufen. Wird Brasilien aber mit Deutschland und Italien verglichen, so fällt die Differenz etwas geringer aus. Der Vergleich zu Deutschland fällt aber vermutlich nur deswegen so günstig aus, weil die Daten kurz nach der Wiedervereinigung erhoben wurden.

---

[432] Vgl. dazu Almeida, M. W., Serviços de Infra-Estrutura de Telecomunicações e Competitividade (1993), S. 63.

[433] Vgl. OECD, Communications Outlook (1995), S. 83 ff.

[434] OECD, Communications Outlook (1995), S. 86.

[435] Vgl. dazu Auskünfte vom Ministério das Comunicações (Brasilianisches Kommunikationsministerium) am 19.06.1997 per e-mail.

Abbildung 36: Brasilien: Entwicklung der Qualität der Kommunikationsinfrastruktur (1987-1992) (Prozent)

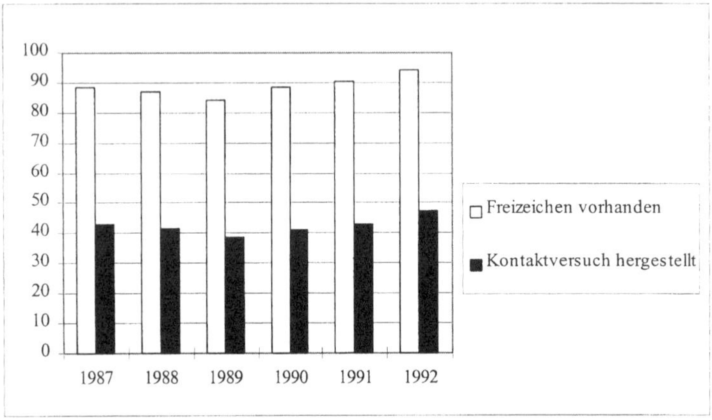

Quelle: Almeida, M. W., Serviços de Infra-Estrutura de Telecomunicações e Competitividade (1993), S. 63.

Tabelle 31: Durchschnittliche Rate der erfolgreich beendeten Telekommunikations-Kontaktversuche in ausgesuchten Ländern (1992) (Prozent)

Brasilien	47,5
Deutschland	57,3
Japan	68,1
USA	70
Italien	54,2

Quelle: OECD, Communications Outlook (1995),S. 89; Almeida, M. W., Serviços de Infra-Estrutura de Telecomunicações e Competitividade (1993), S. 63.

Eine weitere wichtige Fragestellung, die in engem Zusammenhang mit der Kommunikationsinfrastruktur steht, stellt die Verbreitung moderner Kommunikationsmittel, insbesondere des “Internets”, dar.

Als Kriterium zur Analyse der Verbreitung des Internets in ausgesuchten Ländern wird in dieser Arbeit die auf einen “Host” entfallenden Einwohner in den einzelnen Ländern verwendet. Je größer diese Zahl ist, desto schlechter ist die Lage eines Landes. Es muß in diesem Zusammenhang jedoch darauf hingewiesen werden, daß unter einem “Host” nicht ein Internet-Anschluß (z.B. eines Haushaltes) verstanden wird, sondern ein “Host” stellt eine Adresse im Internet, insbesondere sog. www-addressen dar.

Brasilien steht zwar nach dem Kriterium “Anzahl von Hosts/Internet” an 3. Stelle im amerikanischen Kontinent und an 19. Stelle in der Weltrangliste (Stand Januar 1997), aber wie aus Tabelle 32 erkennbar, entfällt auf 2.088 Personen in Brasilien ein einziger

"Host". Dies stellt eine relativ schlechte Rangposition dar, vor allem im Vergleich zu anderen asiatischen Schwellenländern und zu den Industrieländern. In Lateinamerika weist vor allem Chile ein relativ gutes Verhältnis "Zahl der Einwohner pro Host" auf.

In Zukunft ist aber in Brasilien mit einer erheblichen Verbesserung der Qualität der Kommunikationsinfrastruktur und der Ausstattung mit kommunikationsinfrastrukturellen Einrichtungen zu rechnen. Der Grund dafür ist, daß sich der brasilianische Staat bei der Welthandelsorganisation (WHO) verpflichtet hat, den Telekommunikationssektor zum größten Teil zu deregulieren. Die Aufhebung des staatlichen Telefonmonopols im Jahr 1997 ist ein wichtiger Schritt in diese Richtung. Der brasilianische Kongreß hat dennoch fast fünf Jahre gebraucht, um zu dieser Reform zu kommen. Durch Vergabe von Konzessionen und durch Privatisierung sämtlicher Staatsbetriebe wird jetzt bezweckt, die Qualität der Telekommunikations-Dienstleistungen zu verbessern und den zur Zeit vorhandenen Nachfrageüberhang nach Telefonanschlüssen zu decken. So hat sich beispielsweise die brasilianische Regierung mittelfristig zum Ziel gesetzt, die "Rate der erfolgreich beendeten Telekommunikations-Kontaktversuche" auf 58 % zu erhöhen, was Brasilien auf ähnliche Werte wie Deutschland und Italien bringen würde.

Tabelle 32: Zahl der Einwohner pro Host (Internet)

LAND	ANZAHL VON HOSTS (JANUAR 1997) (1)	BEVÖLKERUNG (1996) (2)	EINWOHNER/HOST (2)/(1)
USA	10.110.908	269.444.000	26,65
Brasilien	77.148	161.087.000	2.088,03
Chile	15.885	14.421.000	907,84
Argentinien	12.688	35.219.000	2.775,77
Japan	734.406	125.351.000	170,68
Malaysia	25.200	20.581.000	816,71
Singapur	28.892	3.384.000	117,13
Hong Kong	49.162	6.191.000	125,93
Korea	66.262	45.314.000	683,86

Quelle: Comitê Gestor Internet/Brasil, in: http://www.cg.org.br/número.htm; UN, Population Division, Department for Economic and Social Information and Policy Analysis of the United Nations Secretariat, World Population Prospects: The 1996 Revision (annex tables) (1996).

Fazit

Anhand der vorherigen Ausführungen wird deutlich, daß Brasilien durch eine relativ schlechte Ausstattung mit infrastrukturellen Einrichtungen gekennzeichnet ist. Dies betrifft nicht nur die Quantität, sondern auch die Qualität der vorhandenen Infrastruktur. So weist Brasilien nicht nur ein relativ unterentwickeltes Bildungs- und Innovationssystem,[436] sondern auch relativ große Defizite sowohl in der Verkehrs- (Eisenbahnnetz, betonierte Straßenlänge, Häfen) als auch in der Telekommunikationsinfrastruktur (telefonische Dichte, Qualität des Telefonnetzes) auf.

---

[436] Vgl. dazu Abschnitt 3.3.

Vor allem die relativ unterentwickelten Primar-, Sekundar- und Berufsbildungssysteme und die mangelhafte Verkehrsinfrastruktur stellen sich als große Hürden für die Verfolgung einer erfolgreichen "resource-based"-Industrialisierungsstrategie[437] dar. Insbesondere vor dem Hintergrund der riesigen Größe Brasiliens und der relativ hohen Kosten für Benzin, Alkohol und Dieselöl kommt, unter Kostenaspekten, dem Ausbau des Eisenbahnnetzes eine große Bedeutung zu. Aber auch die Modernisierung der Häfen würde einen großen Beitrag für die Reduzierung der Exportpreise und demzufolge für die Erhöhung der preislichen Wettbewerbsfähigkeit brasilianischer Unternehmen leisten.

Als positiv sind in Brasilien zum einen die Privatisierungs- und Deregulierungsbemühungen der Regierung, zum anderen die Preise für industrielle Elektrizität zu beurteilen. Die niedrigen Elektrizitätspreise stellen einen wichtigen komparativen Wettbewerbsvorteil insbesondere bei der Herstellung von kapitalintensiven ("elektrointensiven") Gütern dar, wie z.B. bei der Aluminiumproduktion. Bei richtiger Vertragsgestaltung (vor allem in Form von Konzessionen) ist durch die zunehmende Privatisierung in Zukunft außerdem mit erhöhten Modernisierungsinvestitionen und höherer Effizienz im Infrastrukturbereich zu rechnen.

6.6. Tarifäre Belastung (Unternehmenssteuern)

Das Steuersystem übt in zweierlei Hinsicht einen wesentlichen Einfluß auf die internationale Wettbewerbsfähigkeit von in einem Land ansässigen Unternehmen aus. Auf der einen Seite stellen Steuern im *makroökonomischen Sinne* eine wichtige Finanzierungsquelle des Staates dar, die er wiederum u.a. für die Verbesserung der strukturellen Wettbewerbsfähigkeit verwenden kann. Dazu gehören z.B. der Ausbau der physischen Infrastruktur und die Gründung von Forschungsinstituten und Hochschulen, was auch mit positiven externen Effekten für die in dem Land bzw. in der Region ansässigen Firmen verbunden ist. Auf der anderen Seite stellen Steuern im *betriebswirtschaftlichen Sinne* eine Kostenbelastung für die Unternehmen dar, die, je nach Art und Höhe der einzelnen Unternehmenssteuern, den Preis der produzierten Ware erheblich beeinflussen können. Im negativen Fall kann die steuerliche Belastung sogar eine Verschlechterung der internationalen Wettbewerbsfähigkeit inländischer Unternehmen bewirken.

Ziel dieses Abschnittes ist es, die tarifäre Belastung in Brasilien mit der in ausgesuchten Ländern zu vergleichen, um so Rückschlüsse über den Einfluß der Unternehmenssteuern auf die internationale Wettbewerbsfähigkeit brasilianischer Unternehmen zu gewinnen.

Als erstes wird einen Überblick über das brasilianische Steuersystem geschaffen. Dies ist eine sehr schwere Aufgabe, denn das brasilianische Steuerrecht erfuhr seit der (letzten) Verfassung von 1988 mehrere Änderungen. Die Daten beziehen sich, sofern nicht auf neuere Änderungen hingewiesen wird, auf die Steuerreform von 1995 (Gesetz

[437] Vgl. zu den "resource-based" Industrialisierungsstrategien Abschnitt 4.3., S. 100 ff.

Nr. 9.249 von 26. Dezember 1995) und auf das Gesetz Nr. 9.430 vom 27. Dezember 1996 (Gesetz der “steuerlichen Anpassung”, Lei do ajuste tributário).[438]

6.6.1. Systematisierung der wichtigsten brasilianischen Steuerarten

A. Direkte Steuern

In Brasilien sind im allgemeinen zwei Arten von direkten Steuern, die das Einkommen von juristischen Personen belasten, vorhanden: die sog. **Sozialabgabe** (contribuição social sobre o lucro líquido) und die **Körperschaftssteuer** (imposto de renda da pessoa jurídica-IPRJ). Beide gehen von unterschiedlichen, aber eng miteinander verbundenen Bemessungsgrundlagen aus.

Als Bemessungsgrundlage für die Erhebung der Sozialabgabe dient der **Nettogewinn**, während die Erhebung der Körperschaftssteuer auf dem **Realgewinn** (steuerpflichtiger Gewinn) basiert.

Der *Nettogewinn (NG)* errechnet sich aus der Summe a) des ordentlichen Betriebs-[439] und Finanzergebnisses[440] (OE) und b) des außerordentlichen Betriebs- und Finanzergebnisses (AE).[441] [442]

$$NG = OE + AE \qquad (6.10)$$

Der *Realgewinn (RG)* ist wiederum der, um gesetzlich vorgeschriebene Kürzungen und Hinzurechnungen, korrigierte Nettogewinn. Zu den steuerlichen Hinzurechnungen (StH) zählen u.a. die, die steuerlichen Grenzen übersteigende Vergütung der Geschäftsleitung und die nichtabziehbaren Aufwendungen für Lizenzgebühren. Zu den steuerlichen Abzügen (StA) gehören insbesondere die steuerlichen Vergünstigungen (z.B. steuerliche

---

[438] Vgl. dazu Ministério da Fazenda, Lei do Ajuste Tributário n° 9.430 de 27 de dezembro de 1996, in: http://www.receita.fazenda.gov.br; Flesch, E., Die brasilianische Steuerreform 1995 (RIW, Heft 7, 1996), S. 593 f.

[439] Das ordentliche Betriebsergebnis ist die Differenz zwischen den Nettoerlösen (ohne Verbrauchssteuern) von Waren oder Dienstleistungen und den entsprechenden Kosten (z.B. ordentliche Abschreibungen, Vorprodukten usw.). Ausgaben für Ausstattung, Grundstücke, Erhaltung usw. können aber nur abgesetzt werden, wenn sie in engem Zusammenhang mit den Unternehmensaktivitäten stehen. Vgl. dazu Pröckl, T., Das brasilianische Steuersystem (1992), S. 33; Flesch, E., Die brasilianische Steuerreform 1995 (RIW, Heft 7, 1996), S. 594.

[440] Das ordentliche Finanzergebnis besteht aus allen Aufwendungen und Erträgen, die mit der Vergabe und Beschaffung von Darlehen im Zusammenhang stehen, wie beispielsweise Zinserträge und -aufwendungen, Agios und Disagios usw. Vgl. dazu Pröckl, T., Das brasilianische Steuersystem (1991), S. 47.

[441] Dazu zählen sämtliche Geschäftsvorfälle, die nicht zum laufenden Geschäftsbetrieb des Unternehmens gehören, wie z.B. die Rückstellung für den Tod eines Gesellschafters. Vgl. dazu Pröckl, T., Das brasilianische Steuersystem (1991), S. 50.

[442] Vgl. dazu Pröckl, T., Das brasilianische Steuersystem (1991), S. 32. Da durch den “Plano Real”, der Mitte 1994 verabschiedet wurde, die Inflation in Brasilien unter Kontrolle ist, wurde im Rahmen der brasilianischen Steuerreform von 1995 das System der Inflationsbereinigung (Geldwertaktualisierung) aufgehoben. Somit ist der “Saldo des Buchwertberichtigungskontos”, der auch zur Berechnung des Nettogewinns herangezogen wurde, abgeschafft worden. Vgl. dazu Flesch, E., Die brasilianische Steuerreform 1995 (RIW, Heft 7, 1996), S. 593.

Sonderabschreibungen), Spenden für kulturelle Zwecke, Kosten für Transport- und Verpflegungsfazilitäten für die Arbeitnehmer und die Erträge aus Beteiligungen.[443]

RG = NG + StH - StA (6.11a) bzw.

RG = (OE + AE) + (StH – StA) (6.11b)

Die Sozialabgabe (Soz) wird auf den, um den Gewinn aus den Exporterlösen (Ex), bereinigten Nettogewinn erhoben. Die Sozialabgabe beläuft sich auf 18 % für Unternehmen, deren Gegenstand Finanzdienstleistungen sind, und auf 8 % für die übrigen Unternehmen.[444] Für die Ermittlung der Sozialabgabe ist demzufolge folgende Formel maßgebend:

a) Unternehmen, deren Gegenstand Finanzdienstleistungen sind:

Soz = 0,18 ∗ (NG - Ex) (6.12a)

b) Übrige Unternehmen:

Soz = 0,08 ∗ (NG - Ex) (6.12b)

Für die Ermittlung der Körperschaftssteuer (Kö) ist wiederum nicht der Nettogewinn, *sondern* der Realgewinn (RG) maßgebend. Der Realgewinn ist die wichtigste Bemessungsgrundlage für die Besteuerung des Gewinnes juristischer Personen in Brasilien. Zu seiner Ermittlung sind alle Unternehmungen verpflichtet, die keine vereinfachte Gewinnermittlung vornehmen dürfen. Es muß jedoch beachtet werden, daß die Sozialabgabe (SA) bei der Bemessung des steuerpflichtigen Gewinns abgezogen werden kann. Nach der brasilianischen Steuerreform von 1995 beträgt der Regelsteuersatz für Unternehmensgewinne 15 %. Für Gewinne, die die Grenze von R$ 240,000 (Reais) überschreiten, wird eine einheitliche zusätzliche Steuer in Höhe von 10 % erhoben (zweistufiger linearer Tarif).[445]

Für die Ermittlung der gesamten Körperschaftssteuerlast (Kö) in Brasilien ist demzufolge folgende Formel maßgebend:

Kö = 0,15 ∗ (RG-SA) + 0,10 ∗ (RG-SA-R$ 240,000) (6.13)

Angenommen, der um die Sozialabgabe bereinigte Realgewinn beträgt 1000 GE (Geldeinheiten, wobei 1 GE = 1000 Reais). Die gesamte Körperschaftssteuerlast (Kö) beläuft sich in diesem Fall auf:

Kö = 226 GE, d.h.: 0,15 ∗ 1000 GE + 0,10 ∗ 760 GE (6.13a)

Somit beträgt der "Netto"-Realgewinn (nRG) (nach Entrichtung der gewinnabhängigen Steuern):

nRG = 774 GE (6.13b)

---

[443] Es muß in diesem Zusammenhang jedoch darauf hingewiesen werden, daß im Rahmen der Steuerreform von 1995 ausländische Beteiligungserträge nicht mehr vom Nettogewinn abgezogen werden dürfen. Vgl. dazu ANDIMA, Tributação (1996), S. 15.

[444] Vgl. dazu Flesch, E., Die brasilianische Steuerreform 1995 (RIW, Heft 7, 1996), S. 593.

[445] Vgl. dazu Flesch, E., Die brasilianische Steuerreform 1995 (RIW, Heft 7, 1996), S. 593.

B. INDIREKTE STEUERN[446]

B.1. Industrieproduktsteuer (IPI - Imposto sobre Produtos Industrializados)

Die brasilianische Industrieproduktsteuer (IPI) ist eine vom Bund erhobene Steuer auf den, durch einen industriellen Fertigungs- bzw. Weiterverarbeitungsprozeß von Gütern, entstandenen Wertezuwachs. Sie ist eine Allphasen-Netto-Umsatzsteuer mit Vorsteuerabzug. Allerdings darf nur die Industrieproduktsteuer verrechnet werden, die für Vorleistungen entrichtet wird, die direkt in die Fertigung eingehen (Rohstoffe, Einzelteile, Bauelemente usw.) Die bei der Beschaffung von Büro- und Betriebsausstattung entrichtete Industrieproduktsteuer ist zu aktivieren und folglich vom Unternehmen zu tragen. Die angewandten Steuersätze differieren in Abhängigkeit von der "Lebensnotwendigkeit" der betroffenen Produkte; der maximale IPI-Satz beträgt 20 % (Juni 1997).

B.2. Waren- und Dienstleistungsverkehrssteuer (ICMS - Imposto sobre a Circulação der Mercadorias e Serviços)

Die "ICMS" ist eine Steuerart in der Kompetenz der Bundesstaaten. Sie ist, ähnlich wie die "IPI", eine Allphasen-Nettoumsatzsteuer mit Vorsteuerabzug. Da sie auf den Waren- und Dienstleistungsverkehr innerhalb der einzelnen Bundesländer erhoben wird, schwanken die Sätze von Bundesland zu Bundesland. In den zwei wichtigsten brasilianischen Bundesländern São Paulo und Rio de Janeiro liegen beispielsweise die Sätze zwischen 12 % und 25 %.

B.3. Dienstleistungssteuer (ISS - Imposto sobre Serviços de Qualquer Natureza)

Die "ISS" wird von den Kommunen in Brasilien auf die Einbringung sämtlicher Dienstleistungsarten erhoben. Der formale Leistungserbringer kann eine juristische, aber auch eine natürliche Person sein. Es handelt sich dabei um eine Einphasensteuer, die vom Leistungsempfänger zu tragen ist. Der zur Berechnung der Steuerlast heranzuziehende Steuersatz hängt von der Art der Dienstleistung ab. Die Steuersätze liegen zwischen 0,5 % und 10 %.

B.4. CONFINS und PIS/PASEP

Beim CONFINS und PIS/PASEP handelt es sich um weitere (indirekte) Steuern, die erhoben werden, um die staatliche Sozialpolitik (Sozialversicherung, inkl. Arbeitslosenversicherung) zu finanzieren. Als Bemessungsgrundlage dient der Umsatz der Unternehmen, was sehr nachteilig ist, denn im Gegensatz zur "ICMS" und zur "IPI" besteht keine Möglichkeit des Vorsteuerabzugs. Die Steuersätze betragen jeweils für den CONFINS 2 % und für den PIS/PASEP 0,65 % des Umsatzes.

---

[446] Vgl. dazu Pröckl, T., Das brasilianische Steuersystem (1991), S. 79 ff.; Guimarães, E. A., A Reforma Tributária (RBCE, Heft 46, 1996), S. 6 f.; Auskünfte von der Abt. Außenwirtschaft der Deutsch-Brasilianischen IHK-São Paulo per e-mail am 26.06.1996.

B.5. Abgabe auf Finanztransaktionen (CPMF – Contribuição Provisória sobre Movimentação Financeira)

Beim CPMF handelt es sich um eine spezielle (vorläufige) Dienstleistungssteuer, die auf Bank- und Finanztransaktionen (vor allem Geldbewegungen) erhoben wird. Sie ist auch eine Einphasensteuerart, deren Satz 0,20 % der Finanztransaktion beträgt.[447]

C. "Simples"-System

Für kleine Unternehmen in Brasilien besteht ferner die Möglichkeit, anstatt der obengenannten Steuern, eine einheitliche Steuer auf den Umsatz, deren Steuersätze zwischen 3 % und 10 % liegen, zu bezahlen. So haben bis Mitte 1997 ca. 1,6 Millionen Klein- und Einzelunternehmen in Brasilien von dieser Steuererleichterungsmöglichkeit, dem sog. SIMPLES-System, Gebrauch gemacht.[448]

6.6.2. Entwicklung der tarifären Belastung im Zeitablauf

Im Zusammenhang mit der Analyse des brasilianischen Steuersystems stellt sich die Frage, ob Brasilien im internationalen Vergleich als Hochsteuerland zu bezeichnen ist, d.h., ob die Unternehmen in Brasilien mit zu hohen Steuern belastet werden.

Es muß jedoch an dieser Stelle erwähnt werden, daß ein isolierter Vergleich der Körperschaftssteuersätze von Kapitalgesellschaften[449] wie auch ein Vergleich der Sätze einzelner Verbrauchssteuern wenig aussagefähig ist. Im Falle der Körperschaftssteuer ist nicht allein der Körperschaftssteuersatz entscheidend. Von zentraler Bedeutung sind weiterhin Bemessungsgrundlage und Abschreibungsmodalitäten. Wenn beispielsweise in einem Land der Abschreibungszeitraum vergleichsweise kurz ist, entsteht daraus ein Zinsvorteil, der wiederum einen höheren Steuersatz ausgleicht. Auch in den USA wurden in den achtziger Jahren zur Kompensation der niedrigeren Steuersätze steuerliche Nutzungsdauern verlängert, sowie vor allem der sog. Investment Tax Credit, eine generelle 10-prozentige Investitionszulage, abgeschafft. Diese Beispiele machen deutlich, daß aussagefähige Belastungsvergleiche zwischen einzelnen Ländern diese Aspekte berücksichtigen müssen, d.h., es sind nicht die einzelnen Steuersätze, sondern es ist die *effektive Belastung* der Unternehmen entscheidend.[450]

Die Berechnung der effektiven Steuersätze aller ausgesuchten Länder würde aber wiederum den Rahmen dieser Untersuchung sprengen, denn dazu wäre eine tiefergehende Analyse der Steuersysteme aller Länder notwendig. Statt der Heranziehung effektiver Steuersätze werden in dieser Arbeit Hilfsgrößen zur Analyse der tarifären Belastung brasilianischer Unternehmen im internationalen Vergleich verwendet. Als Hilfsindikatoren fungieren in dieser Arbeit sowohl der "Anteil des Körperschaftssteueraufkommens

---

[447] Vgl. Dunningham, A., Vai pesar cada vez mais no Bolso, in: O Globo von 23.11.1997.

[448] Vgl. Parente, P., Reforma Tributária ou Reforma Fiscal? (1997), in: http://www.widesoft.com.br/users/acolella.

[449] Vgl. zum Regel- und Sondersteuersatz der Körperschaftssteuer in den einzelnen hier analysierten Ländern ANHANG F.

[450] Vgl. dazu Köddermann, R., Sind Löhne und Steuern zu hoch? (IFO-Schnelldienst, Heft 20, 1996), S. 10; Sousa, M. d. C., Patterns of Taxation in Latin America and East Asia (RBE, Heft 4, 1997), S. 523.

am BIP" als auch der "Anteil des Körperschaftssteueraufkommens am Gesamtsteueraufkommen" (gesamtwirtschaftliche Steuerquoten).

Wie aus Abbildungen 37 und 38 hervorgeht, ist die direkte tarifäre Belastung brasilianischer Unternehmen (direkte Steuern), vor allem im Vergleich zu den asiatischen Schwellenländern und zu den Industrieländern als relativ niedrig einzustufen. Außerdem sind in Brasilien die Anteile der Körperschaftssteuer am BIP und am Gesamtsteueraufkommen seit Mitte der achtziger Jahre tendenziell gesunken. Im internationalen Vergleich weist auch Deutschland niedrige und fallende gesamtwirtschaftliche Steuerquoten auf.

Neben der Analyse der Entwicklung der Belastung mit direkten Steuern wird im Rahmen dieser Untersuchung auch auf die indirekten Steuern (Verbrauchssteuern) eingegangen. Obwohl die Verbrauchssteuern in der Regel keine Belastung für den Unternehmenssektor implizieren, da sie einen Durchlaufposten darstellen, erhöhen sie den Preis der verkauften Waren und, bei Fehlen von effizienten Befreiungsregeln, auch den Preis der exportierten Produkte (Steuerüberwälzung auf den in- bzw. ausländischen Verbraucher). Außerdem gehen u.a. von den indirekten Steuern auch sog. Mehrbelastungen (excess burdens of tax) aus, die wiederum die Allokation der im privaten Sektor verbleibenden Ressourcen verzerrt.[451]

Als Hilfsgröße zur Analyse der Bedeutung der indirekten Steuern in den einzelnen Ländern wird in dieser Arbeit der "Anteil indirekter Steuern am Gesamtsteueraufkommen" herangezogen.[452]

Wie aus Abbildung 39 ersichtlich wird, hat sich der Anteil der Verbrauchssteuern am Gesamtsteueraufkommen in Brasilien zwischen 1984 und 1993 insgesamt auf einem relativ konstanten Niveau gehalten. Brasilien weist auch ähnliche Anteile der Verbrauchssteuern am Gesamtsteueraufkommen wie Argentinien, Indonesien, Malaysia und Deutschland auf. Eine relativ starke Belastung mit Verbrauchssteuern verzeichnen vor allem Chile, Thailand und Korea. In den USA dagegen scheinen die Verbrauchssteuern relativ unbedeutend zu sein.

---

[451] Vgl. Nowotny, E., Der öffentliche Sektor (1996), S. 265 ff; Brümmerhoff, D., Finanzwissenschaft (1990), S. 247 f.

[452] Die Daten stammen aus dem "Government Finance Statistics Yearbook" des IWF. Für die Erfassung der Verbrauchssteuern wurde die Position "Table A, 5: Domestic Taxes on Goods and Services", bestehend aus a) "General Sales, Turnover or V.A.T. (5.1.)" und b) "Excises (5.2.)", berücksichtigt. Es muß in diesem Zusammenhang dennoch darauf hingewiesen werden, daß diese Daten sich nur auf Bundessteuern beziehen. Vgl. dazu IMF, Government Finance Statistics Yearbook (1997). Gerade bei den Verbrauchssteuer gibt es aber in vielen Ländern eine Reihe weiterer Steuerarten in der Kompetenz der Bundesstaaten (z.B. ICMS in Brasilien) und Kommunen (z.B. ISS in Brasilien), die hier jedoch nicht beachtet werden.

Abbildung 37: Entwicklung des Anteils der Körperschaftssteuer am BIP in ausgesuchten Ländern (1985-1995) (laufende Preise/einheimische Währung)

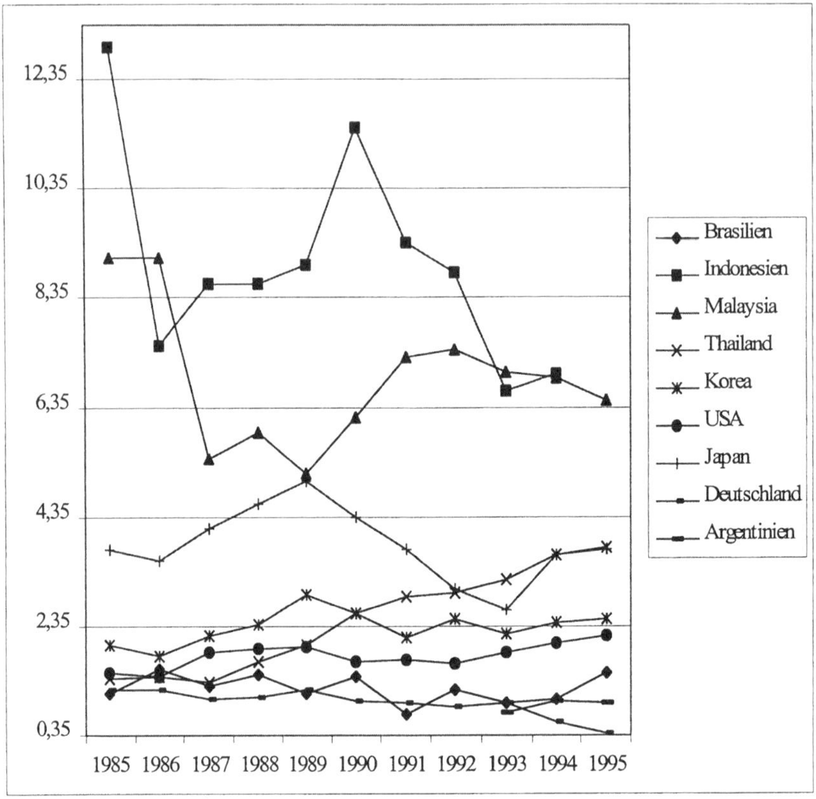

Quelle: IMF, International Financial Statistics Yearbook (1997), (1996) und (1991); IMF, Government Finance Statistics Yearbook (1997); Statistisches Bundesamt, Statistisches Jahrbuch für die Bundesrepublik Deutschland (1995); OECD Economic Surveys - Japan (1997) und (1996); FGV, Conjuntura Econômica (Februar 1997); eigene Berechnungen.

Abbildung 38: Entwicklung des Anteils der Körperschaftssteuer am Gesamtsteueraufkommen in ausgesuchten Ländern (1985-1995) (laufende Preise/einheimische Währung)

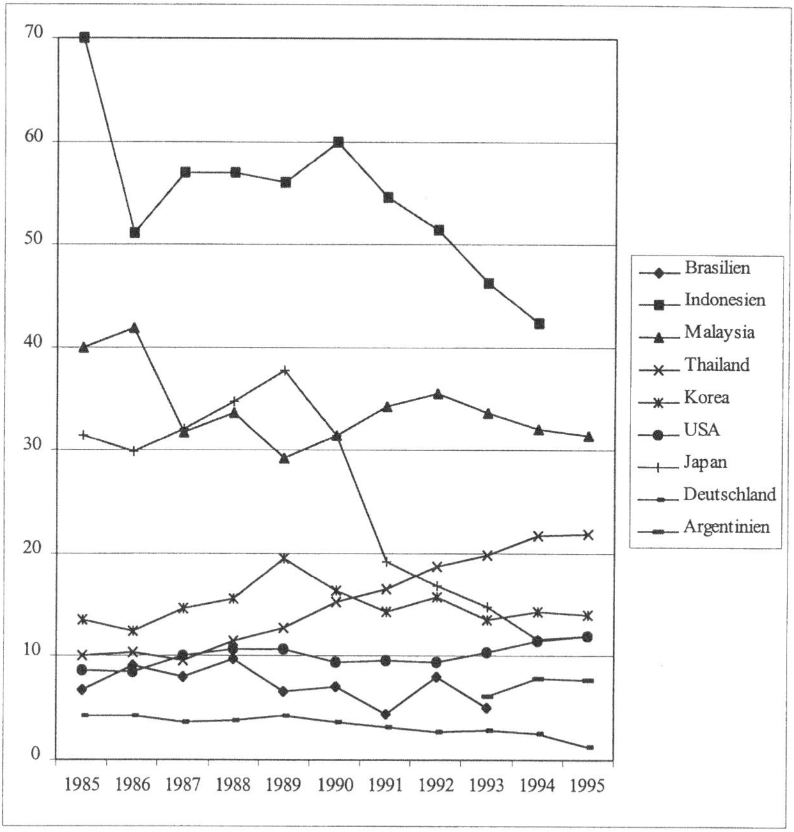

Quelle: IMF, International Financial Statistics Yearbook (1997), (1996) und (1991); IMF, Government Finance Statistics Yearbook (1997); Statistisches Bundesamt, Statistisches Jahrbuch für die Bundesrepublik Deutschland (1995); OECD Economic Surveys - Japan (1997) und (1996); FGV, Conjuntura Econômica (Februar 1997); eigene Berechnungen.

Abbildung 39: Entwicklung des Anteils von Verbrauchssteuern am Gesamtsteueraufkommen in ausgesuchten Ländern (1985-1995) (laufende Preise/einheimische Währung)

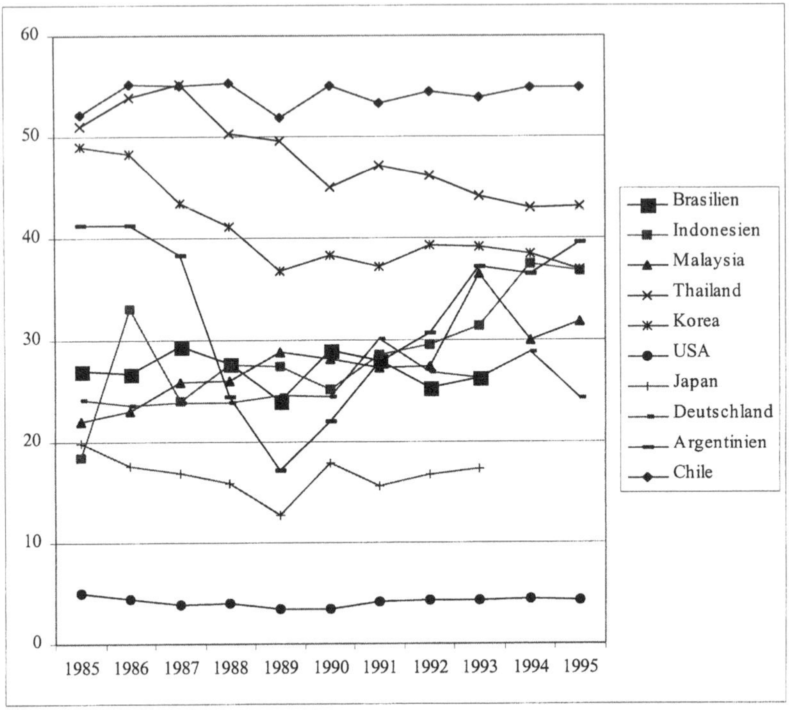

Quelle: IMF, International Financial Statistics Yearbook (1997), (1996) und (1991); IMF, Government Finance Statistics Yearbook (1997); OECD Economic Surveys - Germany (1997); eigene Berechnungen.

Es soll am Ende dieses Abschnittes noch darauf hingewiesen werden, daß in allen hier analysierten Ländern die Regierungen z.T. versuchen, durch Befreiungsregeln die Exporte einheimischer Unternehmen auf internationalen Märkten wettbewerbsfähig zu machen, d.h. der Warenexport ist von der Erhebung indirekter Steuern befreit bzw. die indirekten Steuern werden im Falle des Exports bzw. des Importes zwecks der Weiterverarbeitung und des Reexportes zurückerstattet.[453] [454]

---

[453] Vgl. ausführlich dazu Sousa, M. d. C., Patterns of Taxation in Latin America and East Asia (RBE, Heft 4, 1997), S. 527; Davidson, R./Ciambella, F., Investment in Southeast Asia (1995), S. 87 und S. 271; Ministry of Economy and Public Works and Services of Argentina, Taxation Framework: General Aspects of Mercosur, in: http://www.mecon.ar/invest/taxation.htm; Boadway, R. W. et. al., Indirect Taxes and Investment Incentives in Malaysia (1995), S. 378; American Embassy - Seoul, Country Commercial Guide Korea - 1996, in: http://www.tradecompass.com; Auskünfte von Herrn Rene Garcia Gallardo (Subdirektor des SII) am 17.07.1997 per e-mail; Guimarães, E. A., A Reforma Tri-

Fazit

Der Vergleich der tarifären Belastung in Brasilien mit der in ausgesuchten Ländern zeigt, daß in Brasilien die Körperschaftssteuer eine relativ niedrige Bedeutung hat. Brasilien weist einen der niedrigsten Anteile der Körperschaftssteuer, sowohl am BIP als auch am Gesamtsteueraufkommen, auf.

Eine höhere Bedeutung als die Körperschaftssteuer haben in Brasilien die Verbrauchssteuern. Diese werden nicht nur auf Bundes- (z.B. IPI), sondern auch auf Landes- (z.B. ICMS) und kommunaler (z.B. ISS) Ebene erhoben. In Brasilien gibt es außerdem eine Reihe von indirekten Einphasensteuern (CONFINS, CPMF und PIS), die negative Einflüsse auf die Wettbewerbsfähigkeit brasilianischer Unternehmen ausüben.[455]

Zusammenfassend kann festgehalten werden, daß in Brasilien dem Vorteil eines niedrigen Grundlohns und einer relativ niedrigen Belastung mit direkten Steuern der Nachteil relativ hoher Lohnzusatzkosten und einer relativ hohen indirekten Steuerlast,[456] die z.T. durch den Leistungsträger selbst zu tragen ist (Einphasensteuer), gegenübersteht.[457]

6.7. Handelshemmnisse

Nachdem auf die tarifäre Belastung der Unternehmen in Brasilien und in ausgesuchten Schwellen- und Industrieländern eingegangen wurde, werden im Rahmen dieses Abschnittes die wichtigsten Handelshemmnisse dieser Länder analysiert. Es wird die Struktur der Importzölle und der nicht-tarifären Handelshemmnisse untersucht.

Die Untersuchung der Differenzen zwischen den einzelnen Ländern in den obengenannten Bereichen ermöglicht die Beantwortung der Frage, inwieweit die inländische Industrie bzw. einzelne inländische Branchen einen niedrigen oder hohen Schutz gegenüber internationalen Wettbewerbern genießt. Es ist davon auszugehen, daß je höher der Schutz ist, den inländische Unternehmen gegenüber ausländischen Konkurrenten genießen, desto niedriger wird auch der Anreiz sein, die eigene internationale Wettbewerbsfähigkeit zu steigern.

6.7.1. Zollstruktur

Als erstes wird auf die Zollstruktur der einzelnen Länder eingegangen. Es entsteht dabei das Problem, daß das verfügbare Datenmaterial (WTO-Trade Policy Review) eine übersichtliche Abgrenzung der einzelnen Branchen nicht ermöglicht. Anstatt eine detaillierte Analyse der Zollstruktur der einzelnen Länder vorzunehmen, werden daher nur

---

butária (RBCE, Heft 46, 1996), S. 8; Auskünfte von der Fundação do Comércio Exterior (FUNCEX) am 04.07.1997 per e-mail; o.V., What is Drawback, in: http://www.drawback.com/whatis.htm; § 4 Satz 1 UstG 1991 in Verbindung mit § 6 UstG 1991 und § 7 UstG 1991.

[454] Eine Ausnahme bildet aber Brasilien im Bereich der kommunalen Dienstleistungssteuer (ISS). Vgl. dazu Guimarães, E. A., A Reforma Tributária (RBCE, Heft 46, 1996), S. 7.

[455] Vgl. dazu auch Dunningham, A., Vai pesar cada vez mais no Bolso, in: O Globo von 23.11.1997.

[456] Vgl. zu der hohen Bedeutung indirekter Steuern in Lateinamerika (insbesondere Verbrauchssteuern) auch Sousa, M. d. C., Patterns of Taxation in Latin America and East Asia (RBE, Heft 4, 1997), S. 524.

[457] Vgl. zu den Lohnkosten in Brasilien Abschnitt 6.4.

die Produktgruppen gesondert aufgeführt, auf die die höchsten Durchschnittszölle entfallen. Für diese Produktgruppen werden, neben dem Durchschnittszoll, auch die Zoll-Bandbreite und die Standardabweichung angegeben. Zusätzlich zu den obengenannten Daten wird auf den gesamten Durchnittszoll (Durchschnitt aller Produktgruppen), auf die gesamte Zoll-Bandbreite und auf die Gesamt-Standardabweichung aller Produktgruppen eingegangen.

Tabelle 33: Besondere Kennzeichen des Zollsystems ausgesuchter Länder[(1)] [(2)]

Brasilien (Januar 1996)	Alle Produktgruppen (12,5/0,0-70,0/k.D.) Schuhe (31,8/18,0-56,0/k.D.); Automobile (35,4/0,0-70,0/k.D.) Starke Progression der Zollsätze: Primärprodukte (6,5), halbverarbeitete Produkte (9,3) und verarbeitete Produkte (15,7)
Korea (1996)	Industrieprodukte (7,5/k.D./k.D.), Agrarprodukte (19,3/k.D./k.D.) Bestimmte Agrarerzeugnisse, u.a. Gemüse, Früchte; Textil- und Bekleidungsindustrie Keine Progression der Zollsätze (1988): Erste Verarbeitungsstufe (11,8), halbverarbeitete Produkte (8,1), verarbeitetete Produkte (9,4). Ausnahmen: Eisen- und Stahlindustrie und Textilindustrie, da starke Progression der Zollsätze
EU-12 (1995)	Alle Produktgruppen (außer Landwirtschaft) (7,4/0,0-117,0/5,7) Ernährungsindustrie (14,9/0,0-42,0/9,2); Tabakindustrie (66,6/26,0-117,0/34,5); Textilindustrie (9,8/0,0-25,0/3,7); Bekleidungsindustrie (12,4/0,0-14,0/3,0) Keine stark ausgeprägte Progression der Zollsätze: Rohprodukte (8,4), halbverarbeitete Erzeugnisse (7,8), verarbeitetete Erzeugnisse (10,9) (Annäherungen); progressive Zollsätze vor allem bei Eisen- und Stahl, Textil- und Bekleidungsindustrie, Tabakindustrie und Fischindustrie
Chile (Januar 1988)	Einheitlicher Tarif von 15 %, Ausnahme Transportindustrie: 14 % Insgesamt keine progressiven Steuersätze
Thailand (1995)	Alle Produktgruppen (23,1/0,0-100,0/k.D.) Landwirtschaftliche Erzeugnisse (38,3/0,0-65,0/k.D.); Nahrungsmittelindustrie (42,4/0,0-65,0/k.D.); Textilindustrie (30,0/1,0-100,0/k.D.); Bekleidungsindustrie (41,3/10,0-65,0/k.D.); Schuhindustrie (38,6/10,0-100,0/k.D.); Gummindustrie (33,3/0,0-100,0/k.D.); Automobilindustrie (38,4/5,0-80,0/k.D.) Schwache Progression der Zollsätze: erste Verarbeitungsstufe (27,0), halbverarbeitete Erzeugnisse (20,0), verarbeitete Erzeugnisse (24,0). Ausnahmen: Textilien, Gummiprodukte, Eisen- und Stahlindustrie und NE-Metalle
Malaysia (1993)	Alle Produktgruppen: k.D. Getränkeindustrie (28,8/2,0-95,0/30,3), Schuhindustrie (31,9/2,0-45,0/12,4); Gummiindustrie (28,33/0,0-55,0/k.D.), Transportmittelindustrie (26,3/0,0-140,0/29,2) Starke Progression der Zollsätze, vor allem bei Eisen- und Stahlprodukten, Nahrungsmitteln (Rohprodukten), Textilien, NE-Metallen
USA (1996)	Alle Produktgruppen (6,4/0,0-391,6/13,3) Landwirtschaftliche Erzeugnisse (8,7/0,0-350,0/38,4); Ernährungsindustrie (9,9/0,0-391,6/21,4); Tabakindustrie (82,7/2,3-350,0/145,0); Textilindustrie (11,4/0,0-87,8/8,0); Bekleidungsindustrie (11,5/0,0-30,0/7,7); Schuhindustrie (16,4/0,0-58,5/15,1)

Tabelle 33: Fortsetzung

Indonesien (1994)	Landwirtschaft, Forstwirtschaft und Fischerei (15,0/0-40/12,0); Bergbau (6,0/0,0-30,0/6,0); Industrieprodukte (20,0/0,0-275,0/21,0) Spirituosen (111,0/0,0-170,0/70,0); Automobilindustrie (62,0/0,0-275,0/76,0); Bekleidungsindustrie (35,0/0,0-40,0/7,0); Plastikprodukte (35,0/5,0-40,0/10,0) Starke Progression der Zollsätze: Rohprodukte (12,0), halbverarbeitete Produkte (16,0), Endprodukte (24,0)
Argentinien (1992)	Alle Produktgruppen (12,2/5,0-35,0/7,3) Textilindustrie (18,7/5,0-22,0/5,0); Möbelindustrie (20,0/13,0-22,0/4,0); Schuhindustrie (22,0/22,0-22,0/0,0); nicht-elektrische Maschinenbauindustrie (16,9/5,0-22,0/7,7); Feinmechanik (14,3/5,0-22,0/8,0); Waffenindustrie (20,2/5,0-22,0/4,3); Transportmittelindustrie (13,2/5,0-22,0/8,5) Starke Progression der Zollsätze: Rohprodukte (6,5), halbverarbeitete Produkte (10,3), Endprodukte (14,1)
Japan (1994)	Alle Produktgruppen (7,0/k.D./k.D.); Landwirtschaft (5,0/k.D./k.D.), Bergbau (0,1/k.D./k.D.), Industrie (7,2/k.D./k.D.) Schuhindustrie (67,4/4,2-169,8/68,6); Getränkeindustrie (22,2/0,0-84,8/18,6); Ernährungsindustrie (16,3/0,0-173,8/15,3); Bekleidungsindustrie (12,1/3,4-20,0/3,4); Lederindustrie (16,9/0,0-60,0/17,2) Relativ starke Progression der Zollsätze: Rohprodukte (3,9), halbverarbeitete Erzeugnisse (6,8), Endprodukte (7,9). Am stärksten betroffene Sektoren: Ernährungsindustrie, Textilindustrie, NE-Metallindustrie und Eisen- und Stahlindustrie

k.D.= keine Daten

(1) Der erste Ausdruck in den Klammern vor den Schrägstrichen steht für den Durchschnittszoll, der zweite Ausdruck zwischen den Schrägstrichen für die Zoll-Bandbreite und der dritte Ausdruck nach den Schrägstrichen für die Standardabweichung.

(2) Der erste Absatz bezieht sich auf die Daten aller Produktgruppen, im zweiten Absatz werden die Produktgruppen mit dem höchsten Zollschutz aufgeführt, im dritten Absatz wird auf die Frage der Zollprogression eingegangen, d.h., ob mit zunehmender Weiterverarbeitung der Produkte die Zollsätze steigen.

Quelle: Eigene Zusammenstellung anhand von Daten aus WTO, Trade Policy Review- Brazil 1996; WTO, Trade Policy Review- USA 1996; WTO, Trade Policy Review- Malaysia 1993; WTO, Trade Policy Review- Indonesia 1995; WTO, Trade Policy Review- Thailand 1995; WTO, Trade Policy Review-Chile 1991; WTO, Trade Policy Review- European Union 1995; WTO, Trade Policy Review- Republic of Korea 1996; WTO, Trade Policy Review - Japan 1995; WTO, Trade Policy Review – Argentina 1992; Informationen von Herrn Ellmies von der IHK für Oberfranken am 27.11.1998.

Obwohl Brasilien seit dem Ende der Importsubstitutionsphase eine kontinuierliche Senkung seiner Zölle vorgenommen hat, weist es tendenziell einen höheren Durchschnittszoll als die Industrieländer und Korea auf. Die am stärksten geschützte Branche in Brasilien ist die Automobilindustrie. In mehreren der analysierten Länder genießen aber auch die Automobilindustrie und insbesondere die Agrarindustrie einen hohen Schutz. Interessant ist außerdem die Feststellung, daß in vielen Ländern eine Progression der Zollsätze existiert, d.h., je höher die Wertschöpfung der importierten Güter, desto höher der Zoll. Beispielsweise erheben sowohl Japan (Eisen- und Stahlindustrie und NE-Metallindustrie) als auch die EU (Eisen- und Stahlindustrie) progressive Einfuhrzollsätze im Bereich der mineralischen Rohstoffindustrie, was wiederum den Export weiterverarbeiteter Metallprodukte durch rohstoffreiche Länder beeinträchtigt.

6.7.2. Struktur der nicht-tarifären Handelshemmnisse

In diesem Punkt wird auf die Frage eingegangen, ob in einzelnen Ländern, trotz niedriger Einfuhrzölle, bestimmte Bereiche durch nicht-tarifäre Handelshemmnisse geschützt werden. Im Rahmen dieser Arbeit wird vor allem auf folgende nicht-tarifäre Handelshemmnisse eingegangen: Importlizenzen, Importquoten und Importverbote. Es werden u.a. die Produktgruppen aufgeführt, die von diesen Handelshemmnissen stark betroffen werden. Dabei ist insbesondere wichtig zu wissen, ob einige der hier ausgesuchten Branchen durch solche Hemmnisse geschützt werden.

Tabelle 34: Nicht-tarifäre Handelshemmnisse in ausgesuchten Ländern

Brasilien (1996)	Importlizenzen: Für die meisten Importe vorhanden, meist für statistische Zwecke. Importkontrollen auch im Rahmen des sog. "Ähnlichkeitsgesetzes" (Law of Similars), d.h., unter bestimmten Umständen dürfen keine Produkte importiert werden, die auch in Brasilien hergestellt werden. Importquoten: Gummiprodukte, bestimmte Textilien. Importverbote: Bestimmte Pharmaprodukte, Reinigungsmittel, Schrotteisen und –stahl.
Korea (1996)	Importlizenzen: System von Importlizenzen für sämtliche Agrarprodukte, mit Ausnahme von Rindfleisch, vollkommen abgeschafft. Bestehen aber weiterhin für eine Reihe sog. "sensibler" Produkte. Importquoten: Sämtliche landwirtschaftliche Erzeugnisse, unter bestimmten Umständen auch weitere Primärprodukte und halbverarbeitete Erzeugnisse. Importverbote: Bestimmte gesundheits-, sicherheits- und umweltgefährdende Produkte.
EU-12 (1995)	Importlizenzen: k.D. Importquoten: Bestimmte Agrar- und Fischereiprodukte (Sardinen- und Thunfischdosen, unter Umständen Bananen aus Lateinamerika und Äpfel), Textil- und Bekleidungsprodukte, Eisen- und Stahlprodukte aus Osteuropa. Importverbote: k.D.
Chile (1991)	Importlizenzen: Für jede Import-Transaktion ist ein Importdokument (informe de importación) notwendig, dennoch erfüllt es nicht den Zweck, Importe einzuschränken (keine Importlizenzen vorhanden). Importquoten: Die Erhebung von Importquoten ist in Chile gesetzlich verboten und somit nicht vorhanden. Importverbote: Insbesondere gebrauchte PKW´s.
Thailand (1995)	Importlizenzen: In Thailand sind drei Arten von Importlizenzen vorhanden: "automatic licensing", "non-automatic licensing" und "special measures". "Non-automatic licensing" erfaßt die meisten Güter, vor allem landwirtschaftliche Erzeugnisse. Importquoten: Mit Ausnahme von Knoblauch sind keine Importquoten vorhanden. Importverbote: Unter Umständen LPG, Motorräder und bestimmte Busse.
Malaysia (1993)	Importlizenzen: Weit umfassendes und nicht-transparentes System von Importlizenzen. Betrifft u.a. bestimmte landwirtschaftliche Erzeugnisse, Automobile und bestimmte Maschinenarten. Importquoten: Betrifft Kaffee-Bohnen und Kohlköpfe. Importverbote: Bestimmte "sensible" Güter, nicht weit umfassend.

Tabelle 34: Fortsetzung

USA (1996)	Importlizenzen: u.a. bestimmte landwirtschaftliche Erzeugnisse, Fische und Spirituosen. Importquoten: Sämtliche freiwillige bilaterale Exportselbstbeschränkungsabkommen wurden abgeschafft. Die meisten Importquoten betreffen die Textil- und Bekleidungsindustrie und bestimmte landwirtschaftliche Erzeugnisse. Importverbote: k.D.
Indonesien (1995)	Importlizenzen: Komplexes und nicht-transparentes System von Importlizenzen. Drei Hauptkategorien von Importrestriktionen, je nach Art des Importeurs: "producer-importer" (IP), "agent or sole trader" (AT) und "registered importer" (IT). Betroffen sind vor allem landwirtschaftliche Produkte, Nahrungsmittel und Getränke, Automobile und Eisen und Stahl. Importquoten: Betrifft einer Reihe sog. sensibler Waren. Importverbote: Ausländisches Druckmaterial, bestimmte Chemikalien, unter Umständen gebrauchte Gegenstände.
Argentinien (1992)	Importlizenzen: System von Importlizenzen für sämtliche Produkte der Transportmittelindustrie, vor allem für Automobile bestimmter Gewichtsklassen, vorhanden; für andere Produkte ist keine Importlizenz notwendig. Importquoten: Sämtliche Produkte der Transportmittelindustrie, vor allem Automobile bestimmter Gewichtsklassen. Importverbote: Bestimmte gesundheits-, sicherheits- und umweltgefährdende Produkte (insbesondere bestimmte landwirtschaftliche Produkte, Drogen und bestimmte Verpackungsmaterialien).
Japan (1994)	Importlizenzen: Unter bestimmten Umständen sind Importlizenzen für bestimmte Import-Transaktionen notwendig, wie z.B. beim Import aus bestimmten Ländern und beim Import bestimmter Commodities. Importquoten: Es werden Importquoten auf eine Reihe Produkte erhoben, insbesondere auf landwirtschaftliche Erzeugnisse und Fischereiprodukte, aber auch auf Pharmaprodukte und organisch-chemische Erzeugnisse (aus gesundheitlichen Gründen). Importverbote: u.a. aus gesundheitlichen und patentrechtlichen Gründen.

k.D.= keine Daten

Quelle: Eigene Zusammenstellung anhand von Daten aus WTO, Trade Policy Review- Brazil 1996; WTO, Trade Policy Review- USA 1996; WTO, Trade Policy Review- Malaysia 1993; WTO, Trade Policy Review- Indonesia 1995; WTO, Trade Policy Review- Thailand 1995; WTO, Trade Policy Review- Chile 1991; WTO, Trade Policy Review- European Union 1995; WTO, Trade Policy Review- Republic of Korea 1996; WTO, Trade Policy Review - Japan 1995; WTO, Trade Policy Review – Argentina 1992.

Die Analyse der nicht-tarifären Handelshemmnisse zeigt, daß Importlizenzen, -quoten und –verbote in fast allen Ländern verwendet werden. Brasilien betreibt teilweise immer noch Importkontrollen gegenüber Gütern, die selbst im eigenen Land hergestellt werden, auch wenn diese Kontrollen nicht mehr so intensiv sind wie während der Importsubstitutionsphase. Ähnlich wie bei der Untersuchung des Zollsystems zeigt sich auch hier, daß viele Länder Importe im Bereich der Agrarindustrie stark einschränken. Von allen hier analysierten Ländern weist vor allem Chile die geringste Verwendung von nicht-tarifären Handelshemmnissen auf.

6.8. Beeinträchtigung ausländischer Direktinvestitionen

Im Rahmen der Analyse der Beeinträchtigung ausländischer Direktinvestitionen wird auf folgende Barrieren bzw. gesetzliche Regelungen in ausgesuchten Ländern eingegangen: Markteintrittsbarrieren, tarifäre Belastung beim Gewinntransfer und Erhebung von Royalties beim Technologietransfer. Die Analyse solcher Bereiche erweist sich aus zwei Gründen als notwendig. *Erstens*, sind sie ein wichtiger Bestandteil der Attraktivität einer Volkswirtschaft als Zielort ausländischer Direktinvestitionen ("abbility to attract") und *zweitens* spielen sie eine wesentliche Rolle beim Erwerb ausländischer Technologien und Fertigkeiten.

6.8.1. Markteintrittsbarrieren

In diesem Punkt wird auf die Frage eingegangen, ob die Gesetzgebung in den einzelnen hier ausgesuchten Ländern, gegenüber ausländischen Direktinvestitionen, als liberal einzustufen ist und ob sie außerdem ausreichenden Schutz geistiger Eigentumsrechte gewährleistet.

A. Direktinvestitionen

Tabelle 35: Ausländische Direktinvestitionsbedingungen in ausgesuchten Ländern

Brasilien (1996)	Relativ liberal; keine Einschränkungen bei der Wahl der Rechtsform und insgesamt keine Beteiligungsobergrenzen. Die Unterscheidung zwischen inländischen (national companies) und ausländischen (national companies of Brazilian capital) Unternehmen wurde 1995 durch Verfassungsänderung aufgehoben. Die Beteiligung privater, auch ausländischer Unternehmen u.a. an den Bereichen hydroelektrische Energie, Erdöl, Telekommunikation, Binnenschiffahrt und mineralischer Bergbau ist ab 1995 auch möglich. Restriktionen im Banken- und Versicherungsbereich noch vorhanden.
Korea (1996)	Seit 1993 kontinuierliche Senkung bürokratischer Prozeduren. Beteiligungsobergrenzen in bestimmten Sektoren, u.a. Elektrizitätserzeugung, Berufsbildungsinstitute, Versicherungsinstitute, bestimmte Transportdienstleistungsbereiche und auch in bestimmten Sektoren des Finanzsystems vorhanden. Zwischen 1995 und 2000 sind aber zunehmende Liberalisierungsmaßnahmen geplant. Zahl der, für ausländisches Kapital, eingeschränkten Bereiche soll drastisch reduziert werden.
Japan (1994)	Gleiche Behandlung inländischer und ausländischer Unternehmen. Ausnahmen: Vor allem bei vielen Bereichen des Transportdienstleistungs- und Telekommunikationssektor. Gleichbehandlung auch vom Reziprozitätsprinzip, d.h. von der gleichen Behandlung japanischer Firmen im entsprechenden Land, abhängig.
Chile (1991)	Relativ liberale ausländische Direktinvestitionsgesetze. Keine Beteiligungsobergrenzen und freier Zugang zu allen Wirtschaftssektoren, mit einigen wenigen Ausnahmen (aus nationalen Sicherheitsgründen). Gleichstellung ausländischer und inländischer Unternehmen.

Tabelle 35: Fortsetzung

EU-15 (1995)	Unterschiede zwischen einzelnen Mitgliedsländern bei der ausländischen Direktinvestitionspolitik erschweren allgemeingültige Aussagen zu einer europäischen Investitionspolitik. Trotz des hohen Liberalisierungsgrades des Kapitaltransfers in der EU werden dennoch einige Restriktionen durch Mitgliedsländer aufgelegt. So verlangen Portugal und Spanien unter Umständen spezielle Genehmigungen für nicht-EU Investitionen. Frankreich beschränkt Investitionen in schon vorhandenen französischen Unternehmen und erlaubt sich, nicht-EU Investitionen, die bestimmte Summen überschreiten, außer Kraft zu setzen. In Großbritannien werden ausländische Investitionen, die das Ziel haben, britische Unternehmen in sog. "lebenswichtigen Bereichen" zu übernehmen, z.T. verboten. Auch Griechenland beschränkt bestimmte Direkinvestitionen durch nicht-EU Mitglieder. In Österreich sind Investitionen in bestimmten Sektoren (Bergbau, Energie, Transport) nur einheimischen Unternehmen gestattet. In Finnland sind Interventionen der Regierung bei Übernahme großer Unternehmen durch ausländische Investoren möglich, wenn angenommen wird, daß dies das "nationale Interesse" gefährden könnte.
Thailand (1995)	In den meisten Sektoren Beteiligungsobergrenzen für ausländische Direktinvestoren (49 %). Ausnahmen bestehen, wenn mindestens 80 % des Umsatzes aus dem Export stammen und für U.S. Unternehmen (Thai-U.S. Treaty of Amity and Economic Relations – 1966). Bereiche, die ausländischen Unternehmen geschlossen bleiben bzw. genehmigungspflichtig sind: Reisanbau, Werbeagenturen (advertising), Wertpapierhandel (brokerage), Fischerei, Getränkeindustrie, Holzverarbeitung, Handel, Bergbau.
Malaysia (1993)	Beteiligungszugeständisse an ausländischen Investoren abhängig von u.a. a) Exportquote, b) Wertschöpfung, c) Konkurrenzgefahr für Produkte, die schon im Inland hergestellt werden, d) Technologieniveau und e) Verwendung von, im Inland, hergestellten Inputs.
USA (1996)	Liberal; gleiche Behandlung inländischer und ausländischer Unternehmen (principle of national treatment). Ausnahmen: Nuklearenergie, Transportdienstleistungen und Telekommunikation, da Restriktionen möglich. Im Banken- und Versicherungsbereich gleiche Behandlung einer ausländischen Firma evtl. vom Reziprozitätsprinzip, d.h. von der gleichen Behandlung der U.S. Firmen im entsprechenden Land, abhängig.
Indonesien (1995)	Seit 1990 zunehmende Liberalisierung der Bedingungen für ausländische Direktinvestitionen. Seit 1994 keine Beteiligungsobergrenzen für ausländische Direktinvestitionen, mit einigen Ausnahmen, u.a. bei infrastrukturellen Einrichtungen, wie Häfen, Elektrizitätsversorgung und Telekommunikation. Im Falle vollbeherrschter Gesellschaften muß dennoch innerhalb von 15 Jahren ein Teil des Kapitals an einheimische Institutionen und/oder Personen verkauft werden. In Indonesien bleiben u.a. folgende Bereiche ausländischer Direktinvestoren ausgeschlossen: Einzelhandel, Werbeagenturen, bestimmte Transportdienstleistungen.
Argentinien (1992)	Im September 1989 wurden die ausländischen Direktinvestitionsgesetze komplett liberalisiert. Seitdem gleiche Behandlung inländischer und ausländischer Unternehmen. Restriktionen bestehen vor allem im Banken- und Versicherungssektor, die aber auch inländische Unternehmen betreffen.

Quelle: Eigene Zusammenstellung anhand von Daten aus WTO, Trade Policy Review- Brazil 1996; WTO, Trade Policy Review- USA 1996; WTO, Trade Policy Review- Malaysia 1993; WTO, Trade Policy Review- Indonesia 1995; WTO, Trade Policy Review- Thailand 1995; WTO, Trade Policy Review-Chile 1991; WTO, Trade Policy Review- European Union 1995; WTO, Trade Policy Review- Republic of Korea 1996; WTO, Trade Policy Review - Japan 1995; WTO, Trade Policy Review – Argentina 1992.

Mit Ausnahme einiger südostasiatischer Schwellenländer (Thailand, Malaysia und z.T. Indonesien), verfolgen die meisten Länder eine relativ liberale Direktinvestitionspolitik. Ausnahmen bilden in vielen Ländern bestimmte Schlüsselbereiche, wie beispielsweise das Finanzsystem (Brasilien, Korea, USA), der Telekommunikationssektor (USA, Japan, Indonesien) und die Transportdienstleistungen (Korea, USA, Japan, Indonesien). Als positiv ist die Gesetzgebung in Chile zu beurteilen, aber auch Brasilien hat in diesem Bereich relativ hohe Fortschritte erzielt und im Rahmen der Privatisierungsbemühungen[458] viele Bereiche dem ausländischen Kapital geöffnet.

B. Geistige Eigentumsrechte

Neben der Regulierung der Direktinvestitionen stellt der Schutz geistiger Eigentumsrechte auch einen wichtigen Bestimmungsfaktor internationaler Wettbewerbsfähigkeit, insbesondere in Entwicklungsländern, dar. Nur wenn Anbieter aus Entwicklungsländern selbst geistige Eigentumsrechte intensiv als Wettbewerbsinstrument nutzen, haben sie die Chance, aus der verbesserten Position der Eigner von Schutzrechten Impulse für Wachstum und Wohlfahrt zu erhalten. Einen wichtigen Schritt im Bereich des erweiterten, internationalen Schutzes geistigen Eigentumsrechtes stellt das TRIPS[459]-Abkommen dar, das im Rahmen der letzten GATT-Runde (Uruguay-Runde) unterzeichnet wurde. Im Rahmen dieses Abkommens wurden frühere internationale Vereinbarungen über den Schutz geistigen Eigentums erweitert und die Möglichkeiten für die Durchsetzung der Schutzrechte verbessert.[460]

In diesem Punkt wird die Frage analysiert, ob einzelne der hier ausgesuchten Schwellenländer einen großen Anpassungsbedarf ihrer nationalen Gesetzgebung an das TRIPS-Abkommen haben. Da das TRIPS-Abkommen auf bestimmte internationale Vereinbarungen Bezug nimmt, dürften diejenigen Entwicklungsländer den geringsten Anpassungsbedarf haben, die sich bisher zur Erhaltung dieser Konventionen verpflichtet hatten. Dazu zählen:[461]

1) *Pariser Übereinkunft* zum Schutz gewerblicher Eigentumsrechte (Patente, Gebrauchsmuster, Marken, Herkunftsangaben) in der Fassung von 1967,

2) *Berner Übereinkunft* zum Schutz von Urheberrechten und verwandten Rechten in der Fassung von 1971,

3) *Übereinkunft von Rom* zum Schutz von Darstellern, Herstellern von Tonaufnahmen und Rundfunkanstalten aus dem Jahr 1961.[462]

---

[458] Vgl. dazu Abschnitt 6.5.

[459] TRIPS = Trade Related Intellectual Property Rights.

[460] Vgl. dazu Gerstenberger, W., Erweiterter Schutz (IFO-Schnelldienst, Heft 34-35, 1996), S. 17 ff.

[461] Vgl. dazu Gerstenberger, W., Erweiterter Schutz (IFO-Schnelldienst, Heft 34-35, 1996), S. 20.

[462] Es ist in diesem Zusammenhang auch auf die Genfer Konvention von 1971 (Schutz der Produzenten von Tonträgern gegen die unerlaubte Vervielfältigung ihrer Produkte) hinzuweisen. Da aber diese Übereinkunft in der Schutzwirkung über das Abkommen von Rom hinausgeht, kann deren Unterzeichnung wie die Mitgliedschaft in der römischen Übereinkunft gewertet werden. Vgl. dazu Gerstenberger, W., Erweiterter Schutz (IFO-Schnelldienst, Heft 34-35, 1996), S. 21.

Wie aus Tabelle 36 hervorgeht, zählen sowohl Brasilien als auch Chile zu den Entwicklungsländern, welche bereits die obengenannten Abkommen in der neuesten Version einhalten: Sie müssen daher nur die Neuerungen des TRIPS-Abkommens in die nationale Gesetzgebung übernehmen. Diese Länder haben somit inländische Gesetze zum Schutz geistigen Eigentums, die sehr nahe an international gesetzten Normen stehen.

Tabelle 36: Einteilung ausgesuchter Schwellenländer nach der Teilnahme an internationalen Abkommen zum Schutz des geistigen Eigentums (1)

Alle, auf die TRIPS Bezug nimmt	Paris und Bern, neueste Version	Paris und Bern, ältere Versionen	nur Paris (inkl. ältere Versionen)	nur Bern (inkl. ältere Versionen)
Brasilien (!)	Malaysia	Argentinien	Indonesien (!!)	Thailand (!!)
Chile (!)			Korea (!!)	

(1) Die mit (!) gekennzeichneten Länder haben den geringsten, die mit (!!) gekennzeichneten Länder den größten Anpassungsbedarf.

Quelle: Gerstenberger, W., Erweiterter Schutz (IFO-Schnelldienst, Heft 34-35, 1996), S. 20.

6.8.2. Tarife beim Gewinntransfer

Im folgenden soll die Frage analysiert werden, ob die Gesetzgebung in den hier ausgewählten Ländern den Gewinntransfer ausländischer Tochtergesellschaften in die jeweiligen Stammhäuser prohibitiv hoch besteuert. Die Erhebung hoher Steuersätze bei der Überweisung von Gewinnen in die Heimatländer stellt häufig eine beliebte Maßnahme der Regierung, vor allem in Entwicklungs- und Schwellenländern dar, um die Reinvestition der Gewinne in den Gastländern zu erzwingen. Da aber diese Maßnahmen wiederum den freien Kapitalverkehr beschränken, haben sie auch den Charakter eines Handelshemmnisses. Sie beeinflussen außerdem indirekt die "ability to attract" einer Volkswirtschaft, da eine prohibitiv hohe Besteuerung ausländischer Gewinntransfers die Motivation zur Vornahme von Investitionen in einem bestimmten Land erheblich senken kann.

Tabelle 37 gibt einen Überblick über die Steuersätze beim Gewinntransfer ausländischer Tochtergesellschaften in ihren Stammhäusern in ausgewählten Ländern. Es muß jedoch in diesem Zusammenhang darauf hingewiesen werden, daß es im Rahmen bilateraler oder multilateraler Abkommen häufig Abweichungen vom Regelsteuersatz gibt. Aus diesem Grund wurde in dieser Tabelle die, bei sog. "treaty countries" (d.h. Ländern mit denen solche Verträge geschlossen wurden) geltenden Sätze auch berücksichtigt.

Wie aus Tabelle 37 hervorgeht, gelten Malaysia und Argentinien als äußerst liberal, da dort der Gewinntransfer nicht besteuert wird. In Brasilien und Thailand werden vergleichsweise geringe Regelsteuersätze angewendet. Bei den anderen Ländern sind diese dagegen als relativ hoch einzustufen. Etwas überraschend wirkt die Tatsache, daß in den hier analysierten Industrieländern der Gewinntransfer, insbesondere im Falle der "nontreaty countries", sehr hoch besteuert wird. Es muß in diesem Zusammenhang jedoch darauf hingewiesen werden, daß Gewinntransfer-Steuersätze im heutigen Zeitalter der Globalisierung zunehmend bedeutungslos werden, denn multinationale Unternehmen können, unter Heranziehung ihrer weltweit breit gestreuten Netze von Tochtergesellschaften und verbundenen Unternehmen (z.B. durch Transferpreispolitiken) hohe Steuersätze umgehen. Für die Analyse der tarifären Belastung beim Gewinntransfer wäre daher eher ein Indikator aussagefähiger, der die tatsächliche Höhe der auf den transferierten Gewinn entfallenden Steueraufkommen erfaßt, wie z.B. das Verhältnis zwischen Steuer auf Gewinne und dem Umsatz ausländischer Unternehmen in den einzelnen Ländern. Dies scheidet jedoch hier aufgrund mangelnder Daten für die meisten Länder aus.

Tabelle 37: Besteuerung des Gewinntransfers und von Royalties in ausgesuchten Ländern (Stand: 1995)

	Gewinntransfer		Royalties	
	"nontreaty country"	"treaty country"	"nontreaty country"	"treaty country"
Brasilien	15 %	15-25 %	25 %	10-25 %
Argentinien	keine Besteuerung	keine Besteuerung	18-24 %	5-24 %
Chile	35 %	n.a.	35 %	n.a.
Malaysia	keine Besteuerung	keine Besteuerung	10 %	0-10 %
Thailand	10 %	10 %	15 %	5-15 %
Indonesien	20 %	15-20 %	20 %	10-20 %
Korea	25 %	5-20 %	25 %	0-15 %
Deutschland	25 %	5-25 %	25 %	0-25 %
Japan	20 %	10-20 %	20 %	0-20 %
USA	30 %	n.a.	30 %	n.a.

n.a.: wird nicht angewendet

Quelle: Boadway, R. W./Shah, A., Investment Incentives (1995), S. 106 ff.

6.8.3. Royalties

Neben der Analyse der tarifären Belastung beim Gewinntransfer wird im Rahmen dieses Abschnittes als letztes die Frage analysiert, wie hoch die Überweisung von Royalties (in Verbindung mit Technologie-Transfer-Abkommen) in den hier ausgewählten Ländern steuerlich belastet wird.

Eine prohibitiv hohe Besteuerung von Royaltie-Überweisungen in einigen Entwicklungs- und Schwellenländern ist ein Grund dafür, daß viele Unternehmen aus Industrieländern keinen Technologie-Transfer in solche Länder betreiben. Dies erweist sich als sehr negativ, wenn bedacht wird, wie wichtig der Technologie-Transfer für die Entwicklung international wettbewerbsfähiger Branchen in Entwicklungs- und Schwellenländern sein kann.[463]

---

[463] Vgl. dazu z.B. Hogendorn, J. S., Economic Development (1996), S. 260 f.

Wie man der Tabelle 37 entnehmen kann, wird in allen hier analysierten Ländern die Überweisung von Royalties steuerlich belastet. In den südostasiatischen Schwellenländern fällt dennoch die Belastung (nontreaty countries) niedriger aus als in den lateinamerikanischen Schwellenländern. Ausnahme bildet Korea mit einem Regelsteuersatz von 25 %. Ähnlich wie bei der Analyse der tarifären Belastung beim Gewinntransfer wird in den hier ausgesuchten Industrieländern die Überweisung von Royalties relativ hoch besteuert.

Fazit

Zusammenfassend kann für die Abschnitte 6.7. und 6.8. folgendes festgehalten werden:

Erstens werden tarifäre und nicht-tarifäre Handelshemmnisse in allen Ländern angewendet, auch wenn in unterschiedlicher Intensität.

Als positiv ist das Zollsystem Chiles zu beurteilen, das sehr übersichtlich ist und alle Produkte gleich hoch besteuert. Außerdem werden dort keine progressiven Zollsätze und kaum nicht-tarifäre Handelshemmnisse angewendet. In fast allen anderen Ländern genießen u.a. die Automobil-, die Agrar-, die Bekleidungs- und die Textilindustrie einen relativ hohen Schutz.

Zweitens ist in vielen der Länder eine Progression der Zollsätze zu finden. Dies betrifft insbesondere die mineralische Rohstoffindustrie, d.h. einen Bereich in dem viele Schwellenländer ein hohes Weiterverarbeitungspotential im Sinne der "resource-based" Industrialisierungsstrategien[464] haben. Obwohl diese progressiven Zollsätze ein Hindernis für die Weiterverarbeitungsaktivitäten vieler rohstoffreicher Schwellenländer darstellen, bleibt kritisch anzumerken, daß viele dieser Schwellenländer selbst von einer solchen Progression Gebrauch machen (z.B. Korea und Malaysia bei der Eisen- und Stahlindustrie).

Drittens ist im Bereich der ausländischen Direktinvestitionsgesetze eine kontinuierliche Liberalisierung in den hier untersuchten Ländern festzustellen. Die südostasiatischen Schwellenländer weisen dabei tendenziell weniger liberale Gesetze als die übrigen Länder auf.

Brasilien nimmt innerhalb der hier untersuchten Länder eine mittlere Stellung ein. Zum einen ist Brasilien durch relativ liberale Direktinvestitionsgesetze und durch eine umfassende inländische Gesetzgebung zum Schutz des geistigen Eigentums gekennzeichnet, zum anderen weist es immer noch z.T. relativ hohe Zollsätze auf. Vor allem die Automobilindustrie genießt in Brasilien einen hohen Schutz; außerdem wendet Brasilien selbst stark progressive Zollsätze an.

6.9. Finanzierungskosten und -möglichkeiten

Die letzte zu analysierende Frage in Verbindung mit der Untersuchung der allgemeinen (d.h. branchenunabhängigen) internationalen Wettbewerbsfähigkeit Brasiliens, stellt der Vergleich der Finanzierungskosten dar. Es muß jedoch in diesem Zusammenhang darauf hingewiesen werden, daß bereits sowohl auf das Finanzsystem Brasiliens als auch

---

[464] Vgl. zu den "resource-based" Industrialisierungsstrategien Abschnitt 4.3.1.

auf das der hier ausgesuchten Länder eingegangen wurde,[465] so daß die Analyse der einzelnen Finanzsysteme nicht Gegenstand dieses Abschnittes ist.

Der Begriff der *"Finanzierungskosten"* wird in dieser Arbeit sehr eng gefaßt. Er umfaßt die wichtigsten Kosten, die bei der Beschaffung von kurz- und langfristigem Fremdkapital durch die Unternehmen im Rahmen der Kreditfinanzierung anfallen. Darunter ist somit vor allem der "kurz- bzw. langfristige Zinssatz", korrigiert um die Inflationsrate, also der **"reale kurz- bzw. langfristige Zinssatz"** zu verstehen.

In dieser Arbeit wird für die Berechnung der realen Zinssätze folgende Formel verwendet:

$$\frac{\left(\frac{i_{nom}}{100}+1\right)}{\left(\frac{p_i}{100}+1\right)} = t_r ; dann: \left(t_r - 1\right) * 100 = i_r(\%) \qquad (6.14),$$

wobei i_{nom} der nominale, i_r der reale Zinssatz (% p.a.), p_i die Preissteigerungsrate (% p.a.) und t_r der reale Zinsindex (nicht in %) sind.

Ein niedriger realer, insbesondere langfristiger Zinssatz beeinflußt die Wettbewerbsfähigkeit einheimischer Unternehmen positiv in der Weise, daß es diesen beispielsweise möglich ist, Erweiterungs- und Modernisierungsinvestitionen zu günstigen Konditionen vorzunehmen. Andererseits implizieren hohe reale kurzfristige Zinssätze, daß die Finanzierung der Produktion, insbesondere des Umlaufvermögens, für Unternehmen teuer wird, mit der Folge eines potentiellen Verlustes an Wettbewerbsfähigkeit. Als letztes ist in diesem Zusammenhang auf den sog. "Leverage-Effekt" hinzuweisen. Als "Leverage-Effekt" wird die Abhängigkeit der Rentabilität des Eigenkapitals vom Anteil der Fremdfinanzierung bezeichnet. Danach nimmt die Eigenkapitalrendite mit steigender Verschuldung zu, solange die Investitions- bzw. Gesamtkapitalrendite größer ist als der Fremdkapitalzinssatz.[466] Es ist somit ersichtlich, daß je niedriger die Fremdfinanzierungskosten sind, desto höher ist die sogenannte "Leverage-Chance", d.h., die Möglichkeit, durch zunehmende Verschuldung die Eigenkapitalrentabilität, und somit indirekt die eigene Wettbewerbsfähigkeit zu erhöhen.

Als nächstes wird die Entwicklung sowohl des realen kurzfristigen als auch des realen langfristigen Zinssatzes in Brasilien im Vergleich zu ausgewählten Ländern untersucht (Tabelle 38). Es entstehen jedoch dabei drei Probleme.

Erstens, gibt es unterschiedliche kurz- und langfristige Formen der Kreditfinanzierung.[467] Je nach zugrundegelegter Kreditform wird der Zinssatz demzufolge auch anders

---

[465] Vgl. dazu Abschnitt 3.2., S. 24 ff.

[466] Vgl. zum "Leverage-Effekt" und insbesondere zu den Prämissen und zur Beweisführung Perridon, L./Steiner, M., Finanzwirtschaft der Unternehmung (1991), S. 419 ff.

[467] Vgl. zu einer Systematisierung lang- und kurzfristiger Formen der Kreditfinanzierung Perridon, L./Steiner, M., Finanzwirtschaft der Unternehmung (1991), S. 305 ff. und S. 331 ff. Einen guten

ausfallen. *Zweitens* werden im Rahmen der vom IWF veröffentlichten Zeitreihen zur Entwicklung inländischer Zinssätze, entweder einzelne der hier ausgewählten Länder nicht erfaßt oder die Zeitreihen sind zum Teil unvollständig. *Drittens* sind, vor dem Hintergrund zunehmender Liberalisierungstendenzen auf internationalen Finanzmärkten in Verbindung mit der Deregulierung des Finanzsystems, in vielen Ländern die Möglichkeiten für Unternehmen gewachsen, auf internationalen Kreditmärkten, wie beispielsweise auf dem Eurokreditmarkt, Finanzmittel zu beschaffen, so daß inländische Finanzsysteme und somit inländische reale Zinssätze nicht allein maßgebend sind.

Vor dem Hintergrund der vorhandenen Erfassungsprobleme werden in dieser Arbeit für die Analyse der kurzfristigen Zinssätze Daten vom IWF verwendet, da angenommen werden kann, daß diese auf ein international vergleichbares Niveau aufgearbeitet werden. Von allen veröffentlichten Daten des IWF weist vor allem die Entwicklung der "deposit rates" die höchste Vollständigkeit auf.[468] Die Entwicklung der *Einlagezinsen* wird daher in dieser Arbeit als Proxyvariable für die Analyse der Entwicklung der realen kurzfristigen Zinsen herangezogen. Da sich aber die Banken bei den Kreditzinsen u.a. an den Einlagezinsen orientieren, ist in Wirklichkeit mit höheren Zinsen als denen in Tabelle 38 angezeigten zu rechnen.[469] Als Preisindex für die Berechnung der realen Einlagezinsen werden die vom IWF veröffentlichen Zeitreihen zur Entwicklung der Verbraucherpreise in den einzelnen Ländern verwendet.[470]

Wie aus dieser Tabelle entnommen werden kann, weist Brasilien, im Vergleich zu den anderen dort aufgeführten Ländern, im Durchschnitt der Periode 1980-1996 die höchsten realen kurzfristigen Zinssätze auf. Außerdem ist diese Periode in Brasilien durch eine extrem hohe Volatilität der kurzfristigen Zinssätze gekennzeichnet. Nur Argentinien weist eine höhere Volatilität der Zinsätze auf.

Für die hohen realen Zinssätze und für die hohe Zinsvolatilität in Brasilien sind einige Gründe maßgebend:[471]

Erstens können sogenannte Subjektivitätsgründe bzw. psychologische Faktoren genannt werden. Der Durchschnittsinvestor hatte in Brasilien, aufgrund schlechter Erfahrungen bei unterschiedlichen Wirtschaftsprogrammen (z.B. Blockierung der Bankkonten durch die Regierung COLLOR 1990), ein relativ schwaches Vertrauen in die Politik der Regierung, insbesondere hinsichtlich des Finanzmarktes. Aus diesem Grund waren viele Durchschnittsinvestoren nur bereit, Geld im einheimischen Finanzmarkt anzulegen, wenn ihnen ein bestimmtes "Vertragsbruch-Agio" zusätzlich angeboten wurde.

Zweitens sind die extremen Preisschwankungen während dieser Periode zu nennen. Die hohe Preisinstabilität bewirkte auch eine hohe Volatilität der realen Zinsätze. In Ländern mit relativ hoher Preisstabilität, wie Deutschland, Japan und USA und in geringerem

---

Überblick über die speziellen Charakteristika der in Brasilien geltenden Kreditformen gibt das Buch von Fortuna, E., Mercado Financeiro (1995), insbesondere S. 115 ff.

[468] Vgl. dazu IMF, International Financial Statistics Yearbook (1996), Line 60 l.

[469] Es wird hier außerdem angenommen, daß die Differenz zwischen den kurzfristigen Einlage- und den Kreditzinsen im Zeitablauf in den einzelnen Ländern relativ stabil geblieben ist.

[470] Vgl. dazu IMF, International Financial Statistics Yearbook (1996), Line 64.

[471] Vgl. dazu Carta do IBRE, A Questão das Taxas de Juros (Conjuntura Econômica, Heft 6, 1995), S. 5.f.

Maße die südostasiatischen Schwellenländer, war es der Regierung dagegen zunehmend möglich, reale Zinssätze als Mittel effektiver Geldpolitik einzusetzen.

Tabelle 38: Entwicklung der kurzfristigen realen Einlagezinsen in ausgesuchten Ländern (1980-1996) (Prozent)

Jahr	Brasilien	Argentinien	Chile	Indonesien	Korea	Malaysia	Thailand	BRD	Japan	USA
1980	17,61	-10,55	1,94	-10,17	-7,15	-0,44	-6,43	2,42	-2,13	-0,38
1981	1,17	25,71	17,71	-5,53	-4,20	-0,03	-0,18	3,24	-0,44	5,09
1982	29,47	-14,56	35,29	-3,20	0,75	3,73	7,31	2,13	1,02	5,79
1983	5,16	-14,08	0,56	-5,19	4,45	4,17	8,97	1,22	1,82	5,71
1984	23,77	-31,63	6,45	4,98	6,72	5,42	11,99	2,40	1,27	5,82
1985	20,95	-5,45	0,97	12,70	7,32	8,48	10,35	2,19	1,47	4,30
1986	-14,56	2,41	-0,43	9,06	7,00	6,43	7,81	3,81	1,71	4,53
1987	51,96	19,30	4,44	6,84	6,80	2,69	6,83	2,99	1,66	3,05
1988	22,64	6,51	0,36	9,00	2,70	k.D.	5,49	1,96	1,05	3,59
1989	328,62	445,19	9,16	11,49	4,07	1,75	3,89	2,63	-0,32	4,09
1990	212,54	-32,98	11,33	8,81	1,29	3,22	5,90	4,26	0,45	2,62
1991	87,37	-40,49	0,43	12,68	0,64	2,66	7,54	3,98	0,81	1,57
1992	49,74	-6,50	2,49	11,97	3,58	k.D.	4,59	3,86	1,62	0,66
1993	50,93	0,67	4,92	k.D.	3,61	k.D.	5,06	2,08	0,83	0,17
1994	90,54	3,72	3,30	k.D.	2,07	k.D.	3,20	1,43	0,99	1,98
1995	-17,46	8,22	5,11	k.D.	4,14	2,35	5,56	2,01	0,82	3,04
1996	6,94	7,15	5,64	k.D.	2,38	3,46	k.D.	1,31	0,2	2,42
Mittel-wert	56,91	21,33	6,45	4,88	2,72	3,38	5,49	2,58	0,75	3,18
Stand.-Abw.	88,39	110,68	8,77	8,02	3,85	2,44	4,29	0,96	1,00	1,95

Quelle: IMF, International Financial Statistics Yearbook (1997); eigene Berechnungen.

Neben der Analyse der kurzfristigen Zinssätze wird noch kurz auf die langfristigen realen Zinssätze eingegangen. Es stellt sich in diesem Zusammenhang die Frage, ob im Vergleich zu anderen Ländern die realen langfristigen Zinssätze Brasiliens als niedrig oder als hoch einzustufen sind. Es entstehen dabei zwei Probleme:

Erstens werden reale langfristige Zinssätze nicht im Rahmen internationaler Statistiken, wie z.B. des IWF, konkret erfaßt. Eine Möglichkeit, diese dennoch annähernd zu erfassen, besteht darin, die vom IWF veröffentlichten Daten zur Verzinsung von Staatspapieren, Staatsanleihen und/oder obligatorischen Renten, also die Rentenrendite, als Proxyvariable zu verwenden. Auch der IWF weist auf die Eignung der Rentenrendite als Proxyvariable für die langfristigen Zinssätze hin:

"The fifth group refers to one or more series representing yields to maturity of government bonds or other bonds ***that would indicate longer term rates****....[Herv. nicht im Original]. These are usually referred to as Government Bond Yields.* "[472]

Zweitens, werden diese Daten nicht für Brasilien veröffentlicht. Dies erklärt sich vor allem durch die relativ hohe Instabilität in Brasilien während der 80er und Anfang der 90er Jahre. Schon seit den 60er Jahren wurden in Brasilien unterschiedliche Arten von Staatspapieren mit unterschiedlicher Laufzeit herausgegeben, was es sehr schwer macht, diese statistisch zu erfassen. Als Alternative bietet es sich daher in diesem Zusammenhang an, die von der brasilianischen Zentralbank berechnetete SELIC[473]-Rate zu verwenden. Diese Rate stellt die Durchschnittsrendite der in einem Jahr gehandelten Staatspapiere in Brasilien dar.

Für die Berechnung der langfristigen realen Zinssätze ausgesuchter Länder im Zeitablauf wird Formel (6.14) verwendet. Als Preisindex wird aber die Veränderung der Großhandelspreise (Wholesale-Prices), die auch vom IWF veröffentlicht wird,[474] verwendet, da die Großhandelspreise für die Kalkulation der realen Rendite der Staatspapiere und somit für die Schätzung der langfristigen realen Zinsen eher geeignet sind als die Verbraucherpreise. Der Grund dafür ist, daß langfristige Finanzierungsquellen eine höhere Bedeutung für die Unternehmen haben als für die Verbraucher. Industrieunternehmen orientieren sich bei der Festlegung ihrer Preise wiederum eher an die Großhandels- als an die Verbraucherpreise.

Aus Tabelle 39 ist die Entwicklung der realen Rendite von Staatspapieren in ausgesuchten Ländern ersichtlich.

Unter Berücksichtigung der (obengenannten) Tatsache, daß in Brasilien infolge der extrem hohen Preisschwankungen verschiedene Staatspapiere mit unterschiedlicher Laufzeit herausgegeben wurden und, daß außerdem aufgrund der hohen Inflationsrate das Geld nicht langfristig bzw. nur unter kontinuierlicher Erneuerung der Konditionen geliehen wurde, kann festgestellt werden, daß im Durchschnitt der Periode 1987-1996 die langfristigen realen (geschätzten) Zinssätze in Brasilien relativ hoch waren. Außerdem war, ähnlich wie im Falle der kurzfristigen Zinssätze, die Volatilität der langfristigen realen Zinssätze als extrem hoch einzustufen.

Dies stellte einen großen Nachteil für die brasilianischen Unternehmen dar, insbesondere wurden hohe Anforderungen an die Finanzplanung gestellt. Erst durch den 1994 verabschiedeten "Plano Real" ist es der Regierung gelungen, die Inflationsrate auf ein relativ niedriges Niveau zu senken. Dies erlaubte auch die zunehmende Gewährung von langfristigen Darlehen. So wurde beispielsweise von der brasilianischen Zentralbank am 30.11.1994 die TJLP (Taxa de Juros de Longo Prazo) geschaffen. Die TJLP stellt eine langfristige Zinsrate dar, die als Referenzzinsrate für langfristige Kredite, insbesondere der Brasilianischen Entwicklungsbank (BNDES, Banco Nacional de Desenvolvimento

---

[472] IMF, International Financial Statistics Yearbook (1996), S. XV.

[473] Beim SELIC (Superintendência de Liquidação e Custódia do Banco Central) handelt es sich um eine Teilbehörde der Zentralbank, deren Hauptaufgabe es ist, Kauf und Verkauf von Staatspapieren zu registrieren. Vgl. dazu Fortuna, E., Mercado Financeiro (1995), S. 70 f.

[474] Vgl. dazu IMF, International Financial Statistics Yearbook (1996), Line 63 X.

Economico e Social) fungiert. Zwischen Dezember 1994 und Mai 1997 ist eine kontinuierliche Senkung der nominellen TJLP festzustellen. Betrug diese im Zeitraum Dezember 1994/März 1995 noch 26,42 % p.a., so sank sie im Zeitraum März 1997/Mai 1997 auf 10,48 % p.a.[475]

Tabelle 39: Entwicklung der realen Rendite von Staatspapieren in ausgesuchten Ländern (1987-1996) (Prozent)

Jahr	Brasilien	Korea	Thailand	Deutschland	Japan	USA
1987	47,49	11,87	1,49	8,55 (1)	8,33 (1)	5,63
1988	45,23	10,07	-0,65	4,74	5,32	4,66
1989	83,20	13,04	4,11	3,77	2,39	3,33
1990	-55,30	10,39	6,86	7,06	5,15	4,78
1991	27,02	11,23	3,70	6,08	6,32	7,64
1992	51,60	12,60	10,53	6,47	6,54	6,37
1993	46,96	10,42	11,19	6,28	7,79	4,26
1994	-48,02	9,35	6,49	6,03	5,83	5,74
1995	-2,80	7,35	k.D.	4,72	3,20	2,88
1996	19,97	7,98	k.D.	6,05	1,52	4,05
Mittelwert	33,73	10,43	5,47	5,98	5,24	4,93
Stand.-Abw.	44,66	1,86	4,13	1,34	2,25	1,44

(1) Die relativ hohen realen Zinssätze für Deutschland und Japan in diesem Jahr lassen sich vor allem durch die negative Großhandelspreisentwicklung (Deflation) erklären. So betrug die nominale Rendite in Deutschland und Japan im Jahr 1987 jeweils 5,84 % und 4,21 %, während die Inflation (Entwicklung der Großhandelspreise) jeweils bei –2,5 % und –3,8 % lag.

Quelle: IMF, International Financial Statistics Yearbook (1997); Daten aus der Brasilianischen Zentralbank (BACEN); eigene Berechnungen.

Neben den Kosten der Kreditfinanzierung spielen auch die Möglichkeiten der Beteiligungsfinanzierung eine wichtige Rolle bei der Entwicklung der internationalen Wettbewerbsfähigkeit der in einem Land ansässigen Unternehmen. Unter Beteiligungsfinanzierung sind alle Formen der Beschaffung von Eigenkapital durch Kapitalanlagen von bisher bereits vorhandenen oder neu hinzutretenden Gesellschaftern der Unternehmung zu verstehen.[476]

In diesem Zusammenhang ist vor allem auf das Vorhandensein gut organisierter Kapital-, insbesondere Aktienmärkte als wichtige Voraussetzung zur jederzeitigen Veräußerung von Unternehmensanteilen ohne größere Transaktionskosten hinzuweisen. Dies wird auch im Rahmen von Untersuchungen bestätigt, die zeigen, daß gut funktionieren-

[475] Vgl. Vieira, S. P., Uma Análise das Principais Taxas de Juros (Revista do BNDES, Heft 7, 1997), S. 67 f.

[476] Vgl. zu einer ausführlichen Systematisierung und Erklärung aller Formen der Beteiligungsfinanzierung insbesondere Perridon, L./Steiner, M., Finanzwirtschaft der Unternehmung (1996), S. 277 ff.

de Aktienmärkte ein starker Motor für das Wirtschaftswachstum, insbesondere in Entwicklungsländern, sein können.

In einem von LEVINE[477] veröffentlichten Artikel wurden zwölf Beiträge, die auf der Weltbank-Konferenz "Stock Markets, Corporate Finance, and Economic Growth" vorgelegt wurden, zusammengefaßt und analysiert. Dabei wurde u.a. der Zusammenhang zwischen der Liquidität der Aktienmärkte in 38 Ländern, sowohl von Entwicklungs- und Schwellenländern als auch von Industrieländern, und ihrem Wirtschaftswachstum untersucht. Als Kriterien zur Erfassung der Liquidität wurde für das Jahr 1976 das "Anfangsvolumen der gehandelten Wertpapiere",[478] der "Anfangsumsatz"[479] und das "Verhältnis des Anfangswertes des Handels zur Volatilität"[480] verwendet. Jedes dieser Kriterien wurde dann mit dem anschließenden Wirtschaftswachstum der einzelnen Länder (1976-1993), gemessen als "jährliches Wachstum des Pro-Kopf-BIP (%)", korreliert. Dabei konnte LEVINE einen wichtigen Zusammenhang zwischen der Liquidität der Aktienmärkte im Jahr 1976 und dem anschließenden Wirtschaftswachstum (1976-1993) der einzelnen Länder feststellen.

Die Gründe für den (postulierten) positiven Zusammenhang zwischen Aktienmarktentwicklung und Wirtschaftswachstum sind nach DERMIGÜÇ-KUNT/MAKSIMOVIC[481] vor allem auf der Mikroebene der Finanzierungsentscheidungen der Unternehmen zu suchen.

Erstens wenn es keine Aktienmärkte gibt oder wenn diese durch eine geringe Liquidität gekennzeichnet sind, sind die Möglichkeiten der Risikodiversifizierung für Investoren und Unternehmen begrenzt. Die möglichen Folgen sind, daß die Unternehmen in geringerem Maße kapitalintensive Technologien wählen, die hohen langfristigen Risiken unterliegen, oder sie investieren und expandieren weniger, als wenn ihre Anteile breit gestreut wären.

Zweitens ist es den Unternehmen bei einem schlecht funktionierenden Aktienmarkt nicht möglich, ihr Finanzierungspaket optimal zu strukturieren. Bei einer geringen Möglichkeit, Eigenkapital durch Aktienemission aufzunehmen, müssen sich viele Unternehmen bei Expansions- und Investitionsabsichten zunehmend verschulden. Dabei entsteht aber wiederum das Problem, daß ab einer bestimmten Schuldenquote die Un-

---

[477] Vgl. dazu Levine, R., Aktienmärkte: Ein Motor für das Wirtschaftswachstum (Finanzierung & Entwicklung, Heft 1, 1996), S. 7 ff.

[478] Die Anfangsliquidität ist gemessen als Anteil des Wertes der gehandelten Papiere am BIP im Jahre 1976.

[479] Der Anfangsumsatz ist gemessen als Anteil des Wertes der gehandelten Papiere an der Marktkapitalisierung im Jahre 1976.

[480] Unter diesem Kriterium ist das Verhältnis des Wertes der gehandelten Papiere zur Volatilität im Jahre 1976 zu verstehen. Der Wert wurde als Schätzung der zwölfmonatigen gleitenden Standardabweichung der Marktumsätze gemessen. In der Untersuchung von LEVINE waren aber nur Daten für 30 Länder verfügbar.

[481] Vgl. dazu Dermigüç-Kunt, A./Maksimovic, V., Entwicklung der Aktienmärkte (Finanzierung & Entwicklung, Heft 2, 1996), S. 45 ff.. Diese Autoren untersuchten vor allem den Zusammenhang zwischen Entwicklung der Aktienmärkte und Finanzierungsentscheidungen der Unternehmen in Entwicklungsländern.

ternehmen nicht immer in der Lage sind, weitere Kredite aufzunehmen. Die Gründe hierfür sind, daß eine hohe unternehmerische Schuldenquote für die Kreditgeber auch mit hohen Risiken verbunden ist.

Drittens nehmen die Aktienmärkte, neben ihrer Bedeutung bei der Versorgung mit Kapital, auch eine wichtige Informationsrolle ein. Mit Hilfe gut funktionierender Aktienmärkte ist es möglich, Informationen über die Aussichten der Unternehmen, deren Anteile gehandelt werden, zu sammeln und diese den Kreditgebern und Investoren zur Verfügung zu stellen. Durch die Verbesserung des Informationsstandes über die Unternehmungen und die Vereinfachungen von Übernahmen wird die Unternehmenskontrolle erleichtert und somit ein besseres Unternehmensmanagement gefördert. Dadurch ist es wiederum möglich, die Kosten der Kapitalbeschaffung zu senken.

Wie bereits im Abschnitt 3.2. analysiert,[482] weist Brasilien einen relativ entwickelten Aktienmarkt auf, was wiederum eine "natürliche" Antwort bzw. Reaktion auf die schlechten Verhältnisse im Fremdkapitalbereich ist.

Es muß am Ende dieses Abschnittes noch auf Befragungen, die zu verschiedenen Teilaspekten der internationalen Wettbewerbsfähigeit unterschiedlicher Länder vom WORLD ECONOMIC FORUM[483] im Jahr 1996 durchgeführt wurden, hingewiesen werden.

In den vom WORLD ECONOMIC FORUM durchgeführten Unternehmensbefragungen wurde u.a. im Rahmen der Analyse der Infrastruktur und unternehmensrelevanten Dienstleistungen auch eine Bewertung des Finanzsektors in Brasilien im Vergleich zu lateinamerikanischen und ostasiatischen Ländern und Industrieländern vorgenommen. Die Ergebnisse sind aus Tabelle 40 ersichtlich.

Wie aus Tabelle 40 entnommen werden kann, ergab sich bei der Einschätzung des Marktes für Beteiligungskapital Brasiliens ein recht günstiges Bild. Klare Wettbewerbsnachteile wurden jedoch bei den anderen spezifischen Finanzmarktindikatoren diagnostiziert. Der schwierige Zugang zu Bankkrediten und vor allem die hohen Kapitalkosten wurden als Faktoren genannt, welche die Konkurrenzfähigkeit von Unternehmen in Brasilien vergleichsweise stark beeinträchtigen. Als sehr positiv wurde das Finanzsystem Chiles bewertet. Chile schnitt nicht nur besser als Brasilien und die anderen lateinamerikanischen und ostasiatischen Schwellenländer ab, sondern wies im Bereich des Kreditzugangs und der Kapitalkosten bessere Werte als die Industrieländer auf. Die Bewertungsergebnisse des WORLD ECONOMIC FORUMS müssen dennoch mit Vorsicht interpretiert werden, da sie auf Befragungen basieren und somit viele Subjektivitätsfaktoren in die Ergebnisse miteinfliessen.

Im Falle von Brasilien decken sich die Ergebnisse der Befragung vom WORLD ECONOMIC FORUM, trotz dieser Kritik, insgesamt mit den Resultaten dieser Untersuchung, in deren Rahmen zwar hohe reale Zinsen aber dennoch relativ entwickelte Kapital-, insbesondere Aktienmärkte, festgestellt wurden.

---

[482] Vgl. dazu S. 49 ff.

[483] Vgl. dazu World Economic Forum (1996), zitiert nach Nunnenkamp, P., Herausforderungen der Globalisierung für Brasilien (Die Weltwirtschaft, Heft 1, 1997), S. 124.

Tabelle 40: Bewertung des Finanzsektors in Brasilien im Vergleich zu ausgesuchten Ländern im Rahmen von Umfragen des WORLD ECONOMIC FORUMS (1996)(1)

	Brasilien	Lateinamerika(2)	Ostasien(3)	Industrieländer(4)
1. Kreditzugang	2,7	3,0 (Chile: 4,6)	4,1	4,3
2. Kapitalkosten	1,8	2,4 (Chile: 4,8)	3,6	4,1
3. Beteiligungskapital	3,1	2,9 (Chile: 4,0)	3,9	4,3

(1) Die aufgeführten Indikatoren der Unternehmensumfrage sind wie folgt definiert (dabei steht 1 für starke Ablehnung und 6 für starke Zustimmung):

1. Kreditzugang: Unternehmen haben leichten Zugang zu Bankkrediten; *2. Kapitalkosten:* Die Höhe der Kapitalkosten behindert die wettbewerbliche Unternehmensentwicklung nicht; *3. Beteiligungskapital:* Der Markt für Beteiligungskapital gewährleistet eine effiziente Kapitalzufuhr für Unternehmen.

(2) Durchschnittliche Einschätzung für Argentinien, Chile, Kolumbien, Mexiko, Peru und Venezuela; in Klammern: das am besten eingeschätzte Land aus dieser Gruppe.

(3) Durchschnittliche Einschätzung für Malaysia, Südkorea, Taiwan und Thailand.

(4) Durchschnittliche Einschätzung für Deutschland, Frankreich, Japan, Großbritannien und die USA.

Quelle: World Economic Forum (1996), entnommen aus: Nunnenkamp, P., Herausforderungen der Globalisierung für Brasilien (Die Weltwirtschaft, Heft 1, 1997), S. 124.

Der postulierte negative Zusammenhang zwischen inländischen Finanzierungskosten und internationaler Wettbewerbsfähigkeit muß aber in zweierlei Hinsicht relativiert werden.

Erstens gibt es immer noch die Möglichkeit, auf internationalen Finanzmärkten Kapital aufzunehmen. So sind beispielsweise in Brasilien Eurobonds seit Mitte 1992, als das Land international kaum noch kreditwürdig war, zur wichtigsten ausländischen Finanzierungsquelle von Unternehmen und Banken geworden. Als wichtigster Grund für die Emission von Eurobonds zur Beschaffung von Kapital über die internationalen Kapitalmärkte wird von den brasilianischen Unternehmen vor allem die, im Vergleich zum Inland, niedrigeren realen Zinssätze genannt.[484]

Zweitens können hohe reale Zinssätze, bei einer entsprechend guten Finanzmanagementstrategie, auch mit einer Erhöhung der Rentabilität verbunden sein. Dies ist dann der Fall, wenn es den Unternehmen gelingt, ihre Verschuldung zu senken und gleichzeitig Finanzmittelüberschüsse zu erzielen, die dann gewinnbringend zu den hohen realen Zinssätzen angelegt werden können. Aus diesem Grunde verursachen, zumindest aus der mikroökonomischen Perspektive gesehen, hohe reale Zinssätze nicht zwangsläufig immer hohe Kosten für die Unternehmen.[485]

---

[484] Vgl. dazu o.V., Brasilien - Probleme bei Eurobond-Emission, in: Handelsblatt vom 14.01.1995.

[485] Vgl. dazu Carvalho, C. E., Custo de Capital (1993), S. 35.

Fazit

Die Analyse dieses Abschnittes zeigt, daß Brasilien sowohl durch hohe, als auch volatile reale Zinssätze gekennzeichnet ist. Diese hohen Kreditkosten beeinflussen in negativer Weise die internationale Wettbewerbsfähigkeit brasilianischer Unternehmen.

Untersuchungen zur Kapitalstruktur von Unternehmen ausgesuchter Länder weisen darauf hin, daß brasilianische Betriebe am wenigsten auf Fremdfinanzierung zurückgreifen. Dies ist eine natürliche Reaktion auf die schlechten Verhältnisse im Fremdkapitalbereich.

SINGH[486] untersuchte für die Periode 1980-1990 die Kapitalstruktur bzw. das Finanzierungsverhalten der hundert größten Unternehmen in ausgesuchten Schwellenländern.

Die wichtigsten Ergebnisse seiner Untersuchung sind in Tabelle 41 zusammengefaßt.

Tabelle 41: Finanzierung des Nettovermögens(1) in ausgesuchten Ländern(2) (Durchschnitt 1980-1990) (Prozent)

	Innenfinanzierung(3)	Aktienemission	Langfristige Verschuldung
Brasilien	46,0	37,2	5,6
Korea	15,8	46,9	30,4
Malaysia	29,7	48,0	12,0
Thailand	14,7	k.D.	k.D.
Mexiko	23,1	64,7	1,0
Indien	38,1	16,3	38,9
Jordanien	54,8	25,5	5,8
Türkei	13,4	66,6	16,9
Zimbawe	57,0	43,5	0,0
Pakistan	67,5	5,2	23,9

k.D. = keine Daten.

(1) Nettovermögen wird definiert als Summe aus Anlagevermögen und Umlaufvermögen minus Abschreibungen und kurzfristige Verbindlichkeiten.

(2) Untersucht wurden die hundert größten Unternehmen jedes Landes.

(3) Gewinnthesaurierung.

Quelle: Singh, A., Large Corporations in Developing Countries (1994), S. 129.

Wie man der Tabelle 41 entnehmen kann, greifen brasilianische Großunternehmen sehr wenig auf die langfristige Fremdfinanzierung zurück. Die beliebtesten Finanzierungsquellen sind die Einbehaltung von Gewinnen, gefolgt von der Aktienemission. In Korea dagegen hat die Innenfinanzierung eine geringe Bedeutung. Dort erfolgt die Finanzierung vor allem über Aktienemission und langfristige Darlehen.

---

486 Vgl. Singh, A., Large Corporations in Developing Countries (1994), S. 121 ff.

Abbildung 40: Entwicklung des Verhältnisses Fremdkapital/Eigenkapital (corporate debt-to-equity ratios) in ausgesuchten Ländern

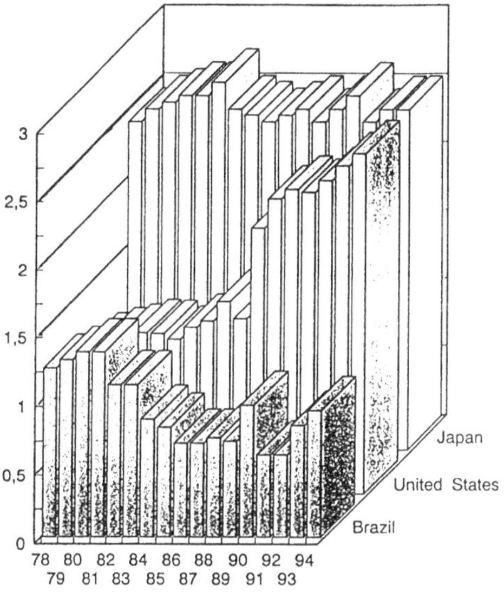

Quelle: Kanitz, S., Brazil – The emerging Economic Boom 1995-2005 (1995), S. 39.

Ähnliches ist auch bei der Analyse der Abbildung 40 festzustellen. Diese Abbildung zeigt, daß brasilianische Unternehmen durch ein sehr niedriges Verhältnis Fremd-/ Eigenkapital gekennzeichnet sind. US-amerikanische und japanische Unternehmen weisen dagegen ein höheres Verhältnis auf.

6.10. F&E-Aktivitäten

Ziel dieses Abschnittes ist es, ausgesuchte Indikatoren des wissenschaftlich-technischen Entwicklungspotentials Brasiliens zu analysieren. Das wissenschaftlich-technische Entwicklungspotential einer Volkswirtschaft stellt eine wichtige Voraussetzung für die Herstellung von sog. forschungsintensiven Produkten dar.

Folgende Indikatoren werden hier untersucht: a) "Gesamtzahl der eingetragenen Patente, Handelsmarken, Industriedesigns, Utility-Modelle und Pflanzenarten" und b) Anteil der F&E-Ausgaben am BIP.

A. Gesamtzahl der eingetragenen Eigentumsrechte

Bei der Analyse der Gesamtzahl der eingetragenen Eigentumsrechte in einzelnen Ländern müssen drei Einschränkungen beachtet werden:

Erstens ist für die Analyse des wissenschaftlich-technischen Entwicklungspotentials vor allem die "Gesamtzahl der auf den *Namen von Inländern* eingetragenen Eigentumsrechte" relevant. Aus diesem Grund wird in dieser Arbeit eine Einteilung in Eigentumsrechte, die auf den Namen von Inländern und Nicht-Inländern eingetragen werden, vorgenommen.

Zweitens ist davon auszugehen, daß innerhalb der obengenannten Eigentumsrechte vor allem die "Gesamtzahl der auf den Namen von Inländern eingetragenen Patente" als wichtigster Indikator zur Wiedergabe des technisch-wissenschaftlichen Entwicklungspotentials eines Landes fungiert.

Drittens muß das obengenannte Kriterium trotzdem mit großer Vorsicht interpretiert werden, da von der "Zahl der eingetragenen Patente" nicht auf die Umsetzung in Prozeß- und/oder auf den Märkten erfolgreiche Produktinnovationen geschlossen werden kann. Dazu kommen Verzerrungen durch im internationalen Vergleich differierende Patentierungsgewohnheiten, da es andere Möglichkeiten gibt, technisches Wissen zu schützen. Außerdem wird die Patentierung von Innovationen häufig als nicht lohnend angesehen bzw. ist diese nicht möglich. In diesem Zusammenhang sind auch unterschiedliche institutionelle und rechtliche Patentierungsbedingungen in den einzelnen Ländern zu berücksichtigen.[487]

Wie man der Tabelle 42 entnehmen kann, weist Brasilien eine relativ geringe Zahl der im Namen von Inländern eingetragenen Patente auf, insbesondere wenn die Zahlen mit Korea, Deutschland, USA und Japan verglichen werden. Mit Ausnahme von Deutschland sind alle diese Länder außerdem durch ein relativ hohes Verhältnis "Zahl der auf den Namen von Inländern/Zahl der auf den Namen von Nicht-Inländern eingetragenen Patente" gekennzeichnet. Bei der Eintragung sog. "Industrie-Designs" sind die Zahlen Brasiliens auch als gering einzustufen. Die Stärken Brasiliens liegen vor allem im Bereich der Handelsmarken, welche aber eine relativ geringe Bedeutung als Indikator des technisch-wissenschaftlichen Entwicklungsniveaus eines Landes haben. Auch im Bereich sog. "Utility"-Modelle weist Brasilien relativ zufriedenstellende Zahlen auf.

Tabelle 42: Zahl der eingetragenen Eigentumsrechte in ausgesuchten Ländern (Jahr 1995)

	PATENTE			HANDELSMARKEN			INDUSTRIE-DESIGNS		
	Inländer	Nicht-Inl.	Total	Inländer	Nicht-Inl.	Total	Inländer	Nicht-Inl.	Total
Argentinien	209	795	1.004	k.D.	k.D.	37.743	617	115	732
Brasilien	525	2.134	2.659	21.076	4.254	25.330	454	445	899
Chile	26	114	140	12.635	5.857	18.492	8	55	63
Korea	6.575	5.937	12.512	22.294	7.513	29.807	15.865	1.112	16.977
Malaysia	29	1.724	1.723	2.399	7.010	9.409	-	-	-
Deutschland	19.727	36.906	56.633	16.285	5.649	21.934	52.900	5.832	58.732
Japan	94.804	14.296	109.100	136.883	8.028	144.911	33.562	1.325	34.887
USA	55.739	45.680	101.419	72.796	12.761	85.557	8.250	3.462	11.712

[487] Vgl. Stierle, M. H., Volkswirtschaften in der Globalisierung (1998), S. 94 f.

Tabelle 42: Fortsetzung

	"UTILITY"-MODELLE			PFLANZENARTEN		
	Inländer	Nicht-Inl.	Total	Inländer	Nicht-Inl.	Total
Argentinien	-	-	-	52	28	80
Brasilien	485	27	512	-	-	-
Chile	5	4	9	7	66	73
Korea	7.712	436	8.148	2	2	4
Malaysia	-	-	-	-	-	-
Deutschland	15.749	2.236	17.985	555	325	880
Japan	62.494	1.472	63.966	507	91	598
USA	-	-	-	201	186	387

Quelle: http://www.wipo.org/eng/general/pcipi/stats/puba/contents.htm.

B. Anteil F&E-Ausgaben am BIP

Abbildung 41: Anteil der F&E-Ausgaben am BIP ausgesuchter Länder (1)

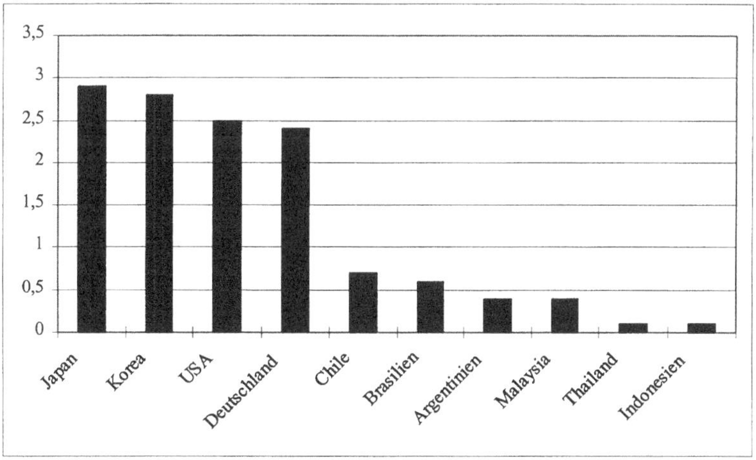

(1) Die Daten beziehen sich auf die folgenden Jahre: Argentinien (1995), Brasilien (1995), Chile (1995), Indonesien (1995), Thailand (1995), USA (1995), Korea (1994), Japan (1994), Deutschland (1993) und Malaysia (1992).

Quelle: http://unescostat.unesco.org.

Die geringe Verbreitung von F&E-Aktivitäten in Brasilien wird auch durch die Analyse in Abbildung 41 ersichtlich. Es zeigt sich weiterhin, daß Korea stark in F&E-Aktivitäten engagiert ist, denn dieses Land weist, neben der schon genannten hohen Zahl von eingetragenen Patenten und weiteren Eigentumsrechten auch einen relativ hohen Anteil von F&E-Ausgaben am BIP (2,8 %) auf. Dieser ist sogar noch höher als der Anteil der USA (2,5 %) und Deutschlands (2,4 %). Nur Japan weist einen höheren Anteil als Korea auf

(2,9 %). Auch Chile ist, verglichen mit den anderen Schwellenländern, durch einen zufriendenstellenden Anteil von F&E-Ausgaben am BIP charakterisiert.

Fazit

Zusammenfassend kann festgehalten werden, daß Brasilien eine mangelnde internationale Wettbewerbsfähigkeit im technisch-wissenschaftlichen Bereich aufweist.

So ist Brasilien sowohl durch einen sehr niedrigen Anteil von F&E-Ausgaben am BIP als auch durch eine relativ geringe "Zahl der im Namen von Inländern eingetragenen Patente" gekennzeichnet.

Diese Defizite im technisch-wissenschaftlichen Bereich stellen für Brasilien einen hohen Nachteil dar, vor allem bei der Herstellung von forschungsintensiven Produkten, dar. Dies ist auch eine "natürliche" Konsequenz aus den bereits festgestellten Mängeln im Bildungs- und Innovationssystem Brasiliens.[488]

6.11 Implikationen für die Verfolgung einer "resource-based" Industrialisierungsstrategie in Brasilien

Zusammenfassend kann festgehalten werden, daß in Brasilien sämtliche Faktoren einer erfolgreichen "resource-based" Industrialisierungsstrategie entgegenstehen:[489]

Erstens weist die Transportinfrastruktur relativ hohe Mängel auf. Dies betrifft zum einen die Vernachlässigung des Ausbaus des Eisenbahnnetzes, vor allem wenn bedacht wird, daß in Brasilien Erdöl und seine Derivate zu den teuersten Energiequellen zählen, zum anderen die mangelnde Qualität der Autobahnen. Dies verteuert in erheblichem Maße den Transport von Mineralien und anderen Primärgütern in die Verarbeitungszentren, die sich zu einem großen Teil im Süden und im Südosten des Landes befinden.

Außerdem ist auf die relativ niedrige Effizienz brasilianischer Häfen hinzuweisen, die sich z.B. in relativ hohen Entladungs- und Beladungskosten niederschlägt. Untersuchungen zeigen auch, daß der brasilianische Zoll durch eine überdurchschnitliche Bürokratrie bei der Abwicklung der Außenhandelstransaktionen gekennzeichnet ist. So dauert die Freigabe der Exportwaren in Brasilien im Durchschnitt 72 Stunden. In Argentinien (24 Stunden), Chile (24 Stunden), Deutschland (12 Stunden), England (12 Stunden), Frankreich (12 Stunden) und in den USA (24 Stunden) liegen die Zeiten dagegen viel niedriger als in Brasilien.[490] Alle diese Einschränkungen verteuern in erheblichem Maße den Export weiterverarbeiteter Waren durch brasilianische Unternehmen.

Zweitens ist auf die relativ hohen realen Zinssätze hinzuweisen. Wird bedacht, daß viele der "resource-based" Aktivitäten, wie z.B. die Weiterverarbeitung von Mineralien, kapi-

---

[488] Vgl. dazu Abschnitt 3.3.

[489] Es muß jedoch darauf hingewiesen werden, daß viele der folgend genannten Faktoren nicht "resource-based"-spezifisch sind, sondern im allgemeinen industrielle Aktivitäten betreffen.

[490] Vgl. dazu Hessel, R., Alfândega Brasileira, in: Gazeta Mercantil von 26.08.1998.

talintensiv sind, so müßten die hohen Kapitalkosten die Investitionsabsichten brasilianischer Unternehmen in Weiterverarbeitungsaktivitäten erheblich behindern.[491]

Als positiv ist dagegen die Entwicklung der Aktienmärkte in Brasilien zu beurteilen, die brasilianischen Unternehmen zunehmende Möglichkeiten eröffnet, sich durch Aufnahme von Eigenkapital langfristig zu finanzieren. Voraussetzung ist aber, daß der durchschnittliche brasilianische Investor und Auslandsinvestoren bereit sind, Aktien von "resource-based" Unternehmen zu erwerben. Die positiven Erfahrungen mit der Privatisierung einiger staatlicher mineralischer Rohstoffunternehmen, wie die Companhia Vale do Rio Doce (CVRD), die Companhia Siderúrgica Nacional (CSN) und die USIMINAS zeigen wiederum, daß dieses Interesse durchaus vorhanden ist.[492]

Drittens ist die "indirekte Steuerlast" in Brasilien nicht nur relativ hoch, sondern es gibt auch einige indirekte Steuerarten, die vom Leistungsträger selbst zu tragen sind. Dies erhöht dann entsprechend den Preis der gekauften Inputs für weiterverarbeitende Unternehmen.

Außerdem ist, ähnlich wie im Falle der Freigabe der Exportwaren, auf die hohe Bürokratie bei der Abwicklung von Drawback-Geschäften hinzuweisen, d.h., bei Geschäften in denen die indirekten Steuern (in diesem Fall der Zoll) für solche Importe zurückerstattet werden, die der Weiterverarbeitung und des anschließenden Reexportes dienen. In Brasilien dauert die Freigabe solcher Importwaren in der Regel 168 Stunden. In Argentinien (24 Stunden), Chile (24 Stunden), Frankreich (6 Stunden), Deutschland (6 Stunden) und in den USA (12 Stunden) liegen die Zeiten dagegen viel niedriger als in Brasilien. Die Folge ist, daß viele Unternehmen es vorziehen, die schon weiterverarbeiteten Waren direkt zu importieren anstatt mancher Vorprodukte.[493]

Viertens ist auf die relativ geringe Ausstattung mit hoch- und halbqualifizierten Arbeitskräften hinzuweisen.[494] Erschwerend kommen Mängel im Innovations- und Bildungssystem hinzu, verbunden mit einer relativ geringen Verbreitung von F&E-Aktivitäten. Dies stellt nicht nur ein Hindernis für die Erhöhung der Wertschöpfung weiterverarbeiteter Primärprodukte dar, sondern verhindert außerdem die Entstehung von positiven externen Effekten.

Im Gegensatz zu Brasilien haben südostasiatische Länder wie Korea konsequent in Humankapital investiert. Investitionen in Humankapital implizieren nicht nur eine Erhöhung des Anteils hochqualifizierter Arbeiter, sondern auch die Verbesserung des Zugangs unterer Bevölkerungsschichten zu den öffentlichen Primärschulen, verbunden mit einer Reform der öffentlichen Grundschulausbildung (Erhöhung der Qualität der Ausbildung, höhere Investitionen in die Lehrerausbildung, höhere Vergütung der Lehrer).

---

[491] Vgl. zum negativen Einfluß hoher realer Zinssätze auf die Weiterverarbeitung von Rohstoffen auch EPAC, Raw Material Processing (1988), S. 28 ff.

[492] Im Jahr 1996 gehörten außerdem CVRD (1. Stelle), CSN (5. Stelle) und USIMINAS (6. Stelle) zu den größten Unternhemensgruppen in Brasilien, gemessen am Reinvermögen. Vgl. dazu Gazeta Mercantil, Balanço Anual (1997), S. 66.

[493] Vgl. dazu Hessel, R., Pior Alfândega, in: Gazeta Mercantil von 26.08.1998.

[494] Vgl. dazu Abschnitt 5.4.3.

Die Bedeutung der Humankapitalausbildung dürfte mit ansteigender Globalisierung weiter zunehmen, denn sinkende Informations- und Transaktionskosten begünstigen die weltweite Diffusion neuer Technologien, u.a. im Biotechnologiebereich und im Bereich der Weiterverarbeitung von Primärprodukten. Die Anwendung dieser Technologien in Brasilien bedingt jedoch, daß komplementäre Produktionsfaktoren dort verfügbar sind. Die Entwicklung der dafür notwendigen technischen Fertigkeiten ist ohne Investitionen in Humankapital kaum zu bewerkstelligen.[495]

Als *letztes* sind Probleme zu nennen, die in Verbindung mit dem Zollsystem vieler Länder entstehen. Die meisten Länder (u.a. Brasilien) erheben progressive Zollsätze, die den internationalen Handel im Bereich weiterverarbeiteter Waren erheblich beschränken. Eine Abschaffung der progressiven Zollsätze, sowohl von der Seite der Entwicklungs- bzw. Schwellenländer als auch von der Seite der Industrieländer, wäre somit für alle Länder, insbesondere für die rohstoffreichen Schwellenländer, mit erheblichen Vorteilen verbunden. Es ist aber davon auszugehen, daß Widerstände gegen eine solche Lockerung vor allem von solchen Industrieländern zu erwarten sind, die selbst in Weiterverarbeitungsaktivitäten stark engagiert sind. Obwohl die Uruguay-Runde des GATT sämtliche Liberalisierungen sowohl im Bereich des Handels mit Agrar-, Bekleidungs-und Textilprodukten als auch bei den geistigen Eigentumsrechten, beim Dienstleistungssektor und bei den ausländischen Direktinvestitionen erzielt hat, hat sie es nicht geschafft, die Progression der Zollsätze im allgemeinen zu reduzieren.[496] [497]

Neben den Faktoren, die einen negativen Einfluß auf "resource-based" Industrialisierungsstrategien ausüben, sind in Brasilien einige sog. positive Einflußfaktoren zu nennen: Dazu zählen die hohe Bodenausstattung, die hohe Ausstattung mit Mineralressourcen, die relativ billigen Elektrizitätskosten und die relativ niedrigen Arbeitskosten (denen jedoch der Nachteil einer relativ niedrigen Produktivität entgegensteht).

Vor allem im Bereich der mineralischen Rohstoffindustrie ergeben sich die höchsten Weiterverarbeitungspotentiale für Brasilien. Vor dem Hintergrund der hohen Eisenerzreserven, die außerdem durch eine relativ hohe Qualität gekennzeichnet sind, und der hohen Ausstattung mit Bauxit, wäre mit einem relativ hohen komparativen Vorteil Brasiliens sowohl in der Eisen- und Stahl- als auch in der Aluminiumindustrie zu rechnen.

Im nächsten Abschnitt wird die internationale Wettbewerbsfähigkeit Brasiliens bei der Agrar-, der mineralischen Rohstoff-, der Chemie- und der Automobilindustrie analysiert. Es wird untersucht, ob Brasilien bisher eine relativ erfolgreiche "resource-based" Industrialisierungsstrategie verfolgt hat.

Es wird außerdem überprüft, ob in (ressourcenreichen) Ländern "resource-based" Industrien durch eine überdurchschnittliche Effizienz gekennzeichnet sind. Wäre das der

---

[495] Vgl. dazu z.B. Nunnenkamp, P., Herausforderungen der Globalisierung für Brasilien (Die Weltwirtschaft, Heft 1, 1997), S. 110.

[496] Vgl. zur Uruguay-Runde des GATT Rêgo, E. C. L., GATT (1996), S. 8 ff.

[497] Dennoch wurden im Rahmen der Uruguay-Runde die Importzölle durchschnittlich um 37 % reduziert. Vgl. dazu Rêgo, E. C. L., GATT (1996), S. 9.

Fall, dann wäre dies ein Anzeichen dafür, daß die Verfolgung von "resource-based" Industrialisierungsstrategien durchaus mit Vorteilen verbunden ist.

7. Die internationale Wettbewerbsfähigkeit ausgewählter brasilianischer Branchen

7.1. Bedeutung der Agrar-, der mineralischen Rohstoff-, der Chemie- und der Automobilindustrie in Brasilien und in ausgesuchten Ländern

Gegenstand des Abschnittes 7 ist die detaillierte Analyse der internationalen Wettbewerbsfähigkeit Brasiliens bei ausgewählten Branchen.[498]

Bevor auf den branchenbezogenen Vergleich der internationalen Wettbewerbsfähigkeit zwischen Brasilien und ausgewählten Ländern eingegangen wird, wird im Rahmen dieses Abschnittes einen Überblick über die Bedeutung der einzelnen Branchen in den jeweiligen Ländern geschaffen.

Tabelle 43: Beitrag einzelner Sektoren zum BIP ausgesuchter Länder (Prozent)(1) (2) (3)

Land	Jahr	La/Fo/Fi	B	V.I.	E/W	Bau	Handel	V/N	Andere (4)
Brasilien	1992	**9,9**	4,6(5)	**20,5**	-	6,5	6,0	5,1	47,5
Argentinien	1992	6,0	1,8	**21,9**	1,7	5,3	**15,4**	5,2	42,7
Chile	1988	8,5	**15,5**	**18,1**	2,5	5,1	**13,4**	6,0	30,9
Korea	1993	7,1	0,3	**27,1**	2,3	**13,6**	**11,9**	7,0	30,7
Malaysia	1995	**10,8**	1,5	**32,2**	2,6	6,1	**16,2**	7,9	22,7
Indonesien	1993	**18,4**	8,9	**22,4**	0,9	6,9	**16,6**	7,0	18,9
Thailand	1993	**10,0**	1,5	**28,5**	2,4	6,9	**22,0**	7,5	21,3
Deutschland	1992	1,2	0,4	**28,4**	2,3	5,4	**10,3**	5,5	46,6
Japan	1993	2,1	0,3	**26,8**	2,9	**10,3**	**12,5**	6,3	38,8
USA	1993	1,7	1,4	**18,0**	2,9	3,8	**15,9**	6,1	50,2

(1) BIP in laufenden Preisen, mit Ausnahme von Malaysia (konstante Preise von 1978).

(2) La/Fo/Fi: Land-, Forstwirtschaft und Fischerei; B: Bergbau, V.I.: Verarbeitende Industrie, E/W: Energie- und Wasserversorgung; Bau: Baugewerbe; Handel: Groß- und Einzelhandel, Restaurants und Hotels; V/N: Verkehr- und Nachrichtenübermittlung.

(3) Die fett gekennzeichneten Bereiche haben eine große Bedeutung in den jeweiligen Ländern.

(4) Darin einbezogen sind u.a. die Bereiche Kredit- und Versicherungsgewerbe und die öffentliche Verwaltung.

(5) Darin einbezogen ist auch die Energie- und Wasserversorgung.

Quelle: UN Statistical Yearbook 1994 (1996); ADB, Key Indicators of Developing Asian and Pacific Countries (1996); Statistisches Bundesamt, Länderbericht Brasilien (1994), S. 130.

Als Grundlage für die Analyse dient als erstes Tabelle 43. Aus dieser Tabelle ist die Bedeutung einzelner Wirtschaftssektoren, gemessen als "**Anteil am inländischen BIP**" ersichtlich.

---

[498] Vgl. zur Abgrenzung der hier ausgesuchten Branchen Abschnitt 5.2.

Obwohl Tabelle 43 einen hohen Aggregationsgrad aufweist, gibt sie einen ersten Überblick über die Bedeutung der, für diese Untersuchung relevanten Sektoren in Brasilien und in ausgesuchten Ländern. Um international vergleichbare Daten zu verwenden, wurden Daten aus dem UN-Statistical Yearbook des Jahres 1996 herangezogen, auch wenn für einige der Länder keine ganz aktuellen Daten zur Verfügung standen.

Aus dieser Tabelle ist u.a. ersichtlich, daß die Verarbeitende Industrie eine relativ große Bedeutung in allen hier analysierten Ländern genießt. Es stellt sich aber in diesem Zusammenhang die Frage, welche Industrien (innerhalb des Verarbeitenden Gewerbes) in den jeweiligen Ländern eine hohe Bedeutung haben.

Aus Tabelle 44 kann der *"Anteil ausgewählter Branchen am "Census Value Added" des Verarbeitenden Gewerbes"* in den hier ausgesuchten Ländern entnommen werden.[499] Die Daten stammen aus der UNIDO. Die genauere Definition des "Census Value Added" nach dem Konzept der UNIDO kann aus Anhang J entnommen werden. Die detaillierte Klassifizierung der Branchen anhand der ISIC, Rev 2, ist außerdem aus Anhang A ersichtlich.

Die Analyse der Bedeutung ausgesuchter Branchen in den einzelnen Ländern sagt jedoch nichts darüber aus, ob diese Branchen international wettbewerbsfähig sind. Mit anderen Worten: Die Tatsache, daß eine Branche in einem Land einen hohen Anteil am "Census Value Added" des Verarbeitenden Gewerbes hat, impliziert nicht, daß diese Branche auf internationalen Märkten wettbewerbsfähig ist. Erst durch die Analyse der branchenspezifischen Indikatoren der internationalen Wettbewerbsfähigkeit in den Abschnitten 7.2.-7.7. sind diesbezügliche Aussagen möglich.

Bei der Analyse der Tabelle 44 entsteht jedoch weiterhin das Problem, daß die Daten für Brasilien einen relativ hohen Aggregationsgrad aufweisen. So ist beispielsweise nicht ersichtlich, welche Branchen innerhalb der Chemieindustrie und der metallerzeugenden und -verarbeitenden Industrie eine relativ große Bedeutung genießen. Aus diesem Grund werden hier weitere Daten, die vom brasilianischen Industrieverband zur Struktur des brasilianischen Industriesektors erhoben wurden, herangezogen.

Aus Tabelle 45 ist die relativ hohe Bedeutung sowohl der Chemischen Industrie als auch der Eisen- und Stahlindustrie innerhalb der brasilianischen Wirtschaft ersichtlich. Es muß jedoch hier erwähnt werden, daß die Abgrenzung der Branchen in diesem Fall nicht anhand der ISIC-Nomenklatur erfolgte, so daß die direkte Vergleichbarkeit der Tabellen 44 und 45 nicht möglich ist.

---

[499] In dieser Tabelle werden, neben den Daten der für diese Untersuchung relevanten Branchen, auch die Anteile anderer Branchen berücksichtigt.

Tabelle 44: Anteil ausgewählter Branchen am "Census Value Added" des Verarbeitenden Gewerbes in ausgesuchten Ländern (Prozent)(1) (2)

Branche(3)	Argent. (1993)	Chile (1996)	Indones. (1995)	Malaysia (1996)	Thailand (1991)	USA (1996)	BRD (1993)(4)	Japan (1996)	Brasilien (1993)	Korea (1996)
V. Gew.(5)	100,0	100,0	100,0	100,0	100,0	100,0	100,0	100,0	100,0	100,0
Ernährung	**16,0**	**19,1**	**12,2**	6,6	4,1	**9,0**	6,4	**8,0**	**12,3**	5,2
Getränke	6,0	5,6	0,9	0,9	2,3	1,6	2,5	1,9	2,0	1,3
Tabak	6,2	3,7	9,8	0,8	2,9	1,4	2,4	0,3	1,1	1,6
Textil	3,9	2,6	**10,7**	2,8	3,1	2,4	2,0	2,3	4,4	4,8
Bekleidung	3,0	2,0	4,9	1,5	5,0	1,6	1,0	1,0	5,5 (15)	3,0
Leder	1,0	0,3	0,4	0,1	0,9	0,1	0,2	0,2	-	0,5
Schuhe	0,8	1,2	3,4	0,0	0,4	0,1	0,2	0,2	-	0,5
Holz	1,2	3,3	**8,5**	5,9	0,6	1,7	1,4	1,5	1,1	0,8
Möbel	1,2	0,8	1,1	1,2	0,4	1,2	1,8	1,0	0,8	0,9
Papier	2,0	7,6	3,2	1,7	0,2	4,3	2,6	2,8	3,2	2,2
Verlag	5,0	3,7	1,4	2,8	**33,9**	7,1	2,1	5,6	2,0	2,4
Ind. Ch.(6)	2,2	3,5	5,3	6,5	1,5	5,2	5,4	4,1	**21,2** (16)	4,0
And. Ch.(7)	7,4	**8,8**	3,7	1,9	1,2	6,6	6,1	6,2	-	3,7
Mineralöl	**8,9**	6,9	0,1	2,5	7,9	1,5	4,6 (14)	1,1	-	3,6
Gem. M/K(8)	0,1	1,0	0,0	0,4	0,0	0,3	-	0,2	-	0,2
Gummi	0,9	0,9	2,3	4,1	1,6	1,0	1,1	1,2	1,5	1,0
Plastik	3,5	2,3	2,1	3,8	0,3	3,3	3,5	3,6	2,0	4,7
Keramik	0,3	0,2	0,8	0,3	0,3	0,1	0,3	0,4	3,7 (17)	0,2
Glas	0,9	0,9	0,7	0,7	0,7	0,7	0,9	0,7	-	1,0
s. min. E.(9)	2,4	4,1	2,5	5,1	3,5	1,8	2,8	3,1	-	3,5
Eisen/Stahl	2,4	2,9	5,4	1,9	1,7	2,3	2,4	4,1	**11,0** (18)	5,6
NE-Metall	0,8	**9,7**	1,2	0,8	0,5	1,4	1,2	1,3	-	1,4
Met.Erz.(10)	4,6	4,2	3,6	4,2	1,7	5,3	7,6	7,5	-	5,1
n.-e. Ma.(11)	5,8	1,9	1,2	4,1	**10,4**	**11,8**	**13,8**	**13,7**	6,3	**8,4**
Elek. Ma.(12)	3,8	1,2	4,0	**30,9**	7,1	**11,3**	**13,7**	**14,3**	8,7	**19,1**
Fahrzeug	**8,2**	1,4	**9,5**	6,1	6,0	**10,6**	**11,9**	**10,6**	**11,1**	**13,0**
Wiss. G.(13)	0,7	0,2	0,1	1,2	0,2	5,0	1,5	1,4	2,0 (19)	0,9
Sonstige	0,8	0,1	0,9	1,2	1,5	1,4	0,5	1,5	-	1,1

(1) "Census Value Added" in laufenden inländischen Preisen.
(1) Die fett gekennzeichneten Branchen haben eine relativ große Bedeutung.
(2) Vgl. zur Abgrenzung den einzelnen Branchen Anhang A.
(3) Daten beziehen sich nur auf West-Deutschland.
(4) Verarbeitendes Gewerbe.
(5) Industrie Chemikalien.
(6) Andere Chemikalien.

(7) Gemischte Mineralöl- und Kohle-Produkte.
(8) Sonstige nicht-metallische mineralische Erzeugnisse.
(9) Metallerzeugnisse.
(10) Nicht-elektrische Maschinen.
(11) Elektrische Maschinen.
(12) Wissenschaftliche Geräte.
(13) Darin einbezogen sind die Branchen Mineralöl und gemischte Mineralöl- und Kohle-Produkte.
(14) Darin einbezogen sind die Branchen Bekleidung, Leder und Schuhe.
(15) Darin einbezogen sind die Branchen Industrie-Chemikalien, Andere Chemikalien, Mineralöl und gemischte Mineralöl- und Kohle-Produkte.
(16) Darin einbezogen sind die Branchen Keramik, Glas und sonstige nicht-metallische mineralische Erzeugnisse.
(17) Darin einbezogen sind die Branchen Eisen und Stahl, NE-Metalle und Metallerzeugnisse.
(18) Darin einbezogen sind die Branchen Wissenschaftliche Geräte und Sonstige.

Quelle: UNIDO Industrial Statistics Database; UNIDO, International Yearbook of Industrial Statistics (1997); UNIDO Country Industrial Statistics, in: http://www.unido.org/start/services/statistics/data.

Tabelle 45: Brasilien: Anteil metallerzeugender und chemischer Industrien an der Bruttowertschöpfung (BWS) der gesamten Industrie (Prozent) (1992)

Branche	Anteil an der BWS der Industrie (gesamt)
Eisen- und Stahlindustrie	10,1
NE-Metallindustrie	4,3
Chemische Industrie	14,7
Pharmaindustrie	2,3
Plastikindustrie	2,1
Kerzen-, Seifen- und Körperpflegemittelindustrie	1,6

Quelle: Confederação Nacional da Indústria (CNI), Estrutura do Parque Industrial Brasileiro (1996), in: http://www.cni.org.br/pib.htm.

7.2. Weltproduktionsanteile

In diesem Abschnitt wird auf die Frage eingegangen, wie hoch die Weltproduktionsanteile ausgesuchter Schwellen- und Industrieländer bei den hier ausgewählten Branchen sind. Bei der Berechnung der Weltproduktionsanteile wird folgende Formel verwendet:

$$WPA_{ij}^{s} = \frac{\Pr_{ij}^{s}}{W\Pr_{j}^{s}} * 100 \qquad (7.1)$$

Der Weltproduktionsanteil eines Landes i bei der Branche s in dem Jahr j (WPA_{ij}^{s}) ist gleich dem Verhältnis der Produktion dieses Landes ($\Pr_{ij}^{s}$) zur Weltproduktion in der ausgewählten Branche s in dem bestimmten Jahr j ($W\Pr_{j}^{s}$).

Als Produktionskennzahlen fungieren entweder Mengen-, Gewichts-, Volumen- oder Werteinheiten.

Bei der Berechnung der Weltproduktionsanteile ausgesuchter Länder bei bestimmten Branchen müssen zwei wichtige Faktoren beachtet werden:

Erstens ist die Meßgröße "Weltproduktionsanteil" kein sehr geeigneter Indikator für die internationale Wettbewerbsfähigkeit eines Landes bei einer bestimmten Branche. Dieser Indikator sagt vor allem etwas darüber aus, ob ein Land ein wichtiger Weltproduzent eines bestimmten Produktes ist. Dies kann aber dadurch bedingt sein, daß dieses Land einen großen inländischen Markt für dieses Produkt hat und impliziert somit nicht, daß das Land auf internationalen Märkten auch konkurrenzfähig ist. So wurden z.B. im Rahmen der Importsubstitutionspolitik in Brasilien während einer langen Periode auch große Mengen ausgesuchter Industriegüter produziert, die aber zum größten Teil für den inländischen Markt bestimmt waren. Trotz dieses Einwandes gibt der Indikator "Weltproduktionsanteil" dennoch einen guten Überblick darüber, ob die einzelnen Länder wichtige Hersteller ausgesuchter Produkte sind.

Zweitens stehen nicht für alle hier ausgesuchten Länder Daten zu der Produktion ausgewählter Erzeugnisse zur Verfügung. Außerdem gibt es bei einigen Produkten auch keine Daten zur Weltproduktion, so daß keine Anteile berechnet werden können. In diesen Fällen werden dann entweder die Produktionszahlen der Länder untereinander verglichen (ohne die Weltproduktionsanteile zu berechnen) oder es werden (schon zusammengestellte) Welt(produktions)ranglisten herangezogen. In diesen Fällen kann zumindest überprüft werden, ob einige der hier ausgesuchten Länder als Weltproduzenten fungieren.

Als erstes wird auf die *Landwirtschaft* eingegangen. Aus der Analyse der Tabellen 46 und 47 kann festgestellt werden, daß die USA bei allen dort analysierten Agrarerzeugnissen und Nahrungsmitteln sehr hohe Weltproduktionsanteile aufweist. Dies läßt den Schluß zu, daß die USA (trotz ihres hohen Industrialisierungsgrades) auch ein wichtiger Agrarproduzent sind. Dies kann z.T. auch durch ihre große Fläche und den hohen Mechanisierungsgrad der Landwirtschaft erklärt werden.

Obwohl Brasilien auch ein rohstoffreiches, großes Land mit unterschiedlichen Klimazonen ist,[500] bleibt seine landwirtschaftliche Produktion insbesondere bei Gemüse und Melonen unter den Erwartungen. Brasilien weist dennoch bei den meisten Agrarerzeugnissen relativ hohe Weltproduktionsanteile auf. Brasilien steht außerdem an erster Stelle bei der Produktion von Kaffee, Orangen und an zweiter Stelle bei der Produktion von Rohzucker (nach Indien), Soja (nach USA) und an zweiter Stelle beim Rinder-Heer (nach Indien, was sich aber wieder relativiert, da in Indien Rinder aufgrund der Religion einen Sonderstatus genießen).[501]

Interessant ist außerdem die Feststellung, daß Brasilien bei leicht weiterverarbeiteten Agrarprodukte, wie z.B. Käse, Butter und Kondensmilch relativ niedrige Weltprodukti-

---

[500] Vgl. dazu Abschnitt 5.4.2.

[501] Vgl. dazu FAO, FAO Yearbook Production, Vol. 49, 1995 (1996); Banas, G., Globalização (1996), S. 96 ff.

onsanteile aufweist. Der niedrige Weltproduktionsanteil Brasiliens bei Milchprodukten deutet darauf hin, daß Brasilien sein großes Rinder-Kontingent nicht konsequent ausnutzt. Auch im Verhältnis zum hohen Weltanteil an Rindern ist der Wetproduktionsanteil von Brasilien beim Rindfleisch als relativ niedrig einzustufen. So weisen beispielsweise die USA nur 7,87 % des Rinder-Heers (Welt) auf (Brasilien: 11,98 %), dort werden aber 21,7 % des Rindfleisches (Welt) produziert (Brasilien: 8,68 %).

Tabelle 46: Weltproduktionsanteile ausgesuchter Schwellen- und Industrieländer bei bestimmten Agrarerzeugnissen und Nahrungsmitteln (1995) (Prozent)(1) (2) (3)

	Brasilien	Argentinien	Chile	Malaysia	Thailand	Indonesien	Korea	Deutschland	USA	Japan
Getreide	2,62	1,24	0,15	0,11	1,34	**3,06**	0,37	2,10	**14,61**	0,71
Reis + Mais	4,55	1,19	0,11	0,20	2,30	**5,33**	0,60	0,20	**18,90**	1,20
Bohnen+ Soja	**18,27**	5,47	0,16	-	0,88	2,69	0,12	0,02	**27,18**	0,32
Baumwolle	2,50	2,0	-	-	0,13	0,04	-	-	**17,81**	-
Gemüse+ Melonen	1,10	0,57	0,50	0,09	0,48	0,98	1,90	0,57	**6,03**	2,40
Früchte – ohn Melonen	**8,39**	1,67	0,88	0,28	1,65	1,85	0,55	1,10	**7,27**	1,07
Rohzucker	**10,94**	1,05	0,46	0,09	4,69	2,06	-	3,20	**5,72**	0,71
Kaffee	**16,60**	-	-	0,19	1,34	**6,18**	-	-	0,04	-
Rohtabak	**7,03**	1,56	0,19	0,16	0,85	2,17	1,36	0,12	**9,35**	0,93
Kakao	**12,61**	-	-	5,18	-	9,61	-	-	-	-
Wein	1,24	6,73	1,23	-	-	-	-	5,63	**6,47**	0,22
Bier (1993)	3,84	0,87	0,31	0,12 (1991)	0,35	0,1 (1992)	1,29	**9,40**	**20,08**	5,89
Zigaretten (1993)	3,29 (1992)	0,04	0,20	0,30	0,81	3,04 (1992	1,87	3,94	**13,23**	**5,42** (1992)

(1) Ein leeres Feld bedeutet, daß entweder die Daten nicht verfügbar waren oder, daß das entsprechende Agrarprodukt (z.B. aufgrund klimatischer Gegebenheiten) in dem jeweiligen Land nicht angebaut wird.

(2) Die Produktionswerte der Produkte werden in den ursprünglichen Statistiken der FAO in 1000 MT (Metrische Tonnen) ausgedrückt. Bei Zigaretten und Bier wurde als Maß "Millionen" bzw. "1000 Hektoliter" verwendet.

(3) Die hervorgehobenen Bereiche bedeuten, daß das entsprechende Land einen hohen Anteil in diesem Bereich aufweist.

Quelle: FAO, FAO Yearbook Production, Vol. 49, 1995 (1996); UN, Statistical Yearbook (1996); FAO Homepage, in: http://www.fao.org; eigene Berechnungen.

Tabelle 47: Weltproduktionsanteile ausgesuchter Schwellen- und Industrieländer bei der Viehzucht und dazugehörenden Produkten (1995) (Prozent) (1) (2) (3)

	Brasilien	Argentinien	Chile	Malaysia	Thailand	Indonesien	Korea	Deutschland	USA	Japan
Rinder	**11,98**	**4,09**	0,29	0,05	0,58	0,92	0,24	1,22	**7,87**	0,38
Schweine	**3,93**	0,34	0,17	0,36	0,5	1,0	0,68	2,74	**6,66**	1,14
Hühnchen	**5,53**	0,54	0,49	0,79	0,63	5,13	0,64	0,80	**14,27**	2,49
Fleisch (total) (4)	**4,86**	1,73	0,36	0,46	0,71	0,90	0,69	2,78	**16,34**	1,57
Milch (Kuh) (5)	3,74	1,59	0,40	0,007	0,06	0,1	0,43	**6,01**	**15,16**	1,83
Käse	0,40	2,65	0,31	-	-	-	-	**9,28**	**22,97**	0,67
Butter	1,26	0,79	0,1	-	-	-	0,76	**7,22**	**8,93**	1,04
Kondens-milch	0,80	0,21	0,18	4,14	1,68	0,23	0,11	**11,9**	**22,59**	1,25

(1) Ein leeres Feld bedeutet, daß entweder die Daten nicht verfügbar sind oder, daß das entsprechende Agrarprodukt (z.B. aufgrund klimatischer Gegebenheiten) in dem jeweiligen Land nicht angebaut wird.

(2) Die Produktionswerte der Produkte werden in den ursprünglichen Statistiken der FAO in 1000 MT (Metrische Tonnen) ausgedrückt, mit Ausnahme von Rindern, Schweinen (1000 Köpfe) und Hühnchen (10,000,000 Köpfe).

(3) Die hervorgehobenen Bereiche bedeuten, daß das entsprechende Land einen hohen Anteil in diesem Bereich aufweist.

(4) Fleisch (Total) setzt sich zusammen aus der Produktion von Rind-, Schweine-, Geflügel-, Pferde-, Ziegen-, Hammel- und Büffelfleisch.

(5) Nur Frischmilch.

Quelle: FAO, FAO Yearbook Production, Vol. 49, 1995 (1996); UN, Statistical Yearbook (1996); FAO Homepage, in: http://www.fao.org; eigene Berechnungen.

Einen Erfolg bei der Weiterverarbeitung von Agrarprodukten stellt in Brasilien die Herstellung von Orangensaft dar. Brasilien zählt zum größten Weltproduzenten von Orangensaft und die orangensaftproduzierende Industrie hat sich in Brasilien zu einem sehr modernen und mit dem Orangen-Anbau gut integrierten "Agrobusiness-Komplex" entwickelt.[502] Weiterhin weist Brasilien bei der bier- und zigarettenproduzierenden Industrie relativ hohe Weltproduktionsanteile auf.

Deutschland ist, entgegen den Erwartungen, bei vielen Agrarerzeugnissen durch relativ hohe Weltproduktionsanteile gekennzeichnet. Dies betrifft vor allem Getreide (gesamt), Weizen, Rohzucker, Schweine, Rindfleisch, Schweinefleisch, Fleisch (total), Frischmilch (Kuh) und insbesondere die leicht weiterverarbeiteten Agrarprodukte (Käse, Butter und Kondensmilch).

---

[502] Vgl. dazu Banas, G., Globalização (1996), S. 112.

Tabelle 48: Rangfolge der zehn Länder mit dem höchsten Weltanteil bei der Förderung von Eisenerz, Bauxit und Steinkohle

Eisenerz (1995) (1)		Bauxit (1994) (2)		Steinkohle (1994)	
Land	Anteil	Land	Abbau (Mill. MT)	Land	Anteil
China (60)	24,6	Australien	42,7	China	33,81
Brasilien (65)	17,5	Guinea	14,4	USA	24,03
Australien (62)	14,3	Jamaika	10,9	Ex-UdSSR	10,66
Rußland (60)	7,7	Brasilien	8,7	Indien	6,95
USA (62)	6,1	China	6,5	Südafrika	5,50
Indien (63)	6,1	Venezuela	5,2	Australien	4,86
Ukraine	4,9	Indien	4,8	Polen	3,72
Kanada (64)	3,8	Surinam	3,3	Nordkorea	1,88
Südafrika (64)	3,2	Kasachstan	3,3	G.Brit. (4)	1,34
Schweden (64)	2,1	Rußland (3)	3,1	Kanada	1,03

(1) Die Zahlen in Klammern stellen den durchschnittlichen Fe-Gehalt des Eisenerzs in den einzelnen Ländern dar (in Prozent). Je höher der Fe-Gehalt, desto besser ist die Qualität des Eisenerzes.

(2) Da keine Daten zur gesamten Weltförderung verfügbar waren, wurden hier nur die Abbaumengen dargestellt.

(3) Im Fall von Rußland sind auch Nicht-Bauxit Mineralien, die zur Aluminium-Herstellung verwendet werden, einbezogen.

(4) Großbritannien.

Quelle: Wirtschaftsvereinigung Stahl, Statistisches Jahrbuch der Stahlindustrie (1996); CIA, Handbook of International Economic Statistics (1997), in: http://www.odci.gov/cia/publications/hies97; Andrade, M. L. A. d./Cunha, L. M. d. S./Vieira, J. R. M./Keller, M. d. C., Indústria Brasileira (BNDES Setorial, Heft 4, 1996), S. 200.

Nach der Analyse der Agrarproduktion wird als nächstes auf die *Produktion ausgewählter Mineralien* eingegangen. Wie im Abschnitt 5.4.2 dargestellt wurde,[503] stellt Brasilien das fünft-rohstoffreichste Land der Welt dar. Auch die USA (3. Stelle) und Chile (6. Stelle) sind durch hohe Rohstoffvorkommen gekennzeichnet. Es stellt sich in diesem Zusammenhang die Frage, ob die Produktion bzw. der Abbau ausgewählter Mineralien den Rohstoffvorkommen in augesuchten Ländern entspricht. Da in dieser Arbeit vor allem die Eisen- und Stahl- und die NE-Metallindustrie im Vordergrund stehen, wird vor allem auf den Abbau von Eisenerz, von Steinkohle (stellt einen wichtigen Rohstoff bei der Stahlerzeugung dar) und von ausgesuchten NE-Metallen eingegangen.

Wie aus Tabelle 48 ersichtlich ist, gehört Brasilien zum zweitgrößten Eisenerz- und viertgrößten Bauxit-Förderland der Welt. Außerdem weist das brasilianische Eisenerz mit 65 % Fe-Gehalt die höchste Qualität auf. Als nachteilig erweist sich die geringe Steinkohleförderung in Brasilien. Die Förderung in Prozent der Welt betrug im Jahr

---

[503] Vgl. dazu S. 130.

1994 nur 0,15 %.[504] Unter den hier analysierten Ländern weisen vor allem die USA hohe Förderungsvolumen von Eisenerz und Steinkohle auf. Es muß jedoch in diesem Zusammenhang darauf hingewiesen werden, daß Bauxit nicht das einzige NE-Metall darstellt. Demzufolge ist die Aluminiumherstellung nur ein Teilbereich der NE-Metallindustrie. So ist Chile zwar ein rohstoffreiches Land, steht aber nicht unter den größten Förderungsländern von Eisenerz, Bauxit und Steinkohle. Chile ist aber vor allem in der Förderung von Kupfer führend, das wiederum ein wichtiges NE-Metall ist.[505]

Nachdem auf die Weltproduktionsanteile und/oder Produktionswerte ausgesuchter Agrarprodukte/Nahrungsmittel und Mineralien eingegangen wurde, werden als nächtes die Weltproduktionsanteile bei den *ausgewählten Branchen des Verarbeitenden Gewerbes* analysiert.

Es wird jeweils für die Jahre 1985 und 1993 gezeigt, wie hoch der Anteil der hier ausgewählten Länder an der gesamten Welt-Bruttowertschöpfung[506] des Ernährungsgewerbes, der Chemieindustrie (sowohl Herstellung von Industrie-Chemikalien als auch Herstellung anderer Chemikalien, inkl. Pharmaprodukte), der Eisen- und Stahlindustrie, der NE-Metallindustrie und der Herstellung von Metallerzeugnissen ist. Die Branche "Herstellung von Metallerzeugnissen" wird berücksichtigt, um einen Überblick über die gesamte Wertschöpfungskette der Weiterverarbeitung mineralischer Erzeugnisse (Bergbau, Metallerzeugung und-bearbeitung und Herstellung von Metallerzeugnissen) zu bekommen.

Tabelle 49: Anteil ausgewählter Länder an der gesamten Welt-Bruttowertschöpfung(1) ausgesuchter Branchen (Prozent) (konstante Preise von 1980)(2) (3)

Branche.	Ernährung (4)		Industrie-Chemie		Andere Chemie	
	1985	1993	1985	1993	1985	1993
Brasilien	3,7	**3,5**	2,5	1,8	3,6	**2,5**
Argentinien	2,6	**3,3**	1,2	1,5	1,5	1,2
Chile	0,5	0,6	k.D.	k.D.	k.D.	0,4
Indonesien	k.D.	0,6	0,2	0,2	0,5	0,7
Korea	0,6	1,0	1,5	**4,0**	0,9	**2,4**
Malaysia	k.D.	0,6	k.D.	k.D.	k.D.	0,4
Thailand	k.D.	k.D.	k.D.	k.D.	0,5	0,6
BRD (5)	8,7	**9,6**	12,5	**10,2**	8,9	**8,5**
Japan	9,6	**8,8**	8,1	**8,0**	11,8	**12,0**
USA	18,5	**17,7**	24,2	**26,0**	26,3	**24,9**

504 Vgl. dazu Wirtschaftsvereinigung Stahl, Statistisches Jahrbuch der Stahlindustrie (1996), S. 347.

505 Vgl. dazu CIA, Handbook of International Economic Statistics (1997), in: http://www.odci.gov/cia/publications/hies97; Andrade, M. C. A., Geografia Econômica (1992), S. 151.

506 Osteuropa und die ehemalige Sowjetunion wurden bei der Berechnung der Welt-Bruttowertschöpfung nicht berücksichtigt.

Tabelle 49: Fortsetzung

Branche.	Eisen + Stahl		NE-Metalle		Metallerzeugnisse	
	1985	1993	1985	1993	1985	1993
Brasilien	3,0	**2,9**	1,5	1,3	1,9	1,8
Argentinien	1,3	**2,2**	0,7	0,9	1,5	1,6
Chile	0,1	0,2	2,2	**2,3**	0,1	0,3
Indonesien	k.D.	0,5	k.D.	k.D.	0,2	0,3
Korea	1,5	**3,0**	0,6	1,1	0,6	0,8
Malaysia	k.D.	0,3	k.D.	0,2	0,2	0,8
Thailand	k.D.	k.D.	k.D.	k.D.	k.D.	k.D.
BRD (5)	14,5	**11,3**	6,1	**5,6**	9,8	**10,6**
Japan	23,8	**22,0**	17,8	**19,6**	13,7	**14,4**
USA	19,4	**20,5**	29,4	**26,3**	29,6	**28,9**

k.D. = keine Daten bzw. Wert ist extrem insignifikant.

(1) Total Value Added (National Accounting Concept), d.h. Beitrag einzelner Sektoren zum inländischen BIP.

(1) Zur Klassifizierung der Branchen nach der ISIC-Nomenklatur, Rev. 2, vgl. Anhang A.

(3) Die fett gekennzeichneten Bereiche bedeuten, daß das entsprechende Land eine relativ hohe Bedeutung in der Weltproduktion der jeweiligen Branche hat (Jahr 1993).

(4) ohne Getränkeherstellung.

(5) Die Daten beziehen sich nur auf West-Deutschland.

Quelle: UNIDO, International Yearbook of Industrial Statistics (1996).

Wie man der Tabelle 49 entnehmen kann, weisen alle hier berücksichtigten Industrieländer einen hohen Weltproduktionsanteil bei den ausgesuchten Branchen auf. Brasilien weist, auch wenn rückläufig, relative hohe Anteile im Ernährungsgewerbe, in der Eisen- und Stahlindustrie und im Bereich "Andere Chemikalien" auf. Interessant ist außerdem die Feststellung, daß alle in dieser Arbeit berücksichtigten asiatischen Schwellenländer zwischen 1985 und 1993 tendenziell eine zunehmende Bedeutung in der Weltproduktion der hier analysierten Produktgruppen erlangt haben.

Als letztes wird auf die *Automobilindustrie* eingegangen, die im Rahmen der Statistiken der UNIDO zur gesamten Welt-Bruttowertschöpfung nicht gesondert analysiert wird.

Obwohl Brasilien im Jahr 1995 als der zehntgrößte Automobilhersteller der Welt galt (gemessen am Kriterium "Stückzahlen"), ist die gesamte Wertschöpfung des brasilianischen Fahrzeugbaus, verglichen mit den Industrieländern und Korea, als relativ gering einzustufen[507] (vgl. Tabelle 50).[508]

Tabelle 50: "Census Value Added" des Fahrzeugbaus in ausgesuchten Ländern (Millionen US-Dollar)

Brasilien (1993)	17.391
Argentinien (1993)	2.431
Chile (1996)	233
Indonesien (1995)	3.451
Korea (1996)	28.531
Malaysia (1996)	1.645
Thailand (1991)	3.939
Japan (1996)	128.320
USA (1996)	191.523

Quelle: UNIDO Country Industrial Statistics, in: http://www.unido.org/start/services/statistics/data.

7.3. Außenhandelsanteile

In Anlehnung an Abschnitt 6.2. wird auch für die in dieser Arbeit ausgewählten Branchen die Entwicklung der Außenhandelsanteile von Brasilien im Vergleich zu ausgesuchten Industrie- und Schwellenländern analysiert.

Der Außenhandelsanteil eines Landes i bei einer Branche j in einem Jahr z wird anhand folgender Formel berechnet:

$$AHA_{iz}^{j} = \frac{Ex_{iz}^{j}}{WEx_{z}^{j}} * 100 \qquad (7.2)$$

Der Außenhandelsanteil eines Landes i bei einer Branche j im Jahr z (AHA_{iz}^{j}) ist gleich dem Verhältnis der Exporte dieses Landes bei der Branche j im Jahr z (Ex_{iz}^{j}) zum Weltexport der Branche j im gleichen Jahr (WEx_{z}^{j}). Sowohl der Export eines Landes als auch der Weltexport einer Branche werden in laufenden US-Dollar erfaßt.

---

507 Leider standen keine Daten zur gesamten Welt-Bruttowertschöpfung im Fahrzeugbau zur Verfügung, so daß keine Anteile der einzelnen Länder berechnet werden konnten. Als "Proxyvariable" wurde daher die Summe des "Census Value Added" verwendet. Vgl. zum "Census Value Added" Anhang J.

508 Bei der Analyse der Tabelle 50 muß jedoch beachtet werden, daß sich die Daten auf verschiedene Jahre beziehen, so daß mit Wechselkursverzerrungen zu rechnen ist. Die Daten sind zwar nicht vollkommen vergleichbar, geben aber eine gute Orientierung für die Analyse der Wertschöpfungsdifferenzen im Fahrzeugbau unterschiedlicher Länder.

A. Agrarindustrie

Als erstes wird auf die Entwicklung der Außenhandelsanteile von Brasilien im Vergleich zu ausgesuchten Industrie- und Schwellenländern in der *Agrarindustrie* eingegangen. Es werden sowohl die Entwicklung der Exportanteile bei Agrarprodukten als auch bei Nahrungsmitteln berücksichtigt. Die ursprünglichen Daten stammen aus der FAO.[509]

In der Terminologie und in den Statistiken der FAO wird zwischen Agrarprodukten (Agricultural Products, Total) und Nahrungsmitteln (Food, except Fish) unterschieden. Das Hauptunterscheidungsmerkmal zwischen beiden Produktgruppen liegt an der "Essbarkeit" der Produkte. Während bei den Agrarprodukten auch nicht-eßbare Produkte, wie z.B. Kaffee, berücksichtigt werden, zählen zu den Nahrungsmitteln nur eßbare Produkte. Die genaue Abgrenzung zwischen beiden Produktgruppen wird aus der Definition der FAO ersichtlich. Die Abgrenzung von Agrarprodukten orientiert sich an der SITC (Standard International Trade Classification), Revision 2 - SITC, Rev. 2:

" *"Agricultural products, total" represents the sum of SITC section 0 (excluding division 03 and item 081.42), section 1, divisions 21, 22, 26 (excluding groups 266, 267 und 269) and 29, group 232 and section 4 (excluding subgroup 411.1).*"[510]

Bei Agrarprodukten sind somit die Fischerei (Fish and fishery products) und die Forstswirtschaft (Forest products) nicht einbezogen.

Bei Nahrungsmitteln (food, excluding fish) dagegen orientiert sich die Abgrenzung nicht an die SITC:

"*This coverage is not the same as that of SITC section 0, "Food and live animals"; it includes edible products of other sections and excludes inedible products of section 0.*"[511]

Es muß in diesem Zusammenhang außerdem darauf hingewiesen werden, daß sowohl bei "Agrarprodukten" als auch bei "Nahrungsmitteln" auch Produkte einbezogen sind, die durch eine hohe Wertschöpfung gekennzeichnet sind. Dazu zählen u.a. Brot, Teigwaren, Öle, Fruchtsäfte, Schokolade-Produkte, Zigaretten und Tabakprodukte (bei Agrarprodukten), Fleischprodukte, Jogurt, Käse und Getränke (bei Agrarprodukten).[512]

Wie aus Abbildung 43 hervorgeht, ist der Außenhandelsanteil der USA und Deutschlands im Bereich der Agrarprodukte zwischen 1989-1995 immer ein Vielfaches als derjenige von Brasilien gewesen. Dies ist auch im Bereich des Exports von Nahrungsmitteln der Fall (Abbildung 45). Auch wenn ab 1991 der Außenhandelsanteil von Brasilien tendenziell zugenommen und der von Deutschland abgenommen hat, weisen die USA und Deutschland zwischen 1989-1995 immer höhere Außenhandelsanteile als Brasilien auf.

---

[509] Vgl. dazu FAO, FAO Yearbook Trade, Vol. 48, 1994 (1995); FAO Homepage, in: http://www.fao.org.

[510] FAO, FAO Yearbook Trade, Vol. 48, 1994 (1995), S. XI.

[511] FAO, FAO Yearbook Trade, Vol. 48, 1994 (1995), S. X.

[512] Vgl. dazu FAO Homepage, in: http://www.fao.org.

Dies ist zwar für die USA verständlich, da dieses Land auch eine sehr große Fläche aufweist, aber im Falle von Deutschland stellen die im Vergleich zu Brasilien höheren Außenhandelsanteile sowohl im Bereich der Agrarprodukte als auch im Bereich der Nahrungsmittel ein überraschendes Ergebnis dar, denn Deutschland gilt a) als traditionelles Industrieland, wie aus dem Anteil der Landwirtschaft am BIP ersichtlich ist, und b) weist es eine viel geringere Fläche als Brasilien auf.

Abbildung 42: Agrarprodukte: Weltexportanteile von Brasilien im Vergleich zu anderen Schwellenländern (1989-1995) (Prozent) (laufende US-Dollar)

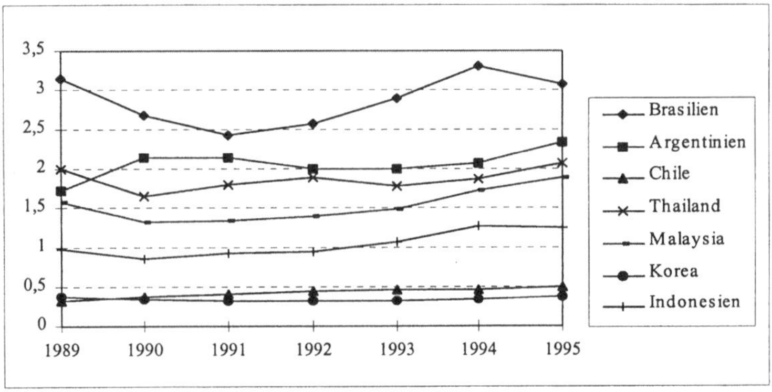

Quelle: FAO, FAO Yearbook Trade, Vol. 48, 1994 (1995); FAO Homepage, in: http://www.fao.org; eigene Berechnungen.

Abbildung 43: Agrarprodukte: Weltexportanteile von Brasilien im Vergleich zu Industrieländern (1989-1995) (Prozent) (laufende US-Dollar)

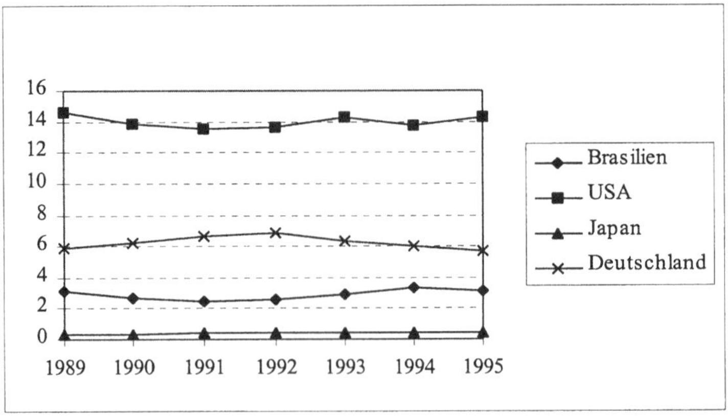

Quelle: FAO, FAO Yearbook Trade, Vol. 48, 1994 (1995); FAO Homepage, in: http://www.fao.org; eigene Berechnungen.

Eine mögliche Erklärung für die dennoch höheren Exportanteile von Deutschland im Bereich der Agrarprodukte und Nahrungsmittel könnte darin liegen, daß Deutschland zum größten Teil Produkte exportiert, die durch einen höheren Weiterverarbeitungsgrad bzw. durch eine höhere Wertschöpfung gekennzeichnet sind. In diesem Fall würde es sich nicht mehr um einfache Agrarprodukte bzw. Nahrungsmittel, sondern um Industriegüter oder halbindustrialisierte Güter handeln. Da diese Güter einen höheren Wert aufweisen, wäre der Exportwert und demzufolge auch der Exportanteil höher.

Abbildung 44: Nahrungsmittel: Weltexportanteile von Brasilien im Vergleich zu anderen Schwellenländern (1989-1995) (Prozent) (laufende US-Dollar)

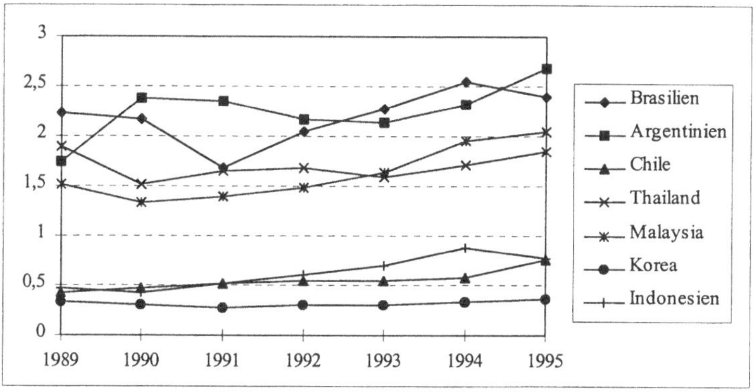

Quelle: FAO, FAO Yearbook Trade, Vol. 48, 1994 (1995); FAO Homepage, in: http://www.fao.org; eigene Berechnungen.

Abbildung 45: Nahrungsmittel: Weltexportanteile von Brasilien im Vergleich zu Industrieländern (1989-1995) (Prozent) (laufende US-Dollar)

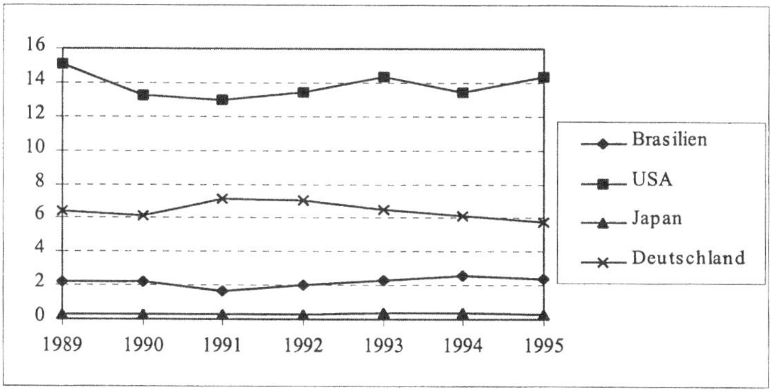

Quelle: FAO, FAO Yearbook Trade, Vol. 48, 1994 (1995); FAO Homepage, in: http://www.fao.org; eigene Berechnungen.

Aber nicht nur der im Verhältnis zum Potential des Landes niedrige Außenhandelsanteil, sondern auch die relativ hohen Importe von Nahrungsmitteln und Agrarprodukten wurden von der Presse in Brasilien zunehmend kritisiert. So wurde im Jahr 1996 für US$ 5 Mrd. Nahrungsmittel und Agrarprodukte importiert, was genau dem Handelsbilanzdefizit dieses Jahres entsprach. Die meist importierten Nahrungsmittel waren Baumwolle, Milchprodukte, Gemüse, Rindfleisch und einige Fischarten, Produkte bei denen Brasilien eigentlich aufgrund seiner Größe, seiner langen Küste und seines Rinderheers eigentlich autark sein müßte.[513]

Im Vergleich zu anderen lateinamerikanischen und asiatischen Schwellenländern ist der Exportanteil von Brasilien im Bereich der Agrarprodukte und der Nahrungsmittel zwischen 1989 und 1995 fast immer höher als derjenige der anderen Länder gewesen (Abbildungen 42 und 44). Ausnahme bildet im Bereich der Nahrungsmittel die Entwicklung der Exportanteile von Argentinien, die zwischen 1990 und 1992 und im Jahr 1995 höher als die Außenhandelsanteile von Brasilien waren (Abbildung 44).

Interessant ist auch die Feststellung, daß Thailand und Malaysia relativ hohe und tendenziell ansteigende Exportquoten zwischen 1989 und 1995 sowohl im Bereich der Agrarprodukte als auch im Bereich der Nahrungsmittel aufweisen. Als überrschend wirken die im Verhältnis zur Größe des Landes und denzufolge guten Anbaumöglichkeiten relativ geringe Außenhandelsanteile von Indonesien. Die geringsten Außenhandelsanteile weisen schließlich Chile, Korea und (bei den Industrieländern) Japan auf.

B. Mineralische Rohstoffindustrie

Nachdem auf die Agrarindustrie eingegangen wurde, wird als nächstes die *mineralische Rohstoffindustrie* analysiert. Es werden die Exportanteile der hier ausgesuchten Länder in den Bereichen "Mineralien", "Eisen- und Stahlindustrie" und "NE-Metallindustrie" untersucht. Aus Anhang G ist die Tiefgliederung dieses Bereiches anhand der SITC, Rev. 3, ersichtlich.

B.1. Eisenerz und Eisen-und Stahlindustrie

Bei der Analyse der Entwicklung der Exportanteile in der mineralischen Eisenindustrie werden folgende Bereiche berücksichtigt: Eisenerz (SITC, Rev 3 , Nr. 281) und die Eisen- und Stahlindustrie (SITC, Rev 3, Nr. 67).[514]

Wie aus Abbildungen 46 und 47 zu entnehmen ist, besteht in Brasilien ein erhebliches Weiterverarbeitungspotential im Bereich der mineralischen Eisenerzindustrie. Brasilien ist zum einen der größte Weltexporteur von Eisenerz, zum anderen sind seine Exporte im Bereich der Eisen- und Stahlindustrie als relativ gering einzustufen, wenn sie mit Deutschland und Japan verglichen werden. Auch Korea weist trotz der geringeren Eisenerzvorkommen, vergleichbare Exportanteile wie Brasilien auf. Argentinien und die anderen asiatischen Schwellenländer sind dagegen unbedeutende Stahlexporteure.

---

[513] Vgl. dazu Abbott, M. L., Brasil traz picanha dos EUA e alho da China, in: O Globo von 29.07.1997.

[514] Vgl. zu den einzelnen Positionen Anhang B und G.

Abbildungen 46: Eisenerz: Weltexportanteile ausgesuchter Länder (1986-1995) (Prozent) (laufende US-Dollar)

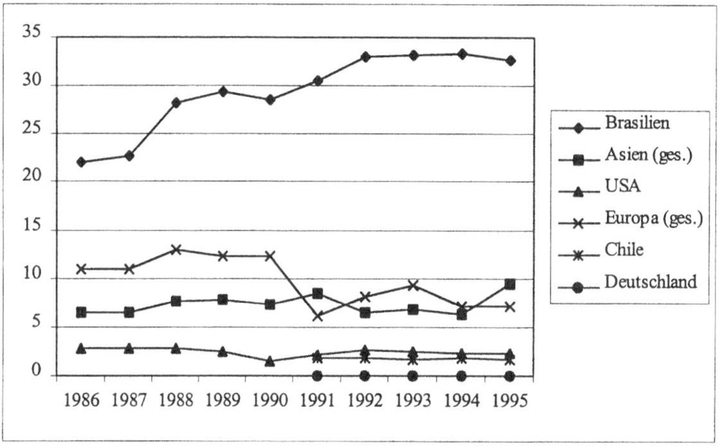

Quelle: UN, International Trade Statistics Yearbook, Volume II, (1996); eigene Berechnungen.

Abbildung 47: Eisen- und Stahlindustrie: Weltexportanteile ausgesuchter Länder (1980 und 1989-1995) (Prozent) (laufende US-Dollar)

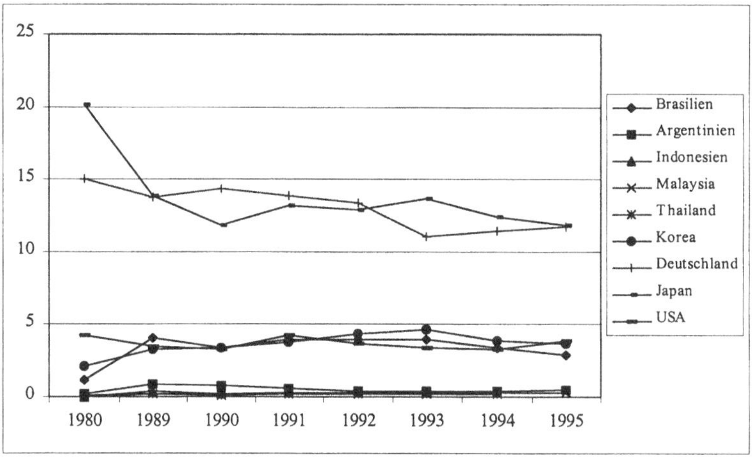

Quelle: WTO, International Trade - Trends and Statistics (1995); WTO, Annual Report, Part 2, (1996); eigene Berechnungen.

B.2. Bauxit und Aluminium

Auch im Bereich der Bauxit-Industrie liegen die Weltexportanteile von Brasilien bei Aluminium (SITC, Rev. 3, Nr. 684) unter den Exportanteilen von Bauxit und Alumina (SITC, Rev. 3, Nr.285),[515] was auf weitere Weiterverarbeitungspotentiale in diesem Bereich schließen läßt (Abbildungen 48 und 49). Dennoch fällt der Unterschied geringer aus als im Falle der eisenverarbeitenden Industrie.

Auch Deutschland und Japan weisen höhere Exportanteile bei Aluminium auf als beim unverarbeiteten Bauxit und bei Alumina (erste Verarbeitungsstufe). Bei den südostasiatischen Schwellenländern ist vor allem auf Korea hinzuweisen, das (trotz unbedeutender Bauxit-Reserven), zunehmende Aluminium-Exporte zu verzeichnen hat.

Abbildung 48: Bauxit/Alumina: Weltexportanteile (1992-1996) (Prozent) (laufende US-Dollar)

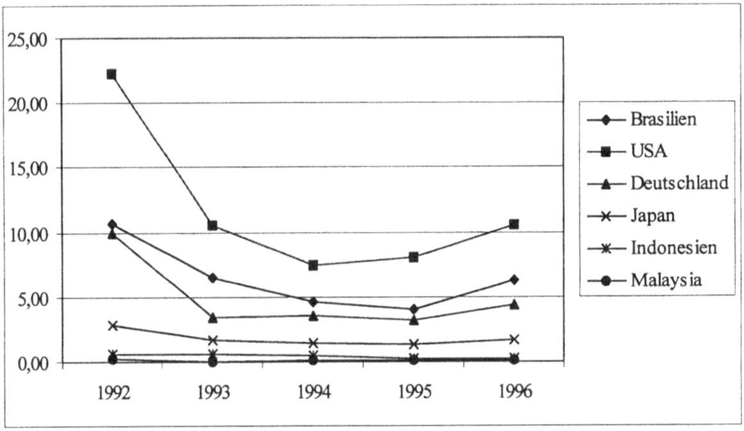

Quelle: ITC-Datenbank, in: http//www.intracen.org/itc; eigene Berechnungen.

[515] Vgl. zu den einzelnen Positionen Anhang B und G.

Abbildung 49: Aluminium: Weltexportanteile (1992-1996) (Prozent) (laufende US-Dollar)

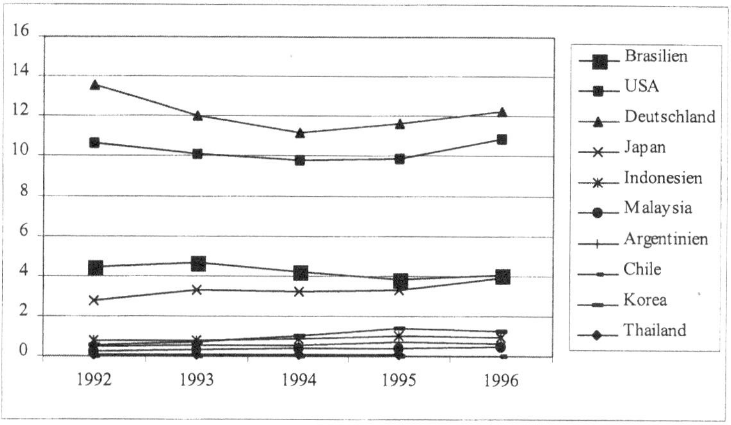

Quelle: ITC-Datenbank, in: http//www.intracen.org/itc; eigene Berechnungen.

B.3. Sonstige NE-Metallindustrie

Tabelle 51: Sonstige NE-Metalle: Weltexportanteile (1992/1996) (Prozent) (laufende US-Dollar)

	Kupfer (Erz)(1)		Kupfer (Weiterv.)		Nickel (Erz) (2)		Nickel (Weiterv.)	
	1992	1996	1992	1996	1992	1996	1992	1996
Brasilien	k.D.	k.D.	1,29	0,65	k.D.	k.D.	1,01	1,19
Argentinien	k.D.	k.D.	0,01	0,06	k.D.	k.D.	k.D.	k.D.
Chile	26,22	33,50	15,56	17,85	k.D.	k.D.	k.D.	k.D.
Indonesien	19,09	31,12	0,13	0,24	16,49	17,29	k.D.	k.D.
Korea	0,21	0,02	1,24	1,82	k.D.	k.D.	0,09	0,04
Malaysia	1,68	0,90	0,52	1,50	k.D.	k.D.	k.D.	k.D.
Thailand	k.D.	k.D.	0,06	0,15(3)	k.D.	k.D.	k.D.	k.D.
Deutschland	0,14	0,15	12,91	13,46	k.D.	k.D.	11,22	8,58
Japan	k.D.	k.D.	6,98	8,14	0,60	2,29	2,65	3,45
USA	11,65	5,64	6,04	6,30	0,93	0,77	7,58	8,03

k.D. = keine Daten bzw. Exportanteile sind insignifikant.

(1) + (2) Hier ist auch leicht weiterverarbeitetes Erz berücksichtigt worden. Vgl. Anhang G.

(1) Die Daten beziehen sich auf 1995.

Tabelle 51: Fortsetzung

	Basis-Metalle (Erz)(1)		Blei (Weiterv.)		Zink (Weiterv.)		Zinn (Weiterv.)	
	1992	1996	1992	1996	1992	1996	1992	1996
Brasilien	1,06	1,62	0,09	0,02	2,69	1,50	9,43	4,79
Argentinien	0,14	0,20	k.D.	k.D.	0,28	0,24	k.D.	k.D.
Chile	2,77	4,00	0,03	0,11	k.D.	k.D.	k.D.	k.D.
Indonesien	0,05	0,04	1,25	1,00	0,01	0,05	12,56	19,39
Korea	0,10	0,15	0,51	0,63	2,14	1,07	0,12	0,27
Malaysia	0,40	0,34	0,25	0,58	0,01	0,18	22,58	16,35
Thailand(2)	0,14	0,20	k.D.	k.D.	0,03	0,15	3,26	0,46
Deutschland	0,86	0,61	6,81	5,47	7,93	5,98	2,25	1,28
Japan	0,19	0,04	0,64	0,64	1,62	1,29	0,29	1,00
USA	11,72	13,16	5,38	8,31	1,07	1,72	6,26	5,16

(1) Hier ist auch leicht weiterverarbeitetes Erz berücksichtigt worden. Vgl. Anhang G.

(2) Die Daten beziehen sich auf das Jahr 1995.

Quelle: ITC-Datenbank, in: http//www.intracen.org/itc; eigene Berechnungen.

Als letztes wird im Rahmen der Analyse der Exportanteile im Bereich der mineralischen Rohstoffindustrie auf weitere NE-Metalle eingegangen. Folgende Mineralien werden hier analysiert: Kupfer (Erz, SITC, Rev. 3, Nr. 283), Kupfer (weiterverarbeitete Erzeugnisse, SITC, Rev. 3, Nr. 682), Nickel (Erz, SITC, Rev. 3, Nr. 284), Nickel (weiterverarbeitete Erzeugnisse, SITC, Rev. 3, Nr. 683), Basis-Metalle[516] (Erz, SITC, Rev. 3, Nr. 287), Blei (weiterverarbeitete Erzeugnisse, SITC, Rev. 3, Nr. 685), Zink (weiterverarbeitete Erzeugnisse, SITC, Rev. 3, Nr. 686) und Zinn (weiterverarbeitete Erzeugnisse, SITC, Rev. 3, Nr. 687).[517]

Innerhalb der sonstigen NE-Metallindustrie erweist sich vor allem Chile als wichtiger Exporteur von Kupfer, nicht nur im Roh- bzw. leicht weiterverarbeiteten, sondern auch im hoch weiterverabeiteten Zustand. Indonesien scheint dagegen nicht stark in Aktivitäten zur Weiterverarbeitung von Kupfer involviert zu sein, denn es ist zwar wichtiger Exporteur von Kupfer (Erz), aber nicht von Kupfer in weiterverarbeiteter Form. Dies ist auch bei Nickel der Fall. Im Bereich der Basis-Metalle sind dagegen Malaysia und Indonesien wichtige Ausfuhrländer von weiterverarbeitetem Zinn. Interessant ist außerdem die Feststellung, daß Deutschland und Japan, trotz geringerer Reserven von bestimmten NE-Metallen, wichtige Ausfuhrländer von Kupfer (Deutschland, Japan) und Blei und Zink (Deutschland) im weiterverarbeiteten Zustand sind. Brasilien und Argentinien haben dagegen eine geringere Bedeutung als Exportländer bei den oben analysierten Mineralien, mit Ausnahme von Zinn (Brasilien) (vgl. Tabelle 51).

---

[516] Dazu zählen folgende Mineralien: Blei, Zink, Zinn und Mangan.

[517] Vgl. zu den einzelnen Positionen Anhang B und G.

C. Chemieindustrie

C.1. Chemische Industrie

Als nächstes wird die Entwicklung der Außenhandelsanteile ausgesuchter Länder in der Chemischen Industrie untersucht. Folgende Bereiche werden hier berücksichtigt: **1. Organische Chemikalien** (SITC, Rev. 3, Nr. 51), bestehend aus a) Hydrocarbons (SITC, Rev. 3, Nr. 511), b) Alcohol, Phenol, etc (SITC, Rev. 3, Nr. 512), c) Carboxylic Acids (SITC, Rev. 3, Nr. 513), d) Nitrogen-Funct. Compounds (SITC, Rev. 3, Nr. 514), e) Organic-Inorganic Compounds (SITC, Rev. 3, Nr. 515) und f) Other Organic Compounds (SITC, Rev. 3, Nr. 516), **2. Anorganische Chemikalien** (SITC, Rev. 3, Nr. 52), bestehend aus a) Inorganic Chemical Elements (SITC, Rev. 3, Nr. 522), b) Metal Salts etc. (SITC, Rev. 3, Nr. 523), c) Other Chemical Compounds (SITC, Rev. 3, Nr. 524), und d) Radio-Active Materials (SITC, Rev. 3, Nr. 525), **3. Farben, Farbstoffe** (SITC, Rev. 3, Nr. 53), bestehend aus: a) Synthetic Colours, etc (SITC, Rev. 3, Nr. 531), b) Dyeing, Tanning Materials (SITC, Rev. 3, Nr. 532) und c) Pigments, Paints etc (SITC, Rev. 3, Nr. 533) und **4. Düngeerzeugnisse** (Fertilizer, SITC, Rev. 3, Nr. 562).[518]

Abbildung 50: Weltexportanteile ausgesuchter Länder bei der Chemischen Industrie (gesamt) (1992-1996) (Prozent) (laufende US-Dollar)

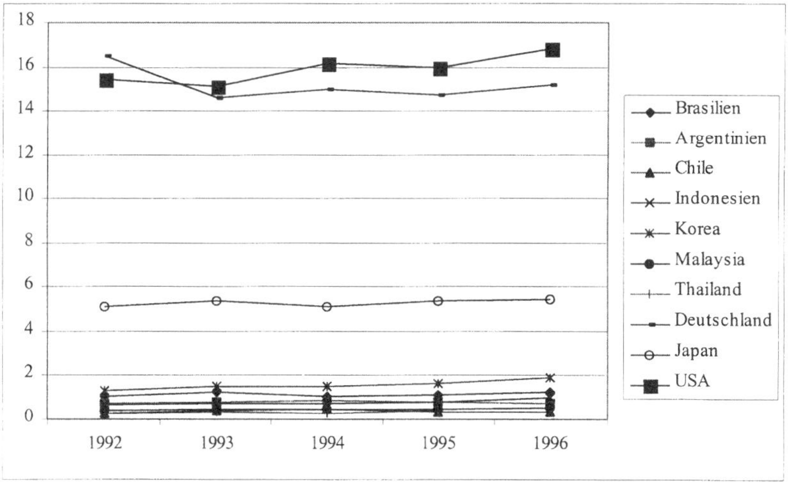

Quelle: ITC-Datenbank, in: http//www.intracen.org/itc; eigene Berechnungen.

---

[518] Vgl. zu den einzelnen Positionen Anhang H.

Tabelle 52: Weltexportanteile bei ausgesuchten Bereichen der Chemischen Industrie (1992-1996) (Prozent) (laufende US-Dollar)

	ORGANISCHE CHEMIKALIEN					ANORGANISCHE CHEMIKALIEN				
	1992	1993	1994	1995	1996	1992	1993	1994	1995	1996
Brasilien	1,18	1,24	1,13	1,14	1,19	0,71	1,18	0,73	0,82	1,16
Argentinien	0,32	0,27	0,31	0,35	0,36	0,25	0,40	0,71	0,73	0,34
Chile	0,15	0,15	0,34	0,23	0,20	0,63	0,83	0,86	0,65	0,77
Indonesien	0,33	0,35	0,42	0,51	0,62	0,10	0,11	0,14	0,17	0,25
Korea	1,85	2,06	2,10	2,49	2,63	0,66	0,72	0,85	0,98	1,04
Malaysia	0,44	0,56	0,74	0,64	0,77	0,12	0,11	0,10	0,09	0,15
Thailand	0,22	0,21	0,16	0,24	k.D.	0,18	0,20	0,17	0,15	k.D.
Deutschland	16,42	14,13	14,49	14,87	14,40	14,07	12,45	13,10	12,71	13,29
Japan	9,17	9,40	9,41	10,64	10,47	4,27	4,81	4,74	4,72	5,14
USA	15,60	15,93	15,49	16,23	15,72	16,90	17,58	17,84	17,15	18,55

Tabelle 52: Fortsetzung

	FARBEN, FARBSTOFFE					DÜNGEMITTEL				
	1992	1993	1994	1995	1996	1992	1993	1994	1995	1996
Brasilien	1,93	2,11	2,03	1,87	2,04	0,37	0,51	0,33	0,47	0,51
Argentinien	2,29	2,56	2,31	1,99	2,20	0,02	0,02	0,01	0,01	0,02
Chile	0,12	0,32	0,33	0,13	0,11	0,27	0,28	0,31	0,22	0,30
Indonesien	0,35	0,64	0,60	0,35	0,67	1,75	1,69	1,60	2,05	2,25
Korea	0,93	1,04	1,12	1,27	1,49	1,75	2,19	2,01	1,88	2,46
Malaysia	0,17	0,23	0,28	0,24	0,29	0,82	0,81	0,69	0,90	0,98
Thailand	0,60	0,88	0,65	1,07	k.D.	0,01	0,03	0,01	0,03	k.D.
Deutschland	25,88	23,48	23,22	22,55	23,12	9,53	8,35	9,09	8,65	9,98
Japan	5,83	6,08	5,47	5,08	5,06	1,03	1,15	0,87	0,90	1,02
USA	6,61	7,11	7,16	6,68	7,34	22,58	19,96	24,15	23,91	25,66

k.D. = keine Daten.

Quelle: ITC-Datenbank, in: http//www.intracen.org/itc; eigene Berechnungen.

Die höchsten Außenhandelsanteile bei der Chemischen Industrie haben die USA, Deutschland und Japan. Brasilien weist zwar relativ niedrige und stabile Weltmarktanteile in dieser Branche auf, im Verhältnis zu den hier analysierten Schwellenländern hat aber nur Korea höhere Anteile als Brasilien zu verzeichnen. Interessant ist außerdem die Feststellung, daß die asiatischen Schwellenländer Korea, Malaysia und Indonesien innerhalb dieser Periode zunehmende Außenhandelsanteile in der Chemischen Industrie zu verzeichnen haben (Abbildung 50).

Die genaue Analyse einzelner Bereiche der Chemischen Industrie (Tabelle 52) läßt weiterhin erkennen, daß Brasilien seine höchsten Anteile bei der Herstellung von organischen Chemikalien und der Herstellung von Farben/Farbstoffen zu verzeichnen hat. Beim Export von Düngemitteln weist Brasilien dagegen relativ niedrige Weltmarktanteile auf. Andere Länder mit (großen) landwirtschaftlichen Flächen, wie Indonesien und USA, erzielen dagegen in diesem Wirtschaftszweig relativ hohe Außenhandelsanteile.

C.2. Pharmaindustrie

Neben der Chemischen Industrie wird im Rahmen dieser Arbeit auch die Entwicklung der Außenhandelsanteile in der Pharmaindustrie untersucht. Es werden hier die Bereiche **1. Arzneimittel, inkl. tierische Arzeimittel** (SITC, Rev. 3, Nr. 542) und **2. andere Pharmaprodukte (ohne Arzneimittel)** (SITC, Rev.3, Nr. 541) berücksichtigt.[519]

Auch im Bereich der *Pharmaindustrie* weisen Deutschland (Arzneimittel und "Andere Pharmaprodukte"), USA (insbesondere bei "Anderen Pharmaprodukten") und, in geringerem Maße, Japan die höchsten Weltmarktanteile auf. Brasilien dagegen weist relativ geringe Anteile in beiden Bereichen auf, insbesondere bei den stark forschungsintensiven Arzneimittelindustrie. Auch die anderen lateinamerikanischen und südostasiatischen Schwellenländer haben eine geringe Bedeutung als Exporteure von Pharmaprodukten. Nur Korea hat einen, im Vergleich zu diesen Ländern, relativ hohen Anteil im Bereich der "Anderen Pharmaprodukte" (Tabelle 53).

Tabelle 53: Weltexportanteile bei der Pharmaindustrie (1992-1996) (Prozent) (laufende US-Dollar)

	ARZNEIMITTEL					ANDERE PHARMAPRODUKTE				
	1992	1993	1994	1995	1996	1992	1993	1994	1995	1996
Brasilien	0,09	0,09	0,11	0,15	0,17	0,46	0,44	0,45	0,40	0,42
Argentinien	0,13	0,20	0,21	0,24	0,33	0,13	0,15	0,17	0,13	0,18
Chile	0,05	0,06	0,05	0,05	0,05	0,01	0,01	0,01	0,00	0,00
Indonesien	0,03	0,06	0,06	0,07	0,08	0,05	0,04	0,06	0,03	0,05
Korea	0,16	0,13	0,11	0,11	0,15	0,68	0,74	0,83	0,82	0,80
Malaysia	0,11	0,10	0,11	0,10	0,11	0,08	0,10	0,13	0,14	0,13
Thailand	0,11	0,13	0,13	0,12	k.D.	0,14	0,45	0,19	0,29	k.D.
Deutschland	15,07	15,02	14,47	14,38	14,08	16,60	15,86	16,55	15,47	15,37
Japan	1,19	1,39	1,29	1,50	1,54	5,53	5,60	5,09	4,63	4,51
USA	6,15	6,62	6,34	5,08	5,77	19,33	19,40	17,89	16,42	17,22

k.D. = keine Daten.

Quelle: ITC-Datenbank, in: http//www.intracen.org/itc; eigene Berechnungen.

[519] Vgl. zu den einzelnen Positionen Anhang H.

D. Automobilindustrie

Die Analyse der Außenhandelsanteile ausgesuchter Länder in der Automobilindustrie wird sich auf folgende Bereiche konzentrieren: **a) PKWs etc** (SITC, Rev 3, Nr. 781), **b) Nutzfahrzeuge** (insbesondere zum Warentransport, wie Lastwagen) (SITC, Rev 3, Nr. 782), **c) sontige Fahrzeuge** (insbesondere zum Personentransport, wie Busse) (SITC, Rev 3, Nr. 783) und **d) Automobilteile/-zubehör** (SITC, Rev 3, Nr. 784).[520]

Brasilien weist zwischen 1992-1996 tendenziell eine rückläufige Entwicklung der Außenhandelsanteile in der Automobilindustrie auf, u.a. aufgrund der starken Senkung der Exportanteile im Bereich der "Sonstigen Fahrzeuge". Im Bereich der "Automobilteile und –zubehör" hat Brasilien dagegen relativ hohe und stabile Außenhandelsanteile, was dadurch erklärt werden kann, daß brasilianische Zuliefererunternehmen im weltweiten Produktionsverbund (multinationaler) Automobilhersteller stark integriert sind. Interessant ist die Feststellung, daß Korea in diesem Zeitraum tendenziell einen Anstieg der Weltexportanteile in allen hier untersuchten Bereichen der Automobilindustrie zu verzeichnen hat. Die Industrieländer weisen relativ hohe Anteile auf, dennoch ist vor allem Japan im untersuchten Zeitraum durch eine kontinuierliche Senkung seiner Anteile gekennzeichnet (Abbildung 51 und Tabelle 54).

Abbildung 51: Weltexportanteile ausgesuchter Länder bei der Automobilindustrie (gesamt) (1992-1996) (Prozent) (laufende US-Dollar)

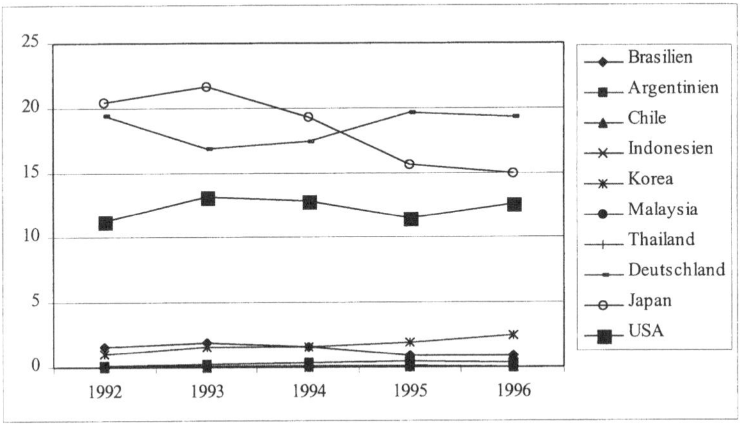

Quelle: ITC-Datenbank, in: http//www.intracen.org/itc; eigene Berechnungen.

[520] Vgl. zu den einzelnen Positionen Anhang I.

Tabelle 54: Weltexportanteile bei ausgesuchten Bereichen der Automobilindustrie (1992-1996) (Prozent) (laufende US-Dollar)

	PKWs					NUTZFAHRZEUGE (u.a. Lastwagen usw.)				
	1992	1993	1994	1995	1996	1992	1993	1994	1995	1996
Brasilien	0,40	0,33	0,26	0,20	0,27	1,50	1,39	1,56	1,18	1,29
Argentinien	0,05	0,10	0,09	0,10	0,35	0,03	0,28	0,52	0,97	0,58
Chile	0,01	0,03	0,01	0,01	0,00	0,02	0,08	0,12	0,13	0,13
Indonesien	0,00	0,01	0,01	0,01	0,01	0,01	0,01	0,00	0,01	0,01
Korea	1,34	2,13	2,19	3,14	3,91	0,35	0,92	1,28	1,80	2,00
Malaysia	0,07	0,09	0,06	0,07	0,08	0,02	0,04	0,02	0,01	0,02
Thailand	0,01	0,02	0,01	0,01	k.D.	0,04	0,21	0,20	0,19	19,50
Deutschland	22,74	19,43	20,64	21,04	22,21	12,86	10,17	11,74	13,84	14,88
Japan	25,84	26,08	22,20	18,27	17,42	23,96	25,83	23,86	20,57	19,50
USA	7,36	7,80	7,86	7,02	7,11	8,65	10,55	10,92	10,91	14,19

Tabelle 54: Fortsetzung

	SONST. FAHRZEUGE (u.a. Busse)					AUTOMOBILTEILE/-ZUBEHÖR				
	1992	1993	1994	1995	1996	1992	1993	1994	1995	1996
Brasilien	3,28	4,36	2,83	0,90	0,72	1,13	1,41	1,39	1,24	1,35
Argentinien	0,05	0,02	0,08	0,05	0,04	0,26	0,42	0,45	0,46	0,38
Chile	0,03	0,06	0,06	0,02	0,01	0,04	0,05	0,05	0,03	0,03
Indonesien	k.D.	k.D.	k.D.	0,01	0,04	0,02	0,03	0,03	0,04	0,05
Korea	1,77	2,92	2,41	2,21	3,09	0,35	0,44	0,49	0,56	0,90
Malaysia	0,00	0,00	0,01	0,01	0,02	0,03	0,05	0,06	0,07	0,07
Thailand	0,01	0,00	0,01	0,00	k.D.	0,06	0,21	0,37	0,12	k.D.
Deutschland	20,57	19,30	19,78	25,32	22,33	21,62	18,38	17,33	18,46	17,74
Japan	17,33	17,50	13,53	7,05	7,64	14,35	17,39	17,66	16,55	15,06
USA	10,26	12,55	11,7	8,59	8,48	18,76	21,93	21,05	19,60	20,57

k.D. = keine Daten.

Quelle: ITC-Datenbank, in: http//www.intracen.org/itc; eigene Berechnungen.

7.4. Wertschöpfung und Lohnkosten

A. "Census Value Added" pro Beschäftigter

In diesem Abschnitt wird auf den "Census Value Added pro Beschäftigter" der ausgesuchten Branchen in den jeweiligen Ländern eingegangen.

Die Daten zum "Census Value Added" stammen aus der UNIDO: Im Anhang J wird auf die Methode zu ihrer Ermittlung eingegangen. Für Deutschland standen aber leider keine Daten der UNIDO zum "Census Value Added pro Arbeiter" zur Verfügung. Aus diesem Grund wird in diesem Fall auf Daten des Statistischen Bundesamtes zurückgegriffen, die dann zum durchschnittlichen jährlichen Wechselkurs in US-Dollar umgerechnet werden.[521] Die Definiton des "Census Value Added" nach dem Konzept des Statistischen Bundesamtes ist aus Anhang K ersichtlich. Sowohl UNIDO als auch das Statistische Bundesamt gehen von einer durchaus vergleichbaren Definiton des "Census Value Added" aus.[522] *Im folgenden werden die Begriffe "Census Value Added" und Wertschöpfung synonym verwendet.*[523]

Tabelle 55 zeigt der "Census Value Added" pro Arbeiter in ausgesuchten Branchen einzelner Länder.[524] Bei der Analyse der Tabelle 55 muß jedoch beachtet werden, daß einige der Länder überdurchschnittliche Werte bei einigen Branchen aufweisen.[525] Daher muß diese Tabelle mit Vorsicht interpretiert werden, denn es ist davon auszugehen, daß viele dieser Ausreißer nicht die Realität widerspiegeln, d.h. die Daten werden von den Regierungen einzelner Länder z.T. geschönt, um ein positiveres Bild der Realität zu zeichnen. Folgende wichtige Schlußfolgerungen können hier dennoch gezogen werden:

Erstens ist auf die relativ geringe Wertschöpfung pro Arbeiter in traditionellen Industrien (Ernährungsgewerbe/Tabakverarbeitung und Metallindustrie) Brasiliens hinzuweisen. So stieg beispielsweise die Wertschöpfung pro Arbeiter in der Ernährungsindustrie Japans, das eine relativ geringe landwirtschaftliche Fläche hat, zwischen 1985 und 1996 relativ stark an. Auch Deutschland und USA weisen im Gegensatz zu Brasilien eine überdurchschnittliche Wertschöpfung pro Arbeiter in der Ernährungsindustrie auf.

Vor allem im Bereich der mineralischen Rohstoffindustrie (Metallindustrie) nutzt Brasilien seine enormen Rohstoffreserven nicht konsequent für Weiterverarbeitungsaktivitäten aus. Chile zeigt dagegen, daß es möglich ist, eine überdurchschnittliche Wertschöpfung in diesen Branchen zu erzielen. So weist Chile eine extrem hohe Wertschöpfung pro Arbeiter in der NE-Metallindustrie (ISIC 371) auf.[526] Die Arbeiter in der chi-

---

[521] Der Wechselkurs wird aus dem International Financial Statistics Yearbook des IWF, Ausgabe 1997, entnommen.

[522] Vgl. Anhang J und K.

[523] Nicht zu verwechseln mit Bruttowertschöpfung.

[524] Für detailliertere Informationen zu einzelnen Wirtschaftssektoren innerhalb der jeweiligen Branchen vgl. Anhang A.

[525] Vgl. zu diesem Problem auch Abschnitt 7.7.

[526] So betrug beispielsweise im Jahr 1996 die Wertschöpfung pro Arbeiter in der chilenischen NE-Metallindustrie US-Dollar 209.464. In USA und Japan betrug dagegen die Wertschöpfung pro Arbei-

lenischen NE-Metallindustrie sind außerdem, im Vergleich zum chilenischen Durchschnitt, durch hohe Lohnkosten pro Arbeiter gekennzeichnet, was auf ihre relativ hohe Qualifikation schliessen läßt.[527] [528] Chile nutzt somit konsequent seine hohen, insbesondere Kupfer-Reserven für Weiterverarbeitungsaktivitäten aus. Die Daten zu den Außenhandelsanteilen[529] zeigen auch, daß Brasilien zum größten Teil Eisen im Erzzustand, Chile dagegen sein Kupfer zunehmend im weiterverarbeiteten Zustand exportiert. Auch Korea (Eisen- und Stahlindustrie) und Japan (Eisen- und Stahl-, NE-Metallindustrie) sind, trotz mangelnder Mineralreserven, durch eine relativ hohe Wertschöpfung pro Arbeiter in diesen Branchen gekennzeichnet.[530]

Zweitens weist Brasilien, im Falle der anderen hier untersuchten Branchen, vor allem im Fahrzeugbau eine relativ hohe Wertschöpfung pro Arbeiter auf, wenn es mit anderen lateinamerikanischen und asiatischen (mit Ausnahme von Korea) Schwellenländern verglichen wird. Dennoch ist die Wertschöpfung pro Arbeiter in der brasilianischen Fahrzeugindustrie, verglichen mit traditionellen Automobilhersteller-Ländern, wie USA, Japan, Deutschland und Korea, als relativ gering einzustufen.

---

ter in der NE-Metallindustrie jeweils US-Dollar 100.325 und US-Dollar 148.632. Vgl. dazu UNIDO Country Industrial Statistics, in: http://www.unido.org/start/services/statistics/data.

[527] Nach LARY sind Branchen, die über relativ hochqualifizierte Arbeitskräfte verfügen, durch eine überdurchschnittliche Entlohnung ihrer Arbeitskräfte gekennzeichnet. Vgl. zum sog. Lary-Konzept Fasano-Filho, U., et al., Brazil's Manufactured Exports (1987), S. 33 f.

[528] So verdiente im Jahr 1996 ein chilenischer Arbeiter in der NE-Metallindustrie US-Dollar 20.323. Im Industriedurchschnitt betrug dagegen der Lohn eines chilenischen Arbeiters im gleichen Jahr US-Dollar 9.589. Vgl. dazu UNIDO Country Industrial Statistics, in: http://www.unido.org/start/services/statistics/data.

[529] Vgl. dazu Abschnitt 7.3., S. 236 ff.

[530] Vgl. dazu UNIDO Country Industrial Statistics, in: http://www.unido.org/start/services/statistics/data.

Tabelle 55: "Census Value Added" pro Arbeiter in den Branchen ausgesuchter Länder (US-Dollar)[1]

	Brasilien	Argentinien	Chile	Indonesien	Korea	Malaysia	Thailand	BRD	Japan	USA
Ind. (ges.)[2]	43.946	34.484	48.796	7.176	75.719	18.897	40.962	99.807	117.455	104.858
Ernährung[3]	38.474	34.155	321.642 [7]	6.371	311.020[9]	41.628	23.060	126.903	265.086	386.794
Metall[4]	45.344	26.112	103.122	17.478	92.191	22.094	22.720	84.700	145.165	93.672
Chemie[5]	92.643	80.397	423.851 [8]	13.805	275.788[10]	104.286	126.301	192.303	348.536	254.266
Fahrzeug[6]	59.507	34.418	21.390	26.858	83.025	28.872	50.424	95.681	144.597	113.351

(1) Die Daten beziehen sich auf die folgenden Jahre: Thailand (1991), Brasilien und Argentinien (1993), Indonesien (1995), Chile, Korea, Malaysia, USA, Deutschland und Japan (1996).

(2) Verarbeitendes Gewerbe (gesamte Industrie).

(3) Ernährungsgewerbe und Tabakverarbeitung: Deutschland (WZ 93 Nr. 15+16); andere Länder (ISIC Nr. 311+313+314).

(4) Metallindustrie: Deutschland (WZ 93 Nr. 27); andere Länder (ISIC Nr. 371+372+381).

(5) Chemieindustrie: Deutschland (WZ 93 Nr. 23+24); andere Länder (ISIC Nr. 351+352+353+354).

(6) Fahrzeugbau: Deutschland (WZ 93 Nr. 34+35); andere Länder (ISIC Nr. 384).

(7) Dieser hoher Wert der chilenischen Ernährungsindustrie im Jahr 1996 läßt sich vor allem auf einen Ausreißer (Tabakindustrie: US$ 851.959) zurückführen.

(8) Dieser hoher Wert der chilenischen Chemieindustrie im Jahr 1996 läßt sich vor allem auf einen Ausreißer (Mineralölverarbeitung: US$ 929.777) zurückführen.

(9) Dieser hoher Wert der koreanischen Ernährungsindustrie im Jahr 1996 läßt sich vor allem auf einen Ausreißer (Tabakindustrie: US$ 728.127) zurückführen.

(10) Dieser hoher Wert der koreanischen Chemieindustrie im Jahr 1996 läßt sich vor allem auf einen Ausreißer (Mineralölverarbeitung: US$ 754.571) zurückführen.

Quelle: UNIDO Country Industrial Statistics, in: http://www.unido.org/start/services/statistics/data; Statistisches Bundesamt, Produzierendes Gewerbe (1996).

B. Entwicklung der realen Gesamtlohnkosten pro Stunde

Neben der Analyse der Wertschöpfung pro Arbeiter wird im Rahmen dieses Abschnittes auf die Entwicklung der realen Gesamtlohnkosten pro Stunde in den ausgesuchten Branchen und Ländern eingegangen.[531] Aufgrund Datenmangels werden hier aber neben Brasilien nur Korea, Deutschland, USA und Japan berücksichtigt. Aus den Abbildungen 52, 53, 54 und 55 ist die Entwicklung der realen Gesamtlohnkosten pro Stunde *a) in der Ernährungs- und Tabakindustrie,*[532] *b) in der mineralischen Rohstoffindustrie,*[533] *c) in der Chemieindustrie*[534] und *d) im Fahrzeugbau*[535] ersichtlich.

Wie aus diesen Abbildungen entnommen werden kann, weist Korea in allen vier Branchen einen kontinuierlichen Anstieg der realen Gesamtlohnkosten pro Stunde während des untersuchten Zeitraums auf. Dies ist auch in Deutschland und Japan der Fall, dennoch sind diese Länder durch einen geringeren Anstieg der realen Lohnkosten pro Stunde als Korea gekennzeichnet. Interessant bleibt die Feststellung, daß die Gesamtlohnkosten pro Stunde in Brasilien ab dem Zeitpunkt einer zunehmenden Abkehr von der Importsubstitutionspolitk (1991/92) in allen vier Branchen tendenziell gestiegen sind. Innerhalb der vier Branchen ist der Anstieg der realen Lohnkosten vor allem in der Ernährungs- und Tabakindustrie, Chemieindustrie und Fahrzeugbau bemerkbar. Im Vergleich zu den hier analysierten Ländern weisen vor allem die USA relativ stabile und leicht sinkenden Gesamtlohnkosten pro Stunde in den hier ausgesuchten Branchen auf.

---

[531] Vgl. zur Methodik bei der Erhebung und Berechnung der realen Gesamtlohnkosten in dieser Arbeit Anhang E.

[532] Die Abgrenzung der Ernährungs- und Tabakindustrie erfolgte für Korea, Deutschland, USA und Japan anhand der US SIC 20 & 21 und der UN ISIC, Rev 2, 31 (food, beverages and tobacco manufacturing). Um Vergleichbarkeit mit diesen Daten zu gewährleisten, wurde für Brasilien (anhand der Daten des IBGE) die Entwicklung der realen Gesamtlohnkosten pro Stunde der Ernährungs-, Getränke- und Tabakindustrie getrennt berechnet und dann der Durchschnitt der drei Branchen gebildet.

[533] Die mineralische Rohstoffindustrie umfaßt hier sowohl die Eisen- und Stahlindustrie als auch die NE-Metallindustrie (primary metal manufacturing: US SIC 33 und UN ISIC, Rev 2, 37). Im Falle von Brasilien wurde die Position "metalúrgica" berücksichtigt, die auch beide Positionen umfaßt.

[534] Die Abgrenzung der Chemieindustrie erfolgte für Korea, Deutschland, USA und Japan anhand der US SIC 28 (chemicals and allied products manufacturing). Um Vergleichbarkeit mit diesen Daten zu gewährleisten, wurde für Brasilien (anhand der Daten des IBGE) die Entwicklung der realen Gesamtlohnkosten pro Stunde der Chemischen Industrie und der Pharmaindustrie getrennt berechnet und dann der Durchschnitt der zwei Branchen gebildet.

[535] Der Fahrzeugbau umfaßt hier die Herstellung sämtlicher Transportmittel (transportation equipment manufacturing: US SIC 37). Im Falle von Brasilien wurde die Position "material de transporte" berücksichtigt, die auch weit gefaßt ist.

Abbildung 52: Entwicklung der realen Gesamtlohnkosten pro Stunde in der Ernährungs- und Tabakindustrie (1985-1995) (1985=100) (einheimische Währung)

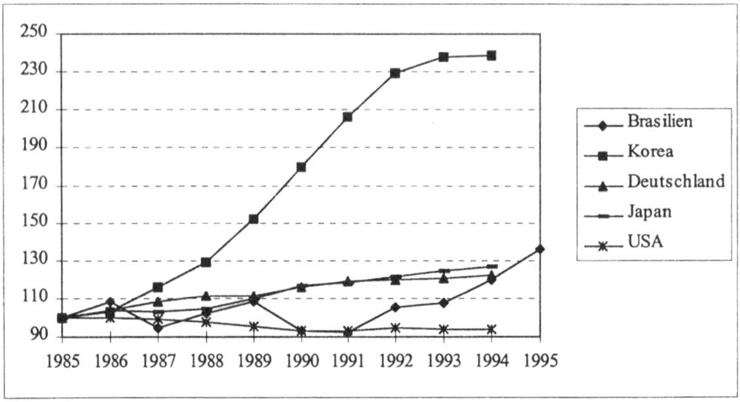

Quelle: U.S. Department of Labor, Hourly Compensation Costs (1996), in http://www.stats.bls.org; IBGE, Anuário Estatístico do Brasil, verschiedene Jahrgänge; IMF, International Financial Statistics Yearbook (1997); eigene Berechnungen.

Abbildung 53: Entwicklung der realen Gesamtlohnkosten pro Stunde in der mineralischen Rohstoffindustrie (1985-1995) (1985=100) (einheimische Währung)

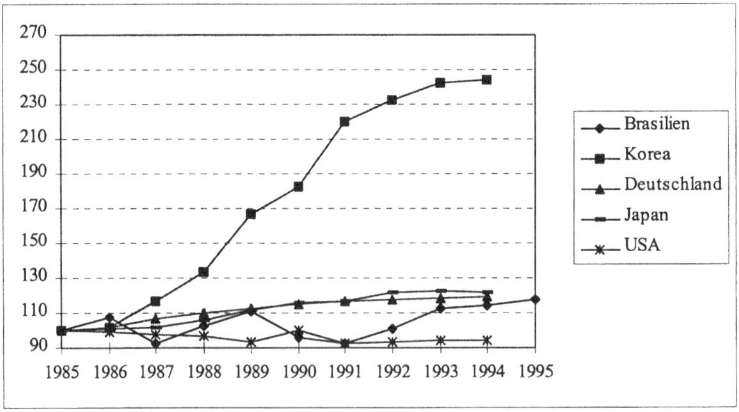

Quelle: U.S. Department of Labor, Hourly Compensation Costs (1996), in http://www.stats.bls.org; IBGE, Anuário Estatístico do Brasil, verschiedene Jahrgänge; IMF, International Financial Statistics Yearbook (1997); eigene Berechnungen.

Abbildung 54: Entwicklung der realen Gesamtlohnkosten pro Stunde in der Chemieindustrie (1985-1995) (1985=100) (einheimische Währung)

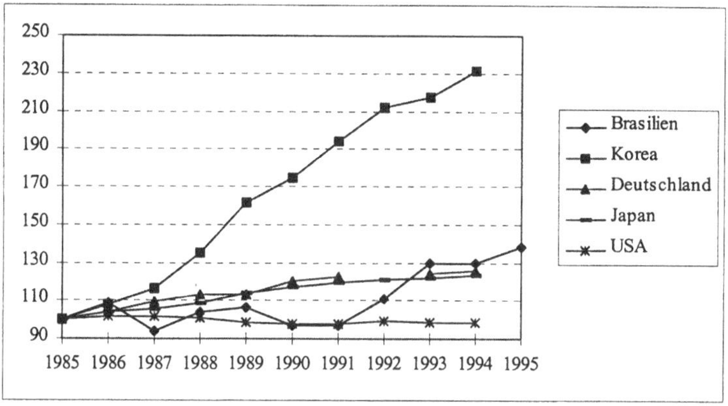

Quelle: U.S. Department of Labor, Hourly Compensation Costs (1996), in http://www.stats.bls.org; IBGE, Anuário Estatístico do Brasil, verschiedene Jahrgänge; IMF, International Financial Statistics Yearbook (1997); eigene Berechnungen.

Abbildung 55: Entwicklung der realen Gesamtlohnkosten pro Stunde im Fahrzeugbau (1985-1995) (1985=100) (einheimische Währung)

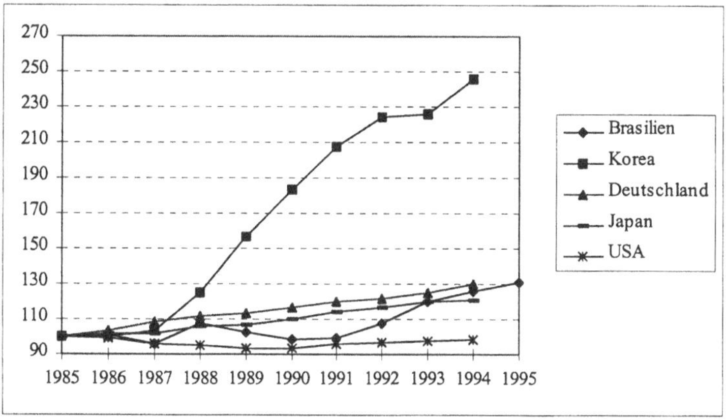

Quelle: U.S. Department of Labor, Hourly Compensation Costs (1996), in http://www.stats.bls.org; IBGE, Anuário Estatístico do Brasil, verschiedene Jahrgänge; IMF, International Financial Statistics Yearbook (1997); eigene Berechnungen.

Aktuelle Untersuchungen[536] weisen außerdem darauf hin, daß die Lohnstückkosten (US-Dollar Basis) in Brasilien zwischen 1990 und 1996 in fast allen hier untersuchten Branchen gestiegen sind, mit Ausnahme des Fahrzeugbaus und des Bergbaus (Abbildung 56).

Der Anstieg der Lohnstückkosten in den meisten der untersuchten Branchen läßt sich somit vor allem durch den Anstieg der nominalen Gesamtlohnkosten (US-Dollar Basis) erklären, da die Produktivität in allen Branchen gestiegen ist.

Abbildung 56: Brasilien: Anstieg der Lohnstückkosten, der nominalen Gesamtlohnkosten (Std.) und der Produktivität (Std.) in ausgesuchten brasilianischen Branchen (US-Dollar) (1990-1996) (1990=100)

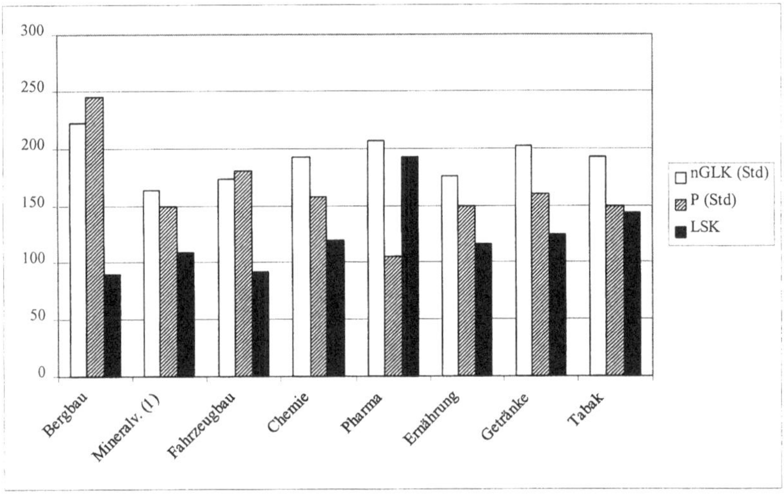

(1) Mineralverarbeitende Industrie (mineralische Rohstoffindustrie).

Quelle: Bonelli, R./Fonseca, R., Competitividade (1998), S. 13 ff.

[536] Vgl. Bonelli, R./Fonseca, R., Competitividade (1998), S. 13 ff.

7.5. Verbreitungsgrad moderner Produktionsmethoden und Organisationstechniken

In diesem Abschnitt geht es um die Frage, inwieweit moderne Produktionsmethoden und Organisationstechniken in der brasilianischen Industrie verbreitet sind. In der Literatur wird der Nutzen und die Kosten der Einführung solcher Techniken, u.a. "Lean-Production", "Gruppenarbeit" und "Total Quality Management" vielfach diskutiert.[537] Beispielsweise werden vom MIT (Massachusetts Institute of Technology) die von der japanischen Automobilindustrie entwickelten "Lean-Production"-Methoden als eine sog. "zweite Revolution in der Automobilindustrie" bezeichet. Ziel der Einführung dieser sog. neuen Produktions- und Organisationsmethoden ist vor allem eine Kostenreduzierung, eine höhere Flexibilität und eine bessere Orientierung an den Kundenwünschen, die sich ständig ändern und an Anspruch gewinnen. [538]

In diesem Abschnitt wird sich die Diskussion um den Verbreitungsgrad dieser neuen Methoden nur auf die brasilianische Industrie beschränken, da international vergleichbare Daten schwer zu bekommen sind. Die Daten für Brasilien stammen aus einer von der Brasilianischen Entwicklungsbank (BNDES) in Zusammenarbeit mit der Brasilianischen Industrievereinigung (CNI) und mit dem Brasilianischen Institut zur Förderung von Klein- und Mittelbetrieben (SEBRAE) durchgeführten Studie, in deren Rahmen 1.356 Groß-, Mittel- und Kleinunternehmen aus allen Branchen u.a. nach der Verwendung sämtlicher neuer Industrie- und Organisationsmethoden im Jahr 1995 befragt wurden.[539] Dieser Abschnitt wird sich aber auf die für diese Untersuchung relevanten Sektoren beschränken und die Daten dieser Branchen werden mit dem Industriedurchschnitt verglichen.[540] Es wird der Verbreitungsgrad folgender Methodengruppen untersucht, welche in die weiteren Kategorien unterteilt werden: a) Methoden zur Zeit- und Geldeinsparung, b) Methoden zur Organisation des Produktionsprozesses, c) Methoden zur Förderung und Kontrolle der Qualität und d) Planungs- und Managementmethoden.[541]

Brasilianische Unternehmen weisen insgesamt im Durchschnitt einen relativ geringen Verbreitungsgrad moderner Techniken auf (unter 30 % aller Unternehmen). Die am meist verbreiteten Techniken stellen die Methoden zur Organisation des Produktionsprozesses dar (im Durchschnitt 28 % aller Unternehmen) (Tabelle 56).

Werden die einzelnen hier ausgesuchten Branchen betrachtet, so ist insbesondere der Fahrzeugbau durch eine relativ hohen Verbreitung moderner Organisations- und Produktionsmethoden gekennzeichnet. Am meisten verbreitet in der brasilianischen Fahr-

---

[537] Vgl. zu einer Zusammenfassung wichtiger Positionen Markert, W., Lean Production (1997), S. 160 ff.

[538] Vgl. dazu Markert, W., Lean Production (1997), insbesondere S. 163 und S. 175.

[539] Vgl. dazu BNDES/CNI/SEBRAE, Qualidade & Produtividade na Indústria Brasileira (1996), S. 51 ff.

[540] Aufgrund der geringen Stichprobe wurden in der Befragung des BNDES/CNI/SEBRAE folgende Sektoren nicht berücksichtigt: Bergbau, Leder-, Pharma-, Kerzen- und Tabakindustrie. Deren Ergebnisse sind dennoch bei der Berechnung des Industriedurchschnitts berücksichtigt worden. Vgl. dazu BNDES/CNI/SEBRAE, Qualidade & Produtividade na Indústria Brasileira (1996), S. 5.

[541] Zur Einteilung der Methoden vgl. Saboia, J./Carvalho, P. G. M. d., Produtividade na Indústria Brasileira (1997), S. 38.

zeugindustrie sind Methoden zur Förderung und Kontrolle der Qualität und Organisation des Produktionsprozesses. Nach dem Fahrzeugbau weist die Chemie- (insbesondere Methoden zur Förderung und Kontrolle der Qualität und Planungs- und Managementmethoden) und die metallerzeugende Indutrie (insbesondere Methoden zur Zeit- und Geldeinsparung und zur Organisation des Produktionsprozesses) einen mittelmäßigen Anteil von Unternehmen auf, die moderne Techniken verwenden. Moderne Organisations- und Produktionsmethoden sind am wenigsten im brasilianischen Ernährungsgewerbe verbreitet (Tabelle 56).

Ein Vergleich zwischen der Produktivitätsentwicklung im Zeitraum 1992-1995[542] und dem Verbreitungsgrad moderner Techniken (1995)[543] (Abbildung 57) zeigt, daß zumindest im Fahrzeugbau und in der Chemieindustrie der Einsatz dieser Techniken mit einer relativ hohen Produktivitätsentwicklung einherging. Dies ist aber nicht in der Ernährungs- und in der Metallindustrie der Fall, denn die Metallindustrie weist zwar einen höheren Verbreitungsgrad moderner Techniken, aber eine geringere Produktivitätsentwicklung als die Ernährungsindustrie auf.

Dies läßt den Schluß zu, daß neben der Verwendung dieser Techniken weitere Faktoren, wie z.B. der höhere Konkurrenzdruck auf bestimmten Sektoren nach der Öffnung der brasilianischen Wirtschaft Anfang der 90er Jahre, eine Rolle in der Produktivitätsentwicklung der brasilianischen Industrie gespielt haben.[544]

---

[542] Die Daten zur Produktivität stammen aus SABOIA und CARVALHO und es wurden folgende Maße herangezogen: Produktivität pro Arbeiter (Mengenmäßige Produktion geteilt durch Arbeiterzahl in der Produktion) und Produktivität pro Stunde (Mengenmäßige Produktion geteilt durch Zahl der bezahlten Arbeitsstunden in der Produktion). Vgl. dazu Saboia, J./Carvalho, P. G. M. d., Produtividade na Indústria Brasileira (1997), S. 39.

[543] Durchschnitt aller vier Methoden-Hauptgruppen.

[544] Vgl. dazu z.B. Saboia, J./Carvalho, P. G. M. d., Produtividade na Indústria Brasileira (1997), S. 41 ff.

Tabelle 56: Anteil der Unternehmen mit hoher und mittlerer Nutzung ausgesuchter Produktions- und Organisationsmethoden in der brasilianischen Industrie (1995) (Prozent)

METHODEN	IND. (ges.)	ERNÄHR.[2]	METALL[3]	CHEMIE	FAHRZEUG
1. Methoden zur Zeit- und Geldeinsparung	*23,9*	*18,9*	*25,6*	*24,8*	*38,8*
a) Totale Wartung der Produktion	27	26	26	26	22
b) Reduzierung des "Lead-Time"	26	13	32	28	48
c) "Just in Time" Produktion	24	20	24	30	39
d) Reduzierung des "Setup"[1]	25	15	29	18	42
e) Kauf von automatischen Anlagen	33	31	35	29	45
f) CAD (Computer Assisted Design)	21	12	24	19	48
g) CAM (Computer Assisted Manufacturing)	16	13	15	23	35
h) "Kanban"-Methode	14	7	17	7	41
i) Energiesparprogramme	29	33	28	43	29
2. Organisation des Produktionsprozesses	*28*	*22,3*	*29,3*	*28,7*	*43*
j) Multifunktionen bzw. –aufgaben	32	28	35	32	43
k) Gruppenarbeit	35	33	35	40	50
l) Produktion in sog. Mini-Fabriken bzw. Zellen	17	6	18	14	36
3. Förderung und Kontrolle der Qualität	*24,3*	*18,3*	*28,7*	*35,3*	*43,7*
m) TQM (Total Quality Management)	31	28	32	43	49
n) Statistische Kontrolle der Produktion	25	23	29	26	43
o) ISO 9000	17	4	25	37	39
4. Planungs- und Managementmethoden	*22,4*	*19,7*	*23,3*	*32,6*	*30,1*
p) Outsourcing	33	28	32	36	44
q) MRP (Material Requirements Planning)	33	24	36	35	52
r) Umweltmanagement	25	30	27	58	21
s) "Benchmarking"	17	14	16	34	25
t) F&E-Programme	17	12	19	34	31
u) Strategische Planung	37	38	37	54	33
v) Simultane "Reengineering-Methoden"	10	5	12	10	31
w) "Reengineering-Methoden"	13	8	16	17	15
x) ABC-Analyse	17	18	15	15	19

(1) Reduzierung des Setup: Schnelle Rotation der Werkzeuge.

(2) Nahrungsmittel- und Getränkeindustrie.

(3) Eisen- und Stahl- und NE-Metallindustrie.

Quelle: BNDES/CNI/SEBRAE, Qualidade & Produtividade na Indústria Brasileira (1996), S. 5; eigene Berechnungen.

Abbildung 57: Produktivitätsentwicklung (1992/95)[(1)] und Verbreitungsgrad moderner Techniken[(2)] in ausgesuchten Branchen in Brasilien (1995)

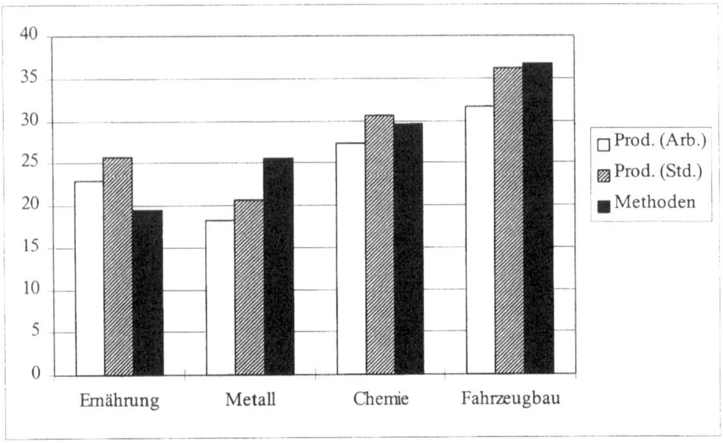

(1) Anstieg der Produktivität pro Arbeiter und der Produktivität pro Stunde (%).

(2) Anteil der Unternehmen, die im Durchschnitt alle vier Hauptgruppen von Methoden relativ intensiv verwenden (%).

Quelle: Saboia, J./Carvalho, P. G. M. d., Produtividade na Indústria Brasileira (1997), S. 39.

7.6. Analyse der speziellen Probleme der einzelnen Branchen

A. Agrarindustrie

Wie im Abschnitt 7.4. bereits dargestellt,[545] weist Brasilien in der Ernährungs-, Getränke- und Tabakindustrie eine relativ geringe Wertschöpfung pro Arbeiter auf. Zwar ist die Wertschöpfung pro Arbeiter in der brasilianischen Ernährungsindustrie größer als die von Argentinien, Chile, Indonesien, Malaysia und Thailand, dennoch sind Korea, Japan (beide keine traditionellen Agrarländer) und USA durch höhere Werte als Brasilien gekennzeichnet. In der Getränke- und Tabakindustrie hat Brasilien sogar eine geringere Wertschöpfung pro Arbeiter als die meisten der in dieser Arbeit untersuchten Länder.[546]

Eine Erklärung für die geringen Weiterverarbeitungsaktivitäten in der brasilianischen Ernährungsindustrie ist die geringe Verbreitung von modernen Produktions- und Organisationsmethoden in dieser Branche.[547] Untersuchungen[548] weisen außerdem auf die

[545] Vgl. dazu S. 269 f.

[546] Vgl. UNIDO Country Industrial Statistics, in: http://www.unido.org/start/services/statistics/data.

[547] Vgl. dazu Abschnitt 7.5., S. 277.

relativ hohe technologische Rückständigkeit der brasilianischen Ernährungsindustrie im Vergleich zu den Industrieländern hin. Diese betrifft am stärksten die Milchverarbeitung und die Kaffeeindustrie und zum Teil die Rindfleischindustrie.

Eine genauere Analyse einzelner Sektoren der Ernährungsindustrie zeigt, daß die geringe Weiterverarbeitung von Agrarprodukten relativ stark in der Kaffeeindustrie und, in geringerem Maße, in der milchverarbeitenden Industrie ausgeprägt ist.

Tabelle 57: Verteilung des Einkommens in der kaffeeverarbeitenden Industrie 1987/88-1991/92[(1)] (Welt) (laufende Mrd. US-Dollar)

	1987/88	1988/89	1989/90	1990/91	1991/92
1. Einkommen (Produzenten)	8,2	5,9	5,4	4,6	4,0
2. Wertschöpfung (Exporteure)	2,8	5,2	2,1	3,0	3,0
3. Jährliche Kosten - Kaffee (CIF)[(2)] = 1 + 2	11,0	11,1	7,5	7,7	7,0
4. Wertschöpfung (Importeure)	22,2	21,6	25,3	26,8	25,3
5. Jährlicher Umsatz (Einzelhandel) (3 + 4)	33,2	32,7	32,8	34,5	32,3

(1) Das sog. Kaffee-Jahr erstreckt sich vom September eines Jahres bis zum September des darauffolgenden Jahres.

(2) CIF= Cost, Insurance, Freight.

Quelle: Ponciano, N. J., Cadeia Agroindustrial (1995), S. 6; Vegro, C. R., Competitividade da Indústria de Café (1993), S. 17.

Obwohl Brasilien größter Kaffeeproduzent und -exporteur der Welt ist, exportiert es a) nur einen relativ geringen Anteil von hochverarbeitetem Kaffee (löslichem Kaffee) und b) (fast) keinen gemahlenen Kaffee:[549] Im Jahr 1997 betrug beispielsweise der Anteil von Kaffeebohnen-Exporten an den gesamten brasilianischen Exporten 5,18 %, während der Anteil von löslichem Kaffee dagegen nur 0,66 % betrug.[550] Dies ist mit erheblichen Einnahmeverlusten im internationalen Handel verbunden, wie aus Tabelle 57 entnommen werden kann.

Während die Einnahmen der kaffeeproduzierenden und -exportierenden Länder zwischen 1987/88-1991/92 erheblich sanken, blieb der jährliche Umsatz in den importierenden Ländern konstant bei relativ hohen Werten. Die Tatsache, daß die Einnahmen der Ausfuhrländer im Verhältnis zum Endwert des Kaffees in den Einfuhrländern kontinuierlich sanken, ist darauf zurückzuführen, daß die Entwicklungsländer große Mengen an unverarbeitetem Kaffee (Kaffeebohnen) exportierten, die erst in den Importländern zu löslichem Kaffee bzw. zu gemahlenem Kaffee weiterverarbeitet wurden.

In Brasilien ist eine geringe Weiterverarbeitung landwirtschaftlicher Erzeugnisse auch im Bereich der Milchprodukte festzustellen. Bei Milchprodukten betrifft das insbeson-

---

[548] Vgl. Carmo, M. S. d., (Re)estruturação do Sistema Agroalimentar no Brasil (1996), S. 211; ABIA, A Indústria Brasileira da Alimentação Hoje (1991), S. 28.

[549] Vgl. dazu Ponciano, N. J., Cadeia Agroindustrial (1995), S. 9.

[550] Vgl. MICT, Balança Comercial Brasileira (1997), S. 17.

dere die Herstellung von Milchpulver, das zum größten Teil importiert wird, obwohl Brasilien wichtigster Produzent von Frischmilch ist.[551]

Es muß in diesem Zusammenhang dennoch darauf hingewiesen werden, daß nicht alle Bereiche der brasilianischen Agrarindustrie durch geringe Wertschöpfungsaktivitäten gekennzeichnet sind. So erzielt Brasilien beispielsweise in der Orangensaftindustrie relativ hohe Exporterlöse, vor allem aufgrund der Ausfuhr großer Mengen von konzentriertem und eingefrorenem Orangensaft. Auch in der Sojaindustrie ist Brasilien ein wichtiger Exporteur von Sojaöl.[552]

Neben der geringen Wertschöpfung von Teilen der Nahrungsmittelindustrie erweist sich die geringe Produktivität und der geringe Mechanisierungsgrad der Landwirtschaft als ein weiteres Problem der brasilianischen Agrarindustrie.

Die brasilianische Landwirtschaft ist insgesamt durch eine relativ geringe Produktivität gekennzeichnet. Tabelle 58 zeigt die Bodenproduktivität Brasiliens bei ausgesuchten Agrarerzeugnissen, gemessen in kg/Hektar, im Vergleich zu anderen Ländern. Mit Ausnahme des Sojaanbaus weist Brasilien bei allen anderen wichtigen Erzeugnissen seiner Landwirtschaft relativ niedrige Bodenproduktivitäten auf. Ursächlich für diesen niedrigen Bodenertrag in der brasilianischen Landwirtschaft sind zum einen der niedrige Mechanisierungsgrad (Abbildung 58), zum anderen die ungleiche Landverteilung. Letztere bewirkt, daß das Land vielmehr für spekulative als für landwirtschaftliche Zwecke verwendet wird.

Die niedrige Mechanisierung der brasilianischen Landwirtschaft schlägt sich vor allem in einer hohen "Zahl von Hektaren pro Mähmaschine" und in einer hohen "Zahl von Hektaren pro Traktor" nieder.[553] Andere große Länder wie USA, Kanada und Argentinien sind dagegen durch einen höheren Mechanisierungsgrad der Landwirtschaft als Brasilien gekennzeichnet (Abbildung 58).

Neben den obengenannten Problemen, die entweder die Ernährungsindustrie oder die Landwirtschaft betreffen, ist auf weitere Schwierigkeiten, die in Verbindung mit der schwachen Entfaltung positiver externer Skalenerträge[554] auftreten, hinzuweisen.

So ist in einigen Bereichen der brasilianischen Agrarindustrie eine mangelnde Interaktion zwischen Landwirtschaft und Ernährungsindustrie festzustellen. Am ausgeprägtesten ist dies in der Rindfleischproduktion, wo die Zusammenarbeit zwischen Züchtern, Industrie (u.a. Schlachthöfen, Kühlhäuser), Groß- und Einzelhandel sehr schwach ist.

---

[551] Vgl. dazu Abschnitt 7.2.

[552] Vgl. Ferraz, J. C./Kupfer, D./Haguenauer, L., Made in Brazil (1996), S. 127 f.

[553] Diese werden gemessen, indem die gesamte angebaute Fläche eines Landes (in Hektar) durch die Zahl von Mähmaschinen bzw. von Traktoren geteilt wird.

[554] Zum Begriff der externen Skalenerträge vgl. Abschnitt 4.2.3.2.

Tabelle 58: Bodenproduktivität in der brasilianischen Landwirtschaft (kg/Hektar) (1994/1995)

	Getreide		Soja		Kaffee		Kakao		Tabak	
	1995	1996	1995	1996	1995	1996	1995	1996	1995	1996
Brasilien	2.512	2.352	2.200	2.164	497	650	402	373	1.561	1.547
Argentinien	2.805	2.809	2.045	2.113	-	-	-	-	1.619	1.568
Chile	4.473	4.265	-	-	-	-	-	-	3.126	3.409
Indonesien	3.843	3.977	833	866	553	559	826	826	689	693
Korea	5.726	5.799	1.524	1.600	-	-	-	-	2.602	2.500
Malaysia	3.081	3.080	-	-	758	758	541	610	1.043	1.043
Thailand	2.445	2.446	1.402	1.390	1.207	1.093	-	-	1.241	1.581
Deutschland	6.090	6.231	2.000	2.000	-	-	-	-	1.925	2.567
Japan	6.006	5.902	1.725	1.714	-	-	-	-	2.671	2.605
USA	4.645	5.186	2.376	2.527	895	1.022	-	-	2.246	2.391

Quelle: FAO, Yearbook Production, Vol. 49, 1995 (1996).

Abbildung 58: Mechanisierungsgrad der Landwirtschaft ausgesuchter Länder (1994)[(1)]

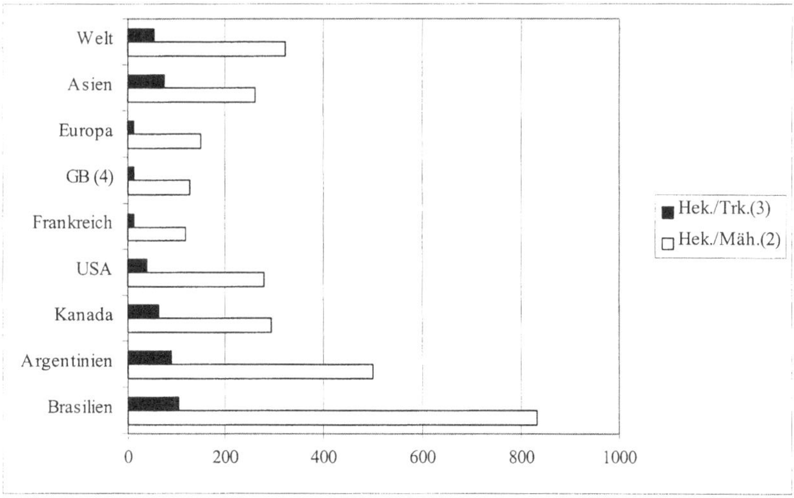

(1) Die Daten für Brasilien beziehen sich auf das Jahr 1995.
(2) Zahl von Hektaren pro Mähmaschine.
(3) Zahl von Hektaren pro Traktor.
(4) Großbritannien
Quelle: ANFAVEA, Anuário Estatístico da Indústria Automobilística Brasileira (1997).

Eine mögliche Erklärung für diese geringe Zusammenarbeit ist die relativ starke Autonomie und Wirtschaftskraft der brasilianischen Rinderzüchter, was zum Teil als patriarchalisches Erbe der Kolonialzeit angesehen werden kann. Dies verhindert sehr stark das Entstehen von langfristigen Lieferverträgen zwischen Züchtern und Industrie, wie es bei der brasilianischen Geflügelfleischindustrie der Fall ist. Ein weiterer Grund dafür ist die verhältnismäßig große Anzahl von Schwarz-Schlachthöfen in Brasilien, die unter ganz schlechten, insbesondere hygienischen Bedingungen arbeiten.[555]

Die Beispiele der Geflügelfleisch-, Orangensaft- und Sojaindustrie zeigen dennoch, daß es einige Wirtschaftssektoren der brasilianischen Agrarindustrie geschafft haben, eine relativ große Integration zwischen Landwirtschaft und Industrie herzustellen. Charakteristisch für diese drei Sektoren ist eine starke Bindung landwirtschaftlicher Produzenten an die Weiterverarbeitungsindustrie, meist anhand von langfristigen Lieferverträgen oder Beteiligungsverhältnissen. Die Vorteile für die Industrie sind die Sicherung eines qualitativ hochwertigen landwirtschaftlichen Erzeugnisses, während sich für die Landwirtschaft, neben der Sicherung einer kontinuierlichen Einkommensquelle auch die Möglichkeiten der Vorfinanzierung (Kreditgewährung) und der technischen Hilfe durch die Industrie ergeben.[556] [557]

Neben der schwachen Integration von Landwirtschaft und Industrie in einigen Sektoren der Agrarindustrie, sind weitere Hindernisse für die Entfaltung von positiven externen Skalenerträgen die relativ geringen Aktivitäten in der Biotechnologie in Brasilien, vor allem im pflanzlichen Bereich und bei Nahrungsmittel-Zusätzen.[558] Außerdem ist die Zusammenarbeit zwischen Industrie und wissenschaftlichen Einrichtungen sehr schwach bzw. fast nicht vorhanden.[559]

---

[555] Vgl. Wilkinson, J., Competitividade na Indústria de Abate e Preparação de Carnes (1993), S. 36 ff.

[556] Vgl. Carmo, M. S. d., (Re)estruturação do Sistema Agroalimentar no Brasil (1996), S. 90 ff.

[557] So ist die starke Zusammenarbeit zwischen Züchter und Industrie ein wichtiger Grund für die hohe internationale Wettbewerbsfähigkeit Brasiliens in der Geflügelfleischindustrie. Während vor den 70er Jahren Brasilien fast kein Geflügelfleisch exportierte, war es 1996 weltgrößter Exporteur vor Frankreich. Außerdem produziert und exportiert Brasilien selbst sog. "Matrizen", d.h., reinrassige Hühner, die der Fortpflanzung in den entsprechenden Ländern dienen. Vgl. dazu Carmo, M. S. d., (Re)estruturação do Sistema Agroalimentar no Brasil (1996), S. 101 ff.

[558] Vgl. Salhes Filho, S. L. M., Competitividade em Biotecnologia (1993), S. 34 ff.

[559] Vgl. Galhardi, R. M. A. A., Small High Technology Firms (1994), S. 217. Es muß in diesem Zusammenhang dennoch darauf hingewiesen werden, daß in Brasilien mehrere kleine Biotechnologie-Unternehmen vorhanden sind, die Kontakt zu akademischen Institutionen und Großunternehmen pflegen. Diese Unternehmen sind aber selbst durch geringe F&E-Aktivitäten gekennzeichnet (daher die Zusammenarbeit mit den Universitäten) und verwenden zum größten Teil importierte Technologie. Trotzdem spielen diese kleinen Unternehmen eine wichtige Rolle als Anbieter von Dienstleistungen und von Biotechnologie-Produkten der zweiten Generation und leisten daher einen Beitrag zur Entwicklung der Biotechnologie in Brasilien. Vgl. dazu Galhardi, R. M. A. A., Small High Technology Firms (1994), S. 217 und S. 221.

B. Mineralische Rohstoffindustrie

Ba. Eisen- und Stahlindustrie

Wie im Abschnitt 7.4. bereits analysiert, stellen die geringen Wertschöpfungsaktivitäten (insbesondere zur Veredelung der Mineralien) der brasilianischen mineralischen Rohstoffindustrie das wichtigste Problem dar, obwohl Brasilien (naturgemäß) ein rohstoffreiches Land ist und laut dem Heckscher-Ohlin-Theorem[560] in diesem Bereich komparative Vorteile aufweisen müsste.

Dieses Problem ist vor allem in der Eisen- und Stahlindustrie stark ausgeprägt, denn Brasilien hat zwar ein qualitativ hochwertiges Eisenerz,[561] weist aber (im Vergleich zum Eisenerzexport) relativ geringe Weltexportanteile im Bereich der Eisen- und Stahlprodukte auf.[562] Aber selbst innerhalb der Eisen- und Stahlindustrie exportiert Brasilien zum größten Teil halbverarbeitete Produkte, während die Importe aus hochveredelten Stahlprodukten (spezielle und verkleidete Stahlerzeugnisse) bestehen. Geschichtlich hat Brasilien zwar kontinuierlich in die ersten Verarbeitungsstufen (Umwandlungsaktivitäten, Reduktion) investiert (wo die Vorteile des billigen Eisenerzes am ausgeprägtesten sind), hat aber geringe "expertise" (Erfahrung) in den letzten Verarbeitungsstufen (Herstellung von Walzwerkerzeugnissen) gesammelt.[563]

Die Vernachlässigung von Veredelungsprozessen und die daraus resultierenden Nachteile für Brasilien können am besten anhand der Tabelle 59 dargestellt werden.

Erstens ist bei zehn der analysierten Produkte der durchschnittliche Preis der von Brasilien exportierten Stahlerzeugnisse geringer als der durchschnittliche Importpreis. *Zweitens* sinkt der RCA-Index tendenziell mit zunehmendem Verarbeitungsgrad der Produkte, d.h., die Segmente der Stahlindustrie, auf die Brasilien spezialisiert ist, sind diejenigen die eine relativ geringe Wertschöpfung aufweisen, und auch innerhalb dieser Segmente exportiert Brasilien Produkte minderer Qualität. Brasilien nutzt somit nach der Produktdifferenzierungstheorie[564] das Produktdifferenzierungspotential im Bereich der Stahlprodukte gering aus. Die Spezialisierung Brasiliens auf Stahlprodukte mit einem geringen Wertschöpfungsanteil erweist sich im heutigen Globalisierungszeitalter, in dem die Qualität der verkauften Stahlerzeugnisse zunehmend an Bedeutung gewinnt, als falsche Strategie[565] (u.a. auch, weil die Märkte für "commodities" durch ein Überangebot charakterisiert sind).[566] Es zeigt sich somit, daß zunehmende Investitionen in Weiterverarbeitungsaktivitäten für Brasilien Preisvorteile im internationalen Handel implizieren würde.

---

[560] Vgl. dazu Abschnitt 4.2.2.2., Teil A.

[561] Vgl. dazu Tabelle 48.

[562] Vgl. dazu Abschnitt 7.3.

[563] Vgl. dazu IPEA, O Brasil na Virada do Milênio (1997), S. 215.

[564] Vgl. dazu Abschnitt 4.2.3.3.

[565] Vgl. dazu BNDES, Competitividade da Siderurgia Brasileira (1994), S. 6.

[566] Es handeln sich somit um sog. Käufermärkte.

Tabelle 59: Brasilien: Produktions- und Aussenhandelsdaten zu einzelnen Stahlprodukten (1995)

Produkte	RCA(1)	P/K(2)	E/K(3)	I/K(4)	Exportpreis(5)	Importpreis(6)
Halbverarbeitete Erzeugnisse	204,1	154,5	119,7	65,2	272	1.712
Dünne Spulen und Platten (heiß verformt)	38,8	103,7	22,1	18,4	350	1.048
Dicke Spulen und Platten	36,3	65,5	24,4	58,8	392	1.446
Viereckige Eisenstangen	10,4	115,9	17,6	1,7	288	320
(Eisen)draht	5,9	15,3	4,0	88,7	308	773
Gerüste	-4,7	6,3	1,0	94,7	445	1.019
Weißblech	-7,7	5,5	1,7	96,2	643	851
Dünne Spulen und Platten (kalt verformt)	-11,6	25,1	1,6	76,5	460	580
Eisenstangen	-12,8	6,5	1,1	94,6	742	1.103
Kieselerdehaltige Spulen und Platten	-25,2	0,5	0,1	99,5	1.004	923
Schienen und Zubehör	-33,6	0,1	0,0	99,9	k.D.	k.D.
Rostfreie Spulen und Platten	-45,5	0,4	0,1	99,6	2.069	2.482
Röhren (ohne Lötnahten)	-48,9	0,7	0,2	99,5	565	1.198

(1) RCA: Revealed Comparative Advantage (Lafay-Index). Dieser wird folgendermaßen berechnet:

$$RCA = \frac{1000}{P}\left[\left(Ex_{ij} - \mathrm{Im}_{ij}\right) - \frac{\left(Ex_{ij} + \mathrm{Im}_{ij}\right)}{\left(Ex_i + \mathrm{Im}_i\right)} * \left(Ex_i - \mathrm{Im}_i\right)\right]$$

, wobei Ex_{ij} die Exporte, Im_{ij} die Importe des Landes i bei dem Stahlprodukt j, Ex_i und Im_i die gesamten Exporte bzw. Importe des Landes in der Stahlindustrie und P die gesamte Stahlproduktion des Landes i bedeuten (alles in Mengen gemessen, d.h, Tonnen).

(2) Produktion/scheinbarer Konsum (%).

(3) Exporte/scheinbarer Konsum (%).

(4) Importe/scheinbarer Konsum (%).

(5) Durchschnittlicher Exportpreis (US$/t).

(6) Durchschnittlicher Importpreis (US$/t).

Quelle: IPEA, O Brasil na Virada do Milênio (1997), S. 216.

Es ist dennoch darauf hinzuweisen, daß Tabelle 59 einige Inkonsistenzen beinhaltet. So erzielt Brasilien bei vielen Stahlprodukten, bei denen es einen hohen RCA-Wert aufweist, einen, im Vergleich zum Importpreis, extrem niedrigen Exportpreis. Ein weiterer Grund für diese hohen Preisdifferenzen könnte, neben der bereits genannten relativ niedrigen Qualität brasilianischer Stahlerzeugnisse (Konzentration auf das Marktsegment niedrige Qualität/niedriger Preis), darin liegen, daß es sich Unternehmen aus Industrieländern erlauben können, aufgrund ihrer hohen Marktmacht, in den anspruchsvolleren Marktsegmenten einen extrem hohen Preis zu fordern.

Wichtigste Voraussetzung für die Herstellung von qualitativ hochwertigen Stahlprodukten ist das Vorhandensein eines relativ hohen technisch-wissenschaftlichen Entwicklungspotentials in dem entsprechenden Land, insbesondere zur selbständigen Entwicklung neuer Prozeßtechnologien. Aufgrund seines relativ geringen technisch-wissenschaftlichen Entwicklungspotentials[567] ist Brasilien gegenüber Japan, das in diesem Bereich die führende Nation darstellt, benachteiligt.[568] Aber auch bei der Anwendung neuer Prozeßtechnologien steht Brasilien eindeutig hinter den wichtigsten Wettbewerbern, wie aus Tabelle 60 ersichtlich ist.

Tabelle 60: Technologischer Entwicklungsstand und Produktivität der brasilianischen Stahlindustrie

	Stahlproduktion mit unterschiedlichen Prozeßmethoden (%) (1991)(1)				"Census Value Added" pro Arbeiter (US-Dollar)
	BOF (2)	EAF (3)	SM (4)	FMBH (5)	
Brasilien	79,3	18,9	0,0	56,0	62.686 (1995)
Argentinien	46,7	53,3	0,0	85,0	26.896 (1993)
Korea	70,9	29,1	0,0	96,4	129.345 (1995)
Japan	68,6	31,4	0,0	94,4	215.792 (1995)
USA	60,0	38,4	1,6	75,1	106.070 (1995)
EG	67,9	31,6	0,6	90,3	keine Daten
Taiwan	53,1	45,0	0,0	94,6	keine Daten
Mexiko	39,6	57,0	3,3	62,0	55.720 (1995)
Osteuropa	39,2	14,7	46,1	17,9	(6)
Welt	58,5	27,7	13,8	63,0	keine Daten

(1) BOF, EAF und SM sind Prozesse zur Herstellung von Stahl aus dem aufbereiteten Eisenerz, FMBH ist ein Prozeß zur Veredlung und Verformung des durch BOF, EAF oder SM hergestellten Stahls.

(2) Basic Oxygen Furnace.

(3) Electric Arc Furnarce.

(4) Siemens-Martin.

(5) fortlaufende Metall-Barrenherstellung.

(6) Die Wertschöpfung pro Arbeiter in der osteuropäischen Stahlindustrie ist als sehr gering einzustufen und beträgt beispielsweise in der russischen Föderation US-Dollar 8.021 (1995), in Polen US-Dollar 8.302 (1993) und in Ungarn US-Dollar 4.684 (1995).

Quelle: IPEA, O Brasil na Virada do Milênio (1997), S. 216; Morandi, A. M., Siderurgia (Análise Econômica, Heft 28, 1997), S. 29 f.; IBGE, Matriz de Insumo Produto – Brasil 1995 (1997); UNIDO Country Industrial Statistics, in http://www.unido.org/start/services/statistics/data.

---

567 Vgl. dazu Abschnitte 3.3. und 6.10.

568 Vgl. dazu Paula, G. M. d., Competitividade da Indústria Siderúrgica (1993), S. 95.

In der Tabelle 60 sind zwei wichtige Indikatoren des technologischen Entwicklungsstandes der Stahlindustrie in den ausgesuchten Ländern aufgeführt. Der erste stellt den Anteil des Stahls dar, das in den einzelnen Ländern jeweils mit den Prozessen BOF (Basic Oxygen Furnarce), EAF (Electric Arc Furnace) und SM (Siemens-Martin) hergestellt wird. Innerhalb dieser drei Prozesse stellt einerseits der SM den obsoletesten, andererseits der EAF den modernsten dar. Charakteristisch für die Produktion mit dem EAF-Prozeß ist die relativ geringe Größe der Stahlfabrik und, damit verbunden, eine relativ hohe Flexibilität der Produktion (große Kundenorientierung, Herstellung von spezifischen und differenzierten Stahlprodukten). Den zweiten Indikator für den technologischen Entwicklungsstand der brasilianischen Stahlindustrie stellt der Verbreitungsgrad der sog. "fortlaufenden Metall-Barrenherstellungsmethode" dar bei der, im Gegensatz zur konventionellen Methode, der flüssige Stahl ohne Zwischenstufen in die unterschiedlichen dafür vorgesehenen Gußformen gegossen wird, um seine endgültige Form zu bekommen (höhere Energieersparnisse).[569]

Brasilien hat zwar in der Stahlherstellung die obsolete Siemens-Martin-Methode vollkommen abgeschafft, weist jedoch einen relativ geringen Anteil der Stahlproduktion mit dem modernen EAF-Prozeß auf. Brasilien steht sowohl hinter dem Weltdurchschnitt als auch hinter den anderen hier untersuchten Ländern. Auch in der nächsten Weiterverarbeitungsstufe, der Verformung des Stahls, ist die Verbreitung der sog. "fortlaufenden Metall-Barrenherstellungsmethode" in der brasilianischen Stahlindustrie als unterdurchschnittlich einzustufen. Am verbreitesten ist diese Technologie in Japan und Korea, was auch eine Erklärung dafür ist, wieso diese Länder (trotz unbedeutenden Eisenerzreserven) hochveredeltem Stahl produzieren.

SHIN[570] weist auch darauf hin, daß japanische Stahlunternehmen frühzeitig damit begannen, in ihren Stahlwerken die neuesten Technologien zu verwenden, während in Europa und den USA der Diffusionsprozeß langsamer voranging. Außerdem war Japan das erste Land, das ein weltweites effizientes Logistiksystem aufbaute, um eine kontinuierliche Versorgung mit Rohstoffen (Eisenerz) sicherzustellen. Dies erlaubte Japan, eine wettbewerbsfähige Stahlindustrie aufzubauen trotz unbedeutender Eisenerzreserven.

Auch D`COSTA[571] weist auf die relativ hohe Wettbewerbsfähigkeit koreanischer Stahlunternehmen hin. Ähnlich wie Japan verwendeten die koreanischen Stahlunternehmen (insbesondere die Pohang und Kwangyang Iron and Steel Companies) von Anfang an die modernsten Produktionstechnologien. Die Diffusion dieser neuen Technologien wurde außerdem durch eine gezielte Industriepolitik des koreanischen Staates unterstützt.

D`COSTA führt als Paradebeispiel für die hohe Wettbewerbsfähigkeit koreanischer Stahlunternehmen die Firma "Kwangyang" an:

"*Late industrialisers typically confront the problems of technological backwardness. However, the Korean steel industry has been atypical and Kwangyang has set standards*

---

[569] Vgl. zu den unterschiedlichen Herstellungsprozessen in der Stahlindustrie Morandi, A. M., Siderurgia (Análise Econômica, Heft 28, 1997), S. 12 f.

[570] Vgl. Shin, J.-S., Latecomers (1996), S. 95 f.

[571] Vgl. D´Costa, A. P., State, Steel and Strength (Journal of Development Studies, Heft 1, 1994), S. 60 f.

for best practice technology. Kwangyang has matched Japanese steel technology, which has been at the forefront of steel technology [...]. By the mid-1980s certain operational parameters in Kwangyang has already exceeded the performance of many mills in leading industrialized countries. In several areas, such as blast furnace fuel ratio, blast furnace recovery rate, and energy consumption, Kwangyang has performed better than Japan, the US, and West Germany [...]."[572]

Ein Vergleich der Kosten unterschiedlicher Phasen des Herstellungsprozesses von dünnen Spulen (kalt verformt) zwischen Brasilien und Korea (Jahr 1991) zeigt außerdem, daß in der ersten Verarbeitungsstufe (Hochofen) die Kosten in Brasilien (US$ 128/Tonne) viel geringer sind als in Korea (US$ 141/Tonne), während mit zunehmender Veredlung des Stahlerzeugnisses die Kosten in Brasilien stärker steigen. So betragen die Kosten der Herstellung einer Tonne dünner Spulen (kalt verformt) in Brasilien US$ 418, in Korea dagegen nur US$ 376.[573] Moderne Herstellungsmethoden sind am wenigsten in der osteuropäischen Stahlindustrie verbreitet, was auch die relativ geringe Wertschöpfung pro Arbeiter in diesen Ländern erklärt.

Ein weiteres Problem der brasilianischen Eisen- und Stahlindustrie ist die extrem geringe Arbeitsproduktivität (Tabelle 60), welche die Vorteile relativ geringer Lohnkosten[574] zunichte macht. Neben der obengenannten geringen Verbreitung moderner Prozeßtechnologien und Organisationsmethoden[575] ist der relativ geringe Automatisierungsgrad der brasilianischen Stahlindustrie eine weitere Ursache für die relativ geringe Wertschöpfung pro Arbeiter.

Bb. NE-Metallindustrie

Ähnlich wie bei der Eisen- und Stahlindustrie ist die NE-Metallindustrie in Brasilien insgesamt durch relativ geringe Wertschöpfungsaktivitäten gekennzeichnet. Da innerhalb der NE-Metallindustrie die Aluminiumherstellung eine wichtige Bedeutung in Brasilien genießt, wird im folgenden hauptsächlich auf diesen Wirtschaftszweig eingegangen.

Obwohl Brasilien hohe Bauxit-Reserven hat und auch wichtiger Exporteur von Bauxit und Primäraluminium ist, nutzt es sein Weiterverarbeitungspotential in diesem Bereich nicht intensiv aus, wie die Analyse der Weltexportanteile Brasiliens bei weiterverarbeiteten Aluminiumerzeugnissen zeigt.[576]

Brasilien ist zwar sechstgrößter Weltproduzent von Primäraluminium, die brasilianische Aluminiumindustrie weist dennoch eine relativ geringe Vorwärtsintegration auf, d.h. sie ist nicht so stark in der Herstellung von speziellen und hochveredelten Aluminiumer-

---

[572] D`Costa, State, Steel, and Strengh (Journal of Development Studies, Heft 1, 1994), S. 61.

[573] Vgl. dazu Paula, G. M. d., Competitividade da Indústria Siderúrgica (1993), S. S. 51.

[574] So betrugen beispielsweise die Lohnkosten in der Herstellung dünner Spulen (kalt verformt) in Brasilien US$ 7,5/Std, während diese in Korea, USA, Deutschland und Japan jeweils US$ 10,0/Std., US$ 28,5/Std., US$ 33,0/Std. und US$ 27,5/Std. betrugen (Jahr 1991). Vgl. dazu Paula, G. M. d., Competitividade da Indústria Siderúrgica (1993), S. 31.

[575] Vgl. zur Verbreitung moderner Organisationsmethoden in der brasilianischen Industrie Abschnitt. 7.5.

[576] Vgl. dazu Abschnitt 7.3.

zeugnissen engagiert.[577] Eine Ausnahme dieser Regel stellen aber die Tochtergesellschaften großer ausländischer Aluminiumhersteller dar (ALCAN und ALCOA), die einen hohen Anteil an der Herstellung weiterverarbeiteter Aluminiumerzeugnisse haben. Der Vorteil, den diese Unternehmen genießen, ist der leichte Zugang zu a) moderner Technologie (der Muttergesellschaft) und b) Distributionswegen in den Industrieländern. Außerdem ist es für die ausländischen Tochtergesellschaften leichter, Kapital in den internationalen Kapitalmärkten aufzunehmen.[578]

In Brasilien reicht die Herstellung bestimmter Aluminiumerzeugnisse dennoch nicht aus, um die inländische Nachfrage zu befriedigen, wie aus Abbildung 59 ersichtlich ist. Dies betrifft vor allem die Herstellung von hochveredelten Produkten wie Platten und Streifen.

Ähnlich wie bei der Eisen- und Stahlindustrie gewinnen innerhalb der Aluminiumherstellung auch die hochveredelten Aluminiumerzeugnisse zunehmend an Bedeutung. Folgende Wirtschaftssektoren sind durch eine ansteigende Nachfrage nach speziellen Aluminiumprodukten gekennzeichnet: Automobilindustrie, Luft- und Raumfahrtindustrie und Getränkeindustrie (Dosen).[579] Die zunehmende Weiterverarbeitung seiner reichlich vorhandenen Bauxit-Reserven würde für Brasilien nicht nur neue Auslandsmärkte öffnen, sondern wäre auch mit erheblichen Preisvorteilen verbunden: Untersuchungen zeigen, daß die Gewinnspanne weiterverarbeiteter Aluminiumerzeugnisse höher liegt als die des Primäraluminiums. So war beispielsweise zwischen 1981 und 1988 die internationale Gewinnspanne weiterverarbeiteter Aluminiumerzeugnisse durchschnittlich doppelt so hoch wie die des Primäraluminiums.[580]

Wie bei der Analyse der speziellen Probleme der Eisen- und Stahlindustrie bereits dargestellt,[581] stellt die Verfügbarkeit moderner Produktionstechnologien eine wichtige Voraussetzung zur Herstellung von hochveredelten Metallerzeugnissen dar. Hier liegen die größten Probleme der brasilianischen Aluminiumindustrie. Brasilien weist vor allem in der Plattierung eine relativ hohe technologische Rückständigkeit gegenüber den wichtigsten Wettbewerbern auf. So bestehen die Warm-Plattierungsprozesse in Brasilien nur aus einer Reihe von Feinwalzen, während es im Ausland üblich ist, bis zu vier Reihen zu verwenden. Die Verwendung von zusätzlichen Feinwalzen erlaubt es, die Dicke der Platten bis zu 2,3 mm zu reduzieren, was die Effizienz der anschließenden Kalt-Plattierung erheblich erhöht. Die Folge der technologischen Rückständigkeit ist somit eine geringe Effizienz brasilianischer Unternehmen im Bereich der Herstellung von Aluminiumplatten und -streifen (geringe Arbeitsproduktivität, hoher Materialver-

---

[577] Vgl. dazu Andrade, M. L. A. d./Cunha, L. M. d. S./Vieira, J. R. M./Keller, M. d. C., Indústria Brasileira (BNDES Setorial, Heft 4, 1996), S. 193; Britto, J. N. d. P., Competitividade da Indústria do Alumínio (1993), S. 9.

[578] Vgl. dazu Britto, J. N. d. P., Competitividade da Indústria do Alumínio (1993), S. 52 und S. 125.

[579] Vgl. dazu Britto, J. N. d. P., Competitividade da Indústria do Alumínio (1993), S. 34 f.

[580] Vgl. dazu Choksi, S., Aluminium Price Behaviour: A Decade on the LME (Resources Policy, März, 1991), zit. nach Britto, J. N. d. P., Competitividade da Indústria do Alumínio (1993), S. 32; eigene Berechnungen.

[581] Vgl. dazu S. 261 ff.

lust bei der Weiterverarbeitung der Platten, geringe Anlageproduktivität und geringe Qualität der Platten).[582]

Abbildung 59: Verhältnis Produktion/Nachfrage bei ausgesuchten weiterverarbeiteten Aluminiumerzeugnissen in Brasilien (1994-1996) (Prozent)(1)

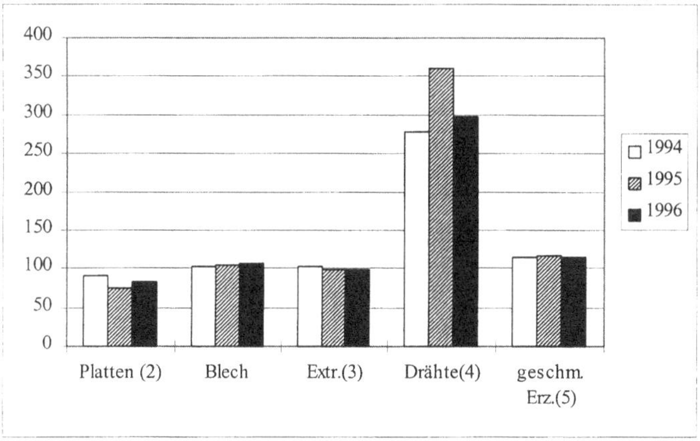

(1) Folgende Formel wird hier verwendet: $V_{pk} = \frac{P}{K} * 100$, wobei P die inländische Produktion und K den inländischen Konsum (Tonnen) darstellen.

(2) Platten und Streifen.

(3) "Extrudados", d.h. "extrusive Teile".

(4) Leitungsdrähte und -kabel.

(5) geschmiedete Erzeugnisse.

Quelle: ABAL Homepage, in: http://www.abal.org.br.

Das Beispiel Chiles im Bereich der Weiterverarbeitung von Kupferprodukten zeigt weiterhin, daß es möglich ist, in der mineralischen Rohstoffindustrie eine relativ hohe Wertschöpfung pro Arbeiter zu erzielen.[583] Chile, das die größten Kupfer-Reserven der Welt hat, nutzt diese reichlich vorhandenen Ressourcen konsequent aus, um höher veredelte Kupfererzeugnisse (u.a. Kupferkonzentrate, Blister und Anoden, raffiniertes Kupfer) zu produzieren und zu exportieren.[584] Auch im technologischen Bereich ist Chile auf den neuesten Stand und verwendet zur Herstellung von Kathoden zum größten Teil

---

582 Vgl. Britto, J. N. d. P., Competitividade da Indústria do Alumínio (1993), S. 74 ff.

583 Vgl. dazu Abschnitt 7.4.

584 Vgl. BNDES, Indústria do Cobre (Relato Setorial n° 10 - 1997), S. 7 ff; vgl. auch dazu Abschnitt 7.3., S. 262 f.

den modernen "SX-EW-Prozess", der kostengünstiger und flexibler als der traditionelle pyro-metallurgische Prozeß ist.[585]

C. Chemieindustrie

In der Chemieindustrie liegen die Schwächen der brasilianischen Unternehmen in ihren relativ geringen F&E-Aktivitäten. So weisen Untersuchungen[586] darauf hin, daß Anfang der 90er Jahre die F&E-Ausgaben brasilianischer Chemieunternehmen im Durchschnitt 1 % des Umsatzes betrugen, während diese bei den großen Chemiekonzernen 8-12 % des Umsatzes ausmachten.[587] Dies stellt einen großen komparativen Nachteil brasilianischer Unternehmen dar, vor allem wenn bedacht wird, daß die Chemieindustrie insgesamt durch eine relativ hohe Forschungsintensität gekennzeichnet ist.[588]

Tatsächlich zeigt die Analyse der Entwicklung der Exportanteile Brasiliens in der Chemieindustrie,[589] daß a) Brasilien in dieser Branche insgesamt relativ geringe Außenhandelsanteile zu verzeichnen hat und, daß b) innerhalb der Chemieindustrie die sog. "commodities" bzw. "pseudocommodities" die größten Außenhandelsanteile aufweisen, während die Feinchemie die geringsten Weltexportanteile aufweist.

Dies steht vorerst in Einklang mit der Produktzyklustheorie,[590] wenn bedacht wird, daß die "commodities" bzw. "pseudocommodities" die Bereiche der Chemieindustrie mit dem höchsten Standardisierungsgrad (z.B. reife Technologie) darstellen. Dazu zählen u.a. Bereiche der organischen und der anorganischen Chemie. In der Feinchemie (u.a. Pharmaindustrie, Agrarchemie) dagegen ist die Technologie nicht standardisiert und daher spielt die Innovationskraft der Hersteller eine Schlüsselrolle in der Entwicklung von komparativen Vorteilen. Aufgrund der unbedeutenden F&E-Aktivitäten brasilianischer Unternehmen ist es für diese daher unmöglich, die technologische Lücke[591] zu den führenden Herstellern in der Feinchemie zu schliessen.[592] In der Pharmaindustrie werden außerdem 80 % des inländischen Umsatzes von den Tochtergesellschaften multinationaler Konzerne erwirtschaftet. Diese importieren wiederum die wichtigen Inputs nach Brasilien von den Muttergesellschaften, d.h. in Brasilien finden somit keine F&E-Aktivitäten statt, sondern nur die "Endmontage" des Produktes.[593]

---

[585] Vgl. BNDES, Indústria do Cobre (Relato Setorial n° 10 - 1997), S. 4 ff und S. 10.

[586] Vgl. dazu z.B. Paula, G. N. d., Competitividade da Indústria Química Brasileira (1994), S. 70.

[587] Vgl. zu der geringen Bedeutung von F&E-Ausgaben am brasilianischen BIP Abschnitt 6.10., S. 236 f.

[588] Vgl. dazu Abschnitt 5.3.4.

[589] Vgl. dazu Abschnitt 7.3.

[590] Vgl. dazu Abschnitt 4.2.2.2.

[591] Vgl. zu diesem Begriff Abschnitt 4.2.2.2., S. 78 f.

[592] Vgl. Paula, G. N. d., Competitividade da Indústria Química Brasileira (1994), S. 26 und S. 127.

[593] Vgl. Paula, G. N. d., Competitividade da Indústria Química Brasileira (1994), S. 127.

Auch BERMUDEZ[594] kommt zum Schluß, daß in Brasilien nur die Produktion und die Vermarktung der Pharmaerzeugnisse stattfindet, während die Forschung und die Entwicklung neuer Produkte beim Mutterunternehmen in den Industrieländern erfolgt.

Weitere Probleme der brasilianischen Chemieindustrie sind im Bereich der Produktionskosten, insbesondere der Energie- und Lohnkosten zu finden.

Die brasilianische Petrochemie-Industrie verwendet zur Produktion von Äthylen zum größten Teil Erdöl, was eine relativ teure Energiequelle ist. Zwar wird der Erdölpreis für die Chemieindustrie von der brasilianischen Regierung subventioniert, dennoch ist die Verwendung von Gas zur Herstellung von Äthylen viel kostengünstiger als Erdöl. Beispielsweise kostet die Herstellung einer Tonne Äthylen in den USA bzw. in Europa (unter Heranziehung von Gas) jeweils circa US$ 200 bzw. US$ 160, während diese in Brasilien (unter Heranziehung von Erdöl) US$ 380 kostet.[595] Wird bedacht, daß Äthylen eine wichtige Ausgangssubstanz ist, die zur Herstellung einer Reihe von weiteren chemischen Produkten verwendet wird,[596] so schlagen sich die hohen Produktionskosten von Äthylen auf die gesamte Produktionskette der chemischen Industrie in Brasilien nieder. Die Schwierigkeiten der Verwendung von Gas in der brasilianischen Chemieindustrie lassen sich durch die geringen Reserven Brasiliens erklären, die einen Abbau in hohen Skalen unmöglich machen, aber auch durch eine gezielte Politik der Regierung zum Schutz der einheimischen Erdölindustrie.

Neben den Energiekosten stellen die Lohnkosten eine weitere Kostenbelastung für brasilianische Chemieunternehmen dar. Zum einen hat die brasilianische Chemieindustrie, innerhalb der hier untersuchten brasilianischen Branchen, verhältnismäßig den höchsten Anstieg der realen Gesamtlohnkosten pro Stunde zu verzeichnen,[597] zum anderen liegen die Lohnstückkosten der brasilianischen Chemiebranche beispielsweise höher als die der US-amerikanischen. So lagen die Gesamtlohnkosten pro Stunde brasilianischer Chemieunternehmen im Jahr 1991 bei US$ 12,13/Stunde, während diese in den USA US$ 13,53/Stunde betrugen.[598] [599] Diese nur geringfügig niedrigeren Gesamtlohnkosten

---

[594] Vgl. dazu Bermudez, J. A. Z., Indústria Farmacêutica (1995), S. 71. Die größten Chancen brasilianischer Unternehmen in der Pharmaindustrie liegen daher im Bereich der standardisierten Pharmaerzeugnisse, die sog. Generika. Das sind Medikamente, deren Patentzeit abgelaufen ist und deren Produktionstechnologie und -prozeß allgemein bekannt sind. Vgl. dazu Queiroz, S. R. R. d., Competitividade da Indústria de Fármacos (1993), S. 35.

[595] Vgl. Paula, G. N. d., Competitividade da Indústria Química Brasileira (1994), S. 82 ff.

[596] Vgl. Paula, G. N. d., Competitividade da Indústria Química Brasileira (1994), S. 78. Auch in Argentinien, das über verhältnismäßig hohe Gasreserven verfügt, wird Gas zur Herstellung von Äthylen verwendet. In Argentinien kostet beispielsweise 1 Million BTU Gas 0,70 US-Dollar, während in Brasilien für die gleiche Menge 2,52 US-Dollar verlangt wird. Auch in Chile und USA ist eine Million BTU Gas billiger als in Brasilien. Die kostet in diesen Ländern jeweils 0,30 US-Dollar bzw. 1,50 US-Dollar. Vgl. dazu Paula, G. N. d., Competitividade da Indústria Química Brasileira (1994), S. 82 und S. 87. Zu den Energiekosten in Brasilien vgl. auch Abschnitt 6.5.

[597] Vgl. dazu Abschnitt 7.4.

[598] Vgl. Paula, G. N. d., Competitividade da Indústria Química Brasileira (1994), S. 126.

[599] Ein bedeutender Anteil der realen Gesamtlohnkosten pro Stunde in der brasilianischen Industrie läßt sich auf die hohen Lohnnebenkosten zurückführen. Vgl. dazu Abschnitt 6.4., S. 168 ff.

brasilianischer Unternehmen werden aber durch eine verhältnismäßig höhere Produktivität der US-amerikanischen Chemieindustrie überkompensiert.[600] [601]

Ein weiterer komparativer Wettbewerbsnachteil brasilianischer Chemieunternehmen ist auf die Marktstruktur und auf den Standort dieser Unternehmen in Brasilien zurückzuführen. In Brasilien sind in den Bereichen der standardisierten chemischen Erzeugnisse ("commodities" und "pseudocommodities") eine relativ hohe Anzahl von mittleren, Einproduktunternehmen zu finden, die stark innerhalb Brasiliens verstreut sind. Auch wenn sich einige dieser Unternehmen in der Nähe der Erdölabbau- und Erdölverarbeitungsgebiete niederlassen, weisen sie eine relativ geringe Integration auf,[602] zumal die drei wichtigsten erdölchemischen Pole Brasiliens relativ weit voneinander liegen: In São Paulo (Bundesland São Paulo, im Südosten), in Camaçari (Bundesland Bahia, im Nordosten) und in Triunfo (Bundesland Rio Grande do Sul, im Süden).[603] Die, in Verbindung mit der Produktion eines einzelnen Erzeugnisses, relativ geringe Größe und die mangelnde Integration brasilianischer chemischer Unternehmen haben zur Folge, daß positive interne bzw. externe (vor allem Lokalisationseffekte) Skalenerträge[604] nicht erzielt werden können bzw. nicht entstehen, was wiederum einen negativen Einfluß auf die Kosten und auf die technologische Entwicklung dieser Unternehmen hat.

D. Automobilindustrie

Obwohl Brasilien zu einem der größten Automobilhersteller der Welt gehört[605] und in manchen Bereichen des Fahrzeugbaus auch zufriedenstellende Exportanteile[606] erzielt, weist der brasilianische Fahrzeugbau einige Schwachstellen auf.

Ein großes Problem der brasilianischen Automobilindustrie stellt die relativ geringe Produktivität in den brasilianischen Autofabriken dar. Während im Jahr 1993 für die Montage eines Standardautos in Brasilien im Durchschnitt 39 Stunden verbraucht wurden, waren es in USA, Japan und Europa jeweils 20, 14,7 und 26,5 Stunden.[607] Ein Grund für die relativ niedrige Produktivität in der brasilianischen Automobilindustrie ist der vergleichsweise niedrige Automatisierungsgrad (u.a. geringe Verwendung von Roboten) in den brasilianischen Fabriken.[608] Außerdem wird auch auf die relativ obsolete

---

[600] Vgl. ABIQUIM, A Competitividade da Indústria Química Brasileira (1996), S. 6.

[601] So ist in Brasilien vor allem die Pharmaindustrie von einem extrem hohen Anstieg der Lohnstückkosten betroffen. Vgl. dazu Abbildung 56.

[602] Vgl. Paula, G. N. d., Competitividade da Indústria Química Brasileira (1994), S.124.

[603] Vgl. Paula, G. N. d., Competitividade da Indústria Química Brasileira (1994), S. 54.

[604] Vgl. zum Begriff der internen und externen Skalenerträge Abschnitt 4.2.3.2.

[605] Vgl. Abschnitt 7.2.

[606] Vgl. Abschnitt 7.3.

[607] Vgl. dazu Informationen des brasilianischen Automobilhersteller-Verbandes (ANFAVEA) unter Heranziehung von Daten aus der Zeitung "Folha de São Paulo" vom 05.04.1996 und aus der Fachzeitschrift "Quatro Rodas" vom September 1995. Bei der Messung der Produktivität in den USA, in Japan und in Europa wurden jeweils 11 US-amerikanische, 6 japanische und 12 europäische Autofabriken berücksichtigt.

[608] Vgl. Womack, J. P., et al, A Máquina que mudou o Mundo (1992), S. 324.

Sortimentsstruktur brasilianischer Automobilhersteller hingewiesen, d.h., viele der in Brasilien produzierten Automodelle werden in den meisten Industrieländern nicht mehr hergestellt. So betrug im Juli 1994 das Durchschnittsalter der brasilianischen Autodesigns[609] 7,2 Jahre, welches zwei Mal höher war als der internationale Durchschnitt.[610]

Dennoch muß in diesem Zusammenhang erwähnt werden, daß obwohl die Produktivität brasilianischer Automobilhersteller als auch die Qualität (u.a. die Sortimentsstruktur) der brasilianischen Autos hinter den internationalen "best-practices" stehen, seit dem Ende der Importsubstitutionspolitik eine kontinuierliche Verbesserung dieser Parameter festzustellen ist.[611]

Ähnlich wie bei der Chemieindustrie sind in der brasilianischen Automobilbranche die Ausgangsvoraussetzungen zur Entwicklung von positiven internen Skalenerträgen als schlecht einzustufen. Obwohl Brasilien zu einem der größten Automobilhersteller der Welt gehört und die Unternehmen eine kontinuierliche Erhöhung der Automobilproduktion zu verzeichnen haben,[612] werden in den einzelnen brasilianischen Fabriken relativ viele unterschiedliche Modelle hergestellt,[613] so daß es nicht möglich ist, Massenproduktionsvorteile vollständig zu nutzen.[614]

Eine mögliche Erklärung für die Zurückhaltung brasilianischer Automobilhersteller bei der Erhöhung der Produktionskapazitäten liegt in der, im Verhältnis zum Marktpoten-

---

609 Darunter ist die Zahl der Jahre zu verstehen, die vergangen sind, seit ein Automodell in dem Markt eingeführt wurde. Es kann sich aber dabei um ein völlig neues oder um ein variiertes Modell handeln.

610 Der VW-Käfer wurde aber dabei nicht berücksichtigt, da er in einer relativ geringen Serie hergestellt wird. Vgl. Ferro, J. R., A Indústria Automobilística no Brasil (1995), S. 8.

611 Dies läßt sich vor allem auf den hohen Konkurrenzdruck nach der Öffnung der brasilianischen Wirtschaft (u.a. Senkung der Zölle) zurückführen. Beispielsweise betrug die durchschnittliche Produktivität 1988 noch 48 Stunden/Standardauto. Auch das Durchschnittsalter der brasilianischen Autodesigns war 1990 wesentlich schlechter als 1994 und betrug 11,4 Jahre. Vgl. Ferro, J. R., A Indústria Automobilística no Brasil (1995), S. 8; Womack, J. P., et al, A Máquina que mudou o Mundo (1992), S. 321. Auch FONSECA stellte einen positiven Einfluß der Handelsliberalisierung auf die Qualitätsentwicklung brasilianischer Autos fest. Vgl. dazu Fonseca, R., Quality Innovation in Brazilian Autos (1996), S. 12 ff.

612 Vgl. ANFAVEA, Anuário Estatístico da Indústria Automobilística Brasileira (1997), S. 23.

613 Beispielsweise verfügt FIAT nur über eine einzelne Produktionsfabrik in Brasilien und stellt dafür 21 unterschiedliche (u.a. leicht variierte) Automodelle dar. Dies ist u.a. auch bei VW (21 Modelle/2 Autofabriken, wobei im Werk von Anchieta nur der Golf, aber alle Varianten, hergestellt wird), bei FORD (14 Modelle/1 Autofabrik) und bei GM (27 Modelle/2 Autofabriken) der Fall. Dennoch planen die meisten der in Brasilien ansässigen Automobilhersteller eine Erhöhung der Produktionskapazitäten durch den Aufbau weiterer Werke. Vgl. dazu ANFAVEA, Anuário Estatístico da Indústria Automobilística Brasileira (1997), S. 40 ff. und S. 96 ff.

614 Vgl. Ferro, J. R., A Indústria Automobilística no Brasil (1995), S. 11; vgl. auch Tauile, J. R./Arruda, M./Fagundes, J., Indústria Automobilística no Brasil (1994), S. 20. Viele der effizientesten Autofabriken in der Welt schaffen es dennoch, eine hohe Produktivität und Qualität mit der Produktion relativ vieler Modelltypen zu verbinden. Eine mögliche Ursache dafür stellt die höhere Verbreitung moderner Produktions- und Organisationsmethoden und damit verbunden, die höhere Flexibilität in diesen Fabriken als in den brasilianischen Werken dar. Vgl. dazu Ferro, J. R., A Indústria Automobilística no Brasil (1995), S. 11; vgl. auch Ferro, J. R., Competitividade da Indústria Automobilística (1993), S. 42.

tial, relativ geringen Nachfrage nach Autos. Zwei Gründe sind dafür maßgebend: *Erstens*, die relativ geringe Kaufkraft eines Großteils der Bevölkerung und *zweitens* die extrem starke indirekte tarifäre Belastung, wie aus Abbildung 60 ersichtlich ist. So weist Brasilien mit 33,0 % den höchsten Anteil indirekter Steuern am Endpreis von Autos bis 100 hp auf. In Brasilien werden außerdem auch Fahrzeuge mit einem geringen Hubraum (bis 1.000 cc) relativ stark besteuert. In diesem Fall betragen die indirekten Steuern 17% des Verbraucherpreises, während in Japan diese nur 7,4 % ausmachen.[615]

Im Rahmen dieses Abschnittes wird als letztes auf die speziellen Probleme der brasilianischen Zuliefererindustrie eingegangen, vor allem weil die Zusammenarbeit zwischen Automobilhersteller und Lieferanten einen wichtigen Wettbewerbsfaktor im heutigen Globalisierungszeitalter darstellt.[616]

Die brasilianische Zuliefererindustrie, die zum größten Teil aus Unternehmen mit einheimischer Kapitalbeteiligung besteht,[617] weist sowohl Teilbereiche mit einer hohen als auch welche mit einer niedrigen technologischen Wettbewerbsfähigkeit auf.

Abbildung 60: Anteil indirekter Steuer am Endpreis von Automobilen in ausgesuchten Ländern (Prozent) (Jahr 1996)[(1)]

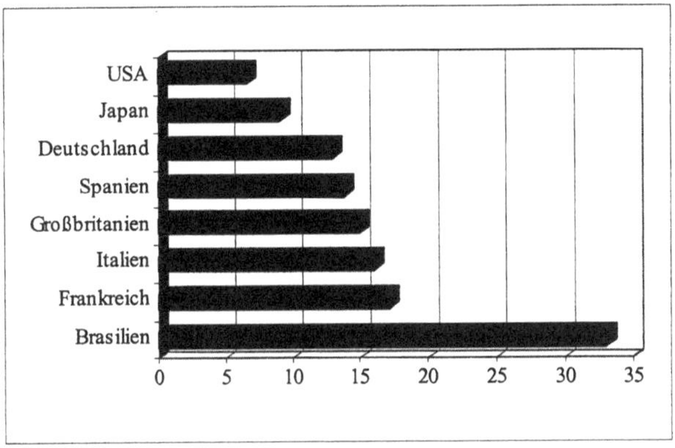

(1) Die indirekte steuerliche Belastung bezieht sich auf Wagen bis 100 hp Benzin.

Quelle: ANFAVEA, Anuário Estatístico da Indústria Automobilística Brasileira (1997), S. 59.

Zu den Segmenten mit einer hohen technologischen Kapazität gehören die Erzeugnisse der metall-mechanischen Zulieferindustrie (u.a. Motoren, Kolben, Stoßdämpfer). So sind in diesen Bereichen die größten einheimischen Unternehmen zu finden, die selbst

---

615 Vgl. ANFAVEA, Anuário Estatístico da Indústria Automobilística Brasileira (1997), S. 59

616 Beispielsweise stellt die zunehmende Verringerung der Fertigungstiefe einen wichtigen Trend in der Automobilindustrie dar.

617 Vgl. Tauile, J. R./Fagundes, J./Arruda, M., A Indústria de Autopeças (RBE, Heft 3, 1995), S. 507. Die Automobilproduzenten in Brasilien sind dagegen alle Tochtergesellschaften multinationaler Unternehmen, d.h., im Gegensatz zu Korea hat Brasilien keine "inländische" Automarke.

über eigene F&E-Institute in Brasilien und z.T. auch im Ausland verfügen.[618] Das ist auch ein Grund dafür, wieso ein hoher Anteil brasilianischer Exporte in der Zuliefererindustrie aus Motoren besteht.[619]

In den Segmenten der Plastik- und Gummiteile sind dagegen die größten Schwächen der brasilianischen Zuliefererindustrie zu finden. In beiden Bereichen sind eine große Anzahl von Unternehmen vorhanden, die mit veralteter Technologie arbeiten. Die Folge daraus ist die Herstellung von Autoteilen die eine relativ niedrige Qualität aufweisen, was sich wiederum negativ auf die internationale Wettbewerbsfähigkeit brasilianischer Automobilhersteller niederschlägt.[620]

---

[618] Vgl. Tauile, J. R./Fagundes, J./Arruda, M., A Indústria de Autopeças (RBE, Heft 3, 1995), S. 511.

[619] So machte im Jahr 1994 der Export von Motoren 10,42 % aller Exporte in der Zulieferindustrie aus. Dieser wurde nur von dem Export von Autoradios übertroffen (12,20 % aller Exporte). Vgl. dazu Sindipeças, Desempenho do Setor de Autopeças - 1974/1995 (1996), S. 5.

[620] Außerdem müssen Zuliefererunternehmen in Brasilien bei der Herstellung von Gummiteilen mindestens 60 % brasilianischen Gummi verwenden, der wiederum selbst qualitativ minderwertig ist. Vgl. Tauile, J. R./Fagundes, J./Arruda, M., A Indústria de Autopeças (RBE, Heft 3, 1995), S. 511.

7.7. Untersuchung der relativen Effizienz der einzelnen Branchen

Nachdem auf die speziellen Probleme der einzelnen Branchen eingegangen wurde, wird in diesem Abschnitt auf die relative Effizienz ausgesuchter brasilianischer Branchen eingegangen. Das Konzept der "relativen Effizienz" wird dabei in Anlehnung an die Untersuchung von ALAM[621] verwendet.

Die "relative Effizienz" einer Branche i eines Entwicklungs- bzw. Schwellenlandes j (rE_{ij}) auf US-Dollar Basis wird berechnet, indem die Wertschöpfung pro Arbeiter dieser Branche (W_{ij}) ins Verhältnis zur Wertschöpfung pro Arbeiter derselben Branche eines Bezuglandes (in diesem Fall USA) (W_{iUS}) gesetzt wird:[622] [623]

$$rE_{ij} = \frac{W_{ij} * AW}{W_{iUS}} \qquad (7.3),$$

wobei AW den Außenwert bedeutet. Wie bereits dargestellt wurde,[624] ist unter Wertschöpfung der "census value added" zu verstehen.

Die Heranziehung eines entwickelten Bezugslandes erweist sich vor allem als notwendig, um den internationalen Vergleich übersichtlicher zu gestalten.[625] USA wurde aus zwei Gründen herangezogen:

Erstens weisen die USA, aufgrund ihres Entwicklungsstandes, wichtige Voraussetzungen zur industriellen Weiterverarbeitung von Rohstoffen auf und *zweitens* sind die USA selbst ein rohstoffreiches Land (hohe Bodenausstattung).

Es wurden insgesamt 18 Entwicklungs- bzw. Schwellenländer[626] und 6 Industrieländer[627] (USA ist das Bezugsland) untersucht. Die Zahl der analysierten Länder wurde gezielt erhöht, um eine relativ hohe Zahl von rohstoffreichen Ländern in die Analyse

---

[621] Vgl. Alam, M. S., Efficiency Differentials (Journal of Development Economics, Band 13, 1983), S. 361 ff. Vgl. zur Untersuchung von ALAM auch Abschnitt 4.3.2., S. 111 f.

[622] Die "relative Effizienz" ist somit nicht mit der "technischen Effizienz" zu verwechseln. Vgl. zur "technischen Effizienz" z.B. Caves, R. E., Industrial Efficiency in Six Nations (1992); Eine gute Zusammenfassung von Studien zur technischen Effizienz ist bei TYBOUT zu finden. Vgl. dazu Tybout, J., Manufacturing Firms (1998), S. 16 ff.

[623] Zu den Vorteilen der Verwendung der Wertschöpfung zur Produktivitäts- bzw. Effizienzmessung vgl. Ark, v. B., Productivity (1996), S. 24.

[624] Vgl. dazu Abschnitt 7.4.

[625] Vgl. zu dieser Methodik z.B. Hall, R. E./Jones, C. I., Output per Worker (1998), S. 9; Abreu, J. B. d., Tecnologia e Exportação (1973), S. 10.

[626] Diese sind Argentinien, Brasilien, Chile, China, Indien, Indonesien, Jamaika, Kolumbien, Korea, Malaysia, Mexiko, Peru, Philippinen, Singapur, Südafrika, Taiwan, Thailand und Venezuela.

[627] Diese sind Australien, Frankreich, Italien, Japan, Kanada und USA.

einzubeziehen. *Es wurde somit auch die Frage berücksichtigt, ob die Spezialisierung rohstoffreicher Länder auf "resource-based" Industrien eine gute Entwicklungsstrategie ist. Dies ist dann der Fall, wenn in rohstoffreichen Ländern "resource-based" Industrien eine höhere "relative Effizienz" als andere Industrien aufweisen.*

Die Daten zur Wertschöpfung und zur Zahl der Arbeiter stammen aus der UNIDO General Industrial Statistics Database (INDSTAT 3).[628] Bei der Berechnung der "relativen Effizienz" entstehen jedoch einige Probleme:

Erstens stehen nicht für alle Jahre Daten zu den ausgesuchten Ländern zur Verfügung. Die höchste Vollständigkeit weisen vor allem die Jahre 1990 und 1993 auf. Diese werden somit in dieser Untersuchung herangezogen.

Zweitens sind nicht für alle ausgewählten Branchen detaillierte Daten zu den ausgesuchten Ländern vorhanden. Aus diesem Grund müssen einzelne Teilbranchen zu einer einzigen Branche hoch aggregiert werden. Die Verwendung von Daten höheren Aggregationsniveaus schränkt zwar die Ableitung spezifischer Aussagen ein, erlaubt aber in diesem Fall die internationale Vergleichbarkeit der Daten.

In Tabelle 61 sind sind die Teilbranchen, die in dieser Untersuchung zu einer einzigen Branche zusammengefaßt werden, dargestellt.

Die Berechnung der Wertschöpfung pro Arbeiter einer Branche *i* (W_i), die aus z Teilbranchen besteht, erfolgt schließlich anhand folgender Formel:

$$W_i = \frac{\sum_{z=1}^{n} gesW_z}{\sum_{z=1}^{n} A_z} \qquad (7.4),$$

wobei $\sum_{z=1}^{n} gesW_z$ und $\sum_{z=1}^{n} A_z$ jeweils die Summe der gesamten Wertschöpfung und die Summe der gesamten Arbeiterzahl aller Teilbranchen bedeuten.

Tabelle 61: Zusammenfassung einzelner Branchen nach der ISIC, Rev 2

Branche	ISIC, Rev 2, Positionen(1)
Verarbeitendes Gewerbe	3
Ernährungsindustrie	311/2
Getränkeindustrie	313
Tabakindustrie	314
Chemieindustrie	351+352+353+354
Mineralische Rohstoffindustrie	371+372+381
Fahrzeugbau	384

(1) Vgl. zu den einzelnen Positionen Anhang A.

Quelle: Eigene Zusammenstellung.

---

[628] Vgl. zum (von der UNIDO verwendeten) Wertschöpfungsbegriff ("Census Value Added") Anhang J.

Aus den Tabellen 62 und 63 ist folgendes ersichtlich:

Erstens weist die mineralische Rohstoffindustrie in allen ressourcenreichen Entwicklungs- und Industrieländern (insbesondere Australien, Brasilien, Chile, Indien, Indonesien, Kanada, Mexiko, Peru, Südafrika und Thailand) eine hohe relative Effizienz auf.[629] Dies ist am stärksten bei Australien, Chile und Kanada ausgeprägt.

Interessant ist außerdem die Feststellung, daß ressourcenarme Länder wie Japan, Korea und z.T. Frankreich und Italien durch eine sehr hohe relative Effizienz in der mineralischen Rohstoffindustrie gekennzeichnet sind. Dies ist zumindest ein Anzeichen dafür, daß die Verfügbarkeit von Naturressourcen nicht allein für die Durchführung einer erfolgreichen "resource-based Industrialisierungsstrategie" maßgebend ist.

Zweitens ist, im Gegensatz zur mineralischen Rohstoffindustrie, die Agrarindustrie (Ernährungs-, Getränke- und Tabakindustrie) in den meisten Ländern durch eine niedrige relative Effizienz gekennzeichnet. Ausnahme bilden aber die Ernährungsindustrie in Italien und die Getränkeindustrie in Frankreich, Korea, Taiwan und z.T. auf den Philippinen.

Als etwas überraschend sind *drittens* die Ergebnisse in der Chemieindustrie zu interpretieren. So weisen zwar einige Industrieländer, wie z. B. Japan und z.T. Frankreich eine hohe relative Effizienz in diesem Bereich auf, dennoch sind einige Entwicklungs- und Schwellenländer auch durch eine hohe relative Effizienz in der Chemieindustrie gekennzeichnet. Dazu zählen Korea, Singapur, Bolivien und Venezuela. Im Falle von Korea und Singapur läßt sich dies z.T. durch die relativ hohe Humankapitalausstattung dieser Länder erklären. Bolivien und Venezuela sind dagegen jeweils durch relativ hohe Gas- und Erdölreserven gekennzeichnet, was wiederum hohe Investitionen in die Chemieindustrie begünstigt.

Viertens ist der Fahrzeugbau in den meisten der Entwicklungs- und Schwellenländer durch eine relativ niedrige Effizienz charakterisiert. Ausnahme bilden z.T. Brasilien und Korea. Vor allem die Industrieländer, insbesondere Japan und z.T. Kanada, Frankreich und Italien weisen hier relativ hohe Werte auf.

Obwohl die Angaben in den Tabellen 62 und 63 aus der UNIDO stammen, müssen sie dennoch mit großer Vorsicht interpretiert werden, da einige der Daten relativ verzerrt erscheinen. Dies betrifft insbesondere die Automobil-, die Chemie- und die Tabakindustrie.

So weisen Korea, aber vor allem Chile eine sehr hohe relative Effizienz in der Tabakindustrie auf. Dies ist ein sehr erstaunliches Ergebnis, vor allem wenn man bedenkt, daß beide Länder nicht zu den größten tabakexportierenden Ländern gehören. So vereinigen allein Brasilien, Zimbabwe, Türkei, Malawi, Indien, China, Argentinien, Thailand und

[629] Eine Ausnahme bildet Bolivien, das (trotz hoher Zinn-Lagerstätten) eine niedrige relative Effizienz im Bereich der mineralischen Rohstoffindustrie aufweist.

Indonesien auf sich zusammen ca. 90 Prozent der Deviseneinnahmen der südlichen Hemisphäre aus dem Tabakexport.[630]

Im Fahrzeugbau scheinen die Werte für Italien und Frankreich als relativ unglaubwürdig, denn diese sind sowohl für 1990 als auch für 1993 sehr niedrig, obwohl beide Länder große Automobilhersteller sind. Es könnte einerseits argumentiert werden, daß italienische und französische Automobilhersteller so stark in einem weltweiten Produktionsverbund integriert sind, daß ein Großteil der Produktion im Ausland stattfindet. Andererseits könnte auch angeführt werden, daß Italien und Frankreich eher auf die Produktion kleiner und mittlerer Automodelle spezialisiert sind, mit der Folge, daß die Wertschöpfung insgesamt niedriger ausfällt. Italienische und französische Automobilhersteller dürften aber nicht stärker als deutsche oder japanische Automobilproduzenten in einem weltweiten Produktionsverbund integriert sein. Andererseits ist es auch nicht vorstellbar, daß italienische und französische Automobilproduzenten stärker als japanische Automobilunternehmen auf die Produktion von Fahrzeugen niedrigerer Größenklassen spezialisiert sind.

Als letztes ist auf die Chemieindustrie hinzuweisen, bei der viele der Länder, wie bereits dargestellt, relativ überraschende Ergebnisse erzielen. Gemeint sind vor allem Bolivien, Argentinien, Singapur und Korea (relativ hohe Werte) bzw. Italien und Kanada (relativ niedrige Werte). Die hohen Werte von Bolivien, Argentinien, Singapur und Korea bei der Chemieindustrie lassen sich vor allem durch die extrem hohe Wertschöpfung pro Arbeiter der mineralölverarbeitenden Industrie erklären. Man könnte zwar auf die relativ homogenen Produkte der Mineralölindustrie hinweisen und auch argumentieren, daß der relativ hohe Technologietransfer sowohl durch multinationale als auch durch "engineering-construction" Unternehmen eine relativ hohe Wertschöpfung pro Arbeiter in Entwicklungsländern bedingen kann,[631] dennoch ist das keine Begründung für die extrem hohen Werte der Petrochemie dieser Länder.

Für die Existenz der Ausreißer, vor allem in der Tabak-, in der Chemie- und in der Automobilindustrie sind somit folgende Gründe maßgebend:

Wie bereits dargestellt,[632] ist es *erstens* möglich, daß viele dieser Ausreißer nicht die Realität widerspiegeln, d.h. sie werden von den Regierungen einzelner Länder z.T. geschönt, um ein positiveres Bild der Realität zu zeichnen.

Zweitens ist es denkbar, daß zwischen einzelnen Ländern bei der Abgrenzung der Kategorie "Arbeiter" Divergenzen existieren. So ist es möglich, daß in einigen Ländern nur die "Arbeiter in der Produktion" berücksichtigt werden, während in anderen Ländern das ganze Verwaltungspersonal dazugerechnet wird. Wird das ganze Büropersonal dazugerechnet, so ist eine niedrigere Wertschöpfung pro Arbeiter die Folge.

---

[630] Vgl. Zündorf, L., Von der Farm bis zur Fabrik (Kölner Zeitschrift für Soziologie und Sozialpsychologie, Heft 1, 1998), S. 115.

[631] Vgl. Arora, A., Patents (1996), S. 9 ff.

[632] Vgl. dazu Abschnitt 7.4.

Tabelle 62: Relative Effizienz ausgesuchter Branchen (Jahr 1990) (USA=1)

	Ver. Gewerbe	Ernäh-rung	Getränke	Tabak	Chemie	Mineralische Rohstoffind.	Fahrzeugbau
Argentinien	0,44	0,26	0,19	0,26	0,73	0,49	0,30
Australien	0,70	0,57	0,62	0,22	0,59	0,98	0,69
Bolivien	0,26	0,17	0,08	0,29	0,74	0,13	0,07
Brasilien	0,44	0,30	0,17	0,14	0,39	0,53	0,45
Chile	0,39	0,22	0,24	0,83	0,34	1,03	0,22
China	0,02	0,02	0,01	0,04	0,01	0,03	k.D.
Frankreich	0,78	0,61	0,80	0,68	0,65	0,91	0,66
Indien	0,05	0,02	0,03	0,00	0,04	0,07	0,05
Indonesien	0,07	0,05	0,06	0,02	0,05	0,24	0,15
Italien	0,69	0,66	0,52	0,06	0,42	0,85	0,56
Jamaika	0,17	0,08	0,20	0,13	0,23(1)	0,39(2)	-
Japan	1,06	0,65	0,90	0,40	1,15	1,50	1,28
Kanada	0,80	0,71	0,80	0,36	0,63	0,91	0,86
Kolumbien	0,21	0,18	0,26	0,16	0,15	0,25	0,22
Korea	0,45	0,38	0,51	0,71	0,47	0,69	0,52
Malaysia	0,14	0,13	0,29	0,05	0,27	0,21	0,24
Mexiko	0,32	0,25	0,17	0,24	0,18	0,48	0,37
Peru	0,34	0,28	0,28	0,13	0,40	0,63	0,26
Philippinen	0,11	0,09	0,16	0,06	0,18	0,14	0,14
Singapur	0,45	0,34	0,37	0,16	0,87	0,46	0,42
Südafrika	0,20	0,12	0,19	0,04	0,16	0,32	0,20
Taiwan	0,29	0,31	0,60	0,37	0,28	0,34	0,37
Thailand	0,21	0,12	0,19	0,09	0,07	0,20	0,24
Venezuela	0,35	0,16	0,17	0,15	0,66	0,35	0,15

(1) Dieser Wert bezieht sich auf die folgenden ISIC, Rev. 2, Positionen: 351+352+353+354+355+356.
(2) Dieser Wert bezieht sich auf die folgenden ISIC, Rev. 2, Positionen: 371+372+381+382+383+384+385.

Quelle: Eigene Berechnungen anhand von Daten aus der UNIDO General Industrial Statistics Database (INDSTAT 3).

Tabelle 63: Relative Effizienz ausgesuchter Branchen (Jahr 1993) (USA=1)

	Ver. Gewerbe	Ernäh-rung	Getränke	Tabak	Chemie	Mineralische Rohstoffind.	Fahrzeugbau
Argentinien	0,39	0,24	0,23	0,56	0,44	0,40	0,34
Australien	k.D.	k.D.	k.D.	k.D.	k.D.	k.D.	k.D.
Bolivien	0,21	0,16	0,10	0,25	0,57	0,20	0,05
Brasilien	0,50	0,36	0,20	0,15	0,51	0,66	0,59
Chile	0,40	0,27	0,28	1,09	0,48	0,76	0,21
China	0,04	0,04	0,02	0,04	0,03	0,08	0,04
Frankreich	0,70	0,60	0,80	0,96	0,69	0,80	0,50
Indien	0,04	0,02	0,02	0,00	0,04	0,05	0,03
Indonesien	0,07	0,06	0,04	0,02	0,05	0,21	0,21
Italien	0,54	0,57	0,42	0,04	0,43	0,63	0,32
Jamaika	k.D.	k.D.	k.D.	k.D.	k.D.	k.D.	k.D.
Japan	1,19	0,81	1,00	0,75	1,59	1,65	1,28
Kanada	0,72	0,64	0,65	0,34	0,58	0,83	0,80
Kolumbien	0,17	0,15	0,18	0,06	0,16	0,18	0,14
Korea	0,55	0,49	0,68	0,83	0,60	0,79	0,54
Malaysia	0,16	0,16	0,19	0,07	0,34	0,26	0,20
Mexiko	0,40	0,30	0,21	0,44	0,25	0,56	0,48
Peru	k.D.	k.D.	k.D.	k.D.	k.D.	k.D.	k.D.
Philippinen	0,14	0,12	0,25	0,08	0,25	0,21	0,19
Singapur	0,56	0,37	0,44	0,26	1,03	0,53	0,40
Südafrika	0,20	0,13	0,18	0,07	0,18	0,32	0,24
Taiwan	0,32	0,30	0,52	0,40	0,40	0,38	0,36
Thailand	k.D.	k.D.	k.D.	k.D.	k.D.	k.D.	k.D.
Venezuela	0,28	0,16	0,26	0,18	0,47	0,29	0,36

k.D. = keine Daten.

Quelle: Eigene Berechnungen anhand von Daten aus der UNIDO General Industrial Statistics Database (INDSTAT 3).

8. Schlußfolgerung: Enwicklungspolitische Handlungsempfehlungen für Brasilien

Ziel dieses Abschnittes ist es nicht, eine detaillierte Analyse aller entwicklungspolitischen Handlungsalternativen der politischen Entscheidungsträger in Brasilien durchzuführen, sondern, unter Heranziehung der wichtigsten Ergebnisse dieser Untersuchung, allgemeine entwicklungspolitische Handlungsempfehlungen zu formulieren.

Wie bereits dargestellt wurde,[633] wurden die brasilianischen Entwicklungsstrategien der 50er, 60er, 70er und z.T. der 80er Jahre sehr stark vom sog. CEPALISMO und, eng damit verbunden, von den Ideen PREBISCHs beeinflußt. Diese sahen in einer importsubstituierenden Industrialisierung den einzigen Weg für die "Peripherie", um sich an das Entwicklungsniveau des "Zentrums" zu nähern.

Die Grundidee dieser Importsubstitutionspolitik war, unter Heranziehung von protektionistischen Maßnahmen (vor allem tarifärer Art), die Entwicklung sämtlicher Industriebereiche eines Landes zu forcieren. Ziel dieser Importsubstitutionspolitik, die von Brasilien sehr stark verfolgt wurde, war somit die völlige Unabhängigkeit eines Landes bei der Produktion aller Industriegüter, ungeachtet seiner Faktorausstattung und seiner komparativen Vorteile.

Dahinter stand die Überlegung, daß die Entwicklungsländer aus dem Handel mit den Industrieländern nur unterdurchschnittliche, vor allem aber im Zeitablauf abnehmende Tauschgewinne verbuchen können (Prebisch-Singer-These).[634] Diese Verschlechterung der realen Austauschverhältnisse wurde hauptsächlich auf die Außenhandelsstruktur der Entwicklungsländer zurückgeführt, die vor allem auf den Export sog. Primärgüter spezialisiert waren.

So kam zwischen den 50er und den 80er Jahren eine stark diversifizierte Industriestruktur in Brasilien zustande, die jedoch nicht dem internationalen Wettbewerb ausgesetzt war. Die Folge war ein Anreizsystem, das Effizienz-, Qualitäts- oder Innovationsverbesserungen nicht belohnte, denn auf dem Binnenmarkt war der Konkurrenzdruck, der dies hätte erzwingen können, gering.

Zwar sind brasilianische Unternehmen seit der Öffnung der brasilianischen Wirtschaft Anfang der 90er Jahre zunehmend dem internationalen Wettbewerb ausgesetzt, was sich wiederum in einer erhöhten Bereitschaft niederschlägt, Produktinnovationen durchzuführen, die Qualität der Produkte zu erhöhen und moderne Produktionsmethoden und Organisationstechniken einzuführen, dennoch zeigt diese Untersuchung, daß in Brasilien immer noch die Auffassung herrscht, daß eine Spezialisierung in "resource-based"-Industrien eine falsche Strategie sei.

So exportiert Brasilien im Bereich der mineralischen Rohstoffindustrie zum größten Teil unverarbeitete bzw. leicht weiterverarbeitete Waren, obwohl die mineralischen Rohstoffreserven des Landes sehr hoch sind.

---

[633] Vgl. dazu Abschnitt 2.2.

[634] Vgl. dazu Abschnitt 4.3.3.

Untersuchungen zeigen, daß die Weiterverarbeitung, vor allem von Mineralien mit zunehmenden (Preis-)vorteilen im internationalen Handel verbunden ist. Außerdem zeigt diese Untersuchung, daß die mineralische Rohstoffindustrie in vielen ressourcenreichen Ländern eine hohe relative Effizienz aufweist.[635] Das Paradebeispiel liefert Chile im Bereich der NE-Metallindustrie. Chile weist in diesem Bereich eine überdurchschnittliche Wertschöpfung pro Arbeiter auf, denn es nutzt seine reichlich vorhandenen Kupferreserven konsequent aus, um relativ hochveredelte Kupferprodukte herzustellen.

Diese interessanten Ergebnisse sind meiner Meinung nach ein Zeichen dafür, daß die komparativen Vorteile Brasiliens zur Zeit von den politischen Entscheidungsträgern des Landes nicht vollständig genutzt werden. Stattdessen werden hohe Investitionen in anderen Bereichen, vor allem in der Automobilindustrie, gefördert. Diese Untersuchung zeigt aber, daß in der Automobilindustrie mit wachsender Konkurrenz, vor allem der asiatischen Schwellenländer zu rechnen ist. Eine stärkere Spezialisierung in der mineralischen Rohstoffindustrie, vor allem auf hochveredelte Produkte der Eisen- und Stahl- und der Aluminiumindustrie wäre somit für Brasilien zu empfehlen.

Um eine erfolgreiche "resource-based"-Industrialisierungsstrategie in Brasilien voranzutreiben müssen aber einige Voraussetzungen erfüllt werden. Dazu zählen vor allem:

(1) Verbesserung der Infrastruktur

Dies betrifft vor allem die Verkehrsinfrastruktur (Häfen und Eisenbahnen), die immer noch Mängel aufweist. Es ist aber davon auszugehen, daß mit zunehmender Privatisierung eine Verbesserung der Qualität der Verkehrsinfrastruktur und eine Reduzierung der Kosten eintreten wird.

(2) Vereinfachung des Steuersystems

Dies betrifft vor allem die Eliminierung sämtlicher Verbrauchssteuern, die auf direkte und indirekte Weise die Weiterverarbeitungsaktivitäten brasilianischer Unternehmen negativ beeinflussen.

(3) Eliminierung unnötiger Lohnzusatzkosten

So ist beispielsweise der Beitrag zum INCRA (Institut, das für die Agrarreform zuständig ist) zwar politisch sinnvoll, dennoch überflüssig, wenn man bedenkt, daß in Brasilien bisher keine erfolgreiche Agrarreform durchgeführt wurde.

(4) Verbesserung der Finanzierungskonditionen

Weiterverarbeitungsaktivitäten, vor allem in der mineralischen Rohstoffindustrie, sind sehr kapitalintensiv. Dies bedeutet wiederum, daß Unternehmen Möglichkeiten haben müssen, das Anlagevermögen zu günstigen Konditionen zu finanzieren. In Brasilien zählen aber die realen (kurz- und langfristigen) Zinsen zu den höchsten der Welt, was wiederum die (insbesondere langfristigen) Finanzierungsmöglichkeiten brasilianischer Unternehmen erheblich einschränkt.

---

[635] Vgl. dazu Abschnitt 7.7.

(5) Verbesserung des technisch-wissenschaftlichen Entwicklungspotentials

Dazu zählt nicht nur die Verbesserung des Bildungssystems (vor allem Primärbildung und Berufsschulen im Bereich der Stahl- und Aluminiumverarbeitung), sondern auch eine stärkere Koordination und Kooperation zwischen Institutionen auf verschiedenen Sektoren des Wissenschaftssystems, aber auch zwischen den Universitäten, Forschungseinrichtungen und den Unternehmen.

Auch wenn die brasilianische Regierung Mängel in der sektoralen Strukturpolitik[636] aufweist (Vernachlässigung der Förderung von Weiterverarbeitungsaktivitäten in "resource-based" Industrien), kann nicht geleugnet werden, daß brasilianische Unternehmen zunehmend versuchen, sich an die veränderten (weltwirtschaftlichen) Rahmenbedingungen anzupassen: So vollzieht sich in Brasilien, insbesondere in führenden Unternehmen, ein tiefgehender Wandel, bei dem die betriebliche Organisation kontinuierlich restrukturiert wird (Einführung neuer Organisationskonzepte).[637]

Dieser (unternehmerische) Wandel wird aber dennoch nicht von einem sozialen Wandel[638] begleitet. Nach der von HAGEN[639] ausgearbeiteten Theorie des sozialen Wandels ist wirtschaftliche Entwicklung nur möglich, wenn in einer Gesellschaft schöpferische und unternehmerische Menschen vorhanden sind, die zur Überwindung der Probleme in der Lage sind, welche mit dem Entwicklungsprozeß einhergehen. Eine weitere Voraussetzung ist, daß der Großteil der Bevölkerung, insbesondere die Eliten, eine offene Einstellung gegenüber Umweltveränderungen haben.

Auf Brasilien bezogen implizieren diese Überlegungen, daß die Modernisierungstendenzen der brasilianischen Industrie nicht von einem sozialen Wandel in dem Sinne begleitet werden, daß immer noch ein Großteil der Bevölkerung aus dem wirtschaftlichen und politischen Leben ausgeschlossen ist. Dies ist wiederum mit negativen Konsequenzen für die internationale Wettbewerbsfähigkeit Brasiliens verbunden.

So ist die Einkommensverteilung in Brasilien als extrem ungleich einzustufen.[640] Zwar ist durch den "Plano Real" – vor allem aufgrund der Senkung der Inflationsrate – die

---

[636] Unter "sektoraler Strukturpolitik" sind alle Maßnahmen der öffentlichen Hand zu verstehen, welche Einfluß auf die Struktur, auf die Produktivität und auf die internationale Wettbewerbsfähigkeit der Wirtschaft ausüben. Vgl. dazu Meißner, W./Fassing, W., Wirtschaftsstruktur und Strukturpolitik (1989), S. 135.

[637] Vgl. dazu Meyer-Stamer, J., Technologie und Industrielle Wettbewerbsfähigkeit (1996), S. 248 f.

[638] Sozialer Wandel ist der Oberbegriff für den Wandel gesellschaftlicher Strukturen und Prozesse (z.B. ökonomische Strukturen, demographische Strukturen, soziale Ungleichheit), sozialer Verhaltensweisen (z.B. Einstellungen, Motive, Persönlichkeitsmerkmale) und sozialer Werte. Auch wenn neuerdings Fragen des Wertewandels wieder stärkere Beachtung finden, liegt der Schwerpunkt der Analyse sozialen Wandels bei den strukturellen Veränderungen. Vgl. dazu Wiswede, G., Soziologie (1998), S. 319 f.

[639] Vgl. Hagen, E. E., The Economics of Development (1975), zitiert nach Wagner, N./Kaiser, M., Entwicklungsländer (1995), S. 33 f.

[640] Vgl. dazu Tabelle 2, S. 6. Aber nicht nur Brasilien, sondern die meisten der anderen lateinamerikanischen Länder sind – im Gegensatz zu den südostasiatischen Ländern wie Korea und Taiwan – durch eine relativ hohe ungleiche Einkommensverteilung gekennzeichnet. Vgl. dazu Iglesias, E., Income Distribution and Sustainable Growth (1998), S. 6 ff.

Kaufkraft ärmerer Teile der brasilianischen Bevölkerung gestiegen, dennoch hat sich nach der Öffnung der brasilianischen Wirtschaft die Einkommensverteilung z.T. sogar verschlechtert.[641]

Diese ungleiche Einkommensverteilung bewirkt, daß in Brasilien ein Teil der Bevölkerung eine ganz geringe Kaufkraft aufweist, so daß das Nachfragepotential, vor allem nach Massenprodukten, nicht völlig ausgeschöpft wird. Dies hat zur Folge, daß bedeutende Skalenerträge durch Erhöhung der Produktionskapazität oder Lernprozesse nicht erzielt werden können.[642]

Außerdem hat die ungleiche Einkommensverteilung zur Folge, daß die Zahl anspruchsvoller Käufer insgesamt niedrig ausfällt. Dies stellt auch einen Nachteil für brasilianische Unternehmen dar, wenn bedacht wird, daß anspruchsvolle Käufer einheimische Firmen unter Druck setzen, hohen Anforderungen gerecht zu werden, hinsichtlich der Produktqualität, des Aussehens und des Service.[643]

Diese Ausführungen machen klar, daß die politischen Machtträger Brasiliens der Einkommensverteilung eine höhere Bedeutung beimessen sollten als bisher.[644] Dies wäre für Branchen wie die Ernährungsindustrie mit Vorteilen verbunden. Wichtiger als die Durchführung einer konsequenten Verteilungspolitik wäre die Verbesserung der Grundschulausbildung, die Förderung der unterentwickelten Regionen (vor allem im Nordosten und Norden) und die Durchführung einer erfolgreichen Agrarreform (um die Einkommensverhältnisse der Landarbeiter zu verbessern).

Im November 1998 wurde Fernando Henrique Cardoso, der sich während seiner akademischen Jahre als Soziologieprofessor selbst mit den Entwicklungsproblemen Lateinamerikas und insbesondere Brasiliens beschäftigt hat,[645] zum zweiten Mal Präsident. Es bleibt abzuwarten, welche Maßnahmen seine Regierung konkret unternimmt, um die Wettbewerbsfähigkeit der brasilianischen Industrie zu erhöhen. Richtig ist, daß Brasilien über ein enormes Entwicklungspotential verfügt, das es auszunutzen gilt.

---

641 Vgl. Baer, W., A Economia Brasileira (1995), S. 207 ff.

642 Vgl. zum Einfluß der Marktgröße auf die internationale Wettbewerbsfähigkeit von Branchen Porter, M., Nationale Wettbewerbsvorteile (1991), S. 116 f. Vgl. zum Einfluß der Einkommenverteilung und der Marktgröße auf die Industrialisierung im allgemeinen Murphy, K. M./Schleifer, A./Vishny, R., Income Distribution (Quarterly Journal of Economics, Band 104, 1989), S. 537 ff.

643 Vgl. dazu Porter, M., Nationale Wettbewerbsvorteile (1991), S. 112 f.

644 Auch BARROS sieht in der ungleichen Einkommensverteilung eine der Ursachen der brasilianischen Entwicklungsprobleme. Vgl. dazu Barros, A. R., Brazilian Underdevelopment (Revista de Economia Política, Heft 2, 1996), S. 130 ff.

645 Vgl. z.B. Cardoso, F. H./ Faletto, E., Abhängigkeit und Entwicklung in Lateinamerika (1976); Cardoso, F. H., Empresário Industrial (1964).

Anhang A
Branchensystematisierung nach der ISIC, Rev. 2

HAUPTGRUPPE 1: LAND- UND FORSTWIRTSCHAFT, FISCHEREI

11 *Landwirtschaft, gewerbliche Jagd*
- 111 Pflanzenbau und Tierhaltung
- 112 Landwirtschaftliche Dienstleistungen
- 113 Gewerbliche Jagd

12 *Forstwirtschaft, Abholzung und Holztransport*
- 121 Forstwirtschaft
- 122 Abholzung und Holztransport

13 *Fischerei*

HAUPTGRUPPE 2: BERGBAU UND GEWINNUNG VON STEINEN UND ERDEN

21 210 Kohlenbergbau
22 220 Gewinnung von Erdöl und Erdgas
23 230 Erzbergbau
29 290 Sonstiger Bergbau

HAUPTGRUPPE 3: VERARBEITENDES GEWERBE

31 Ernährungsgewerbe und Tabakverarbeitung
- *311/2* *Ernährungsindustrie*
  - 3111 Schlachten und Fleischverarbeitung
  - 3112 Milchverarbeitung
  - 3113 Obst- und Gemüseverarbeitung
  - 3114 Fischverarbeitung
  - 3115 Herstellung von pflanzlichen und tierischen Ölen und Fetten
  - 3116 Mahl- und Schälmühlen
  - 3117 Backprodukte
  - 3118 Zuckerverarbeitung
  - 3118 Herstellung von Schokoladeprodukten
  - 3121 Sonstiges Ernährungsgewerbe
  - 3122 Herstellung von Futtermitteln
- *313* *Getränkeherstellung*
  - 3131 Spirituosenherstellung
  - 3132 Weinherstellung
  - 3133 Malz und Malzliköre
  - 3134 Alkoholfreie Getränke
- *314* *Tabakverarbeitung*
- *321* *Textilgewerbe*
  - 3211 Spinnerei, Weberei und Textilveredelung
  - 3212 Herstellung von konfektionierten Textilwaren (ohne Bekleidung)
  - 3213 Gestrickte Waren
  - 3214 Teppichherstellung

3215 Herstellung von gewirktem und gestricktem Stoff (Schnüre usw.)
3219 Sonstiges Textilgewerbe
322 Bekleidungsgewerbe (ohne Herstellung von Schuhen)
323 Ledergewerbe
3231 Lederverarbeitung
3232 Herstellung von Pelzwaren
3233 Herstellung von Lederwaren (ohne Bekleidung)
324 Herstellung von Schuhen
331 Holzgewerbe (ohne Herstellung von Möbeln)
3311 Sägewerke
3312 Herstellung von Lagerbehältern aus Holz
3319 Sonstige Holz- und Korkprodukte
332 Herstellung von Möbeln (Aussnahme: Metall)
341 Papiergewerbe
3411 Herstellung von Papierwaren und Pappe
3412 Kartons aus Papier und Pappe
3419 Sonstige Papier- und Pappeartikel
342 Verlags- und Druckgewerbe
351 Industrie-Chemikalien
3511 Herstellung von chemischen Grundstoffen (ohne Düngemittel)
3512 Herstellung von Dünge- und Schädlingsbekämpfungsmitteln
3513 Herstellung von synthetischem Harz
352 Andere Chemikalien
3521 Herstellung von Anstrichmitteln, Druckfarben und Kitten
3522 Herstellung von pharmazeutischen Erzeugnissen
3523 Herstellung von Seifen, Wasch-, Reinigungs- und Körperpflegemitteln
3529 Sonstige chemische Artikel
353 Mineralölverarbeitung
354 Gemischte Mineralöl- und Kohle-Produkte
355 Herstellung von Gummiwaren
3551 Reifen und Röhre
3552 Sonstige Gummiprodukte
356 Herstellung von Kunststoffwaren (Plastik)
361 Keramik, Verarbeitung von Steinen und Erden
362 Glasgewerbe
369 Sonstige nicht-metallische mineralische Erzeugnisse
3691 Herstellung von Tonprodukten
3692 Herstellung von Zement und Gipsprodukten
3699 Weitere nicht-metallische mineralische Produkte
371 Eisen- und Stahlindustrie
372 NE-Metallindustrie
381 Herstellung von Metallerzeugnissen
3811 Herstellung von manuellen Werkzeugen
3812 Herstellung von Möbeln mit hohem Anteil an Metallkomponenten
3813 Herstellung von Metallerzeugnissen für Bauzwecke
3819 Sonstige Metallerzeugnissen
382 Herstellung von nicht-elektrischen Maschinen
3821 Herstellung von Motoren und Turbinen
3822 Herstellung von landwirtschaftlichen Maschinen und Zubehör

	3823	Herstellung von Metall- und Holzverarbeitenden Maschinen
	3824	Sonstige spezielle Maschinen für Industrieaktivitäten
	3825	Büromaschinen, Datenverarbeitungsgeräten und -einrichtungen
	3829	Herstellung von sonstigen nicht-elektrischen Maschinen
383	*Herstellung von elektrischen Maschinen*	
	3831	Herstellung von elektrischen industriellen Maschinen
	3832	Rundfunk-, Fernseh-, phono- und videotechnischen Geräten
	3833	Herstellung von elektrischen Haushaltsgeräten und Werkzeugen
	3839	Herstellung von sonstigen elektrischen Ausrüstüngen
384	*Fahrzeugbau*	
	3841	Schiffbau und -reparatur
	3842	Schienenfahrzeugbau
	3843	Herstellung von Kraftwagen
	3844	Herstellung von Krafträdern und Fahrrädern
	3845	Luftfahrzeugbau
	3849	Sonstiger Fahrzeugbau
385	*Herstellung von wissenschaftlichen Geräten*	
	3851	Herstellung von wissenschaftlichen Geräten a.n.g.
	3852	Herstellung von optischen und fotografischen Geräten
	3853	Herstellung von Uhren
390	*Sonstiges Verarbeitende Gewerbe*	
	3901	Herstellung von Schmuck und ähnlichen Erzeugnissen
	3902	Herstellung von Musikinstrumenten
	3903	Herstellung von Sportgeräten
	3909	Verarbeitende Industrien a.n.g.

Quelle: UN, Statistical Papers, Series M, No.4/Rev. 2, 1968, zitiert nach ILO, Yearbook of Labour Statistics (1996), S. 1093.

Anhang B
Branchensystematisierung nach der SITC, Rev. 3

0 FOOD AND LIVE ANIMALS

00	LIVE ANIMALS
001	LIVE ANIMALS
01	MEAT, MEAT PREPARATIONS
010	REST OF 01 NOT DEFINED
011	BOVINE MEAT
012	OTHER MEAT, MEAT OFFAL
016	MEAT,ED.OFFL,DRY,SLT,SMK
017	MEAT,OFFL.PRPD,PRSVD,NES
02	DAIRY PRODUCTS,BIRD EGGS
020	REST OF 02 NOT DEFINED
022	MILK AND CREAM
023	BUTTER,OTHER FAT OF MILK
024	CHEESE AND CURD
025	EGGS,BIRDS,YOLKS,ALBUMIN
03	FISH,CRUSTACEANS,MOLLUSC
030	REST OF 03 NOT DEFINED
034	FISH,FRESH,CHILLED,FROZN
035	FISH,DRIED,SALTED,SMOKED
036	CRUSTACEANS,MOLLUSCS ETC
037	FISH ETC.PREPD,PRSVD.NES
04	CEREALS,CEREAL PREPRTNS.
040	REST OF 04 NOT DEFINED
041	WHEAT, MESLIN, UNMILLED
042	RICE
043	BARLEY, UNMILLED
044	MAIZE UNMILLED
045	OTHER CEREALS, UNMILLED
046	MEAL,FLOUR OF WHEAT,MSLN
047	OTHER CEREAL MEAL,FLOURS
048	CEREAL PREPARATIONS
05	VEGETABLES AND FRUIT
050	REST OF 05 NOT DEFINED
054	VEGETABLES
056	VEGTABLES,PRPD,PRSVD,NES
057	FRUIT,NUTS EXCL.OIL NUTS
058	FRUIT,PRESERVED,PREPARED
059	FRUIT, VEGETABLE JUICES
06	SUGAR,SUGR.PREPTNS,HONEY
060	REST OF 06 NOT DEFINED
061	SUGARS,MOLASSES,HONEY
062	SUGAR CONFECTIONERY
07	COFFEE,TEA,COCOA,SPICES

070 REST OF 07 NOT DEFINED
071 COFFEE,COFFEE SUBSTITUTE
072 COCOA
073 CHOCOLATE,OTH.COCOA PREP
074 TEA AND MATE
075 SPICES
08 ANIMAL FEED STUFF
081 ANIMAL FEED STUFF
09 MISC.EDIBLE PRODUCTS ETC
090 REST OF 09 NOT DEFINED
091 MARGARINE AND SHORTENING
098 EDIBLE PROD.PREPRTNS,NES

1 BEVERAGES AND TOBACCO
10 REST OF 1 NOT DEFINED
11 BEVERAGES
110 REST OF 11 NOT DEFINED
111 NON-ALCOHOL.BEVERAGE,NES
112 ALCOHOLIC BEVERAGES
12 TOBACCO,TOBACCO MANUFACT
120 REST OF 12 NOT DEFINED
121 TOBACCO, UNMANUFACTURED
122 TOBACCO, MANUFACTURED

2 CRUDE MATERIALS,INEDIBLE
20 REST OF 2 NOT DEFINED
21 HIDES,SKINS,FURSKINS,RAW
210 REST OF 21 NOT DEFINED
211 HIDES,SKINS(EX.FURS),RAW
212 FURSKINS, RAW
22 OIL SEED,OLEAGINUS FRUIT
220 REST OF 22 NOT DEFINED
222 OILSEED(SFT.FIX VEG.OIL)
223 OILSEED(OTH.FIX.VEG.OIL)
23 CRUDE RUBBER
230 REST OF 23 NOT DEFINED
231 NATURAL RUBBER, ETC.
232 SYNTHETIC RUBBER, ETC.
24 CORK AND WOOD
240 REST OF 24 NOT DEFINED
244 CORK,NATURAL,RAW;WASTE
245 FUEL WOOD, WOOD CHARCOAL
246 WOOD IN CHIPS, PARTICLES
247 WOOD ROUGH,ROUGH SQUARED
248 WOOD, SIMPLY WORKED
25 PULP AND WASTE PAPER
250 REST OF 25 NOT DEFINED

251 PULP AND WASTE PAPER
26 TEXTILE FIBRES
260 REST OF 26 NOT DEFINED
261 SILK
263 COTTON
264 JUTE,OTH.TEXTL.BAST FIBR
265 VEGETABLE TEXTILE FIBRES
266 SYNTHETIC FIBRES
267 OTHER MAN-MADE FIBRES
268 WOOL, OTHER ANIMAL HAIR
269 WORN CLOTHING,TEXTL.ARTL
27 CRUDE FERTILIZER,MINERAL
270 REST OF 27 NOT DEFINED
272 FERTILIZERS, CRUDE
273 STONE, SAND AND GRAVEL
274 SULPHUR,UNRSTD.IRON PYRS
277 NATURAL ABRASIVES, NES
278 OTHER CRUDE MINERALS
28 METALLIFEROUS ORE,SCRAP
280 REST OF 28 NOT DEFINED
281 IRON ORE, CONCENTRATES
282 FERROUS WASTE AND SCRAP
283 COPPER ORES,CONCENTRATES
284 NICKEL ORES,CONCTR,MATTE
285 ALUMINIUM ORE,CONCTR.ETC
286 URANIUM,THORIUM ORES,ETC
287 ORE,CONCENTR.BASE METALS
288 NON-FERROUS WASTE,SCRAP
289 PREC.METAL ORES,CONCTRTS
29 CRUDE ANIMAL,VEG.MATERL.
290 REST OF 29 NOT DEFINED
291 CRUDE ANIMAL MATERLS.NES
292 CRUDE VEG.MATERIALS, NES

3 FUELS, LUBRICANTS, ETC.

30 REST OF 3 NOT DEFINED
32 COAL, COKE, BRIQUETTES
320 REST OF 32 NOT DEFINED
321 COAL,NOT AGGLOMERATED
322 BRIQUETTES,LIGNITE,PEAT
325 COKE,SEMI-COKE,RET.CARBN
33 PETROLEUM,PETROL.PRODUCT
330 REST OF 33 NOT DEFINED
333 PETROLEUM OILS, CRUDE
334 PETROLEUM PRODUCTS
335 RESIDUAL PETROL.PRODUCTS
34 GAS,NATURAL,MANUFACTURED

340 REST OF 34 NOT DEFINED
342 LIQUEFIED PROPANE,BUTANE
343 NATURAL GAS
344 PETROLEUM GASES, NES
345 COAL GAS,WATER GAS, ETC.
35 ELECTRIC CURRENT
351 ELECTRIC CURRENT

4 ANIMAL,VEG.OILS,FATS,WAX
40 REST OF 4 NOT DEFINED
41 ANIMAL OILS AND FATS
411 ANIMAL OILS AND FATS
42 FIXED VEG. FATS AND OILS
420 REST OF 42 NOT DEFINED
421 FIXED VEG.FAT,OILS, SOFT
422 FIXED VEG.FAT,OILS,OTHER
43 ANIMAL,VEG.FATS,OILS,NES
431 ANIMAL,VEG.FATS,OILS,NES

5 CHEMICALS,RELTD.PROD.NES
50 REST OF 5 NOT DEFINED
51 ORGANIC CHEMICALS
510 REST OF 51 NOT DEFINED
511 HYDROCARBONS,NES,DERIVTS
512 ALCOHOL,PHENOL,ETC.DERIV
513 CARBOXYLIC ACIDS,DERIVTS
514 NITROGEN-FUNCT.COMPOUNDS
515 ORGANO-INORGANIC COMPNDS
516 OTHER ORGANIC CHEMICALS
52 INORGANIC CHEMICALS
520 REST OF 52 NOT DEFINED
522 INORGANIC CHEM.ELEMENTS
523 METAL.SALTS,INORGAN.ACID
524 OTHER CHEMICAL COMPOUNDS
525 RADIO-ACTIVE MATERIALS
53 DYES,COLOURING MATERIALS
530 REST OF 53 NOT DEFINED
531 SYNTH.COLOURS,LAKES,ETC.
532 DYEING,TANNING MATERIALS
533 PIGMENTS, PAINTS, ETC.
54 MEDICINAL,PHARM.PRODUCTS
540 REST OF 54 NOT DEFINED
541 MEDICINES,ETC.EXC.GRP542
542 MEDICAMENTS
55 ESSENTL.OILS,PERFUME,ETC
550 REST OF 55 NOT DEFINED
551 ESSNTL.OIL,PERFUME,FLAVR

553 PERFUMERY,COSMETICS,ETC.
554 SOAP,CLEANERS,POLISH,ETC
56 FERTILIZER,EXCEPT GRP272
562 FERTILIZER,EXCEPT GRP272
57 PLASTICS IN PRIMARY FORM
570 REST OF 57 NOT DEFINED
571 POLYMERS OF ETHYLENE
572 POLYMERS OF STYRENE
573 POLYMERS,VINYL CHLORIDE
574 POLYACETAL,POLYCARBONATE
575 OTH.PLASTIC,PRIMARY FORM
579 PLASTIC WASTE, SCRAP ETC
58 PLASTIC,NON-PRIMARY FORM
580 REST OF 58 NOT DEFINED
581 PLASTIC TUBE,PIPE,HOSE
582 PLASTIC PLATE,SHEETS,ETC
583 MONOFILAMENT OF PLASTICS
59 CHEMICAL MATERIALS NES
590 REST OF 59 NOT DEFINED
591 INSECTICIDES, ETC.
592 STARCHES,INULIN,ETC.
593 EXPLOSIVES,PYROTECHNICS
597 PREPRD ADDITIVES,LIQUIDS
598 MISC.CHEMICAL PRODTS.NES

6 MANUFACTURED GOODS

60 REST OF 6 NOT DEFINED
61 LEATHER, LEATHER GOODS
610 REST OF 61 NOT DEFINED
611 LEATHER
612 MANUFACT.LEATHER ETC.NES
613 FURSKINS,TANNED,DRESSED
62 RUBBER MANUFACTURES, NES
620 REST OF 62 NOT DEFINED
621 MATERIALS OF RUBBER
625 RUBBER TYRES,TUBES,ETC.
629 ARTICLES OF RUBBER, NES
63 CORK, WOOD MANUFACTURES
630 REST OF 63 NOT DEFINED
633 CORK MANUFACTURES
634 VENEERS, PLYWOOD, ETC.
635 WOOD MANUFACTURES, NES
64 PAPER,PAPERBOARD,ETC.
640 REST OF 64 NOT DEFINED
641 PAPER AND PAPERBOARD
642 PAPER,PAPERBOARD,CUT ETC
65 TEXTILE YARN,FABRIC,ETC.

650	REST OF 65 NOT DEFINED
651	TEXTILE YARN
652	COTTON FABRICS, WOVEN
653	FABRICS,MAN-MADE FIBRES
654	OTH.TEXTILE FABRIC,WOVEN
655	KNIT.CROCHET.FABRIC NES
656	TULLE,LACE,EMBROIDRY.ETC
657	SPECIAL YARN,TXTL.FABRIC
658	TEXTILE ARTICLES NES
659	FLOOR COVERINGS, ETC.
66	NON-METAL.MINERAL MANFCT
660	REST OF 66 NOT DEFINED
661	LIME,CEMENT,CONSTR.MATRL
662	CLAY,REFRCT.CONSTR.MATRL
663	MINERAL MANUFACTURES,NES
664	GLASS
665	GLASSWARE
666	POTTERY
667	PEARLS,PRECIOUS STONES
67	IRON AND STEEL
670	REST OF 67 NOT DEFINED
671	PIG IRON,SPIEGELEISN,ETC
672	INGOTS ETC.IRON OR STEEL
673	FLAT-ROLLED IRON ETC.
674	FLAT-ROLLED PLATED IRON
675	FLAT-ROLLED, ALLOY STEEL
676	IRON,STL.BAR,SHAPES ETC.
677	RAILWAY TRACK IRON,STEEL
678	WIRE OF IRON OR STEEL
679	TUBES,PIPES,ETC.IRON,STL
68	NON-FERROUS METALS
680	REST OF 68 NOT DEFINED
681	SILVER,PLATINUM,ETC.
682	COPPER
683	NICKEL
684	ALUMINIUM
685	LEAD
686	ZINC
687	TIN
689	MISC.NON-FERR.BASE METAL
69	METALS MANUFACTURES,NES
690	REST OF 69 NOT DEFINED
691	METALLIC STRUCTURES NES
692	CONTAINERS,STORAGE,TRNSP
693	WIRE PRODUCTS EXCL.ELECT
694	NAILS,SCREWS,NUTS,ETC.
695	TOOLS

696 CUTLERY
697 HOUSEHOLD EQUIPMENT,NES
699 MANUFACTS.BASE METAL,NES

7 MACHINES,TRANSPORT EQUIP

70 REST OF 7 NOT DEFINED
71 POWER GENERATNG.MACHINES
710 REST OF 71 NOT DEFINED
711 STEAM GENER.BOILERS,ETC.
712 STEAM TURBINES
713 INTRNL COMBUS PSTN ENGIN
714 ENGINES,MOTORS NON-ELECT
716 ROTATING ELECTRIC PLANT
718 OTH.POWR.GENRTNG.MACHNRY
72 SPECIAL.INDUST.MACHINERY
720 REST OF 72 NOT DEFINED
721 AGRIC.MACHINES,EX.TRACTR
722 TRACTORS
723 CIVIL ENGINEERING EQUIPT
724 TEXTILE,LEATHER MACHINES
725 PAPER,PULP MILL MACHINES
726 PRINTNG,BOOKBINDNG MACHS
727 FOOD-PROCESS.MCH.NON DOM
728 OTH.MACH,PTS,SPCL INDUST
73 METALWORKING MACHINERY
730 REST OF 73 NOT DEFINED
731 METAL REMOVAL WORK TOOLS
733 MACH-TOOLS,METAL-WORKING
735 PARTS,NES,FOR MACH-TOOLS
737 METALWORKING MACHNRY NES
74 GENERAL INDUSTL.MACH.NES
740 REST OF 74 NOT DEFINED
741 HEATNG,COOLNG EQUIP,PART
742 PUMPS FOR LIQUIDS,PARTS
743 PUMPS NES,CENTRIFUGS ETC
744 MECHANICAL HANDLNG EQUIP
745 OTH.NONELEC MCH,TOOL,NES
746 BALL OR ROLLER BEARINGS
747 TAPS,COCKS,VALVES,ETC.
748 TRANSMISSIONS SHAFTS ETC
749 NON-ELECT MACH.PARTS,ETC
75 OFFICE MACHINES,ADP MACH
750 REST OF 75 NOT DEFINED
751 OFFICE MACHINES
752 AUTOMATC.DATA PROC.EQUIP
759 PARTS,FOR OFFICE MACHINS
76 TELECOMM.SOUND EQUIP ETC

760	REST OF 76 NOT DEFINED
761	TELEVISION RECEIVERS ETC
762	RADIO-BROADCAST RECEIVER
763	SOUND RECORDER,PHONOGRPH
764	TELECOMM.EQUIP.PARTS NES
77	ELEC MCH APPAR,PARTS,NES
770	REST OF 77 NOT DEFINED
771	ELECT POWER MACHNY.PARTS
772	ELEC.SWITCH.RELAY.CIRCUT
773	ELECTR DISTRIBT.EQPT NES
774	ELECTRO-MEDCL,XRAY EQUIP
775	DOM.ELEC,NON-ELEC.EQUIPT
776	TRANSISTORS,VALVES,ETC.
778	ELECTRIC.MACH.APPART.NES
78	ROAD VEHICLES
780	REST OF 78 NOT DEFINED
781	PASS.MOTOR VEHCLS.EX.BUS
782	GOODS,SPCL TRANSPORT VEH
783	ROAD MOTOR VEHICLES NES
784	PARTS,TRACTORS,MOTOR VEH
785	CYCLES,MOTORCYCLES ETC.
786	TRAILERS,SEMI-TRAILR,ETC
79	OTHR.TRANSPORT EQUIPMENT
790	REST OF 79 NOT DEFINED
791	RAILWAY VEHICLES.EQUIPNT
792	AIRCRAFT,ASSOCTD.EQUIPNT
793	SHIP,BOAT,FLOAT.STRUCTRS

8 MISC MANUFACTURED ARTCLS

80	REST OF 8 NOT DEFINED
81	PREFAB BUILDGS,FTTNG ETC
810	REST OF 81 NOT DEFINED
811	PREFABRICATED BUILDINGS
812	PLUMBNG,SANITRY,EQPT.ETC
813	LIGHTNG FIXTURES ETC.NES
82	FURNITURE,BEDDING,ETC.
820	REST OF 82 NOT DEFINED
821	FURNITURE,CUSHIONS,ETC.
83	TRAVEL GOODS,HANDBGS ETC
830	REST OF 83 NOT DEFINED
831	TRUNK,SUIT-CASES,BAG,ETC
84	CLOTHING AND ACCESSORIES
840	REST OF 84 NOT DEFINED
841	MENS,BOYS CLOTHNG,X-KNIT
842	WOMEN,GIRL CLOTHNG,XKNIT
843	MENS,BOYS CLOTHING,KNIT
844	WOMEN,GIRLS CLOTHNG.KNIT

845	OTHR.TEXTILE APPAREL,NES
846	CLOTHING ACCESSRS,FABRIC
848	CLOTHNG,NONTXTL;HEADGEAR
85	FOOTWEAR
850	REST OF 85 NOT DEFINED
851	FOOTWEAR
87	SCIENTIFIC EQUIPMENT NES
870	REST OF 87 NOT DEFINED
871	OPTICAL INSTRUMENTS,NES
872	MEDICAL INSTRUMENTS NES
873	METERS,COUNTERS,NES
874	MEASURE,CONTROL INSTRMNT
88	PHOTO.APPARAT.NES;CLOCKS
880	REST OF 88 NOT DEFINED
881	PHOTOGRAPH APPAR.ETC.NES
882	PHOTO.CINEMATOGRPH.SUPPL
883	CINE.FILM EXPOSD.DEVELPD
884	OPTICAL GOODS NES
885	WATCHES AND CLOCKS
89	MISC MANUFCTRD GOODS NES
890	REST OF 89 NOT DEFINED
891	ARMS AND AMMUNITION
892	PRINTED MATTER
893	ARTICLES,NES,OF PLASTICS
894	BABY CARRIAGE,TOYS,GAMES
895	OFFICE,STATIONERY SUPPLS
896	WORKS OF ART,ANTIQUE ETC
897	GOLD,SILVERWARE,JEWL NES
898	MUSICAL INSTRUMENTS,ETC.
899	MISC MANUFCTRD GOODS NES

9 GOODS NOT CLASSD BY KIND

90	REST OF 9 NOT DEFINED
91	MAIL NOT CLASSED BY KIND
911	MAIL NOT CLASSED BY KIND
93	SPEC.TRANSACT.NOT CLASSD
931	SPEC.TRANSACT.NOT CLASSD
96	COIN NONGOLD NONCURRENT
961	COIN NONGOLD NONCURRENT
97	GOLD,NONMONTRY EXCL ORES
971	GOLD,NONMONTRY EXCL ORES

Quelle: UN, Standard International Trade Classification Revision 3, Statistical Papers, Series M, No. 34/Rev.3 (1996)

ANHANG C

International Standard Classification of Occupations (ISCO-1968) [1, 2]

Major Group 0/1 Professional, technical and related workers

0-1	Physical scientists and related technicians
0-2/3	Architects, engineers and related technicians
0-4	Aircraft and ships' officers
0-5	Life scientists and related technicians
0-6/7	Medical, dental, veterinary and related workers
0-8	Statisticians, mathematicians, systems analysts and related technicians
0-9	Economists
1-1	Accountants
1-2	Jurists
1-3	Teachers
1-4	Workers in religion
1-5	Authors, journalists and related writers
1-6	Sculptors, painters, photographers and related creative artists
1-7	Composers and performing artists
1-8	Athletes, sportsmen and related workers
1-9	Professional, technical and related workers not elsewhere classified

Major Group 2 Administrative and managerial workers

2-0	Legislative officials and government administrators
2-1	Managers

Major Group 3 Clerical and related workers

3-0	Clerical supervisors
3-1	Government executive officials
3-2	Stenographers, typists and card- and tape-punching machine operators
3-3	Bookkeepers, cashiers and related workers
3-4	Computing machine operators
3-5	Transport and communications supervisors
3-6	Transport conductors
3-7	Mail distribution clerks
3-8	Telephone and telegraph operators
3-9	Clerical related workers not elsewhere classified

Major Group 4 Sales workers

4-0	Managers (wholesale and retail trade)
4-1	Working proprietors (wholesale and retail trade)
4-2	Sales supervisors and buyers
4-3	Technical salesmen, commercial travellers and manufacturers' agents
4-4	Insurance, real estate, securities and business services salesmen and auctioneers
4-5	Salesmen, shop assistants and related workers
4-9	Sales workers not elsewhere classified

Major Group 5 Service workers

5-0	Managers (catering and lodging services)
5-1	Working proprietors (catering and lodging services)
5-2	Housekeeping and related service supervisors
5-3	Cooks, waiters, bartenders and related workers
5-4	Maids and related housekeeping service workers not elsewhere classified
5-5	Building caretakers, charworkers, cleaners and related workers
5-6	Launderers, dry-cleaners and pressers
5-7	Hairdressers, barbers, beauticians and related workers
5-8	Protective service workers
5-9	Service workers not elsewhere classified

Major Group 6 Agriculture, animal husbandry and forestry workers, fishermen and hunters

6-0	Farm managers and supervisors
6-1	Farmers
6-2	Agriculture and animal husbandry workers
6-3	Forestry workers
6-4	Fishermen, hunters and related workers

Major Group 7/8/9 Production and related workers, transport equipment operators and labourers

7-0	Production supervisors and general foremen
7-1	Miners, quarrymen, well drillers and related workers
7-2	Metal processers
7-3	Wood preparation workers and paper makers
7-4	Chemical processers and related workers
7-5	Spinners, weavers, knitters, dyers and related workers
7-6	Tanners, fellmongers and pelt dressers
7-7	Food and beverage processers
7-8	Tobacco preparers and tobacco product makers
7-9	Tailors, dressmakers, sewers, upholsterers and related workers
8-0	Shoemakers and leather goods makers
8-1	Cabinetmakers and related woodworkers
8-2	Stone cutters and carvers
8-3	Blacksmiths, toolmakers and machine-tool operators
8-4	Machinery fitters, machine assemblers and precision instrument makers (except electrical)
8-5	Electrical fitters and related electrical and electronics workers
8-6	Broadcasting station and sound equipment operators and cinema projectionists
8-7	Plumbers, welders, sheet metal and structural metal preparers and erectors
8-8	Jewellery and precious metal workers
8-9	Glass formers, potters and related workers
9-0	Rubber and plastics product makers
9-1	Paper and paper board products makers
9-2	Printers and related workers
9-3	Painters
9-4	Production and related workers not elsewhere classified
9-5	Bricklayers, carpenters and other construction workers
9-6	Stationary engine and related equipment operators
9-7	Material-handling and related equipment operators, dockers and freight handlers
9-8	Transport equipment operators
9-9	Labourers not elsewhere classified

Major Group X Workers not classifiable by occupation

X-1 New workers seeking employment

X-2 Workers reporting occupations unidentifiable or inadequately described

X-3 Workers not reporting any occupation

Armed Forces Members of the armed forces

Notes

[1] *Major* and *Minor groups* only. This Classification consists of *Major groups* (one-digit codes), *Minor groups* (two-digit codes), *Unit groups* (three-digit codes) and *Occupational categories* (five-digit codes).

For full details, see ILO: International Standard classification of Occupations revised edition, 1968 (Geneva, 1969).

[2] The revised *International Standard Classification of Occupations* (ISCO-88), which was approved by the 14th International Conference of Labour Statisticians 1987, was published in 1990.

Quelle: ILO, Yearbook of Labour Statistics (1998)

ANHANG D

International Standard Classification of Occupations (ISC0-88) Major, Sub-Major and Minor Groups

Major Group 1 **Legislators, senior officials and managers**

11 Legislators and senior officials
- 111 Legislators
- 112 Senior government officials
- 113 Traditional chiefs and heads of villages
- 114 Senior officials of special-interest organisations

12 Corporate managers [1]
- 121 Directors and chief executives
- 122 Production and operations department managers
- 123 Other department managers

13 General managers [2]
- 131 General managers

Major Group 2 **Professionals**

21 Physical, mathematical and engineering science professionals
- 211 Physicists, chemists and related professionals
- 212 Mathematicians, statisticians and related professionals
- 213 Computing professionals
- 214 Architects, engineers and related professionals

22 Life science and health professional
- 221 Life science professionals
- 222 Health professionals (except nursing)
- 223 Nursing and midwifery professionals

23 Teaching professionals
- 231 College, university and higher education teaching professionals
- 232 Secondary education teaching professionals
- 233 Primary and pre-primary education teaching professionals
- 234 Special education teaching professionals
- 235 Other teaching professionals

24 Other professionals
- 241 Business professionals
- 242 Legal professionals
- 243 Archivists, librarians and related information professionals
- 244 Social science and related professionals
- 245 Writers and creative or performing artists
- 246 Religious professionals

Major Group 3 **Technicians and associate professionals**

31 Physical and engineering science associate professionals
- 311 Physical and engineering science technicians
- 312 Computer associate professionals
- 313 Optical and electronic equipment operators
- 314 Ship and aircraft controllers and technicians
- 315 Safety and quality inspectors

32 Life science and health associate professionals
- 321 Life science technicians and related associate professionals
- 322 Modern health associate professionals (except nursing)
- 323 Nursing and midwifery associate professionals
- 324 Traditional medicine practitioners and faith healers

33 Teaching associate professionals
- 331 Primary education teaching associate professionals
- 332 Pre-primary education teaching associate professionals
- 333 Special education teaching associate professionals
- 334 Other teaching associate professionals

34 Other associate professionals
- 341 Finance and sales associate professionals
- 342 Business services agents and trade brokers
- 343 Administrative associate professionals
- 344 Customs, tax and related government associate professionals
- 345 Police inspectors and detectives
- 346 Social work associate professionals
- 347 Artistic, entertainment and sports associate professionals
- 348 Religious associate professionals

Major Group 4 **Clerks**

41 Office clerks
- 411 Secretaries and keyboard-operating clerks
- 412 Numerical clerks
- 413 Material-recording and transport clerks
- 414 Library, mail and related clerks
- 419 Other office clerks

42 Customer service clerks
- 421 Cashiers, tellers and related clerks
- 422 Client information clerks

Major Group 5 **Service workers and shop and market sales workers**

51 Personal and protective services workers
- 511 Travel attendants and related workers
- 512 Housekeeping and restaurant services workers
- 513 Personal care and related workers
- 514 Other personal service workers
- 515 Astrologers, fortune-tellers and related workers
- 516 Protective services workers

52 Models, salespersons and demonstrators
- 521 Fashion and other models
- 522 Shop salespersons and demonstrators
- 523 Stall and market salespersons

Major Group 6 **Skilled agricultural and fishery workers**

61 Market-oriented skilled agricultural and fishery workers
- 611 Market gardeners and crop growers
- 612 Market-oriented animal producers and related workers
- 613 Market-oriented crop and animal producers
- 614 Forestry and related workers
- 615 Fishery workers, hunters and trappers

62 Subsistence agricultural and fishery workers
- 621 Subsistence agricultural and fishery workers

Major Group 7 **Craft and related trade workers**

71 Extraction and building trade workers
- 711 Miners, shotfirers, stone cutters and carvers
- 712 Building frame and related trades workers
- 713 Building finishers and related trades workers
- 714 Painters, building structure cleaners and related trades workers

72 Metal, machinery and related trades workers
- 721 Metal moulders, welders, sheet-metal workers, structural-metal preparers, and related trades workers

722 Blacksmiths, tool-makers and related trades workers
723 Machinery mechanics and fitters
724 Electrical and electronic equipment mechanics and fitters

73 Precision, handicraft, printing and related trades workers
731 Precision workers in metal and related materials
732 Potters, glass-makers and related trades workers
733 Handicraft workers in wood, textile, leather and related material
734 Printing and related trades workers

74 Other craft and related trades workers
741 Food processing and related trades workers
742 Wood treaters, cabinet-makers and related trades workers
743 Textile, garment and related trades workers
744 Pelt, leather and shoemaking trades workers

Major Group 8 Plant and machine operators and assemblers

81 Stationary plant and related operators
811 Mining and mineral-processing-plant operators
812 Metal-processing-plant operators
813 Glass, ceramics and related plant-operators
814 Wood-processing-and papermaking-plant operators
815 Chemical-processing-plant operators
816 Power-production and related plant operators
817 Automated-assembly-line and industrial-robot operators

82 Machine operators and assemblers
821 Metal-and mineral-products machine operators
822 Chemical-products machine operators
823 Rubber- and plastic-products machine operators
824 Wood-products machine operators
825 Printing-, binding-and paper-products machine operators
826 Textile-, fur-and leather-products machine operators
827 Food and related products machine operators
828 Assemblers
829 Other machine operators and assemblers

83 Drivers and mobile plant operators
831 Locomotive engine drivers and related workers
832 Motor vehicle drivers
833 Agricultural and other mobile plant operators
834 Ships' deck crews and related workers

Major Group 9 Elementary occupations

91 Sales and services elementary occupations
911 Street vendors and related workers
912 Shoe cleaning and other street services elementary occupations
913 Domestic and related helpers, cleaners and launderers
914 Building caretakers, window and related cleaners
915 Messengers, porters, doorkeepers and related workers
916 Garbage collectors and related labourers

92 Agricultural, fishery and related labourers
921 Agricultural, fishery and related labourers

93 Labourers in mining, construction, manufacturing and transport
931 Mining and construction labourers
932 Manufacturing labourers
933 Transport labourers and freight handlers

Major Group 0 Armed forces

01 Armed forces
011 Armed forces

Notes

[1] This sub-major group is intended to include persons who — as directors, chief executives or specialised managers — manage enterprises requiring a total of three or more managers.

[2] This sub-major group is intended to include persons who manage enterprises on their own behalf, or on behalf of the proprietor, with some non-managerial help and assistance of no more than one other manager.

Quelle: ILO, Yearbook of Labour Statistics (1998)

Anhang E

Berechnung der realen Gesamtlohnkosten pro Stunde in Brasilien und in ausgesuchten Ländern

Als Basis für die Berechnung der realen Gesamtlohnkosten pro gearbeitete Stunde in Brasilien dienen *erstens* Daten, die vom IBGE (Brasilianisches Statistische Bundesamt) im Rahmen der *Pesquisa Industrial Mensal* monatlich erhoben werden. Der IBGE erhebt u.a. der reale Grundlohn aller in dem Bereich "Produktion" tätigen Arbeitskräfte[646] und die Gesamtzahl der gearbeiteten Stunden in der Produktion. Wie aus Formel (6.5a) ersichtlich ist,[647] erfaßt der Grundlohn (GL) aber nur ein Teil der gesamten Lohnkosten (GLK). Aus diesem Grund muß hier *zweitens* die Entwicklung der Lohnzusatzkosten in Brasilien auch berücksichtigt werden. Die Lohnzusatzkosten waren aber seit 1985 nicht immer konstant gewesen, sondern änderten sich im Laufe der Zeit. Für die Berechnung der Indizes zur Entwicklung der realen Gesamtlohnkosten in Brasilien dient, ausgehend von den Daten des IBGE, folgende Formel:

$$GLK = 1{,}358 * GL \qquad (E.1)$$

Diese Formel kann aber nur ab 1993 angewendet werden, denn zwischen 1985 und Juni 1989 und zwischen Juli 1989 und 1992 betrugen die Lohnzusatzkosten in Brasilien jeweils 26,8 % und 35,2 % des Grundlohns.[648] Für die Berechnung der Indizes zur Entwicklung der realen Gesamtlohnkosten in Brasilien zwischen 1988 und 1992 dienen somit folgende Formeln:

$$\mathrm{GLK} = 1{,}268 * \mathrm{GL} \quad (1985\text{-}1988) \qquad (E.2)$$

$$\mathrm{GLK} = \mathrm{GL} + \sqrt{0{,}268 * 0{,}352} * \mathrm{GL} \quad (1989) \ (E.3)$$

$$\mathrm{GLK} = 1{,}352 * \mathrm{GL} \quad (1990\text{-}1992) \qquad (E.4)$$

Für die Berechnung der realen Gesamtlohnkosten pro gearbeitete Stunde in anderen Ländern werden Daten herangezogen, die aus einem Survey aus dem US-amerikanischen *Department of Labor* stammen.[649] In diesem Survey wurde der **nomina-**

---

[646] Als problematisch erweist sich aber in diesem Zusammenhang die Tatsache, daß neben Abteilungsleiter auch Arbeiter in niedrigen hierarchischen Positionen miterfaßt werden. Vgl. dazu IBGE, Série Relatórios Metodológicos Volume 11 - Indicadores Conjunturais da Indústria: Produção, Emprego e Salário (1996), S. 163 f.

[647] Vgl. dazu Abschnitt 6.4.

[648] Vgl. Amadeo, E. J./Gonzaga, G., Salário, Produtividade e Câmbio (1996), S. 9.

[649] Vgl. dazu U.S. Department of Labor, Hourly Compensation Costs (1996), in: http://www.stats.bls.gov.

le Gesamtlohn pro gearbeitete Stunde in der Produktion für mehrere Länder und Branchen berechnet. Der Gesamtlohn pro Stunde (**hourly compensation costs**) wird wie folgt vom U.S.-Department of Labor definiert:

"Hourly Compensation is defined as (1) all payments made directly to the worker - pay for time worked (basic time and piece rates plus overtime premiums, shift differentials, other bonuses and premiums paid regularly each pay period, and cost-of-living adjustments), pay for time not worked (vacations, holidays, and other leave), seasonal or irregular bonuses, other special payments, selected social allowances, and the cost of payments in kind - before payroll deductions of any kind, and (2) employer expenditures for legally required insurance programs and contractual and private benefit plans."[650]

Im Rahmen der Erhebung der "Hourly Compensation Costs" werden aber nicht alle Arten von Lohnkosten durch den U.S.-Department of Labor berücksichtigt. Insbesondere Einstellungskosten, Kosten für Trainings-Programme und für sog. "plant facilities and services" (z.B. Cafeterias und innerbetriebliche Kliniken) werden aufgrund von Datenmangel nicht erhoben. Nach Schätzungen des U.S.-Department of Labor betragen diese Kosten aber wiederum nicht mehr als 4 % der gesamten Lohnkosten, so daß deren Nicht-Berücksichtigung keine Verzerrung der Ergebnisse zur Folge hat.[651]

Die vom US-Department of Labor für einzelne Länder erhobenen **nominalen** Gesamtlohnkosten pro Stunde müssen außerdem deflationiert werden, um den Einfluß der Preissteigerungsraten in den einzelnen Ländern zu eliminieren und somit nur reale Größen in den Vergleich heranzuziehen. Für diese Deflationierung wird in dieser Arbeit die Entwicklung der Verbraucherpreise in den einzelnen Ländern herangezogen. Dazu wird folgende Formel verwendet:

$$rGLK_i = \frac{nGLK_i}{P_i} \qquad \text{(E.5)}$$

wobei $rGLK_i$ die realen Gesamtlohnkosten, $nGLK_i$ die nominalen Gesamtlohnkosten und P_i die Verbraucherpreissteigerungsrate in einem bestimmten Jahr i darstellen. Alle Daten werden in Indizes gezeigt. Als P_i dient die vom IWF (Internationaler Währungsfonds) berechnete Entwicklung der Verbraucherpreise (consumer price indices) in einzelnen Ländern.[652]

---

[650] U.S. Department of Labor, Hourly Compensation Costs (1996), Anhang, in: http://www.stats.bls.gov.

[651] Vgl. U.S. Department of Labor, Hourly Compensation Costs (1996), Anhang, in: http://www.stats.bls.gov.

[652] Vgl. dazu IMF, International Financial Statistics Yearbook (1996), Line 64 (Consumer Prices).

Anhang F

Regelsteuer- und Sondersteuersatz der Körperschaftssteuer in ausgesuchten Ländern

(Stand: Brasilien, Argentinien, Thailand, Chile, Malaysia: Januar 1996; andere Länder: 1995)

LAND	REGELSTEUERSATZ	SONDERSTEUERSATZ
Brasilien	15 %	10 %
Argentinien	30 %	nicht vorhanden
Chile	15 %	nicht vorhanden
Korea	32 %	7,5 %
Malaysia	30 %(1)	nicht vorhanden
Thailand	30 %	nicht vorhanden
Indonesien	30 %(2)	nicht vorhanden
USA	35 %	nicht vorhanden
Deutschland	30-45 %(3)	7,5 %
Japan	37,5 %	nicht vorhanden

(1) Ausnahme bestehen bei Rohölproduzenten, die mit 40 % besteuert werden.

(2) In Indonesien stellt 30 % aber der Spitzensteuersatz dar. Es gelten in Indonesien folgende Körperschaftssteuersätze bei folgenden Gewinnklassen: 10 % (bis 25,000,000 Rp), 15 % (25,000,000-50,000,000 Rp) und 30 % (ab 50,000,000 Rp).

(3) Bei Ausschüttung wird 30 %, bei Einbehaltung des Gewinns 45 % Körperschaftssteuer erhoben.

Quelle: Boadway, R./Shah, A., Investment Incentives (1995), S. 103 ff.; Davidson, R./Ciambella, F., Investment in Southeast Asia (1995); Ministry of Economy and Public Works and Services of Argentina, Taxation Framework: General Aspects of Mercosur, in: http://www.mecon.ar/invest/taxation.htm; American Embassy - Bangkok, Country Commercial Guide Thailand - 1996, in: http://www.tradecompass.com; American Embassy - Kuala Lumpur, Country Commercial Guide Malaysia - 1996, in: http://www.tradecompass.com; American Embassy - Brasília, Country Commercial Guide Brazil - 1996, in: http://www.tradecompass.com; American Embassy - Jakarta, Country Commercial Guide Indonesia - 1996, in: http://www.tradecompass.com; American Embassy - Seoul, Country Commercial Guide Korea - 1996, in: http://www.tradecompass.com; American Embassy - Santiago de Chile, Country Commercial Guide Chile - 1996, in: http://www.tradecompass.com; American Embassy - Buenos Aires, Country Commercial Guide Argentina - 1996, in: http://www.tradecompass.com; ANDIMA, Relatório Economico-Tributação (1996), S. 11 ff.

Anhang G

Tiefergliederung der mineralischen Rohstoffindustrie nach der SITC Rev.3

28 METALLIFEROUS ORE,SCRAP

281 IRON ORE, CONCENTRATES
2810 REST OF 281 NOT DEFINED
2814 Roasted iron pyrites
2815 Iron ore,concntr.not agg
2816 Iron ore agglomerates

283 COPPER ORES,CONCENTRATES
2830 REST OF 283 NOT DEFINED
2831 Copper ores,concentrates
2832 Copper mattes, etc.
28321 Copper mattes
28322 Cement copper

284 NICKEL ORES,CONCTR,MATTE
2840 REST OF 284 NOT DEFINED
2841 Nickel ores,concentrates
2842 Nickel mattes,sintrs.etc
28421 Nickel mattes
28422 Nickel oxide sinters etc

285 ALUMINIUM ORE,CONCTR.ETC
2850 REST OF 285 NOT DEFINED
2851 Aluminium ore,concentrat
2852 Alumina(aluminium oxide)

287 ORE,CONCENTR.BASE METALS
2870 REST OF 287 NOT DEFINED
2874 Lead ores, concentrates
2875 Zinc ores, concentrates
2876 Tin ores, concentrates
2877 Manganese ores,concentrs
2878 Ore etc.molybdn.niob.etc
28780 REST OF 2878 NOT DEFINED
28781 Molybdenum ore etc.roast
28782 Molybdenum ore etc.other

28783 Titanium ore,concentrate
28784 Zirconium ore,concentrat
28785 Niobium,tantalum,vanadum
2879 Oth.non-ferr.ore,concntr
28790 REST OF 2879 NOT DEFINED
28791 Chromium ore,concentrate
28792 Tungsten ore,concentrate
28793 Cobalt ores,concentrates
28799 Base metal ore,cnctr.nes

67 IRON AND STEEL

670 REST OF 67 NOT DEFINED

671 PIG IRON,SPIEGELEISN,ETC
6710 REST OF 671 NOT DEFINED
6712 Pig iron,etc.primry.form
67120 REST OF 6712 NOT DEFINED
67121 Nonalloy.pigiron<.5%phos
67122 Nonalloy.pigiron.5%+phos
67123 Alloy pig iron,etc.
6713 Pellets,etc.pig iron,etc
67130 REST OF 6713 NOT DEFINED
67131 Granules,pig iron,etc.
67132 Powders,pig iron,etc.
67133 Ferrous products,pellets
6714 Ferro-manganese
67141 Ferro-manganese,2%+carbn
67149 Ferro-manganese,other
6715 Other ferro-alloys
67150 REST OF 6715 NOT DEFINED
67151 Ferro-silicon
67152 Ferro-silico-manganese
67153 Ferro-chromium
67154 Ferro-silico-chromium
67155 Ferro-nickel
67159 Ferro-alloys, nes

672 INGOTS ETC.IRON OR STEEL
6720 REST OF 672 NOT DEFINED
6724 Ingots of iron or steel
67240 REST OF 6724 NOT DEFINED

67241	Ingot.iron,non-alloy stl
67245	Oth.primary,iron,steel
67247	Ingots, stainless steel
67249	Ingots,oth. alloy steel
6726	Semi-finish.iron,steel
67260	REST OF 6726 NOT DEFINED
67261	Semi-fin.iron,etc.rectn.
67262	Semi-fin.iron,oth.rectn.
67269	Oth.semi-finish iron,etc
6727	Semi-fin.iron,etc..25%+c
6728	Semi-fin.alloy stl.25%+c
67281	Semi-fin.stl.steel.25%+c
67282	Semi-fin.o.all.stl.25%+c
673	FLAT-ROLLED IRON ETC.
6730	REST OF 673 NOT DEFINED
67300	REST OF 673 NOT DEFINED
6731	Flat,hot-rolld.prod.iron
67310	REST OF 6731 NOT DEFINED
67311	Flat.irn,600x4.75+mm,cls
67312	Flat.irn,600x<4.75mm,cls
67313	Fl.4fc.irn,600-1250x<4mm
67314	Fl.oth.iron,600x4.75+mm
67315	Fl.oth.iron,600x<4.75mm
67316	Fl.4fc.iron,150-600mm
67317	Fl.oth.iron,<600x4.75+mm
67319	Fl.oth.iron,<600mm
6732	Flat,hot-rolld,prod.iron
67320	REST OF 6732 NOT DEFINED
67321	Flat.irn,600x4.75+mm,cls
67322	Flat.irn,600x<4.75mm,cls
67323	Fl.4fc.irn,600-1250x<4mm
67324	Fl.oth.iron,600x4.75+mm
67325	Fl.oth.iron,600x<4.75mm
67326	Fl.4fc.iron,150-600mm
67327	Fl.oth.iron,<600x4.75+mm
67329	Fl.oth.iron,<600mm
6733	Flat,cold-rolld,prod.irn
67330	REST OF 6733 NOT DEFINED
67331	Flat.irn,600x3+mm,coils
67332	Flat.irn,600x1-3mm,coils
67333	Flat.irn,600x.5-1mm,coil

67334	Flat.irn,600x<.5mm,coils
67335	Flat.iron,600x3+mm
67336	Flat.iron,600x1-3mm
67337	Flat.iron,600x.5-1mm
67338	Flat.iron,600x<.5mm
67339	Flat.iron,<600mm
6734	Flat,cold-rolld,prod.irn
67340	REST OF 6734 NOT DEFINED
67341	Flat.irn,600x3+mm,coils
67342	Flat.irn,600x1-3mm,coils
67343	Flat.irn,600x.5-1mm,coil
67344	Flat.irn,600x<.5mm,coils
67345	Flat.iron,600x3+mm
67346	Flat.iron,600x1-3mm
67347	Flat.iron,600x.5-1mm
67348	Flat.iron,600x<.5mm
67349	Flat.iron,<600mm
6735	Flat-rolld.prod.iron nes
67350	REST OF 6735 NOT DEFINED
67351	Flat,600mm+, hot-rolled
67352	Flat,600mm+, cold-rolled
67353	Flat,<600mm

674	FLAT-ROLLED PLATED IRON
6740	REST OF 674 NOT DEFINED
6741	Flat-rolld.iron,zinc plt
67410	REST OF 6741 NOT DEFINED
67411	Flt.irn600+mm,zinc e.plt
67412	Flt.irn<600mm,zinc e.plt
67413	Flt.iron600+mm,zinc pltd
67414	Flt.iron<600mm,zinc pltd
6742	Flat-rolld.iron,tin pltd
67421	Flat.iron600+mm,tin pltd
67422	Flat.iron<600mm,tin pltd
6743	Flat-rolld.iron,pntd,etc
67431	Flat.iron600+mm,pntd,etc
67432	Flat.iron<600mm,pntd,etc
6744	Flat-rolld.irn600+mm,plt
67440	REST OF 6744 NOT DEFINED
67441	Flat.iron600+mm,lead ctd
67442	Flat.iron600+mm,chrm.plt
67443	Flat.iron600+mm,alum.plt

67444	Flat.iron600+mm,oth.pltd
6745	Flat-rolld.irn<600mm,plt
67451	Flat.iron<600mm,no.e.plt
67452	Flat.iron<600mm,clad
675	FLAT-ROLLED, ALLOY STEEL
6750	REST OF 675 NOT DEFINED
6751	Flat-rolld.silc-elec.stl
67511	Flat.silc.elec.stl600+mm
67512	Flat.silc.elec.stl<600mm
6752	Flat-rolled.hi-speed stl
67521	Flat.hi-speed stl.600+mm
67522	Flat.hi-speed stl.<600mm
6753	Flat,hot-rolled s.steel
67530	REST OF 6753 NOT DEFINED
67531	Flt,s.stl600x4.75+mm,cls
67532	Flt,s.stl600x3-4.75mm,cl
67533	Flt,s.stl600x<3mm,coils
67534	Flat,s.steel600x4.75+mm
67535	Flat,s.steel600x3-4.75mm
67536	Flat,s.steel600x<3mm
67537	Flat,s.steel<600x4.75+mm
67538	Flat,s.steel<600x<4.75mm
6754	Flat,hot-rolld.alloy stl
67540	REST OF 6754 NOT DEFINED
67541	Flat,alloy stl600+mm,cls
67542	Flat,alloy steel,600+mm
67543	Flat,alloy steel,<600mm
6755	Flat,cold-rolled s.steel
67550	REST OF 6755 NOT DEFINED
67551	Flat,s.steel600x4.75+mm
67552	Flat,s.steel600x3-4.75mm
67553	Flat,s.steel600x1-3mm
67554	Flat,s.steel600x.5-1mm
67555	Flat,s.steel600x<.5mm
67556	Flat,s.steel<600mm
6756	Flt,cold-rolld.alloy stl
67561	Flat,alloy steel.600+mm
67562	Flat,alloy steel,<600mm
6757	Flat-rolld,alloy stl.nes
67570	REST OF 6757 NOT DEFINED
67571	Flat,s.steel,600+mm

67572	Flat,s.steel,<600mm
67573	Flat,oth.alloy stl600+mm
67574	Flat,oth.alloy stl<600mm
676	IRON,STL.BAR,SHAPES ETC.
6760	REST OF 676 NOT DEFINED
6761	Bar,rod iron,hot-fd,coil
67610	REST OF 6761 NOT DEFINED
67611	Bar,rod,iron,ribbed etc.
67612	Bar,rod,free-cttng.steel
67613	Bar,rod,iron,<.60%carbon
67614	Bar,rod,iron,.60%+carbon
67615	Bar,rod,stainless steel
67617	Bar,rod,hi-speed steel
67619	Bar,rod,oth.alloy steel
6762	Bar,rod iron,stl.hot-fd
67620	REST OF 6762 NOT DEFINED
67621	Bar,rod,iron,ribbed etc.
67622	Bar,rod,free-cttng.steel
67623	Bar,rod,iron,<.60%carbon
67624	Bar,rod,iron,.60%+carbon
67625	Bar,rod,stainless steel
67629	Bar,rod,oth.alloy steel
6763	Bar,rod iron,stl.cold-fd
67630	REST OF 6763 NOT DEFINED
67631	Bar,rod,free-cttng.steel
67632	Bar,rod,iron,<.60%carbon
67633	Bar,rod,iron,.60%+carbon
67634	Bar,rod,stainless steel
67639	Bar,rod,oth.alloy steel
6764	Oth.bar,rod iron,steel
67640	REST OF 6764 NOT DEFINED
67641	Oth.bar,rod hi-speed stl
67642	Oth.bar,rod sil-mang.stl
67643	Oth.bar,rod irn,n.al.stl
67644	Oth.bar,rod oth.iron.stl
67645	Oth.bar,rod stainlss.stl
67646	Oth.bar,rod oth.alloy st
67647	Bar,rod alloy steel,nes
67648	Hollow drill bar,rod,stl
6768	Angles,shaped,iron,steel
67680	REST OF 6768 NOT DEFINED

67681	U,I,H,L,T sect.<80mm,irn
67682	U,I,H,L,T sect.80mm+,irn
67683	Oth.angles,etc.hot-rolld
67684	Angles,etc.cold-form,irn
67685	Oth.angle,etc.irn,n-a.st
67686	Sheet piling,iron,steel
67687	Angles,etc.s.steel
67688	Angles,etc.oth.alloy stl
677	RAILWAY TRACK IRON,STEEL
6770	Railway constr.matrl.irn
67701	Rails of iron or steel
67709	Oth.railway constr.matrl
678	WIRE OF IRON OR STEEL
6780	REST OF 678 NOT DEFINED
6781	Wire,iron,non-alloy stl
67810	REST OF 6781 NOT DEFINED
67811	Wire,iron,<0.25% carbon
67812	Wire,iron,0.25-0.60%carb
67813	Wire,iron,0.60%+ carbon
6782	Wire,s.stl,oth.alloy stl
67821	Wire,stainless steel
67829	Wire,other alloy steel
679	TUBES,PIPES,ETC.IRON,STL
6790	REST OF 679 NOT DEFINED
6791	Tube,etc.seamless,irn.st
67910	REST OF 6791 NOT DEFINED
67911	Tube,etc.cast iron
67912	Oil,gas pipeline,ex.cast
67913	Drill case,oil,gas x cst
67914	Oth.circ.tube,irn,n-a.st
67915	Oth.circ.tube,stlss.stl.
67916	Oth.circ.tube,o.alloy.st
67917	Oth.seamless tubes,etc.
6793	Oth.tube,d406.4mm+,ir,st
67930	REST OF 6793 NOT DEFINED
67931	Oil or gas pipelines
67932	Drill casing,oil or gas
67933	Oth.welded tube,406.4mm+
67939	Oth.tubes,pipes,406.4mm+

6794 Oth.tube,pipe,iron,steel
67940 REST OF 6794 NOT DEFINED
67941 Oil or gas pipelines
67942 Drill casing,oil or gas
67943 Oth.welded,circ.tube
67944 Oth.welded,non-circ.tube
67949 Oth.non-welded tube,pipe
6795 Tube,pipe fttngs,irn.stl
67950 REST OF 6795 NOT DEFINED
67951 Cast fittings,cast iron
67952 Other cast fittings
67953 Flanges,stainless steel
67954 Threaded elbow,etc.s.stl
67955 Butt welding fttgs,s.stl
67956 Oth.tube,etc.fttgs.s.stl
67959 Tube,etc.fttngs.iron.nes

68 NON-FERROUS METALS

680 REST OF 68 NOT DEFINED

681 SILVER,PLATINUM,ETC.
6810 REST OF 681 NOT DEFINED
6811 Silver
68110 REST OF 6811 NOT DEFINED
68112 Silver clad base metals
68113 Silver unwrought
68114 Silver semi-manf,powder
6812 Platinum
68120 REST OF 6812 NOT DEFINED
68122 Platinum clad metals
68123 Platinum,alloys,unwrght
68124 Oth.plat.etc.,unwrought
68125 Platinum etc.semi-manfs.

682 COPPER
6820 REST OF 682 NOT DEFINED
6821 Copper;anodes;alloys
68210 REST OF 6821 NOT DEFINED
68211 Unrefined copper;anodes
68212 Refined copper
68213 Master alloys of copper

68214	Copper alloys exc.master
6823	Copper bars,rods,profils
68231	Refined copper bars,etc.
68232	Copper alloy bars,etc.
6824	Copper wire
68241	Refined copper wire
68242	Copper alloy wire
6825	Copper plate,etc.15mm+th
68251	Refnd.coppr.plate.15mm+
68252	Copper alloy plate.15mm+
6826	Copper foil,powdr,flakes
68261	Copper foil<0.15mm thick
68262	Copper powders,flakes
6827	Copper tube,pipe,fittngs
68271	Copper tubes,pipes
68272	Copper tube,pipe fittngs
683	NICKEL
6830	REST OF 683 NOT DEFINED
6831	Nickel,nckl.alloy,unwrgt
68311	Nickel, not alloyed
68312	Nickel alloys
6832	Nickel,nickel alloy,wrkd
68320	REST OF 6832 NOT DEFINED
68321	Nickel bar,rod,etc.wire
68322	Nickel tube,pipe,fittngs
68323	Nickel powders,flakes
68324	Nickel plates,sheets,etc
684	ALUMINIUM
6840	REST OF 684 NOT DEFINED
6841	Alum.,alum.alloy,unwrght
68411	Aluminium, not alloyed
68412	Aluminium alloys
6842	Aluminium,alum.alloy,wrk
68420	REST OF 6842 NOT DEFINED
68421	Aluminium bars,rods etc.
68422	Aluminium wire
68423	Alum.plate,etc..2mm+thck
68424	Aluminium foil<.2mm thck
68425	Aluminium powders,flakes
68426	Aluminium tubes,pipes

68427 Alum.tube,pipe fittings

685 LEAD

6850 REST OF 685 NOT DEFINED

6851 Lead,lead alloy,unwrght.

68510 REST OF 6851 NOT DEFINED

68511 Unrefnd.lead,lead alloys

68512 Refined lead,unwrought

6852 Lead,lead alloys, worked

68520 REST OF 6852 NOT DEFINED

68521 Lead bar,rod,profls.wire

68522 Lead plate,sheet,pdr.etc

68524 Lead tube,pipe,fttng.etc

686 ZINC

6860 REST OF 686 NOT DEFINED

6861 Zinc,zinc alloy,unwrght.

68611 zinc, not alloyed

68612 Zinc alloys

6863 Zinc,zinc alloys, worked

68630 REST OF 6863 NOT DEFINED

68631 zinc bar,rod,profls.wire

68632 zinc plate,sheet,etc.

68633 Zinc dust,powders,flakes

68634 zinc tube,pipe,fttng.etc

687 TIN

6870 REST OF 687 NOT DEFINED

6871 Tin,tin alloys,unwrought

68710 REST OF 6871 NOT DEFINED

68711 Tin,not alloyd.unwrought

68712 Tin alloys,unwrought

6872 Tin, tin alloys, worked

68720 REST OF 6872 NOT DEFINED

68721 Tin bar,rod,profils,wire

68722 Tin plate,sheet,etc.2mm+

68723 Tin foil<.2mm,pwdrs,flks

68724 Tin tube,pipe,fittng.etc

689 MISC.NON-FERR.BASE METAL

6890 REST OF 689 NOT DEFINED

6891 Tungsten,etc. unwrought

68910 REST OF 6891 NOT DEFINED

68911	Tungsten unwrght,wst,scp
68912	Molybdenum,unwrt,wst,scp
68913	Tantalum,unwrght,wst,scp
68914	Magnesium waste, scrap
68915	Magnesium, unwrought
6898	Cobalt,cadmium,etc.unwrt
68980	REST OF 6898 NOT DEFINED
68981	Cobalt,unwrought,wst,scp
68982	Cadmium,unwrght,wst,scrp
68983	Titanium,unwrght,wst,scp
68984	Zirconium,unwrt,wst,scrp
6899	Base metal nes,wst,scrap
68990	REST OF 6899 NOT DEFINED
68991	Beryllium,unwrt,wst,scrp
68992	Bismuth,artcls.wst,scrap
68993	Antimony,artcls.wst,scrp
68994	Manganese,artcls.wst,scp
68995	Chromium,artcls.wst,scrp
68996	Germanium,artcls.wst,scp
68997	Vanadium,artcls.wst,scrp
68998	Oth.base metal,unwrt,wst
68999	Cermets,artcls.wst,scrap

Quelle: UN, Standard International Trade Classification Revision 3, Statistical Papers, Series M, No. 34/Rev.3 (1996).

Anhang H

Tiefergliederung der Chemieindustrie nach der SITC Rev.3

5	CHEMICALS,RELTD.PROD.NES
51	ORGANIC CHEMICALS
511	HYDROCARBONS,NES,DERIVTS
5110	REST OF 511 NOT DEFINED
5111	Acyclic hydrocarbons
51110	REST OF 5111 NOT DEFINED
51111	Ethylene
51112	Propene (propylene)
51113	Butylenes, etc.
51114	Satrtd acyclic hydrocarb
51119	Acyclic hydrocarbons,nes
5112	Cyclic hydrocarbons
51120	REST OF 5112 NOT DEFINED
51121	Cyclohexane
51122	Benzene, pure
51123	Toluene, pure
51124	Xylenes, pure
51125	Styrene
51126	Ethylbenzene
51127	Cumene
51129	Cyclic hydrocarbons, nes
5113	Halogen.derv.hydrocarbon
51130	REST OF 5113 NOT DEFINED
51131	Vinyl chloride
51132	Trichloroethylene
51133	Tetrachloroethylene
51134	Oth.unsat.chl.acycl.hydc
51135	1,2-Dichloroethane
51136	Oth.sat.chl.acyclic hydc
51137	Fluor.etc.derv.acycl.hyd
51138	Halog.deriv.acyclic hydc
51139	Halog.derv.hydrocarb.nes
5114	Sulph.etc.derv.hydrocarb

512	ALCOHOL,PHENOL,ETC.DERIV
5120	REST OF 512 NOT DEFINED
5121	Acyclic monohydric alchl
51210	REST OF 5121 NOT DEFINED
51211	Methanol(methyl alcohol)
51212	Propyl,isopropyl alcohol
51213	Butanols
51214	Octanol, isomers thereof
51215	Ethyl alcohol,undenaturd
51216	Ethyl alcohol,etc.denat.
51217	Fatty alcohols, industr.
51219	Othr.monohydric alcohols
5122	Oth.acyclic alcohol,derv
51220	REST OF 5122 NOT DEFINED
51221	Ethylene glycol
51222	Glycerol,glyc.water,lyes
51223	Pentaerythritol
51224	Mannitol
51225	D-glucitol (sorbitol)
51229	Other acyclic alcohols
5123	Cyclic alcohols,derivats
51231	Cyclanic,etc.alch.deriv.
51235	Aromatic cyclic alch.drv
5124	Phenols,phenol-alch.derv
51240	REST OF 5124 NOT DEFINED
51241	Phenol,pure,and its salt
51242	Cresols, nes. and salts
51243	Oth.phenols,phenol-alcoh
51244	Halog.etc.drv.phenol,etc

513	CARBOXYLIC ACIDS,DERIVTS
5130	REST OF 513 NOT DEFINED
5137	Monocarboxylic acids,drv
51370	REST OF 5137 NOT DEFINED
51371	Acetic acid and its salt
51372	Esters of acetic acid
51373	Methacrylic acid,slt,est
51374	Formic acid,salts,esters
51375	Butyric acid,etc.slt,est
51376	Palmitic acids, etc.
51377	Sat.monocarboxy acid,etc
51378	Oleic,linoleic acids,etc

51379	Oth.unsat.monocarb.acids
5138	Polycarboxylic acids,etc
51380	REST OF 5138 NOT DEFINED
51381	Maleic anhydride
51382	Phthalic anhydride
51383	Dioctyl orthophthalates
51384	Dimethyl terephthalate
51385	Cycl.etc.polycarb.acids
51389	Polycarboxylic acid, nes
5139	Carboxylic acids etc.
51390	REST OF 5139 NOT DEFINED
51391	Lactic,tartar.citr.acids
51392	Oth.carboxyl.acid,alchol
51393	Salicylic acid,slt,ester
51394	Oth.carboxyl.acid,phenol
51395	Carboxyl.acid,aldehyde
51396	Carboxyl.acid,oxygen,nes
514	NITROGEN-FUNCT.COMPOUNDS
5140	REST OF 514 NOT DEFINED
5145	Amine-function compounds
51450	REST OF 5145 NOT DEFINED
51451	Acyclic monoamines etc.
51452	Acyclic polyamines etc.
51453	Cycl.mono-,polyamine,etc
51454	Aromatic monoamines etc.
51455	Aromatic polyamines etc.
5146	Oxygen-funct.amino-comp.
51460	REST OF 5146 NOT DEFINED
51461	Amino-alcohols, etc.
51462	Amino-naphthl,phenol,etc
51463	Amino-aldehydes, etc.
51464	Lysine etc.glutamic acid
51465	Amino-acids nes etc.
51467	Amino-alcohol-phenol,etc
5147	Carboxyamide-func.compds
51470	REST OF 5147 NOT DEFINED
51471	Acyclic amides etc.
51473	Ureines etc.
51479	Other cyclic amides etc.
5148	Oth.nitrogen-func.compds
51480	REST OF 5148 NOT DEFINED

51481	Quat.ammonium salts etc.
51482	Carboxyimide-func.compds
51483	Acrylonitrile
51484	Oth.nitrile-func.compnds
51485	Diazo,azo,azoxy-compound
51486	Organic drv.hydrazne etc
51489	Oth.nitrogen func.compnd
515	ORGANO-INORGANIC COMPNDS
5150	REST OF 515 NOT DEFINED
5154	Organo-sulphur compounds
51540	REST OF 5154 NOT DEFINED
51541	Dithiocarbonates
51542	Thiocarbamate,dithiocarb
51543	Thiuram sulphides
51544	Methionine
51549	Othr.organo-sulphur comp
5155	Othr.organo-inorgan.comp
5156	Lactams;heterocycl comp.
51560	REST OF 5156 NOT DEFINED
51561	Lactams
51562	Coumarin, etc.
51563	Other lactones
51569	Heterocycl.compounds nes
5157	Oth.heterocycl.comp.nucl
51570	REST OF 5157 NOT DEFINED
51571	Heterocycl.comp.pyrazite
51572	Hydantoin,its derivativs
51573	Oth.heterocycl.compounds
51574	Heterocycl.comp.pyridine
51575	Heterocycl.comp.quinolin
51576	Heterocycl.comp.pyr.azin
51577	Oth.heterocycl.comp.nitr
51578	Heterocycl.comp.phenothz
51579	Heterocycl.comp.nes
5158	Sulphonamides
516	OTHER ORGANIC CHEMICALS
5160	REST OF 516 NOT DEFINED
5161	Ether,alchl peroxide,etc
51610	REST OF 5161 NOT DEFINED
51612	Acetals,hemiacetals,etc.

51613	Oxirane (ethylene oxide)
51614	Methyloxirane
51615	Other epoxides, etc.
51616	Acyclic,cyclc.etc.ethers
51617	Ether-alcohol,phenol,etc
5162	Aldehyde,etc.fnct.cmpnds
51620	REST OF 5162 NOT DEFINED
51621	Acyclic aldehydes
51622	Other aldehydes
51623	Acetone
51624	Butanone
51625	Oth.acyclic ketones
51626	Halog.etc.derv.aldehydes
51627	Camphor
51628	Oth.cyclc.etc.ketones
51629	Aromatic ketones
5163	Estrs,inorganic acid,etc
51631	Phosphoric esters, etc.
51639	Esters,oth.inorgan.acids
5169	Organic chemicals, nes
51690	REST OF 5169 NOT DEFINED
51691	Enzymes nes
51692	Sugars, excp.sucrose,etc
51699	Other organic compounds

52 INORGANIC CHEMICALS

522	INORGANIC CHEM.ELEMENTS
5220	REST OF 522 NOT DEFINED
5221	Carbon nes,carbon black
5222	Other chemical elements
52220	REST OF 5222 NOT DEFINED
52221	Hydrg.nitr.oxyg.rare gas
52222	Selenium,phosphorus,etc.
52223	Silicon
52224	Chlorine
52225	Fluorine,bromine,iodine
52226	Sulphur,purified
52227	Mercury
52228	Sodium,oth.alkali metals
52229	Calcium,strontium,barium
5223	Inorganic acid,oxide etc

52230	REST OF 5223 NOT DEFINED
52231	Hydrochloric acid, etc.
52232	Sulphuric acid; oleum
52233	Nitric,sulphonitric acid
52234	Phosphoric acid etc.
52235	Boric acid, boron oxides
52236	Other inorganic acids
52237	Silicon dioxide
52238	Sulphur dioxide
52239	Oth.inorganic oxides etc
5224	Halog.sulph.comp.non-mtl
52241	Halides, oxides non-mtls
52242	Sulphides of non-metals
5225	Zinc,chrom.iron etc.oxid
52250	REST OF 5225 NOT DEFINED
52251	Zinc oxide;zinc peroxide
52252	Chromium oxide,hydroxide
52253	Manganese oxides
52254	Iron oxides,hydroxides
52255	Cobalt oxides,hydroxides
52256	Titanium oxides
52257	Lead oxides
5226	Oth.inorgan.bases,oxides
52260	REST OF 5226 NOT DEFINED
52261	Ammonia,anhydrous, etc.
52262	Sodium hydroxide,solid
52263	Sodium hydroxide,liquid
52264	Potassium hydroxide etc.
52265	Oxides,magnsm,stront,bar
52266	Aluminium hydroxide
52267	Artificial corundum
52268	Hydrazine,hydroxylamine
52269	Oth.inorgan.bases,oxides
523	METAL.SALTS,INORGAN.ACID
5230	REST OF 523 NOT DEFINED
5231	Fluorides etc.
5232	Chloride,bromide,iodides
52320	REST OF 5232 NOT DEFINED
52321	Ammonium chloride
52322	Calcium chloride
52329	Oth.chlords,bromds,iodid

5233	Hypochlorites, etc.
52330	REST OF 5233 NOT DEFINED
52331	Hypochlorite,bromite,etc
52332	Chlorates of sodium
52339	Oth.chlors.,bromates etc
5234	Sulphides,sulphates etc.
52340	REST OF 5234 NOT DEFINED
52341	Sodium sulphide
52342	Other sulphides
52343	Dithionites,sulphoxylate
52344	Sulphites; thiosulphates
52345	Sodium sulphates
52349	Other sulphates; alums
5235	Nitrites; nitrates
52350	REST OF 5235 NOT DEFINED
52351	Nitrites
52352	Potassium nitrate
52359	Other nitrates
5236	Phosphites,phosphate,etc
52360	REST OF 5236 NOT DEFINED
52361	Phosphinates,phosphonats
52362	Triammonium phosphate
52363	Other phosphates
52364	Sodium triphosphate
52365	Other polyphosphates
5237	Carbonates,percarbonates
52370	REST OF 5237 NOT DEFINED
52371	Ammonium carbonates
52372	Neutral sodium carbonate
52373	Sodium hydrogencarbonate
52374	Potassium carbonates
52375	Lead carbonate
52379	Other carbonates
5238	Oth.metl.salt,inorg.acid
52380	REST OF 5238 NOT DEFINED
52381	Cyanides,complex cyanide
52382	Fulminates,cyanates etc.
52383	Silicates
52384	Borates, perborates
52389	Salts, inorgan.acids nes

524 OTHER CHEMICAL COMPOUNDS
5240 REST OF 524 NOT DEFINED
5243 Metallic acid salts, etc
52431 Salts of metallic acids
52432 Precious metal compounds
5249 Inorganic chemicals nes
52490 REST OF 5249 NOT DEFINED
52491 Hydrogen peroxide
52492 Phosphides
52493 Calcium carbide
52494 Carbides,excldng.calcium
52495 Hydrides,nitrides,etc.
52499 Inorganic compounds, nes

525 RADIO-ACTIVE MATERIALS
5250 REST OF 525 NOT DEFINED
5251 Radio-active chemicals
52510 REST OF 5251 NOT DEFINED
52511 Natural uranium etc.
52513 Uranium enriched, etc.
52515 Uranium depleted, etc.
52517 Spent fuel,nuclear react
52519 Radio-activ.material nes
5259 Stbl.isotope;rare earths
52591 Stable isotopes etc.
52595 Rare-earth metl.comp.etc

53 DYES,COLOURING MATERIALS

531 SYNTH.COLOURS,LAKES,ETC.
5310 REST OF 531 NOT DEFINED
5311 Synth.organic dyestuffs
53110 REST OF 5311 NOT DEFINED
53111 Disperse dyes,etc.
53112 Acid dyes, mordant dyes
53113 Basic dyes,etc.
53114 Direct dyes,etc.
53115 Vat dyes,etc.
53116 Reactive dyes,etc.
53117 Pigments,etc.
53119 Oth.synth.organic colour
5312 Synth.brighteners,lakes

53121	Synth.organc.brighteners
53122	Colour lakes
532	DYEING,TANNING MATERIALS
5320	REST OF 532 NOT DEFINED
5322	Dyes,tanning extract etc
53221	Veg.tanning extrt,tannin
53222	Dye etc.veg.animal orig.
5323	Synthetic tanning substs
53231	Synth.organic tann.subst
53232	Inorganic tanning substs
533	PIGMENTS, PAINTS, ETC.
5330	REST OF 533 NOT DEFINED
5331	Other colouring matter
53310	REST OF 5331 NOT DEFINED
53311	Pigmnts,titanium dioxide
53312	Pigmnts,chromium compnds
53313	Pigmnts,cadmium compnds
53314	Ultramarine etc.
53315	Pigmnts,zinc sulphide
53316	Pigmnts,hexacyanoferrats
53317	Colouring matter etc.nes
53318	Inorganic luminophores
5332	Printing ink
53321	Printing ink, black
53329	Printing ink, other
5334	Paints,varnishes etc.
53340	REST OF 5334 NOT DEFINED
53341	Paint etc. water thinned
53342	Paint etc. non-aqueous
53343	Oth.paint etc.for leathr
53344	Pigmnts,for paint-making
5335	Glaze,enamel,driers etc.
53350	REST OF 5335 NOT DEFINED
53351	Preprd pigmnt,enamel,etc
53352	Artists' colours, etc.
53353	Prepared driers
53354	Putty,other fillers etc.
53355	Organic solvents,etc.nes
54	MEDICINAL,PHARM.PRODUCTS

540 REST OF 54 NOT DEFINED

541 MEDICINES,ETC.EXC.GRP542
5410 REST OF 541 NOT DEFINED
5411 Provitamins,vitamins,etc
54110 REST OF 5411 NOT DEFINED
54111 Provitamins, unmixed
54112 Vitamins A, etc.unmixed
54113 Vitamins B, etc.unmixed
54114 Vitamin C, etc.unmixed
54115 Vitamin E, etc.unmixed
54116 Oth.vitamins etc.unmixed
54117 Mxt.provitamins,vitamins
5413 Antibiotics,excpt grp542
54130 REST OF 5413 NOT DEFINED
54131 Penicillins etc.
54132 Streptomycins etc.
54133 Tetracyclines etc.
54139 Other antibiotics
5414 Veg.alkaloids,exc.grp542
54140 REST OF 5414 NOT DEFINED
54141 Alkaloids of opium etc.
54142 Alkaloids, cinchona etc.
54143 Caffeine and its salts
54144 Ephedrines and salts
54145 Theo-,aminophylline etc.
54146 Alkaloids, rye ergot etc
54147 Nicotine and its salts
54149 Oth.veg.alkaloid.etc.nes
5415 Hormones,etc.excp.grp542
54150 REST OF 5415 NOT DEFINED
54151 Insulin and its salts
54152 Pituitary hormones, etc.
54153 Adrenal cortical hormone
54159 Oth.hormone.etc.ex.gr542
5416 Glycosides; glands etc.
54160 REST OF 5416 NOT DEFINED
54161 Glycosides, etc.
54162 Glands,oth.orgns,etc.nes
54163 Antisera,etc., vaccines
54164 Blood;toxin,cultures etc
5419 Pharm.goods,exc.medcmnts

54190 REST OF 5419 NOT DEFINED
54191 Bandages,gauze,etc.nes
54192 Blood-grouping reagents
54193 Opacifying prep.xray exm
54199 Oth.pharmaceutical goods

542 MEDICAMENTS
5420 REST OF 542 NOT DEFINED
5421 Medicaments,antibiotics
54210 REST OF 5421 NOT DEFINED
54211 Med.penicilln,not retail
54212 Med.oth.antibio.not retl
54213 Med.penicillins,retail
54219 Med.oth.antibiotc,retail
5422 Medicaments,hormones etc
54220 REST OF 5422 NOT DEFINED
54221 Med.insulin,not retail
54222 Med.oth.horm.,not retail
54223 Med.insulin,for retail
54224 Med.adrenal cortex,retl.
54229 Med.oth.hormones,retail
5423 Medicaments,alkaloid.etc
54231 Med.alkaloid,not retail
54232 Med.alkaloid,for retail
5429 Medicaments, nes
54290 REST OF 5429 NOT DEFINED
54291 Medicmnts,nes,not retail
54292 Med.vitamins etc. retail
54293 Medicmnts,nes,for retail

56 FERTILIZER,EXCEPT GRP272

562 FERTILIZER,EXCEPT GRP272
5620 REST OF 562 NOT DEFINED
5621 Nitrogenous chem.fertlzr
56210 REST OF 5621 NOT DEFINED
56211 Ammonium nitrate
56212 Amm.sulphate,nitrate mix
56213 Ammonium sulphate
56214 Calcm.,Ammon.nitrate mix
56215 Calcium cyanamide
56216 Urea

56217	Urea,Ammonum.nitrate mix
56219	Oth.nitrogen.fertilizer
5622	Phosphatic chem.fertlzrs
56220	REST OF 5622 NOT DEFINED
56221	Basic slag (Thomas slag)
56222	Superphosphates
56229	Phosphatic fertilizr,nes
5623	Potassic chem.fertilizer
56230	REST OF 5623 NOT DEFINED
56231	Potassium chloride
56232	Potassium sulphate
56239	Potassic fertilizers,nes
5629	Fertilizers, nes
56290	REST OF 5629 NOT DEFINED
56291	Fertlzr,nes.nit.phos.pot
56292	Fertlzr,nes.phosph,potas
56293	Diammonium phosphate
56294	Mono-,Diammonium phosph.
56295	Fertlzr,nes.nitro,phosph
56296	Fert.Grp272,562 pkd 10kg
56299	Other fertilizers nes

Quelle: UN, Standard International Trade Classification Revision 3, Statistical Papers, Series M, No. 34/Rev.3 (1996).

Anhang I

Tiefergliederung der Automobilindustrie nach der SITC Rev.3

78 ROAD VEHICLES

780 REST OF 78 NOT DEFINED

781 PASS.MOTOR VEHCLS.EX.BUS
7811 Snow vehcl,golf cars etc
7812 Pass.transport vehicles

782 GOODS,SPCL TRANSPORT VEH
7820 REST OF 782 NOT DEFINED
7821 Goods vehicles
78211 Dumpers,off-highway use
78219 Goods vehicles, nes
7822 Special purpose vehicles
78220 REST OF 7822 NOT DEFINED
78221 Crane lorries
78223 Mobile drillng derricks
78225 Fire fighting vehicles
78227 Concrete-mixer lorries
78229 Oth.special purpose vehl

783 ROAD MOTOR VEHICLES NES
7830 REST OF 783 NOT DEFINED
7831 Pub-transport pass vehcl
78311 Pub-transport,diesel eng
78319 Oth.pub-transport vehcls
7832 Road tractor,semitrailer

784 PARTS,TRACTORS,MOTOR VEH
7840 REST OF 784 NOT DEFINED
7841 Motor vehicle chassis
7842 Motor vehicle bodies
78421 Motor car bodies
78425 Bodies,tractor,trnsp.veh
7843 Other parts,motor vehicl
78430 REST OF 7843 NOT DEFINED
78431 Bumpers,parts tractr etc
78432 Oth.parts,vehicle bodies

78433	Brakes,servo-brakes,part
78434	Gear boxes
78435	Drive-axels w.differentl
78436	Non-driving axles,parts
78439	Oth.parts,motor vehl.nes

Quelle: UN, Standard International Trade Classification Revision 3, Statistical Papers, Series M, No. 34/Rev.3 (1996).

Anhang J

Ermittlung des "Census Value Added" nach dem Konzept der UNIDO

Nach dem Konzept der UNIDO wird "Census Value Added" folgendermaßen definiert:

Census Value Added = (Census Output) – (Census Input)

Census Output und Census Output werden wiederum folgendermaßen definiert:

(1) Output:

The measure of output normally reported is the census concept which covers only activities of an industrial nature. The value of census output in the case of estimates compiled on a production basis comprises:

(a) the value of all products of the establishment;

(b) the net change between the beginning and the end of the reference period in the value of work in progress and stocks of goods to be shipped in the same condition as received;

(c) the value of industrial work done or industrial services rendered to others;

(d) the value of goods shipped in the same condition as received less the amount paid for these goods; and

(e) the value of fixed assets produced during the period by the unit for its own use.

In the case of estimates compiled on a shipment basis, the net change in the value of stocks of finished goods between the beginning and the end of the reference period is also included.

(2) Census Input

Census input covers:

(a) value of materials and supplies for production (including cost of all fuel and purchased electricity); and

(b) cost of industrial services received (mainly payments for contract and commission work and repair and maintenance work).

If input estimates are compiled on a "received" rather than on a "consumed" basis, the result needs to be adjusted for the net change between the beginning and the end of the period in the value of stocks of materials, fuel and other supplies.

Quelle: UNIDO, Yearbook of Industrial Statistics (1996), S. 10 f.

Anhang K
Ermittlung des "Census Value Added" nach dem Konzept des Statistischen Bundesamtes

Das Statistische Bundesamt ermittelt den "Census Value Added" nicht. Hier wird der Begriff "Nettoproduktionswert" verwendet, der sich vom "Census Value Added" der internationalen Industriestatistik insofern unterscheidet, als er noch die Kosten für Reparaturen, Instandhaltungen, Installationen, Montagen u.a. enthält. Um somit mit einer vergleichbaren Definition wie die der UNIDO zu arbeiten müssen vom Nettoproduktionswert die obengenannten Kosten abgezogen werden.

Census Value Added = *NPW* – *Rep.* (K.1), wobei

NPW der Nettoproduktionswert und *Rep.* die Kosten für Reparaturen, Instandhaltungen, Installationen und Montagen bedeuten.

Genauer betrachtet errechnet sich der "Census Value Added" wie folgt:

Gesamtumsatz
± Bestandsveränderungen an unfertigen und fertigen Erzeugnissen aus eigener Produktion
+ Selbsterstellte Anlagen
= Bruttoproduktionswert

Bruttoproduktionswert
- Materialverbrauch, Einsatz an Handelsware, Kosten für Lohnarbeiten
= Nettoproduktionswert

Nettoproduktionswert
- Kosten für Reparaturen, Instandhaltungen, Installationen und Montagen
= *Census Value Added*

Der "Census Value Added" unterscheidet sich wiederum von der Bruttowertschöpfung, da dieser noch Kosten für Mieten, Pachten und sonstige Kosten enthält.

Quelle: Statistisches Bundesamt, Produzierendes Gewerbe (1996), S. 5 ff.

Literaturverzeichnis

ABAL Homepage, in: http://www.abal.org.br.

Abbott, M. L., Brasil traz picanha dos EUA e alho da China, in: O Globo von 29.07.1997.

ABIA, A Indústria Brasileira de Alimentação Hoje, São Paulo 1991.

ABIQUIM, A Competitividade da Indústria Química Brasileira, São Paulo 1996.

Abreu, J. B. d. (Tecnologia e Exportação), Tecnologia e Exportação: Critério para Seleção de Ramos Industriais com Potencialidades para Exportar, PUC Documento de Discussão N° 4, Rio de Janeiro 1973.

Adams, F. G./Behrman, J. R. (Raw Material Processing), The Linkage Effects of Raw Material Processing in Economic Development: A Survey of Modeling and Other Approaches, in: Journal of Policy Modeling, Heft 3, 1981, S. 375-397.

ADB, Key Indicators of Developing Asian and Pacific Countries, New York 1996.

ADB Homepage, in: http://www.asiandevbank.org.

Alam, M. S. (Efficiency Differentials), Efficiency Differentials Favouring Resource-Based Industries, in: Journal of Development Economics, Band 13, 1983, S. 361-366.

Alavi, H. (International Competitiveness), International Competitiveness: Determinants and Indicators, The World Bank - Industry Series Papers Number 29, Washington D. C. 1990.

Almeida, M. W., Serviços de Infra-Estrutura de Telecomunicações e Competitividade, Campinas 1993.

Amadeo, E. J. (Retraining under Conditions of Adjustment), Retraining under Conditions of Adjustment – The Case of Brazil, PUC Textos para Discussão N° 302, Rio de Janeiro 1993.

Amadeo, E. J./Gonzaga, G. (Salário, Produtividade e Câmbio), Salário, Produtividade e Câmbio: Uma Análise do Custo Unitário do Trabalho na Indústria Brasileira (1985-95), Rio de Janeiro 1996.

American Embassy – Seoul, Country Commercial Guide Korea – 1996, in: http://www.tradecompass.com.

American Embassy - Bangkok, Country Commercial Guide Thailand - 1996, in: http://www.tradecompass.com.

American Embassy - Kuala Lumpur, Country Commercial Guide Malaysia - 1996, in: http://www.tradecompass.com.

American Embassy - Brasília, Country Commercial Guide Brazil - 1996, in: http://www.tradecompass.com.

American Embassy - Jakarta, Country Commercial Guide Indonesia - 1996, in: http://www.tradecompass.com.

American Embassy - Santiago de Chile, Country Commercial Guide Chile - 1996, in: http://www.tradecompass.com.

American Embassy - Buenos Aires, Country Commercial Guide Argentina - 1996, in: http://www.tradecompass.com.

ANDIMA (Tributação), Relatório Econômico - Tributação, Rio de Janeiro 1996.

Andrade, M. C. A., Geografia Econômica, 11. Auflage, São Paulo 1992.

Andrade, M. L. A. d./Cunha, L. M. d. S./Vieira, J. R. M./Keller, M. d. C. (Indústria Brasileira), A Inserção da Indústria Brasileira no Mercado Mundial de Alumínio, in: BNDES Setorial, Heft 4, 1996, S. 191-220.

ANFAVEA, Anuário Estatístico da Indústria Automobilística Brasileira, São Paulo verschiedene Jahrgänge.

Ark, v. B. (Productivity), Issues in Measurement and International Comparison Issues of Productivity – An Overview, in: OECD (Hrsg.), Industry Productivity – International Comparison and Measurement Issues, Paris 1996, S. 19-47.

Arora, A. (Patents), Patents, Licensing, and Market Structure in the Chemical Industry, Pittsburgh 1996.

Arthur, W. B. (Positive Feedbacks), Positive Feedbacks in the Economy, in: Scientific American, Band 262, 1990, S. 92-99.

Bach, S./Gornig, M./Stille, F./Voigt, U. (Wechselwirkungen zwischen Infrastrukturausstattung, strukturellem Wandel und Wirtschaftswachstum), Wechselwirkungen zwischen Infrastrukturausstattung, strukturellem Wandel und Wirtschaftswachstum – Zur Bedeutung wirtschaftsnaher Infrastruktur für die Entwicklung in den neuen Bundesländern, DIW-Beiträge zur Strukturforschung, Heft 151, Berlin 1994.

Baer, W., A Economia Brasileira, São Paulo 1995.

Baer, W./Paiva, C. (Brasiliens inflationäre Erblast), Brasiliens inflationäre Erblast und der Plano Real, in: Calcagnotto, G./Fritz, B. (Hrsg.), Inflation und Stabilisierung in Brasilien – Probleme einer Gesellschaft im Wandel, Frankfurt am Main 1996, S. 66-93.

Balassa, B. (Recent Developments), Recent Developments in the Competitiveness of American Industry and Prospects for the Future, in: Joint Economic Committee (Hrsg.), Factors Affecting the United States Balance of Payments, Washington D. C. 1962, S. 27-54.

Balassa, B. (Classical Comparative Cost Theory), An Empirical Demonstration of Classical Comparative Cost Theory, in: Review of Economics and Statistics, Heft 3, 1963, S. 231-238.

Banas, G. (Globalização), Gobalização – A Vez do Brasil?, São Paulo 1996.

Banco Central, Boletim do Banco Central do Brasil, Brasília Oktober 1998.

Barros, A. R. (Brazilian Underdevelopment), Historical Sources of Brazilian Underdevelopment, in: Revista de Economia Política, Heft 2, 1996, S. 123-142.

Barrote, A. C., (Principais Medidas), Principais Medidas de Política Econômica do Governo Collor, in: Fundação do Governo Administrativo (Hrsg.), Gestão Estatal do Brasil: Limites do Liberalismo 1990-92, São Paulo 1995, S. 163-189.

Batista, A. (Indikatoren), Indikatoren der internationalen Wettbewerbsfähigkeit von Volkswirtschaften, unveröffentlichter Manuskript des Deutschen Instituts für Entwicklungspolitik (DIE), Berlin 1995.

Benarroch, M. (Scale Economies), Scale Economies, Wage Differentials, and North-South Trade, in: Journal of Development Economics, Heft 1, 1996, S. 327-342.

Benavente, J. M. (Commodity Exports), Commodity Exports and Latin American Development, in: CEPAL Review, Heft 45, 1991, S. 41-60.

Bender, D., Außenhandel, in: Bender, D. et. al. (Hrsg.), Vahlens Kompendium der Wirtschaftstheorie und Wirtschaftspolitik, Teil 1, 6. Aufl., München 1995, S. 421-481.

Bennecke, K.-O. (Wettbewerb), Wettbewerb zwischen inländischen und ausländischen Anbietern auf deutschen Binnenmärkten – Eine Analyse der Importkonkurrenz und ihrer Determinanten – dargestellt am Beispiel des Textil- und Bekleidungsgewerbes, Münster u.a. 1990.

Berg, H., Wettbewerbspolitik, in: Bender, D. et. al. (Hrsg.), Vahlens Kompendium der Wirtschaftstheorie und Wirtschaftspolitik, Teil 2, 6. Aufl., München 1995, S. 239-300.

Bermudez, J. A. Z. (Indústria Farmacêutica), Indústria Farmacêutica, Estado e Sociedade, São Paulo 1995.

Berthold, N. (Wettbewerbsfähigkeit der deutschen Wirtschaft), Wettbewerbsfähigkeit der deutschen Wirtschaft – Gefahr in Verzug?, in: Wirtschaftspolitische Kolloquien der Adolf Weber Stiftung 19, Berlin 1992.

Bielschowsky, R. (Pensamento Econômico), Pensamento Econômico Brasileiro: O Ciclo Ideológico do Desenvolvimentismo, Série PNPE N° 19, Rio de Janeiro 1988.

BNDES, Indústria do Cobre, Relato Setorial N° 10, Rio de Janeiro 1997.

BNDES, Competitividade da Siderurgia Brasileira, Rio de Janeiro 1994.

BNDES/CNI/SEBRAE, Qualidade & Produtividade na Indústria Brasileira, Rio de Janeiro 1996.

Boadway, R. W./Shah, A. (Investment Incentives), Perspectives on the Role of Investment Incentives in Developing Countries, in: Shah, A. (Hrsg.), Fiscal Incentives for Investment and Innovation, New York 1995, S. 31-136.

Boadway R. W. et al, Indirect Taxes and Investment Incentives in Malaysia, in: Shah, A. (Hrsg.), Fiscal Incentives for Investment and Innovation, New York 1995, S. 375-397.

Bofinger, P. (Internationale Wettbewerbsfähigkeit), Die internationale Wettbewerbsfähigkeit ganzer Volkswirtschaften: Ein Phänomen auf der Suche nach einer Theorie, in: Kredit und Kapital, Heft 4, 1995, S. 467-496.

Bonelli, R./Fonseca, R. (Competitividade), Evolução da Competitividade da Produção Manufatureira no Brasil, IPEA Texto para Discussão N° 574, Rio de Janeiro u.a. 1998.

Borner, S./Porter, M. E. et. al. (Internationale Wettbewerbsvorteile), Internationale Wettbewerbsvorteile: Ein strategisches Konzept für die Schweiz, Frankfurt am Main u.a. 1991.

Boroch, W. (Arzeimittelindustrie), Internationale Wettbewerbsfähigkeit der EU-Arzeimittelindustrie – Markttheoretische Grundlagen, empirische Ergebnisse und binnenmarktpolitische Handlungserfordernisse, Duisburg, Univ., Diss., 1994.

Boroch, W. (Internationale Wettbewerbsfähigkeit), Internationale Wettbewerbsfähigkeit, Innovationswettbewerb und Wirtschaftspolitik, in: Hamburger Jahrbuch für Wirtschafts- und Gesellschaftspolitik, 40. Jahr, 1995, S. 315-336.

Brandão, V., Carga Perigosa, in: Expressão, Heft 70, 1996, S. 32-41.

Brazilian Foreign Trade Association (Ports), Ports: Still too early to celebrate, in: Brazilian Foreign, Heft 9, S. 10-11.

Breitenacher, M. et. al. (Forschung und Entwicklung), Der Einfluß von Forschung und Entwicklung auf den Außenhandel der BRD. Statistische Analysen und Fallstudien. Gutachten erstellt im Auftrag der Kommission der Europäischen Gemeinschaften. Ifo-Institut für Wirtschaftsforschung, München 1970.

Britto, J. N. d. P., Competitividade da Indústria do Alumínio, Campinas 1993.

Brümmerhoff, D., Finanzwissenschaft, 5. Aufl., München 1990.

Busch, B./Klös, H.-P. (Potentialfaktor Infrastruktur), Potentialfaktor Infrastruktur – Ökonomische Bedeutung und privatwirtschaftliches Engagement, Köln 1995.

Camargo, J. M. (Mercado de Trabajo, Estabilización y Competitividad), Mercado de Trabajo, Estabilización y Competitividad – La Experiencia de cuatro paises: Argentina, Brasil, Colombia y México, Rio de Janeiro 1996.

Cardoso, E. A., Economia Brasileira ao Alcance de Todos, 12. Aufl., São Paulo 1991.

Cardoso, F. H. (Empresário Industrial), Empresário Industrial e Desenvolvimento Econômico do Brasil, São Paulo 1964.

Cardoso, F. H./Faletto, E., Abhängigkeit und Entwicklung in Lateinamerika, Nördlingen 1976.

Carmo, M. S. d. ((Re)estruturação do Sistema Agroalimentar no Brasil), (Re)estruturação do Sistema Agroalimentar no Brasil: A Diversificação da Demanda e a Flexibilidade da Oferta, São Paulo 1996.

Carta do IBRE, A Questão das Taxas de Juros, in: Conjuntura Econômica, Heft 6, 1995, S. 5-8.

Carvalho, C. E. (Custo de Capital), Custo de Capital, Condições de Crédito e Competitividade: Condições de Financiamento de Curto Prazo, Campinas 1993.

Castello Branco, E., A Reestruturação e a Modernização do Setor Elétrico Brasileiro, in: Nova Economia, Heft 1, 1996, S. 105-141.

Caves, R. E. , Industrial Efficiency in Six Nations, Cambridge u.a. 1992.

CEPAL, Informacion y Telecomunicaciones: Vector de la Transformacion Productiva con Equidad, Santiago de Chile 1991.

Chesnais, F., Science, Tecnology and Competitiveness, in: STI Review, Heft 1, 1986, S. 85-129.

Choi-Kang, Y., (Automobilindustrie), Die technologische Wettbewerbsfähigkeit der koreanischen Automobilindustrie, Mannheim, Univ., Diss., 1994.

Chowdhury, A./Kirkpatrick, C. H. (Human Resources), Human Resources, Factor Intensity and Comparative Advantage of ASEAN, in: Journal of Economic Studies, Heft 6, 1990, S. 14-26.

CIA, Handbook of International Economic Statistics (1997), in: http://www.odci.gov/cia/publications/hies1997.

Clague, C. K. (Relative Efficiency), Relative Efficiency, Self-Containment, and Comparative Costs of Less Developed Countries, in: Economic Development and Cultural Change, Heft 3, 1991, S. 507-530.

Clague, C. K. (Factor Proportions), Factor Proportions, relative Efficiency and Developing Countries' Trade, in: Journal of Development Economics, Heft 1, 1991, S. 357-380.

Clements, B. J. (The Heckscher-Ohlin Theorem), The Heckscher-Ohlin Theorem of International Trade Theory: New Empirical Tests for Brazil, in: The Journal of Applied Business Research, Heft 1, 1986/87, S. 16-24.

CNI, Estrutura do Parque Industrial Brasileiro (1996), in: http://www.cni.org.br/pib.htm.

CNI, Economia Brasileira: Desempenho e Perspectivas, Edição especial do Informe Conjuntural, Rio de Janeiro 1998.

CNI/SENAI (Relatório do Sistema SENAI), Ações e Compromissos – Relatório do Sistema SENAI – 1996, Rio de Janeiro 1997.

Comitê Gestor Internet/Brasil, in: http://www.cg.org.br/número.htm.

Correa, P. G. (Taxa de Câmbio), Taxa de Câmbio, Impactos Setoriais e Desempenho Exportador: Algumas Considerações Preliminares, BNDES Textos para Discussão N° 22, Rio de Janeiro 1995.

Costa Moura, G., Sepetiba, o Coração do Mercosul, in: O Globo von 30.01.1997.

Dahlman, C. J./Fritschak, C. R. (National Systems), National Systems Supporting Technical Advance in Industry: The Brazilian Experience, in: Nelson, R. R. (Hrsg.), National Innovation Systems, New York 1993, S. 414-450.

Davidson, R./Ciambella, F. (Investment in Southeast Asia), Investment in Southeast Asia – Policy and Laws, Singapur 1995.

D`Costa, A. P. (State, Steel and Strenght), State, Steel and Strenght: Structural Competitiveness and Development in South Korea, in: Journal of Development Studies, Heft 1, 1994, S. 44-81.

Deardorff, A. V. (Testing Trade Theories), Testing Trade Theories and Predicting Trade Flows, in: Jones, R. W./Kenen, P. B. (Hrsg.), Handbook of International Economics, Vol. 1, Amsterdam u.a. 1984, S. 467-517.

Demigüç-Kunt, A./Maksimovic, V. (Entwicklung der Aktienmärkte), Entwicklung der Aktienmärkte und Finanzierungsentscheidungen der Unternehmen, in: Finanzierung & Entwicklung, Heft 2, 1996, S. 45-47.

Deutsche Bundesbank, Änderungen in der Systematik der Zahlungsbilanz, in: Monatsbericht, Heft 3, 1995, S. 33-43.

Dicke, H. (Ernährungsindustrie), Die Wirkungen strukturpolitischer Maßnahmen in der Ernährungsindustrie – Analyse und Prognose, Tübingen 1977.

Diercke Weltatlas, 4. Aufl., Braunschweig 1996.

Doerk, M. Th. (Der Einfluß interner und externer Skalenerträge), Der Einfluß interner und externer Skalenerträge auf regionale Disparitäten, Frankfurt am Main u.a. 1997.

Dunningham, A., Vai pesar cada vez mais no Bolso, in: O Globo von 23. 11.1997.

Dunningham, A., Real consolida a Economia do Sudeste, in: O Globo von 07.01.1997

Engelhard, K. (Südkoreas Aufstieg), Südkoreas Aufstieg vom Entwicklungs- zum Industrieland, in: GR, Heft 12, 1996, S. 696-701.

EPAC (Raw Material Processing), Raw Material Processing: Its Contribution to Structural Adjustment, Council Paper Number 31, Canberra 1988.

Ethier, W. J., Moderne Außenwirtschaftstheorie, 3. Aufl., München u.a. 1994.

Ewers, H.-J. (Declining Costs of Transportation), The Locational Impact of Declining Costs of Transportation and Communication, in: Giersch, H. (Hrsg.), Urban Agglomeration and Economic Growth, Berlin u.a. 1995, S. 183-195.

FAO, Yearbook Production, Vol. 49, 1995, Rom 1996.

FAO, FAO Yearbook Trade, Vol. 48, 1994, Rom 1995.

FAO Homepage, in: http://www.fao.org.

Fasano-Filho, U. et. al. (Brazil´s Manufactured Exports), On the Determinants of Brazil´s Manufactured Exports: An Empirical Analysis, Tübingen 1987.

Fehl, U. (Optimale Unternehmensgröße), Optimale Unternehmensgröße versus Vielfalt von Unternehmensgrößen – Einige grundsätzliche Überlegungen zu einem alten Thema, in: Klaus, J./Klemmer, P. (Hrsg.), Wirtschaftliche Strukturprobleme und Soziale Fragen – Analyse und Gestaltungsaufgaben, J. Heinz Müller zum 70. Geburtstag, Berlin u.a. 1988, S. 343-353.

Feldsieper, M., Wechselkurs, in: Dichtl, E./Issing, O. (Hrsg.), Vahlens Großes Wirtschaftslexikon, Band 4, 2. Aufl., München 1994.

Fels, G. (Arbeitsteilung), Probleme der Arbeitsteilung zwischen Industrie- und Entwicklungsländern – Spezialisierungsmuster in der Arbeitsteilung zwischen Industrie- und Entwicklungsländern, in: Die Weltwirtschaft, Heft 1, 1971, S. 19-40.

Ferraz, J. C./Kupfer, D./Haguenauer, L. (Made in Brazil), Made in Brazil – Desafios Competitivos para a Indústria, Rio de Janeiro 1996.

Ferreira, P. C./Issler, J. V., Educação e Crescimento, in: Fontes, R. (Hrsg.), Estabilização e Crescimento, Viçosa 1997, 297-313.

Ferro, J. R., Competitividade da Indústria Automobilística, Campinas 1993.

Ferro, J. R. (A Indústria Automobilística no Brasil), A Indústria Automobilística no Brasil: Desempenho, Estratégias e Opções de Política Industrial, ILDESFES Policy Paper N ° 14, São Paulo 1995.

Fesharaki, F./Keevill, H. S./Dorian, J. P., (Recent Trends in Domestic Energy Prices of Asia), Recent Trends in Domestic Energy Prices of Asia: Impacts of Deregulation and changing Policy Directions, in: Opec Review, Heft 2, 1996, S. 117-147.

FGV, Conjuntura Econômica, Rio de Janeiro Februar 1997.

Fischer, H./Genosko, J./Schneider, J. (Das Konzept eines "Wettbewerbs der Länder"), Das Konzept eines "Wettbewerbs der Länder": Möglichkeiten und Grenzen, in: Fischer, H./Genosko, J./Schneider, J. (Hrsg.), Wirtschaftsstandort Deutschland – 4. Ingolstädter Fakultätstagung, Regensburg 1995, S. 1-23.

Fischer, B./Nunnenkamp, P. et. al. (Capital-intensive Industries), Capital-intensive Industries in Newly Industrializing Countries – The Case of the Brazilian Automobile and Steel Industries, Tübingen 1988.

Flesch, E. (Die brasilianische Steuerreform), Die brasilianische Steuerreform – Eine zusammenfassende Darstellung, in: RIW, Heft 7, 1996, S. 593-594.

Fogaça, A./Eichenberg, L. C., Educação Básica e Competitividade, in: Velloso, J. P. d. R./Albuquerque, R.C. d. (Hrsg.), Educação e Modernidade, São Paulo 1993, S. 83-136.

Fonseca, R. (Quality Innovation in Brazilian Autos), Trade Liberalization and Quality Innovation in Brazilian Autos, IPEA Texto para Discussão N° 418, Rio de Janeiro u.a. 1996.

Fortuna, E. (Mercado Financeiro), Mercado Financeiro – Produtos e Serviços, 7. Aufl., Rio de Janeiro 1995.

Franco, G., O Plano Real e outros Ensaios, Rio de Janeiro 1995.

Fritsch, W./Franco, G. (Foreign Direct Investment in Brazil), Foreign Direct Investment in Brazil – Its Impact on Industrial Restructuring, Paris 1991.

Furtado, C., Formação Econômica do Brasil, 16. Auflage, São Paulo 1979.

Galhardi, R. M. A. A. (Small High Technology Firms), Small High Technology Firms in Developing Countries – The Case of Biotechnology, Aldershot u.a. 1994.

Gazeta Mercantil, Balanço Anual, São Paulo 1997.

Geier, M. (Integration in die Weltwirtschaft), Integration in die Weltwirtschaft zwischen Entindustrialisierung und internationaler Wettbewerbsfähigkeit – Fallstudie Brasilien; Staatliche Handlungsoptionen in einem globalisierten Wirtschaftssystem, Frankfurt am Main u.a. 1994.

Genosko, J. (Netzwerke), Netzwerke, innovative Milieus und Globalisierung - einige Anmerkungen zu einer regionalökonomischen Diskussion, Diskussionsbeiträge der Wirtschaftswissenschaftlichen Fakultät Ingostadt Nr. 70, Ingolstadt 1996.

Gerstenberger, W. (Erweiterter Schutz), Erweiterter Schutz des geistigen Eigentums durch das TRIPS-Abkommen: Anpassungsbedarf der Entwicklungsländer, in: IFO-Schnelldienst, Heft 34-35, 1996, S. 17-28.

Görgens, E./Ruckriegel, K./Giersberg, K.-W., Grundzüge der makroökonomischen Theorie, 4. Aufl., Bayreuth 1992.

Goldstein, M./Young, J. H. (Wechselkurspolitik), Wechselkurspolitik: Einige Probleme, in: Finanzierung & Entwicklung, Heft 1, 1979, S. 7-10.

Gonçalves, R. (The Theory of International Trade), The Theory of International Trade: Back to Basics, UFRJ Textos para Discussão N° 364, Rio de Janeiro 1996.

Grabowski, R. (Import Substitution), Importsubstitution, Export Promotion, and the State in Economic Development, in: The Journal of Developing Areas, Heft 4, 1994, S. 535-554.

Gries,T./Hentschel, C./Wigger, B. (Internationale Wettbewerbsfähigkeit), Internationale Wettbewerbsfähigkeit – Übersicht der Diskussion und Konzept eines gesamtwirtschaftlichen Indikators, Göttingen 1992.

Gries, T./Hentschel, C. (Internationale Wettbewerbsfähigkeit), Internationale Wettbewerbsfähigkeit – was ist das?, in: Wirtschaftsdienst, Heft 8, 1994, S. 416-422.

Griesshammer, R. (Chemiewende), Szenarien einer Chemiewende, in: Jahrbuch Ökologie 1993, 1992, S. 32-40.

Grubel, H./Lloyd, P. (Intra-Industry Trade), Intra-Industry Trade: The Theory and Measurement of international Trade in differentiated Products, New York 1975.

Guimarães, E. A. (A Reforma Tributária), A Reforma Tributária e a Desoneração Fiscal das Exportações, in: RBCE, Heft 46, 1996, S. 6-14.

Hall, R. E./Jones, C. I. (Output per Worker), Why Do Some Countries Produce So Much More Output per Worker than Others?, Standford 1998.

Haslinger, F. Volkswirtschaftlche Gesamtrechnung, 6. Aufl., München u.a. 1992.

Hemmer, H. (Entwicklungsländer), Wirtschaftsprobleme der Entwicklungsländer – Eine Einführung, 2. Aufl., München 1988.

Henderson, B. D. (Erfahrungskurve), Die Erfahrungskurve in der Unternehmensstrategie, 2. Aufl., Frankfurt am Main u.a. 1984.

Hessel, R. (Alfândega Brasileira), Alfândega Brasileira é Campeã Mundial em Atraso, in: Gazeta Mercantil von 26.08.1998.

Hessel, R. (Pior Alfândega), Como a Pior Alfândega do Mundo Opera, in: Gazeta Mercantil von 26.08.1998.

Hidalgo, A. B. (Intensidades Fatoriais na Economia Brasileira), Intensidades Fatoriais na Economia Brasileira: Novo Teste Empírico do Teorema de Heckscher-Ohlin, in: RBE, Heft 1, 1985, S. 27-55.

Hirsch, S. (Hypothesen), Hypothesen über den Handel zwischen Entwicklungs- und Industrieländern, in: Giersch, H./Haas, H.-D., Probleme der weltwirtschaftlichen Arbeitsteilung – Verhandlungen auf der Arbeitstagung der Gesellschaft für Wirtschafts- und Sozialwissenschaften in Kiel 1973, Berlin u.a. 1974, S. 69-88.

Hirsch, S. (International Competitiveness), Location of Industry and International Competitiveness, Oxford 1967.

Hirschman, A. (Economic Development), The Strategy of Economic Development, New Haven, Conn. 1958.

Hölder, E. (Das Bruttosozialprodukt), Das Bruttosozialprodukt – Ein zentraler Maßstab wirtschaftlichen Wachstums, in: Wirtschaftsdienst, Heft 10, 1989, S. 486-490.

Hoekman, B./Djankov, S. (Intra-Industry Trade), Intra-Industry Trade, Foreign Direct Investment and the Reorientation of East European Exports, Centre for Economic Policy Research, Discussion Paper No. 1377, London 1996.

Hoffmann, L. (Binnenmarktorientierung versus Weltmarktorientierung), Binnenmarktorientierung versus Weltmarktorientierung – Entwicklungsstrategien im Spannungsfeld zwischen Ökonomie und Politik, in: Streit, M. E. (Hrsg.), Wirtschaftspolitik zwischen ökonomischer und politischer Rationalität, Wiesbaden 1988, S. 45-59.

Hofmann, W., Entwicklungsstrategien in Ostasien und Lateinamerika, in: Ernst, M./Kopf, J. (Hrsg.), Elemente volkswirtschaftlicher Forschung und Lehre – Festschrift für Sigurd Klatt zum 65. Geburtstag, Berlin u.a. 1993, S. 239-251.

Hogendorn, J. S., Economic Development, 3. Aufl., New York 1996.

Hoover, E., Economia Geografica, México D. F. 1943.

Hufbauer, G. C. (Manufactured Goods), The Impact of National Characteristics and Technology on the Commodity Composition of Trade in Manufactured Goods, in Vernon, R. (Hrsg.), The Technology Factor in International Trade, New York 1970, S. 145-231.

IBGE, Pesquisa Industrial Mensal, Rio de Janeiro verschiedene Jahrgänge.

IBGE, Matriz de Insumo Produto – Brasil 1995, Rio de Janeiro 1997.

IBGE, Anuário Estatístico do Brasil, Rio de Janeiro verschiedene Jahrgänge.

IBGE, Série Relatórios Metodológicos Volume 11 - Indicadores Conjunturais da Indústria: Produção, Emprego e Salário, 2. Aulage, Rio de Janeiro 1996.

Iglesias, E. (Income Distribution and Sustainable Growth), Income Distribution and Sustainable Growth: A Latin American Perspective, in: Tanzi, V./Chu, K. (Hrsg.), Income Distribution and High-Quality Growth, Cambridge, Massachusetts 1998, S. 5-20.

ILO, Yearbook of Labour Statistics, Genf verschiedene Jahrgänge.

IMF, International Financial Statistics, Washington D. C. November 1997.

IMF, International Financial Statistics Yearbook, Washington D. C. verschiedene Jahrgänge.

IMF, Government Finance Statistics Yearbook, Washington D. C. 1997.

IMF, Balance of Payments Statistics Yearbook, Washington D. C. 1996.

IMF, Balance of Payments Statistics Yearbook, Part 1: Country Tables, Annex VI: Classification and Standard Components of the Balance of Payments, Washington D. C. 1996.

IMF, Balance of Payments Statistics Yearbook, Part 3: Methodologies, Compilation Practices, and Data Sources, Washington D. C. 1996.

IMF, Balance of Payments Manual, 5. Auflage, Washington D. C. 1993.

International Energy Agency, Energy Statistics and Balances of Non-OECD Countries 1992-1993, Paris 1995.

International Energy Agency, Energy Statistics of OECD-Countries 1993-1994, Paris 1996.

IPEA (O Brasil na Virada do Milênio), O Brasil na Virada do Milênio – Trajetória do Crescimento e Desafios do Desenvolvimento, Brasília 1997.

Isard, W. (Location and Space-Economy), Location and Space-Economy - A General Theory Relating to Industrial Location, Market Areas, Land Use, Trade, and Urban Structure, Cambridge, Massachusetts 1972.

ITC-Datenbank, in: http://www.intracen.org/itc.

IW, Internationale Wirtschaftszahlen, Köln 1996.

IW, Zahlen zur wirtschaftlichen Entwicklung der Bundesrepublik Deutschland, Köln 1997.

James, A. M./Elmslie, B. T., Testing Heckscher-Ohlin-Vanek in the G-7, in: Weltwirtschaftliches Archiv, Heft 1, 1996, S. 139-159.

Jerger, J. (Internationale Wettbewerbsfähigkeit), Der Begriff "Internationale Wettbewerbsfähigkeit" im Lichte der Außenhandelstheorie, in: WiSt, Heft 1, 1996, S. 21-28.

Jones, R. W., Comparative and Absolute Advantage, in: Schweizerische Zeitschrift für Volkswirtschaft und Statistik Heft 3, 1980, S. 235-260.

JP-Morgan-Homepage, in: http://www.jpmorgan.com.

Junius, K. (Economies of Scale), Economies of Scale: A Survey of the Literature, Kiel Working Paper No. 813, Kiel 1997.

Kanitz, S., Brazil – The emerging Economic Boom 1995-2005, São Paulo 1995.

Keesing, D. (Labor Skills and International Trade), Labor Skills and International Trade: Evaluating many Trade Flows with a Single Measuring Device, in: Review of Economics and Statistics, Heft 3, 1965, S. 287-294.

Kirschner, T. C. (Modernização Tecnológica), Modernização Tecnológica e Formação Técnico-Profissional no Brasil: Impasses e Desafios, IPEA Textos para Discussão N° 295, Rio de Janeiro u.a. 1993.

Koch, L. T. (Evolutorische Wirtschaftspolitik), Evolutorische Wirtschaftspolitik – Eine elementare Analyse mit entwicklungspolitischen Beispielen, Tübingen 1996.

Köddermann, R. (Sind Löhne und Steuern zu hoch?), Sind Löhne und Steuern zu hoch? Bemerkungen zur Standortdiskussion in Deutschland, in: IFO-Schnelldienst, Heft 20, 1996, S. 9-15.

Kohlhepp, G., Bergbau und Energiewirtschaft, in: Briesemeister, D. et. al. (Hrsg.), Brasilien Heute – Politik, Wirtschaft, Kultur, Frankfurt am Main 1994, S. 293-303.

Kohlhepp, G., Raum und Bevölkerung, in: Briesemeister, D. et. al. (Hrsg.), Brasilien Heute – Politik, Wirtschaft, Kultur, Frankfurt am Main 1994, S. 9-107.

Kohlhepp, G. (Strukturprobleme), Strukturprobleme des brasilianischen Agrarsektors, in: Briesemeister, D. et. al. (Hrsg.), Brasilien Heute – Politik, Wirtschaft, Kultur, Frankfurt am Main 1994, S. 277-292.

Krugman, P. R. (Increasing Returns), Increasing Returns and Economic Geography, in: Journal of Political Economy, Heft 3, 1991, S. 483-499.

Krugman, P. R., Geography and Trade, Cambridge u.a. 1991.

Krugman, P. R. (Metropolitan Location), First Nature, Second Nature, and Metropolitan Location, in: Journal of Regional Science, Heft 2, 1993, S. 129-144.

Krugman, P. R. (Scale Economies), Scale Economies, Product Differentiation, and the Pattern of Trade, in: The American Economic Review, Heft 5, 1980, S. 950-959.

Krugman, P. R. (Intraindustry Specialization), Intraindustry Specialization and the Gains from Trade, in: Journal of Political Economy, Heft 5, 1981, S. 959-973.

Krugman, P. R./Obstfeld, M. (International Economics), International Economics – Theory and Policy, 4. Aufl., Reading, Massachussetts u.a. 1997.

Lacerda, A. (Entrando nos Trilhos), Entrando nos Trilhos – Privatização dá novo Alento à RFFSA, cujas Dívidas somam R$ 3,2 Bilhões, in: Gazeta Mercantil (Hrsg.), Balanço Anual 1996/1997, São Paulo 1996, S. 27-30.

Lachmann, W. (Entwicklungspolitik – Band 3), Entwicklungspolitik – Band 3: Außenwirtschaftliche Aspekte des Entwicklungsprozesses, München u.a. 1994.

Langer, C. (World Trade), World Trade and Production – Methodology and Tables in ISIC, Hamburg 1986.

Langhammer, R. J. (Intra-Asian Trade), The Expansion of Intra-Asian Trade - An Analysis of Structural Patterns and Determinants, Kiel Working Paper No. 792, Kiel 1997.

Leamer, E. (Commodity Composition), The Commodity Composition of International Trade in Manufactures: An Empirical Analysis, in: Oxford Economic Papers, Heft 3, 1974, S. 350-374.

Lennertz, M., Nach Rio hat in Brasilien das Umdenken begonnen, in: FAZ von 28.06.1997.

Léon, J./Soto, R. (Long-Run Trends in Commodity Prices), Structural Breaks and Long-Run Trends in Commodity Prices, 1995, in: http://www.worldbank.org.

Leontief, W. (Domestic Production), Domestic Production and Foreign Trade: The American Capital Position Re-examined, in: Proceedings of the American Philosophical Society, September 1953, S. 331-349.

Levine, R., Aktienmärkte: Ein Motor für das Wirtschaftswachstum, in: Finanzierung & Entwicklung, Heft 1, 1996, S. 7-10.

Lifschitz, J./Prochnik, V. (Complexo Agroindustrial), Observações sobre o Conceito de Complexo Agroindustrial, UFRJ Texto para Discussão N° 260, Rio de Janeiro 1991.

Ligia Torres, C. (Primeiro Passo é recuperar), Primeiro Passo é recuperar – Um novo Conceito anima a Estratégia para as Rodovias Brasileiras, in: Gazeta Mercantil (Hrsg.), Balanço Anual 1996/1997, São Paulo 1996, S. 22-26.

Lima, E. T. et. al., (Infra-Estrutura), Infra-Estrutura, Diversificação das Exportações e Redução do "Custo-Brasil": Limites e Possibilidades, in: Revista do BNDES, Heft 7, 1997, S. 83-121.

Linder, S. B., An Essay on Trade and Transformation, New York 1961.

Lindlar, L. (Internationale Wettbewerbsfähigkeit), Internationale Wettbewerbsfähigkeit der südostasiatischen Schwellen- und Entwicklungsländer, in: DIW-Vierteljahreshefte zur Wirtschaftsforschung, Heft 2, 1995, S. 303-321.

Link, F. J. (Produktivität und Lohnkosten), Produktivität und Lohnkosten im internationalen Vergleich, in: iw-trends, Heft 2, 1995, S. 5-18.

Londero, E./Teitel, S. (Factor Content of Latin American Exports), Industrialization and the Factor Content of Latin American Exports of Manufactures, in: Journal of Development Studies, Heft 4, 1996, S. 581-601.

Lowinger, T. C. (The Neo-Factor Proportions Theory), The Neo-Factor Proportions Theory of International Trade: An Empirical Investigation, in: The American Economic Review, Heft 3, 1971, S. 675-681.

Lowry, P. E. (External Economies and Trade), External Economies and Trade: An Empirical Analysis, in: Economic Development and Cultural Change, Heft 2, 1997, S. 411-434.

Luccas, J., Carga Pesada, in: Expressão, Heft 70, 1996, S. 14-16.

Mac Dougall, G. D. A. (British and American Exports, Part I), British and American Exports: A Study Suggested by the Theory of Comparative Costs. Part I, in: Economic Journal, Dezember 1951, S. 697-724.

Mac Dougall, G. D. A. (British and American Exports, Part II), British and American Exports: A Study Suggested by the Theory of Comparative Costs. Part II, in: Economic Journal, September 1952, S. 487-521.

Machado, A., Sepetiba: A História da Navegação começa agora, in: O Globo von 11.02.1997.

Machado, D. L. (Um Teste do Teorema de Heckscher-Ohlin), A Qualificação da Mão-de-Obra no Comércio Internacional Brasileiro: Um Teste do Teorema de Heckscher-Ohlin, 20° Prêmio BNDES de Economia, Rio de Janeiro 1997.

Magalhães, H., Telebrás sobe no Ranking, in: Gazeta Mercantil (Hrsg.), Balanço Anual 1996/1997, São Paulo 1996, S. 42-46.

Maier, G./Tödtling, F. (Regional- und Stadtökonomik), Regional- und Stadtökonomik – Standorttheorie und Raumstruktur, Wien u.a. 1992.

Maier, U. (Wirtschaftsstandort Deutschland), Der Wirtschaftsstandort Deutschland im globalen Wettbewerb – Eine kritische Analyse der aktuellen Diskussion, Bayreuth 1998.

Markert, W. (Lean Production), Lean Production – Uma Revolução da Forma de Produção Capitalista?, in: Markert, W. (Hrsg.), Formação Profissional no Brasil: Reflexões Teóricas e Análises da sua Práxis, Rio de Janeiro 1997, S. 160-192.

Marshall, A. (Principles of Economics), Principles of Economics – An Introductory Volume, 8. Aufl., London u.a. 1977.

Matter, G. L. (Das brasilianische Bankensystem), Das brasilianische Bankensystem – Finanzierungsmöglichkeiten in schwierigem Umfeld, in: Brasilien, Verlagsbeilage zur FAZ von 27.11.1995.

Meckl, R./Rosenberg, C. (Neue Ansätze zur Erklärung internationaler Wettbewerbsfähigkeit), Neue Ansätze zur Erklärung internationaler Wettbewerbsfähigkeit – Versuch einer Synthese zwischen volks- und betriebswirtschaftlicher Sichtweise, in: ZWS, Heft 2, 1995, S. 211-230.

Meißner, W./Fassing, W., Wirtschaftsstruktur und Strukturpolitik, München 1989.

Melloni, E. (Modelo Energético), Modelo Energético Indefinido – Regras que orientarão capital Privado somente serão conhecidas no decorrer de 1997, in: Gazeta Mercantil (Hrsg.), Balanço Anual 1996/1997, São Paulo 1996, S. 38-41.

Meyer-Stamer, J. (Technologie und Industrielle Wettbewerbsfähigkeit), Technologie und Industrielle Wettbewerbsfähigkeit: Allgemeine Überlegungen und Erfahrungen aus Brasilien, Deutscher Institut für Entwicklungspolitik (DIE) Band 109, Köln 1996.

MCT, Relatório Estatístico 1985 a 1994, Brasília 1995.

MICT, Balança Comercial Brasileira 1997.

Ministério da Fazenda, Lei do Ajuste Tributário n° 9.430 de 27 de dezembro de 1996, in: http://www.receita.fazenda.gov.br.

Ministério da Fazenda, Balanço do Real, in: http://www.fazenda.gov.br.

Ministério das Minas e Energia, Balanço Energético Nacional, Brasília 1996.

Ministry of Economy and Public Works and Services of Argentina, Taxation Framework: General Aspects of Mercosur, in: http://www.mecon.ar/invest/taxation.htm.

Mishan, E. J. (Externalities), The Postwar Literature on Externalities: An Interpretative Essay, in: Journal of Economic Literature, Heft 1, 1971, S. 1-28.

Mols, M., (Entwicklungsdenken und Entwicklungspraxis), Entwicklungsdenken und Entwicklungspraxis in Lateinamerika, Südostasien und Indien, in: Mols, M./Birle, P. (Hrsg.), Entwicklungsdiskussion und Entwicklungspraxis in Lateinamerika, Südostasien und Indien, Münster u.a. 1991, S. 237-283.

Morandi, A. M. (Siderurgia), A Siderurgia e sua Adaptação ao Novo Paradigma Tecnológico, in: Análise Econômica, Heft 28, 1997, S. 5-34.

Müller-Ohlsen, L. M. (Weltmetallwirtschaft), Die Weltmetallwirtschaft im industriellen Entwicklungsprozess, Tübingen 1981.

Müller, T. (Nahrungsmittelindustrie), Wege von der Planwirtschaft zur Marktwirtschaft in der Nahrungsmittelindustrie – Das Beispiel Ostdeutschland, Konstanz 1993.

Murphy, K. M./Schleifer, A./Vishny, R. (Income Distribution), Income Distribution, Market Size, and Industrialization, in: Quarterly Journal of Economics, Band 104, 1989, S. 537-564.

Myrdal, G. (Economic Theory), Economic Theory and Under-developed Regions, London 1957.

Nonnenberg, M. J. B. (Vantagens Comparativas Reveladas), Vantagens Comparativas Reveladas, Custo Relativo de Fatores e Intensidade de Recursos Naturais: Resultados para o Brasil – 1980/88, IPEA Textos para Discussão N° 214, Rio de Janeiro u.a. 1991.

Novák, C., Planning for the Future in SE Asia, Institute for World Economics, Hungarian Academy of Sciences, Working Papers Number 59, Budapest 1996.

Novo, A., Nas Estradas, Sinal fechado ao Lucro, in: O Globo von 06.01.1997.

Nowotny, E. (Der öffentliche Sektor), Der öffentliche Sektor – Einführung in die Finanzwissenschaft, 3. Aufl., Berlin u.a. 1996.

Nunnenkamp, P., Herausforderungen der Globalisierung für Brasilien, in: Die Weltwirtschaft, Heft 1, 1997, S. 106-130.

OECD (Gaps in Technology), Gaps in Technology, Comparison Between Member Countries in Education, Research and Development, Technological Innovation, International Exchanges; Analytical Report, Paris 1970.

OECD, Communications Outlook, Paris 1995.

OECD Economic Surveys – Germany, Paris 1997.

OECD Economic Surveys – Japan, Paris verschiedene Jahrgänge.

OECD/IEA, Energy Prices and Taxes, Third Quarter, Paris 1996

OECD (Manufacturing Performance), Manufacturing Performance: A Scoreboard of Indicators, Paris 1994.

Orlowski, D. (Internationale Wettbewerbsfähigkeit), Die internationale Wettbewerbsfähigkeit einer Volkswirtschaft: Konzeptionelle Grundlagen und empirische Messung einer wirtschaftspolitischen Zielgröße, Göttingen 1982.

Otremba, E. (Güterproduktion), Die Güterproduktion im Weltwirtschaftsraum, 3. Aufl., Stuttgart 1976.

o.V., Brasilien – Probleme bei der Eurobond-Emission, in: Handelsblatt von14.01.1995.

o.V., Quebra do Monopólio trará Investimentos de US$ 13 Bi, in: Folha de São Paulo von 08.08.1997.

o.V., Der Auslandsmarkt: Lateinamerika – Börsendorado Brasilien, in: FAZ von 26.02.1997.

o.V., Os Cem Maiores Bancos, in: Conjuntura Econômica Heft 5, 1994, S. 29-36.

o.V., Ranking FGV de Bancos, in Conjuntura Econômica Heft 5, 1995, S. 25-31.

o.V., What is Drawback, in: http://www.drawback.com/whatis.htm

Owens, T./Wood, A. (Export-oriented industrialisation), Export-oriented Industrialisation through Primary Processing?, IDS Working Paper Number 19, University of Sussex, Brighton 1995.

Parck, C.–E. (Automobilindustrie), Die räumliche Organisation der Automobilindustrie in Schwellenländern: Das Beispiel Koreas, Frankfurt am Main, Univ., Diss., 1994.

Parente, P., Reforma Tributária ou Reforma Fiscal?, in: http://www.widesoft.com.br/users/acolella.

Paula, G. N. d. (Competitividade da Indústria Química Brasileira), Fatores Determinantes da Competitividade da Indústria Química Brasileira, São Paulo 1994.

Paula, G. M. d., Competitividade da Indústria Siderúrgica, Campinas 1993.

Perlitz, M. (Gesamtwirtschaft), Die Aufrechterhaltung der internationalen Wettbewerbsfähigkeit als Verpflichtung für Unternehmen und Gesamtwirtschaft, in: Dichtl, E. (Hrsg.), Standort Bundesrepublik Deutschland. Die Wettbewerbsbedingungen auf dem Prüfstand, Frankfurt am Main 1994, S. 9-50.

Perridon, L./Steiner, M., Finanzwirtschaft der Unternehmung, 6. Aufl., München 1991.

Piazolo, M. (Bestimmungsfaktoren des wirtschaftlichen Wachstums), Bestimmungsfaktoren des wirtschaftlichen Wachstums von Entwicklungsländern mit besonderer Berücksichtigung der Außenhandelsstrategie – Fallbeispiele: Korea und Südafrika, Berlin u.a. 1993.

Pohl, M. (Südkorea), Südkorea: Entwicklungsstrategien in der Nachfolge Japans, in: Engels, B. (Hrsg.), Das vereinte Deutschland in der Weltwirtschaft – Beiträge zu einer deutsch-deutschen Außenwirtschaftstagung des Deutschen Übersee-Instituts, Hamburg 1991, S. 227-238.

Ponciano, N. J. (Cadeia Agroindustrial), Segmento Exportador da Cadeia Agroindustrial do Café Brasileiro, Viçosa 1995.

Porter, M. (Nationale Wettbewerbsvorteile), Nationale Wettbewerbsvorteile – Erfolgreich konkurrieren auf dem Weltmarkt, München 1991.

Posner, M. V. (International Trade), International Trade and Technical Change, in: Oxford Economic Papers, Heft 3, 1961, S. 323-341.

Prebisch, R., Dependence, Development, and Interdependence, in: Ranis, G./Schultz, T. P. (Hrsg.), The State of Development Economics – Progress and Perspectives, Oxford u.a. 1990, S. 31-41.

Prebisch, R., The Dynamic Role of the Periphery, in: Ahooja-Patel, K./Drabek, A. G./Nerfin, M. (Hrsg.), World Economy in Transition – Essays presented to Surendra Patel to his sixtieth birthday, Oxford u.a. 1986, S. 3-9.

Pröckl, T. (Das brasilianische Steuersystem), Das brasilianische Steuersystem und sein Einfluß auf deutsche Direktinvestitionen – Darstellung und Analyse, Universität Mannheim, Univ., Diss., 1991.

Queiroz, S. R. R. d., Competitividade da Indústria de Fármacos, Campinas 1993.

RC Consultores, Brazilian Banking Outlook, Rio de Janeiro 1996.

Rêgo, E. C. L. (GATT), Do GATT à OMC: O que mudou, como funciona e para onde caminha o Sistema Multirateral de Comércio, BNDES Textos para Discussão N° 51, Rio de Janeiro 1996.

Rettberg, V., São Paulo auf den Spuren Chicagos, in: Handelsblatt von 29.03.1995.

Richardson, J. D. (Sensitivity Tests), Some Sensitivity Tests for a "Constant-Market-Shares" Analysis of Export Growth, in: Review of Economics and Statistics, Heft 3, 1971, S. 300-304.

Rigolon, F. J. Z. (Regulação da Infra-Estrutura), Regulação da Infra-Estrutura: A Experiência Recente no Brasil, in: Revista do BNDES, Heft 7, 1997, S. 123-150.

Roemer, M. (Resource-based Industrialization), Resource-Based Industrialization in the Developing Countries – A Survey, in: Journal of Development Economics, Band 6, 1979, S. 163-202.

Rose, K./Sauernheimer, K. (Außenwirtschaft), Theorie der Außenwirtschaft, 11. Aufl., München 1992.

Saboia, J./Carvalho, P. G. M. d. (Produtividade na Indústria Brasileira), Produtividade na Indústria Brasileira – Questões Metodológicas e Análise Empírica, IPEA Texto para Discussão N° 504, Rio de Janeiro u.a. 1997.

Salhes Filho, S. L. M., Competitividade em Biotecnologia, Campinas 1993.

Salvatore, D., International Economics, 4. Aufl., New York 1993.

Sautter, H. (Komparative Vorteile), Regionalisierung und komparative Vorteile im internationalen Handel, Tübingen 1983.

Schäfer-Lochte, C., Makrökonomik der J-Kurve, Frankfurt am Main u.a. 1993.

Schneider, J./Ziesemer, T. (New Growth Theory), What's New and What's Old in New Growth Theory: Endogenous Technology, Microfoundation and Growth Rate Predictions, in: ZWS, Heft 3, 1995, S. 429-472.

Schröder, C., (Arbeitskosten in Südostasien), Arbeitskosten in Südostasien und in den Reformstaaten Mittel- und Osteuropas, in: iw-trends, Heft 1, 1995, S. 29-41.

Schumpeter, J. A. (Theorie), Theorie der wirtschaftlichen Entwicklung – Eine Untersuchung über Unternehmergewinn, Kapital, Kredit, Zins und den Konjukturzyklus, 6. Aufl., Berlin 1964.

Schwartzman, S. (O Ensino Superior), O Ensino Superior: A Busca de Alternativas, in: Velloso, J. P. d. R. (Hrsg.), O Real, O Crescimento e as Reformas, Rio de Janeiro 1996, S. 259-295.

Schwolgin, A. F. (Regulative Rahmenbedingungen), Regulative Rahmenbedingungen und Finanzinnovationen in einem Hochinflationsland – Das Beispiel Brasilien, in: Boening, D./Balzer, H., Bank- und Finanzmanagement – Marketing-Rechnungswesen-Finanzierung; Reflexionen aus der Praxis; Joachim Süchting zum 60. Geburtstag, Wiesbaden 1993, S. 45-80.

Shin, J.-S. (Latecomers), The Economics of the Latecomers: Catching-up, Technology Transfer and Institutions in Germany, Japan and South Korea, London u.a. 1996.

Sick, W.-D., Agrargeographie, Braunschweig 1983.

Siebert, H., Außenwirtschaft, 6. Aufl., Stuttgart u.a. 1994.

Sindipeças, Desempenho do Setor de Autopeças – 1974/1995, São Paulo 1996.

Singh, A. (Large Corporations in Developing Countries), How do Large Corporations in Developing Countries Finance their Growth?, in: O'Brien, R. (Hrsg.), Finance and the International Economy, Number 8 – The Amex Bank Review Prize Essays, New York 1994, S. 121-142.

Soto, H. d. (Economia Subterrânea), Economia Subterrânea – Uma Análise da Realidade Peruana, Rio de Janeiro 1987.

Sousa, M. d. C., Patterns of Taxation in Latin America and East Asia, in: RBE, Heft 4, 1997, S. 509-549.

Stackelberg, K. (Internationale Wettbewerbsfähigkeit), Internationale Wettbewerbsfähigkeit bei zunehmenden intra-industriellen Handelsbeziehungen mit Schwellenländern – Analyse des Handels der Bundesrepublik Deutschland, Niedersachsens und Japans mit den Schwellenländern Ost-/Südostasiens, Berlin u.a. 1991.

Statistisches Bundesamt, Statistisches Jahrbuch für die Bundesrepublik Deutschland, Stuttgart 1995.

Statistisches Bundesamt, Länderbericht Chile, Stuttgart 1991.

Statistisches Bundesamt, Länderbericht Brasilien, Stuttgart 1994.

Statistisches Bundesamt (Internationales Warenverzeichnis), Internationales Warenverzeichnis für den Aussenhandel/1975, Revision 2, Stuttgart u.a. 1976.

Statistisches Bundesamt (Produzierendes Gewerbe), Produzierendes Gewerbe, Fachserie 4, Reihe 4.3, Kostenstruktur der Unternehmen des Verarbeitenden Gewerbes sowie des Bergbaus und der Gewinnung von Steinen und Erden, Stuttgart 1996.

Stern, R. M., Testing Trade Theories, in: Kenen, P. B. (Hrsg.), International Trade and Finance: Frontiers for Research, New York 1975, S. 3-49.

Stern, R. M. (British and American Productivity), British and American Productivity and Comparative Costs in International Trade, in: Oxford Economic Papers, Heft 3, 1962, S. 275-296.

Stewart, F./Ghani, E. (Externalities), How Significant Are Externalities for Development?, in: World Development, Heft 6, 1991, S. 569-594.

Stierle, M. H. (Volkswirtschaften in der Globalisierung), Volkswirtschaften in der Globalisierung – Konzeptionelle Analyse der zentralen Indikatoren der internationalen Wettbewerbsfähigkeit von Volkswirtschaften, Speyer 1998.

Stolze, F./Trabold, H. (Hochtechnologiegütern), Zur langfristigen Entwicklung des intraindustriellen Handels mit Hochtechnologiegütern, in: Vierteljahreshefte zur Wirtschaftsforschung Heft 2, 1997, S. 258-270.

Straubhaar, T. (Internationale Wettbewerbsfähigkeit), Konzept "Internationale Wettbewerbsfähigkeit einer Volkswirtschaft", in: Albach, H. (Hrsg.), Globale soziale Marktwirtschaft, Wiesbaden 1994, S. 33-56.

Tan, H. W./Batra, G. (Enterprise Training), Enterprise Training in Developing Countries: Overview of Incidence, Determinants, and Productivity Outcome, The World Bank, Private Sector Development Department Occasional Paper No. 9, Washington D. C. 1995.

Tan, L-Y. (Heckscher-Ohlin Approach), A Heckscher-Ohlin Approach to Changing Comparative Advantage in Singapore´s Manufacturing Sector, in: Weltwirtschaftliches Archiv, Heft 2, 1992, S. 288-309.

Tauile, J. R./Fagundes, J./Arruda, M. (Indústria Automobilística no Brasil), Estratégias de Sustentação para a Indústria Automobilística no Brasil, IEI/UFRJ Textos para Discussão N° 309, Rio de Janeiro 1994.

Tauile, J. R./Fagundes, J./Arruda, M. (A Indústria de Autopeças), A Indústria de Autopeças: Perspectivas para a Década de 90, in: RBE, Heft 3, 1995, S. 499-519.

Teufel, H./Mathe, C. (Malaysias ehrgeizige Pläne), Malaysias ehrgeizige Pläne als internationaler Finanzplatz, in: Zeitschrift für das Gesamte Kreditwesen, Heft 9, 1996, S. 416-421.

Thoele, A., (Das Fest der Inflation ist aus), Das Fest der Inflation ist aus! Brasiliens Banken machen sich für die Zukunft fit, in: Brasil-Alemanha em Revista, Heft 4, 1996, S. 34-42.

Thomas, K./Treutler, H.-J., Kapitalmarkt, in: Kloten, N./v. Stein, J. H., (Hrsg.), Geld-, Bank- und Börsenwesen – Ein Handbuch, 39. Aufl., Stuttgart 1993, S. 1206-1239.

Trabold, H. (Internationale Wettbewerbsfähigkeit), Die internationale Wettbewerbsfähigkeit einer Volkswirtschaft, in: DIW-Vierteljahresheft, Heft 2, 1995, S. 169-181.

Trein, W. (Internationale Wettbewerbsfähigkeit), Wirtschaftsordnung, Unternehmensorganisation und internationale Wettbewerbsfähigkeit: Ein integrativer Ansatz - dargestellt am Beispiel der Automobilindustrie, Frankfurt am Main u.a. 1995.

Tybout, J. (Manufacturing Firms), Manufacturing Firms in Developing Countries: How Well Do They Do, And Why? Georgetown 1998.

Umsatzsteuergesetz 1991.

UN, World Economic and Social Survey, New York verschiedene Jahrgänge.

UN, International Trade Statistics Yearbook, Volume II, New York 1996.

UN, Statistical Yearbook, New York verschiedene Jahrgänge.

UN, Population Division, Department for Economic and Social Information and Policy Analysis of the United Nations Secretariat, World Population Prospects: The 1996 Revision (annex tables), New York 1996.

UN, Statistical Yearbook for Asia and the Pacific, Bangkok 1995.

UN, Standard International Trade Classification Revision 3, Statistical Papers, Series M, No. 34/Rev.3, New York 1996.

UNCTAD (The Local Processing in Developing Countries), The Local Processing in Developing Countries of Primary Commodities, New York 1986.

UNESCO, in: http://unescostat.unesco.org.

UNESCO, Statistical Yearbook, Paris verschiedene Jahrgänge.

UNIDO, General Industrial Statistics Database, INDSTAT 3.

UNIDO Country Industrial Statistics, in: http://www.unido.org/start/services/statistics/data.

UNIDO, International Yearbook of Industrial Statistics, Wien verschiedene Jahrgänge.

UNIDO, International Comparative Advantage in Manufacture: Changing Profiles of Resources and Trade, Wien 1986.

U.S. Department of Labor (Hourly Compensation Costs), Hourly Compensation Costs for Production Workers – 40 Manufacturing Industries – 31 Countries or Areas, 1975 and 1985-95 (1996), in: http://www.stats.bls.org.

U.S. Department of Labor, International Comparisons of Manufacturing Productivity and Unit Labor Cost Trends (1995), in: http://www.stats.bls.org.

U.S. Department of Labor, Hourly Compensation Costs in National Currency (1998), in: http://www.stats.bls.org.

U.S: Department of Labor, (Unit Labor Costs in Manufacturing), Unit Labor Costs in Manufacturing, National Currency Basis, 14 Countries or Areas, 1950-1997 (1998), in: http://www.stats.bls.org.

U.S: Department of Labor, (Unit Labor Costs in Manufacturing), Unit Labor Costs in Manufacturing, U.S. Dollar Basis, 14 Countries or Areas, 1950-1997 (1998), in: http://www.stats.bls.org.

Vanek, J., The Factor Proportions Theory: The N-Factor Case, in: Kyklus, Heft 4, 1968, S. 749-756.

Vanek, J. (The Natural Resource Content of Foreign Trade), The Natural Resource Content of Foreign Trade, 1870-1955, and the relative Abundance of Natural Resources in the United States, in: Review of Economics and Statistics, Heft 2, 1959, S. 146-153.

Vegro, C. R., Competitividade da Indústria de Café, Campinas 1993.

Vernon, R. (International Investment), International Investment and international Trade in the Product Cycle, in: Quarterly Journal of Economics, Heft 2, 1966, S. 190-207.

Vesentini, J. W., (Brasil – Sociedade e Espaço) Brasil – Sociedade e Espaço, Geografia do Brasil, 12. Aufl., São Paulo 1990.

Vieira, S. P. (Uma Análise das Principais Taxas de Juros), Uma Análise das Principais Taxas de Juros Presentes nos Financiamentos Concedidos pelo BNDES, in: Revista do BNDES, Heft 7, S. 63-81.

Wagner, N./Kaiser, M. (Entwicklungsländer), Ökonomie der Entwicklungsländer, 3. Aufl., Stuttgart u.a. 1995.

Wall, D. (Natural Resources), Industrial Processing of Natural Resources, in: World Development, Heft 4, 1980, S. 303-316.

Wall, D., Processing Primary Products – A Review of Some Case Studies, in: Foreign Trade Review, Heft 1, 1987, S. 60-82.

Westphal, L. R. (Berufsausbildung in Brasilien), Humankapital und Berufsausbildung in Brasilien, Münster, Univ., Diss., 1990.

Wieswede, G. (Soziologie), Soziologie – Grundlagen und Perspektiven für den wirtschafts- und sozialwissenschaftlichen Bereich, 3. Aufl., Landsberg am Lech 1998.

Wilkinson, J., Competitividade na Indústria de Abate e Preparação de Carnes, Campinas 1993.

Willms, M., Währung, in: Bender, D. et al. (Hrsg.), Vahlens Kompendium der Wirtschaftstheorie und Wirtschaftspolitik, Band 1, 6. Aufl., München 1995, S. 219-264.

WIPO, in: http://wipo.org/eng/general/pcipi/stats/puba/contents.htm.

Wirtschaftsvereinigung Stahl, Statistisches Jahrbuch der Stahlindustrie, Düsseldorf 1996.

Womack, J. P. et. al., A Máquina que mudou o Mundo, Rio de Janeiro 1992.

World Bank, From Plan to Market – World Development Report, Washington D. C. 1996.

World Bank, Social Indicators of Development, Washington D. C. 1995.

WTO, International Trade – Trends and Statistics, Genf 1995.

WTO, Annual Report, Part 2, Genf 1996.

WTO, Trade Policy Review – Argentina, Genf 1992.

WTO, Trade Policy Review – Brazil, Genf 1996.

WTO, Trade Policy Review – Chile, Genf 1991.

WTO, Trade Policy Review – European Union, Genf 1995.

WTO, Trade Policy Review – Indonesia, Genf 1995.

WTO, Trade Policy Review – Japan, Genf 1995.

WTO, Trade Policy Review – Malaysia, Genf 1993.

WTO, Trade Policy Review – Republic of Korea, Genf 1996.

WTO, Trade Policy Review – Thailand, Genf 1995.

WTO, Trade Policy Review – USA, Genf 1996.

Yabuki, N./Akiyama, T. (Is Commodity-Dependence Pessimism Justified?), Is Commodity-Dependence Pessimism Justified? Critical Factors and Government Policies that Characterize Dynamic Commodity Sectors, 1996, in: http://www.worldbank.org.

Yeats, A. J., (Natural Resource-Based Industrialization), Do Natural Resource-Based Industrialization Strategies Convey Important (Unrecognized) Price Benefits for Commodity-Exporting Developing Countries?, PRE Working Paper Series Nr. 580, World Bank, Washington D. C. 1991.

Yeats, A. J., (Industrial Processing of Natural Resources), The Influence of Trade and Commercial Barriers on the Industrial Processing of Natural Resources, in: World Development, Heft 5, 1981, S. 485-494.

Zündorf, L. (Von der Farm bis zur Fabrik), Von der Farm bis zur Fabrik: Vertikale Produktions- und Handelsstrukturen zwischen Industrie- und Entwicklungsländern am Beispiel der internationalen Tabakwirtschaft, in: Kölner Zeitschrift für Soziologie und Sozialpsychologie, Heft 1, 1998, S. 110-130.

Michael Steiner (Hrsg.)

Wirtschaftspolitische Beratung heute

Mit Beiträgen von Wolfgang Franz, Helmut Kramer, Herbert Paierl, Gerhard Rosegger, Kurt Rothschild, Michael Steiner, Erich Streißler, Gunther Tichy

Frankfurt/M., Berlin, Bern, New York, Paris, Wien, 1998. 83 S.
ISBN 3-631-32969-5 · br. DM 28.–*

Wirtschaftspolitische Beratung bewegt sich seit jeher im Spannungsfeld vielfältiger Interessen, oft widersprüchlicher ökonomischer Erkenntnisse und unterschiedlicher Verantwortungsbereiche der Beratenen und Beratenden. Angesichts der Debatten um Globalisierung und Internationalisierung, des Konfliktes von Staatsinterventionismus versus Neoliberalismus sowie der Situation auf dem Arbeitsmarkt bleibt sie auch heute eine heikle Aufgabe. Die Beiträge dieses Bandes – von international renommierten Wirtschaftsforschern verfaßt – geben einen Einblick in die Schwierigkeiten der wirtschaftspolitischen Beratung; sie zeigen aber auch, daß man alten und neuen Problemen nicht hilflos ausgeliefert ist und ökonomischer common sense korrigierend einzugreifen vermag.

Aus dem Inhalt: Wider das Technokratentum in der Ökonomie · Wirtschaftliche Beratung als selbstreflexive Aufklärung · Beratung als kontinuierlicher Diskurs · Beratung als diktatorisches Unterfangen · Über die Liebe zwischen Politikern und Beratern und andere kontroverse Fragen der Politikberatung · Gegen wirtschaftliche und denkerische Krisen

Kolibri 360 GmbH
Ferdinand-Jühlke-Straße 7
99095 Erfurt, Deutschland
produktsicherheit@kolibri360.de

Druck:
CPI Druckdienstleistungen GmbH
im Auftrag der
Kolibri 360 GmbH
Ferdinand-Jühlke-Str. 7
99095 Erfurt